從舞臺邊緣
走向中央

美國在中國抗戰初期
外交視野中的轉變1937-1941

齊錫生
CH'I, HSI-SHENG

謹以本書獻給

舅父錢超然先生
舅母馬吉琴女士

他們那一代人本該享有的花樣年華
卻在民族的災難中銷蝕殆盡

目 次

前言

　　中國在1930和1940年代對日本的作戰，是中國近現代史上改變民族命運的轉捩點。當然，日本早在19世紀末期明治維新成功之後就迫不及待地參加西方帝國主義對中國進行侵略，而且後來居上，成為掠奪中國土地和資源最兇狠的國家。從台灣的割讓開始，繼之占領東三省，再繼之在華北扶植地方政權，在這數十年中，無論是中國的中央政府或是地方政府，縱或有抵抗的意願，卻不能展示抵抗的效果。以致日本食髓知味，最終導致1937年7月7日的盧溝橋事變，中日兩國爆發全面性戰爭。

　　八年抗戰是中華民族自從和西方帝國主義國家建立現代化外交關係以來，最根本性地改變了中國和西方的交往，也改變了中國在世界上的地位。回顧在1937年盧溝橋事變前夕，中國依然是「半殖民地」。列強在中國瓜分土地（租界、勢力範圍），控制中國的各種資源（工、農、礦業），僭越和分割中國的行政權（包括海關、郵政、鐵路、內河航行、駐軍屯兵、經濟實業發展，乃至司法管轄等等）。其方法就是以不平等條約強加於中國，迫使後者屈服。

　　但是到了1945年大戰結束時，中國的國家地位徹底改觀。列強廢除了一切不平等條約，中國在主權和治權上成為一個充分獨立自主的國家。更甚於此者，中國成為亞洲的領袖國，而日本則完全成為戰敗國。在戰後新建立的國際秩序裡，中國還成為世界四強之一，成為聯合國安全理事會的常任理事國。這一切發展不但將18世紀以來中國在和西方國家交往過程中所遭受的屈辱一掃而空，而且躍升為新世界的領袖，和維持世界和平發展的磐石。這真是一個驚天動地的蛻變。

　　如眾所周知的，導致此項蛻變的最關鍵因素是，中國在珍珠港事件第二次世界大戰爆發時，立即和美國、英國和蘇聯結為全球性戰略盟友，對抗德國、日本和義大利的軸心國同盟。而其中特別具有決定性因素的是中國和美國的結盟。

　　有關第二次世界大戰（1941-1945）的全局，太平洋戰區、中美同盟關係等重要課題，幾乎從大戰剛結束，就受到學術界高度重視，每隔數年就會有中外文佳作問世。本書作者在幾年前也做過一些梳理的努力[1]。戰爭受重視的原因很簡單，因為它是西方列強一致參與的全球性大戰。

　　與之形成鮮明對照的是，從盧溝橋事變（1937年7月）到珍珠港事件（1941年12月）長達53個月之間的中美關係，卻很少引起學術界關注。特別是在英文學術論著中，多則一筆帶過，少則隻字不提。造成學術上一大片空白。

　　其實，就中美關係發展而論，抗戰前半段四年的外交來往，正是為後半段四年的同盟關係奠定了堅實的基礎，使得太平洋戰爭爆發的第一天之內，美國政府不但極力邀約中國成為盟友，而且推崇中國是世界抵抗法西斯陣營的四個領袖國之一。

　　然而在這53個月中，中美關係到底經歷了何種變化？特別是中國政府的對美外交政策的大課題：決策過程是什麼？由何人執行？中國的外交目的是什麼？談判的技巧如何？美方的反應是什麼？中國政府在這段時間內，總體的得失又當如何評價？何以在1937年7月盧溝橋戰事爆發時，美國政府認為事不關己，而到了1941年12月7日太平洋戰爭爆發時，美國政府卻十萬火急地促請中國成為並肩作戰的盟友？

　　以上這些問題，都值得學術界去進一步探討，因為它們對於了解中國外交策略的構思和中美外交關係的發展，都是不可或缺的努力。這也是本書希望達到的目的。

　　在本書研究過程中，作者非常著意地使用原始檔案，除了參考堆積成山

1　見：齊錫生，《劍拔弩張的盟友》（台北，聯經出版公司，2012）。

的官方檔案之外，還盡量把中美兩國關係人性化，而不是引用冷冰冰的官方文獻、文告或宣言。在國際關係政治學領域裡，學者們經常運用「國家利益」（National Interest）這個概念來解釋外交行為。認為「國家利益」是一個行之四海皆準的鑰匙，可以科學客觀地解釋一個國家的外交政策。殊不知「國家利益」的界定因人而異。這在抗戰的前半段中美外交關係上極為明顯。因此本書嘗試把這些領袖人物的形象、個性、心理狀態、內心私處的盤算策劃盡量予以呈現。在這個努力中，舉凡蔣介石、孔祥熙、宋子文、陳光甫、胡適等人的私人檔案、日記等等，都給了作者極大的啟示。也不免影響到本書的寫作風格，和分析的理數。敬候讀者指教。

本書的研究和寫作並非一氣呵成，而是經過相當歲月，其間或是由於教學責任，或是由於其他研究課題占了優先，所以雖然研究目標從未轉移，但是進度卻時快時慢。在這漫長時段裡，首先要感謝一些學術單位慷慨以經費或假期加以支援。它們包括美國北卡羅萊納大學（教堂山，University of North Carolina at Chapel Hill）的研究金，香港科技大學（Hong Kong University of Science & Technology）的研究金和研究假期，史丹福大學胡佛研究所（Hoover Institution, Stanford University）的研究金。它們出了錢之後多年都沒有看到成果，也沒有施加任何壓力，真是大度。而我個人遲遲依然能夠完成本書，也給我一種責任完成感。

在這個漫長的研究歲月裡，讓我獲益最大的是幾個圖書館和典藏館的工作人員。他們無論是高層行政人員或是基層執行人員，都展現出高度的專業素養和樂意助人，使得我獲得完全滿意的服務品質和善意指點，大大提高了我使用資料的速度和效率。這些單位包括美國哥倫比亞大學的善本書和手稿收藏館（Rare Book & Manuscript Library, Columbia University），台灣的國史館、台灣中央研究院胡適紀念館，和美國史丹福大學胡佛研究所。沒有那些敬業和熱心的工作人員的指引和協助，本書大概難以問世。

最後，在寫作和出版的過程中，作者也得到許多親朋好友的鼓勵。特別是陳永發教授看過稍早的全稿，林載爵先生協助審核全書各章，都只能在此誠摯致謝。

第一章

摸索一個務實的對美外交政策

　　1937年中日戰爭全面爆發並非僅導因於盧溝橋局部地區的軍事衝突。它其實導源於一些極為複雜的背景，其中包括國際局勢的劇變和中國在1930年代政治局勢的持續動盪。

　　1931年「滿洲國」事變意味著日本對華政策的重大轉折。它象徵著日本完全無視於美國所倡導的「門戶開放」政策，正面挑戰西方國家在中國為保持其複雜而又充滿矛盾的利益所做的協調和努力。經由滿洲事變，日本明確表示意圖在中國滿洲地區建立獨霸地位，然後試圖逐步推展至華北和蒙古。為此，日本向世界高調宣示它和中國具有特殊關係，而且對東亞的和平安定負有特殊責任，不容西方列強插足。為了在武力上能夠和西方國家一爭高下，日本首先要求在海軍軍備上和西方國家平等待遇。當日本此項要求受到拒絕時，它立即單方面退出1936年簽訂的倫敦裁軍公約，以便能夠解脫在亞洲地區發展受到的限制。當在滿洲地區的侵略行為受到國際譴責時，又不惜悍然退出國際聯盟。

　　當然，此時歐洲局勢的變化也間接幫助了日本展開新一輪的擴張行為。納粹德國和法西斯義大利的崛起和結盟，徹底動搖了西方國家在第一次世界大戰後所設計的和平穩定體系。希特勒的崛起，德國退出國際聯盟（1933）和重整軍備（1935），義大利侵占阿比西尼亞（Abyssinia）（1935），德意兩國聯手干預西班牙內戰（1936），這一連串發展都構成對英國和法國極大的威脅，同時也使它們更不敢阻擋日本在亞洲的擴張行為。

　　而此時世界上另外兩大強國──蘇聯和美國──在面對這些危機時又各有自己的盤算。儘管蘇聯為歐亞兩大洲的局勢感到憂心忡忡，但是仍然認為最佳對策是避免和日本及德國產生衝突。蘇聯此種心態在1936年德、日、義三國簽訂反共產國際同盟之後，益形顯著。蘇聯政府的如意盤算，是讓中國單獨承受日本侵略的苦果，以幫助自己避開日本擴張的鋒芒。

　　相對而言，美國政府在初期對於歐洲局勢的變化並未產生高度警惕心，對於亞洲局勢更是認為事不關己。當時美國社會的孤立情緒高漲，很少人有興致插足歐洲事務，更不願意為了中國而開罪日本。更有進者，當時美國在太平洋地區的軍力相當薄弱，而它和日本的商業關係又大大超過和中國的商務往來，因此就實際利益而言，也無意為中國打抱不平。果不其然，面對日本占領「滿洲國」和此後的侵華事件中，美國政府的反應最多只是發表譴責宣言，和拒絕承認日本行為的合法性。但是從來沒有向中國做出任何實質協助的承諾，更不必說幫助中國去積極抵抗日本了。

　　然而就中國本身而言，儘管國際環境對中國從事大規模作戰不利，但其國內情況卻使它急速走上抗日的道路。最主要原因是「滿洲國」事件和日本繼之對華北的侵略，都促使中國的民族主義情緒達到白熱化。它主要的表現方式包括在城市中的大規模抗議遊行活動，抵制日貨、學生運動，最後甚至導致1936年西安事變和蔣介石的被綁架。儘管蔣介石和國民政府領袖們歷來的主張是「攘外必先安內」，而他們借重德國軍事顧問所訓練的新式軍隊又尚未完成，但是形勢比人強，抗日的進度不得不急速提前執行。

　　除此之外，國民政府領袖們也曾經希望爭取更充分時間去完成地方政府的稅收和行政改革，並說服分據各省的軍事實力派參加全國抗日大同盟。但是由於日本侵略速度加快，使得蔣介石只能提出警告，如果日本侵略仍舊持續進行的話，則中國到了「最後關頭」，只能不顧一切地進行全面抵抗。到了1936年中期，中國政府聲明不會再忍受日本對中國主權進一步的侵犯[1]。對

1　秦孝儀編，《先總統蔣公思想言論總集》（台北，1984），第13冊，頁522-523；第14冊，頁38。

於蔣介石和國民政府的支持者而言，1937年7月7日日軍在盧溝橋的挑釁行為，顯然已經把中國推向了這個「最後關頭」。結果是，蔣介石認為中國已經退無可退，只能全面抗日[2]。

甲. 國民政府在開戰初期的作為

戰爭一旦開始，國民政府首要急務並不是從事外交運作，而是全神貫注在戰場作戰。主戰派領袖們的全副精力都放在應付千變萬化的戰局。他們不但要趕緊擬訂地區性和全國性的作戰計劃，爭取國內各種政治軍事團體支持戰爭（而他們之中有不少是反對政府和反對抗日的），重新分配中央軍和地方軍的職守，而且還要動員全國財力物力去支援軍事行動。這中間當然包括藉由一切手段獲取武器彈藥，俾使士兵得以進行戰鬥。在中國近代史中，沒有一個其他時期的政府，為了維護國家獨立和生存所遭受的艱辛，能夠和1937年的國民政府相比擬，特別是日本已經滿懷信心地宣示，它在三個月內必定使中國滅亡。

當時中國政府如果還有餘力去運用外交手段抵抗日本侵略時，其重點也是放在歐洲，而不是美國。國民政府最初的努力是求訴於國際聯盟和歐洲的強國，比如說英國、法國、德國和蘇聯。中國政府對美國的態度，則一直要等到它的重歐輕美策略明顯失效之後才開始轉變。這期間所經歷的是：國際聯盟和華盛頓公約各國完全無法制裁日本，義大利和德國相繼採取袒日政策，歐洲國家既不願也不敢為中國而觸怒日本，以免引起後者對它們在亞洲殖民地進行報復行動，而原先由德國和蘇聯向中國提供的軍事及經濟援助也益趨不可靠。這一連串發展使得中國政府終於體會到美國對於抗日大業的關鍵性。事實上，這個過程前後經歷了兩三年，最終說服中國領袖們，把中美

---

2 關於抗戰前的中日政治軍事關係，請參閱：張力，〈總論〉，呂芳上編，《中國抗日戰爭史新編——軍事作戰》（台北，國史館，2015），頁3-18。又見：郭岱君編，《重探抗戰史（一）：從抗日大戰略的形成到武漢會戰（1931-1938）》（台北：聯經出版公司，2015）。

關係從他們外交政策視野的邊緣，移位到它的中央。

本章的目的就是要回顧中國政府在開戰之初對美國的評估如何，及其主政者當時究竟想要經由對美外交達到何種目的。

I. 1937年中國政府對美國的衡量

1937年中國政府領袖們在推行對美外交時，看到幾個重要的阻力。

首先，他們了解美國人民普遍不願意牽涉進國際紛爭，而只想置身事外，保持美國的獨立。他們了解美國一般人民對第一次世界大戰的結局充滿反感，認為其他列強背叛了美國人的理想主義，一味追求各自的私利。因此儘管美國擁有豐厚的軍力和財力，但其民情反對涉足國際事務，而只是想在國際上採取孤立主義，避免國際糾葛。

其次，他們認為美國人對於亞洲事務尤其冷漠。即便美國人民可能同情中國被日本侵略的遭遇，但也不可能採取實際行動去幫助中國。對於大多數美國人而言，中日戰爭只不過是遙遠地區兩個陌生國家之間的爭執，與美國核心利益毫不相干。縱使羅斯福總統此時已經把日本看成是亞洲崛起的隱憂，這個觀點依然未能得到美國人民的普遍認同。事實上，美國駐法國大使普立特（William C. Bullitt）在1937年7月底就曾經坦白告知顧維鈞大使，由於美國民間輿論反對介入中日戰爭，因此中國不可奢望獲得美國援助[3]。按照普立特的分析，唯一能夠說服美國人民參加戰爭的途徑，是訴諸於他們的榮譽感，如同美國參加第一次世界大戰一樣，只是可惜他們針對中日戰爭完全覺得事不關己[4]。

第三，中國領袖們相信，美國還有一個和歐洲國家的重大不同之處，那就是，美國在中國並沒有重大商業利益。他們知道，凡是和亞洲國家有密切貿易往來的美國商人，都不希望美國捲入亞洲地區的紛爭，以免妨害他們的

---

3 《顧維鈞回憶錄》（北京：中國社會科學院近代史研究所譯，中華書局，1983-1994），第2冊，頁424-425、472-474。

4 顧維鈞與普立特大使談話，1938年2月21日，《顧維鈞回憶錄》，第3冊，頁65-66。

商業利益。由於這些商界人士在美國政壇擁有高度影響力，因此他們特別反對美國干預中日戰爭。比如說，美國南方的棉花商人就擔心美日之間產生緊張局勢，將會導致棉花無法出口到日本市場去。

因此，依照中國領袖們的分析，中國最切合實際的指望就是設法促進一般美國民眾對中國局勢加深了解，使他們對中國的印象好過他們對日本的觀感。經由這種從人民基層做起的努力，中國或許能夠在美國塑造一個更有利的氛圍，讓美國政府領袖們敢於對亞洲事務採取更為積極的措施[5]。

一旦蔣介石受到以上這些看法的影響而去設法提高美國對中國的關心時，他接著就需要去物色一位得力的官員去完成此項任務。在正常情況下，此項任務當然應該由當時中國駐美大使王正廷來承擔。但是蔣介石對於王正廷的能力卻完全缺乏信心，因為王氏既無組織能力，又有嚴重個人缺點。

從組織能力而言，當時中國駐美大使館的職員效率低落，其肇因本來就是民國時期政府多年來忽視中美關係的惡果。比如說，在1931年「滿洲國」事件發生時，當時在使館值勤的最高職位官員是一位76歲的參贊，50年前就已經離開中國，他完全無法理解為什麼中國留美學生對於該事件的反應竟會如此激烈。使館內部的作業亂雜無章，以致在事變發生時，居然找不到一份精確的中國地圖。雖然國民政府事後曾經多次努力改善其在美國的形象，但是收效甚微。它選派了資深外交官顏惠慶主持館務，但是隨即又把顏惠慶調到日內瓦去支援更重要的外交任務，那就是向國際聯盟提交中國的控訴。事實上，顏惠慶的離職反而使館務受到更大打擊，因為他把館內僅存的幾位幹練職員一掃而光地帶去了歐洲[6]。簡而言之，中國駐美使館在美國是個空衙門，無所事事，混日子而已。

王正廷大使本人缺乏領導能力，不能提高使館的效率。在中日戰爭爆發時王大使到任還不滿一年，因為他是在1936年8月才從施肇基手中接任大使

5　項貝克與顧維鈞談話，1937年11月16日。《顧維鈞回憶錄》，第2冊，頁658-659。

6　顏惠慶離職後，大使館的正式編制包括秘書一人、科員一人、美國籍打字員一名，再加上一些從留學生中招聘的暫時性和兼職的事務員。微塵，〈如此外交〉，《獨立評論》，第138號（1935年2月17日），頁2-5。

職位，而施氏本人也只有一個很短的任期。前後幾任駐美大使的任期都是如此之短使得中國的對美外交缺乏連貫性。雖然王正廷曾經留學美國，而且年輕得志，在北洋政治圈中很早就嶄露頭角，但是他仍然是一位舊派官僚，先後在幾個北洋政府中任職，對於舊式官場作風非常嫻熟，但是在華盛頓任職時，卻很少走出使館去結交美國權要，更不必說和一般美國人民群眾建立關係。在王正廷的主持之下，大使館職員士氣低落，極端無能[7]。所有這些缺點都迫使國民政府不得不去尋找一位適任的外交官去加強對美外交。

II. 胡適外交生涯的源頭

　　最初動意讓胡適承擔外交使命的念頭，並非來自蔣介石，而是來自汪精衛。早在1933年，汪精衛就曾經打算請胡適擔任中國駐德國公使，後來又提議胡適出任駐美國大使。儘管胡適並非外交專業出身，但是汪精衛極力推崇胡適，認為他的外交才能遠遠超過當時中國的職業外交官[8]。然而胡適兩次都婉拒了汪精衛的好意。

　　因此，當胡適在1937年接受蔣介石任命成為中國政府派遣赴美的特別使節時，代表胡適本人的態度已經產生根本性轉變，而且下定決心要為國家做出一番貢獻。

　　純從胡適個人品質著眼，他無疑是當時中國人之中少數最合格的外交代表，尤其適合出使美國，因為他不僅是在美國完成學業（康奈爾大學和哥倫比亞大學），而且在美國學術圈中人脈甚廣（例如：杜威）。胡適在歸國後，立即成為全國知名人物，除了在幾所高等院校任教外，還針對1920和1930年代中國重大的政治、哲學、文學、教育等議題發表過許多極具影響力

7　《胡適的日記（手稿本）》（台北：遠流出版公司，1989），1938年1月15日，1939年7月6日。

8　汪精衛致胡適信，1933年4月28日。耿雲志編，《胡適遺稿及秘藏書信》（合肥：黃山書社，1994），第27冊，頁194-198。又見：唐有壬致胡適函，1933年11月24日，梁錫華編，《胡適秘藏書信選》（台北：遠景出版社，1982），第1冊，頁73-74。

的言論和文章，流傳極廣。他在學術界的成就和熱心於改革的活動力，是當時少數中國學者中在國際上享有崇高聲望的一位。

然而純從政治角度著眼，則胡適卻未必是一位適當的外交人選。他本人多年來一直極力避免涉足實際政治，既排拒黨派色彩，也不曾和當權者有親密的私人接觸，更非國民黨政府政策的支持者。事實上，胡適還不時對當時政府的內政外交政策加以嚴厲抨擊。當然最重要的是胡適對日本的態度和蔣介石截然相反，為此經常冒犯後者。僅僅是這一個理由，就足夠讓胡適的外交才能在汪精衛和蔣介石二人心中，產生極端相反的評價。

III. 胡適對中日關係看法的演變

A. 胡適在盧溝橋事變前的和平主張

要想充分了解胡適在盧溝橋事變後在美國所展開的外交活動，我們必須先了解他早先在 1930 年代對中日關係的態度。理由有二。其一是，他在 1937 年以前對和平的觀點，後來屢次被他的政敵們加以運用，來證明他一貫反對政府的抗戰基本國策，因此不適宜主導中國的對美外交。

其二是，他從一位和平論的鼓吹者成為一位堅定主戰派的這一巨大轉變，也更能夠幫助我們了解胡適外交生涯中所受到的來自國內政府的阻力，和幫助我們更深入地了解他和美國政府打交道的一些做法的由來。

如眾所周知，胡適在戰前長期是和平運動的輿論領袖。但是胡適在和戰問題上，他的公開言論和私下信念之間其實存在相當大的差距。這並不表示胡適言不由衷或是假冒偽善，其真正的理由是，他認為他的公開言論必須表現出樂觀態度，以維持中國的民心士氣，而他私下對局勢的看法其實趨向更悲觀。在滿洲事變發生時，胡適在日記中透露，他其實早就料到這類事件會發生，而他對中國本身的無能的憤怒，遠遠超過他對日本殘暴的譴責[9]。

---

9 《胡適的日記（手稿本）》，1931 年 9 月 19 日。

在討論中國外交處境時，胡適也和當時其他許多國人一樣，嚴詞譴責那些向日本人出賣國家利益的中國人[10]。然而在所有1930年代中日關係的危機中，胡適一直堅持認為中國國力太弱，無法和日本人作戰。因此中國必須向日本讓步，以求換取更多的時間去增強國力和贏取國際支持。在當時中國輿論壓倒性地主張抗日的聲浪中，胡適堅持己見，認為和平是挽救中國的唯一途徑，以致激怒不少反對者把他貶稱為投降派[11]。

胡適對中國本身羸弱無能的失望，還夾雜著一絲事出無奈的對日本的贊許，認為日本現代化和自強運動的成績，實在應該被中國用來作為學習的榜樣[12]。令胡適特別讚許的，是日本人民所擁有的某些品質（例如：節儉、紀律、對中國藝術和哲學的珍惜）。他甚至認為日本在日俄戰爭中贏得勝利，正好證明黃種人可以經由競爭去擊敗白種人。而他本人在日本旅行時所受到日本人民有禮貌而毫無歧視的接待，也正好和他在西方國家受到的種族歧視待遇形成強烈對比。這都增加了他對日本的好感[13]。

但是我們千萬不可以把胡適的「主和言論」誤認為他是一位無條件的「和平主義者」。胡適既沒有為日本的侵略行為解脫，也沒有盲目迷信和平是最好的途徑。他只是認為，無論中國人在情緒上如何慷慨激昂地聲討日本，只要是中國國力繼續軟弱不振，和平就是當前最務實的出路。

胡適在1930年代的政論中一貫申張兩個觀點。

一，他譴責日本的侵略行為，同時不遺餘力地運用各種渠道試圖說服日本人民，他們對中國的侵略只能給他們自己的國家帶來災難[14]。胡適要求日本人千萬不可蒙蔽自己，以為僅靠「中日親善」的宣傳伎倆就可以化解中國人

10　胡適，〈我們可以等候五十年〉，《獨立評論》，第44號（1933年4月2日），頁4。

11　有關胡適在1931-1937年對於和戰問題的言論，見：蔣永敬，〈胡適與抗戰〉，《中華民國建國八十年學術討論會》，第1冊（台北：近代中國出版社，1991）。

12　胡適致陳英斌函，1935年7月24日，《胡適來往書信選》（中國社會科學院近代史研究所中華民國研究室編，北京，中華書局，1973），第2冊。

13　任駿、蔣薷，〈胡適與蔣廷黻〉，未發表之文稿，頁5。

14　胡適，〈日本人應該醒醒了〉，《獨立評論》，第42號（1933年3月19日），頁2-4。

的仇恨心。事實上，胡適所最擔心的是，中國人民對日本的仇恨已經高漲到寧可冒著自己亡國的災難，也發誓要達成毀滅日本的目的[15]。

二，他同時也勸告本國同袍，千萬不可對中國前途存在虛幻的樂觀。他警告國人，日本對華的領土野心遠遠沒有達到讓它滿足的地步。而且在中國徹底降服之前，日本的侵略行為將不會停止。因此他也呼籲國人千萬不可心存僥倖，以為太平洋地區一旦發生大戰，中國的困境就可以迎刃而解。他指出：日本之所以能夠在亞洲肆意妄為，正是因為西方國家只關心它們自己的問題[16]。

基於上述這些理由，胡適主張，解救中國危機的出路必須掌握在中國人自己手中[17]。他同時指出，解救中國之道絕不是依靠發洩情緒而已。恰巧相反地，他大聲譴責那些鼓動反日情緒的群眾運動健將，認為他們只知道耍嘴皮去發洩個人情緒，而不願意為了建設強大的祖國而付出辛勞血汗，他直指這種人最為無恥。他把自己的主張講得清楚乾脆：中國只有依靠苦幹，而不是玩耍嘴上功夫，才能成為強國，才能洗刷國恥[18]。基於這個理由，胡適主張：人民對過去歷史上所發生的國恥事件，每一天都應該牢記心頭，而不是只逢每年的周年日才去舉行虛有其表的追念[19]。胡適同時指出，抵禦外侮的先決條件是改革內政[20]。因此國人若在中國變成強國之前整日叫囂雪恥復國，只是逃避現實，自欺欺人，毫無意義。胡適最強調的論點是：中國決不可以貿然陷入一場全面性戰爭，而因此摧毀了將來自立圖強的希望。

以上簡短的回顧可以幫助我們了解，為什麼當中國人民普遍在要求政府

---

15 胡適，〈敬告日本國民〉，《獨立評論》，第178號（1935年11月24日），頁10-14。

16 胡適，〈今日的危機〉，《獨立評論》，第99號（1934年5月6日），頁24；〈保全華北的重要〉，《獨立評論》，第52-53號合冊（1933年6月4日），頁2-6。

17 胡適，〈內田對世界的挑戰〉，《獨立評論》，第16號（1932年9月4日），頁2-3；〈國際危機的逼近〉，《獨立評論》，第132號（1935年1月），頁2-4。

18 胡適，〈整整三年了〉，《獨立評論》，第119期（1934年9月23日），頁2-4。

19 胡適，〈慘痛的回憶與反省〉，《獨立評論》，第18號（1932年9月18日），頁8-13。

20 胡適，〈跋蔣廷黻先生的論文〉，《獨立評論》，第45號（1933年4月2日），頁6-8。

立即進行全面抗日之際，胡適卻依然堅持要求政府採取和平方針。胡適從來不自認為是一個「和平主義者」，他反而強調自認為是一位務實主義者。他最引以為自豪的是，在國家處於極端危機狀態下，他依然能夠維持頭腦清醒，以理性態度去分析世局。對他而言，中國面臨的選擇非常簡單：只要中國能夠強盛，則以前歷史上所有喪失的權益都可以收回。但是如果中國繼續羸弱，則絕不可輕易從事戰爭。1933年，胡適在他著名的文章〈我們可以等候五十年〉中曾經指出，一個國家的生命可以延續數千年，因此當代中國決不可以為了逞一時之快，只求取眼前的報復而犧牲一切。因為這樣的報復既無意義，也無法實現。他引用了法國的例子，它要等了48年之後（1918），才把1870年割讓給德國的失土（Alsace and Lorraine）收回。他鼓勵中國人也應該發揚同等的決心和毅力，先埋頭苦幹把中國變成強國，然後才去跟日本人算帳[21]。

　　如果我們細心研讀胡適言論就可以發現，他對中日關係的想法其實不斷在進行修正。在滿洲事變發生後的頭幾個月中，他主張接受日本政府所提的條件作為談判基礎。等到日本悍然拒絕國際聯盟調停後，他改而認為和日本談判並不能產生任何積極成果。然而這也並不表示談判破裂就必須走向戰爭。用胡適自己的話說，他在個人良心上無法鼓勵中國人民犧牲生命去維護國家的權益。說到最後，胡適既不主戰，也不主張屈服，而是希望以拖延時間的方法來換取一個機會，使中國得以變成強國[22]。胡適引用了美國政府最近所宣布的「不承認」主義（史汀生主義Stimson Doctrine），以及國際聯盟新近在處理中日「滿洲國」事件糾紛時所採取的支持中國的立場，它們都讓胡適相信中國應該堅決拒絕和日本進行任何談判，除非談判的內容是如何恢復中國在東三省的主權[23]。

---

21 胡適，〈全國震驚以後〉，《獨立評論》，第41號（1933年3月12日），頁2-4；〈我們可以等候五十年〉，《獨立評論》，第44號（1933年4月2日），頁2-5。

22 胡適，〈我的意見也不過如此〉，《獨立評論》，第46號（1933年4月16日），頁2-5。

23 胡適，〈我們可以等候五十年〉，《獨立評論》，第44號（1933年4月2日），頁2-5。

B. 胡適轉變成主戰派的心路歷程

胡適究竟是在何時從主和派變成主戰派？這個問題並不容易回答。不少學者相信胡適立場改變的契機是淞滬戰爭，而胡適本人的某些文字也確實可以被用來支持這個觀點。但是也有其他跡象顯示，他的改變在稍早時節即已萌芽。根據胡適自己記載，在1935年6月10日那天，日本政府向中國政府施壓，要禁止一切中國人民反日言行，這一發展使得胡適相信，中國必須從事武裝抵抗[24]。到了1936年初，胡適在《大公報》、《時事新報》的公開言論已經毫不掩飾地顯示對日本的敵意，以致激起日本駐華外交人員向中國政府提出抗議[25]。

1937年4月，胡適在致好友蔣廷黻的信件中坦言，他在過去一年中已經變成是一個徹底的「反日者」，因為他對日本感到可悲和可恥。他並且相信日本武力擴張的成果已經超越其所能消化的程度。如果日本人不能及早自我反省，則災難必將不可避免[26]。

這些文字顯示，胡適的私下態度和他的公開言論之間的距離越拉越大。我們無需懷疑胡適的愛國心，也不必像當時某些報刊把他看成是親日派[27]。但是即使當1935年他在私下已經承認中日之間不免一戰時，他依然不遺餘力地想防止戰爭爆發，或是至少儘量延緩它的爆發日期。

胡適在1937年初，在一篇登載於《外交學報》（*Foreign Affairs*）的文章裡曾經寫道：

概而言之，對於遠東局勢不外有兩種看法。持第一種看法的人士認

---

24 Chou, Chih-ping ed.（周質平編），*A Collection of Hu Shih's English Writings*（Taipei: Yuanliu Publishing Co. 1995), p. 698. 此時正值所謂何梅協定簽訂之時。

25《翁文灝日記》，1936年5月21日。

26 胡適致蔣廷黻函，1937年4月25日，見：耿雲志，〈七七事變後胡適對日態度的改變〉，《抗日戰爭研究》，no. 3，1992年2月分，頁194。

27 有關1950和1960年代，中國大陸某些學者的言論，見：耿雲志，〈七七事變後胡適對日態度的改變〉，《抗日戰爭研究》，no. 3，1992年2月分，頁193。

為，該地區的爭端完全無法經由和平手段予以解決。這種人可以被稱之為失敗主義者。與此同時，另外依然有些樂觀主義者，他們認為最近太平洋地區所產生的權力均勢上的改變，說不定會為有遠見和進取心的政治家提供一個機會，去找到和平解決的方案。本文作者在未來幾頁文章裡，將會申述為什麼我把自己列為少數樂觀主義者的理由。[28]

當戰爭終於爆發時，胡適立即趕上盧山參加會議（7月12日），而此時他依然懷著一絲希望，如果華北守軍可以就地阻擋日軍攻勢，則就可以將戰爭局部化。雖然此項希望很快就遭到破滅，胡適仍然堅信中國此時決不可進行全面戰爭，因為他估計中國還需要有10年的準備和訓練，才有能力保衛國土。情況既然如此，則中國政府除了向日本妥協之外，別無其他選擇[29]。

在一封寫給蔣廷黻的私信裡（1937年7月31日），胡適把他對和戰的想法做了最完整的分析，同時還對中國和蘇聯各自面臨的困境進行了一番比較。蔣廷黻和胡適一樣，其立場也是主和反戰。如同蔣廷黻所指出，儘管蘇聯的國力遠遠超越中國，但是依然極力追求和平。因此中國更應該加倍努力避免戰爭才對。但是胡適還比蔣廷黻更進一步地指出，兩國間的重要差別是：蘇聯有足夠的力量可以避免戰爭，而中國卻沒有同等的力量。按照胡適的分析，蘇聯的力量來自它有抵禦外侮的軍事武力，還有對內部嚴密的控制力。而中國兩者都缺乏。難怪胡適認為，中國根本沒有力量去抵禦外侮，也沒有力量去接受喪權辱國的和平條件而還能維繫國家的統一。因此，中國的悲劇乃是，儘管其國家領袖們竭盡全力去避免戰爭，然而戰爭終究無法避免[30]。

28　Hu Shih, "The Changing Balance of Forces in the Pacific," *Foreign Affairs*, Vol. 15, No. 2（January 1937）, reprinted in Chou, Chih-p'ing, *A Collection of Hu Shih's English Writings*, p. 701.

29　胡頌平編，《胡適之先生年譜長編初稿》（台北：聯經出版公司），第5冊，頁1611。又見：耿雲志，〈七七事變後胡適對日態度的改變〉，《抗日戰爭研究》，no. 3，1992年2月分，頁186-198。

30　胡適致蔣廷黻信，1937年7月31日，耿雲志編，《胡適遺稿及秘藏書信》，第20冊，頁200-

　　雖然胡適對局勢的看法如此悲觀，但是他依然沒有放棄對維持和平的努力。為此胡適在7月30日求助於另外一位朋友高宗武（時任外交部亞洲司司長，是日本事務專家，政治立場接近汪精衛），敦促中國政府務必要保持和日本政府外交溝通的渠道。他同時也希望中國有領袖能夠拿出政治家的擔當，去尋求中日衝突的和平解決方案。

　　當胡適在次日（7月31日）得知蔣介石已經做出對日抗戰的決心時，他仍然要求政府不可放棄以外交手段解決衝突的可能性[31]。在此後兩周中，胡適一再呼籲中國應該忍辱負重尋求和平解決中日衝突。他所持的理由相當簡單：既然中國必定會戰敗，然後被迫尋求和平，就不如及早尋求和平，以免國家遭受大幅破壞。在他和蔣介石與汪精衛的私人接觸中，胡適甚至建議他們可以以承認「滿洲國」作為爭取和平的條件[32]。

　　8月6日，胡適再度為和平做出新努力。他把一封未署名和未標示日期的長信（胡適親筆書寫，共4頁）委託陳布雷（蔣介石私人秘書）轉交給蔣介石。胡適在信中建議中國政府可以以承認「滿洲國」作為交換條件，要求日本歸還其他從中國奪走的領土，從中國境內撤走日本軍隊，放棄一切不平等條約下的特權，並承諾此後永遠尊重中國的領土和行政主權。

　　胡適建議中日兩國應該簽訂一項互不侵犯條約，兩國同時也應該各自與蘇聯簽訂同樣的互不侵犯條約，以維持亞洲地區的全面性和平。最後，日本還應該重返國際聯盟[33]。無可置疑的，這是胡適在這個和戰最後關頭對於和平問題所提出的最完整的方案，也提出了他為和平所做出的最大讓步。在此需要指出的是，胡適並不是主張讓東三省永遠脫離中國主權，而只是把它當成是一時的權宜之計，他最終願望是讓「滿洲國」人民能夠經由公民投票方式重新回歸中國。

　　201。根據胡適在1948年1月12日所附的一張紙條上的文字顯示，上述給蔣廷黻的信件可能並未寄出，見：《胡適遺稿及秘藏書信》，第20冊，頁202。

31 《胡適的日記（手稿本）》，1937年7月31日。

32 王世杰對於他和胡適談話的記錄。見：《王世杰日記》，1937年8月3日。

33 胡適信件的原件，見：《蔣介石特交檔案：中日戰爭》，第33輯，《和平醞釀》，#45688。

　　依照胡適樂觀想法，日本政府必定會歡迎他的建議。他同時也提出警告說，當前中國國家命運是寄託在中央軍之上，因此決不可以讓中央軍去冒著潰敗危險[34]。蔣介石雖然沒有指名道姓地批判胡適，但是他在7日召開的國防最高委員會會議上，卻極力訕嘲胡適的建議內容。其他與會領袖們則表現出高度憤慨，參謀總長程潛將軍甚至公開指斥胡適是漢奸，居正則要求政府將胡適立即逮捕法辦[35]。

　　要想了解胡適對和戰問題的態度，最好的方法就是直接去看他本人的文字。胡適在1937年8月6日致蔣介石的長函，開宗明義地寫道，「介石先生：只有一句話，就是在應戰之前，還應該做一次最大的和平努力。」[36]胡適列舉了三個理由：1. 近衛內閣是一個主張和平的內閣，他內心希望不讓軍人干涉他的外交政策；2. 日本本身財政有困難，因此也需要和平；3. 中國好不容易達到國家統一的雛形，靠的就是有一支現代化的軍隊（中央軍）。萬一這個軍隊被摧毀，則「國家規模就很難支持，將來更無較光榮的和平解決的希望了。」

　　在不戰的前提下，胡適認為中國的外交努力目標應該有兩個：1. 徹底調整中日關係，謀求中國可以獲得五十年和平建設機會；2. 運用目前手中的軍事實力作為後盾，用外交方法恢復新失的疆土，保全未失的疆土。

　　五十年中國和平建設的思考根據是什麼？和過去幾年一樣，胡適還是引用了歐洲歷史，指出法國在普法戰爭中失敗之後，簽訂了喪權辱國的合約，然後臥薪嘗膽44年才打敗德國，贏得收復國土，恢復國家榮譽。鑑於此時中日之間軍力差距遠遠超過當年的普法之間，因此中國需要保證獲得50年的和平建設期間，才可能達到同樣效果。

　　那麼中國又如何能夠說服日本讓中國有五十年的和平建設機會呢？胡適提出的「壯士斷腕」建議就是放棄東三省，以換取日本尊重中國在其他地區

34《胡適在抗日戰爭時期的一部分日記》，《近代史資料》，no. 2，1995。

35 會議上多數人不但否決和平，同時決定加速備戰。《王世杰日記》，1937年8月7日，11月21日。

36 胡適致蔣介石函，1937年8月6日，《蔣中正總統文物》，#002080200622002。

的疆土和行政權的完整性。而他也判斷日本將會接受此項安排，因為滿洲是日本在亞洲大陸最大的領土野心。最後胡適寫道，「如果　先生認清國家五十年的和平，是值得一切犧牲的，那麼，只有掬至誠請求政府與國人給　先生全權作戰前之最後一次和平努力。」[37]

事實上，在盧溝橋事變後的幾週內，很少有政府領袖們對於抗日有高度決心或是整體戰略計劃。胡適在此期間所持的立場基本上和汪精衛及所謂的「低調俱樂部」成員最為接近。這些人主和的理由一是中國國力過弱，根本不是日本對手；二是此時開戰對中國國家利益和國民黨都大為不利，反而有利於蘇聯和中國共產黨[38]。

但是更多政府領袖們在面對如此巨大國難時，變得手足失措。他們既害怕中國會在戰爭中遭受慘敗，又害怕中國如果懼戰將會導致國內分裂。這些人唯一的選擇是把「和」與「戰」的選擇權完全交給蔣介石，然後無條件地追隨蔣介石接受一切後果[39]。

最後，還是有一小群領袖們堅信中國除了抗戰之外，別無他路可走。比如說王世杰就認為，即使中國委屈接受和平也將會無力量維護和平，因為中國本身缺乏力量監督日本忠實履行和平條款，而西方列強也沒有任何意願作為中日和平的擔保人。這樣就可能使中國為和平而做出的犧牲變得毫無價值，因為日本在未來仍然可以無止境地要求中國做出新讓步。如此說來，和平只能給中國帶來災難和內部分裂，而給日本更充足的時間去準備下一波的侵略行為[40]。

---

37 胡適致蔣介石函，1937年8月6日，《蔣中正總統文物》，#002080200622002。
38 《周佛海日記》，1937年10月6日。事實上，當時許多人都擔心戰爭的代價可能太大。見：張忠棟，《胡適五論》（台北，允晨文化公司，1987），頁111。
39 《王世杰日記》，1937年8月3日。
40 《王世杰日記》，1937年8月3、5日。

IV. 蔣介石抗戰思想在 1937 年的演變

A. 蔣介石的主戰言行

　　有趣的是，相對胡適而言，蔣介石本人的態度也有一個逐漸轉變的過程。大致而言，從 7 月 7 日他得知日軍在華北地區向宋哲元部隊開火之後，他就不斷地在推測日本尋釁的動機究竟何在？是想趁中國備戰準備尚未完成之前迫使中國屈服？是與宋哲元為難，逼使華北獨立？中國的決心應戰是正確的時機？全面戰爭果真是日本的利益所在？這些疑問一直在蔣介石心中盤算。但是無論如何，他決定派遣中央軍趕往華北積極備戰[41]。關於盧溝橋事件，蔣介石的態度是，「此為存亡關頭，萬不使失守也。動員六師北運增援，如我不有積極準備示以決心，則不能和平解決也。」[42]從字面看來，此時只有做出「決心」的表示，才能為未來「和平解決」鋪路。是和是戰尚在觀望之中。

　　在此後的十餘日中，蔣介石仍然無法判斷日本的真實動機到底是要維持華北戰局的局部化，抑是要使之擴大？但是他本人則利用這段時間爭取四川、廣西地方軍人同意出兵到江南地區作戰[43]。7 月 19 日，蔣介石寫道，「應戰之宣言既發，再不作倭寇迴旋之想，一意應戰矣。」[44] 7 月 26 日又寫道，「遭必不能免之戰禍，當一意作戰，勿再作避戰之想矣。」[45]至此，作戰的決心已經形成。

　　在這些動亂日子裡，蔣介石全神關注的大事是作戰，對於外交問題無法分心照應。7 月 15 日，他在日記中提到，英美兩國似乎有意調停衝突，但是一日之後，兩國政府只是各自建議中日雙方應該尋求解決爭端，而沒有採取

---

41 《蔣介石日記》，1937 年 7 月 7、9 日。

42 《蔣介石日記》，1937 年 7 月 10 日。

43 《蔣介石日記》，1937 年 7 月 10-17、23 日。

44 《蔣介石日記》，1937 年 7 月 19 日。

45 《蔣介石日記》，1937 年 7 月 26 日。

共同行動，因此並沒有產生效果。而蔣介石本人也沒有表態。一直到25日，蔣介石才召見美國駐華大使，告以中國的衝突非常危險，希望列強能夠給予密切注意，但是仍然沒有向它們提出具體要求[46]。

到了7月底，蔣介石已經開始思考政府在長期抗戰的需要下必須遷都，此時他考慮的地點是武漢、長沙，或是廣州[47]。到了8月7日，中國政府對於在江南地區的作戰準備已經有了信心。「動員各部集中者已十分之八矣。」日本當然也知道中國要在淞滬進行作戰的企圖，因此在12日，當中國政府得知日本有運輸艦8艘或將載兵抵達上海，蔣介石迅速下令沉船封鎖吳淞口。滬戰隨之而起[48]。依照蔣介石此時估計，「**倭寇戰爭持久時期約可一年。**」[49]而且內心充滿樂觀，「惟望神聖保佑中華，**使滬戰能急勝也。**」[50]可見蔣介石對於淞滬戰役的指望，從最初開始，其重點並不是借此虛晃一招希圖引起國際干預，而是有預謀地集結一切政府能掌握的精銳之師，在淞滬地區主動挑釁日軍，求取「急勝」，摧毀敵人銳氣。

B. 和戰選擇的紛擾和胡適的轉變

關於是和是戰的問題，幾乎從盧溝橋事變一開始，主和派的勢力就很大，立場也很明顯，並不躲躲閃閃，對蔣介石造成很大的困擾。蔣介石在7月19日日記中抱怨，「決定發表告國民書，人之為危阻不欲發，而我以為轉危為安，獨在此舉。但此意既定，無論安危成敗在所不計。惟此為對倭最後之方劑耳。惟妻獨贊成吾意也。」[51] 7月下旬，中國政府探知，日本派了西園寺的孫子到中國來探測中方的意態。但是在此時刻蔣介石個人對於戰局的判斷充滿樂觀。他認為東京政府對於和戰問題已經喪失決定權，理由是在中國

46《蔣介石日記》，1937年7月14、15、25日。

47《蔣介石日記》，1937年7月31日。

48《蔣介石日記》，1937年8月4、7、12日。

49《蔣介石日記》，1937年8月13日。

50《蔣介石日記》，1937年8月14日。

51《蔣介石日記》，1937年7月19日。

前線的少壯派軍人根本不聽指揮。因此即便是東京政府示意求和，中日之間的衝突也不會停止。依照這個推理，中國即使回應和談也不能維護國家利益。反之，如果堅持抗戰，其實前途並不晦暗。因為依據他的判斷，「若我能持久，則倭必不能久持也。」他所持的理由是日本經濟根本無法支持長期抗戰[52]。至7月29日平津失守，蔣介石依然毫不洩氣，反而說，「倭寇欲以占領平津求告一段落，其弱點益露矣。」[53]而他對於自己一手締造而由德國顧問訓練的中央軍的表現，也感到信心十足，**「余得享余手造之收成**，天之所以賜余者，何獨厚耶？能不勉勵？」[54]

　　但是國內主和派的言論和活動顯然是個不斷的干擾。這使得蔣介石在9月8日不得不寫道，「主和意見派應竭力制止。」又寫道，「時至今日，秖有抗戰到底之一法。」次日更寫道，「除犧牲到底外，再無他路，主和之見，書生誤國之尤者。此時尚能議和乎？」難怪蔣介石會感歎，「對外非難，對內為難。」又說，「內部複雜，唯有逆來順受耳。」[55]

　　幾日之後淞滬戰局開始逆轉，但是蔣介石似乎並沒有為之沮喪，他寫道，「各部死傷大半，已覺精疲力盡，若不堅持到底，何以懾服倭寇，完成使命也？」[56]次日，他的決心似乎更加堅定。在講了一大篇對敵堅韌戰鬥的戰術之後，他總結性地寫道，「雖至最後之一兵一彈，亦必與敵在陣中抗戰到底，上下共存一息尚存此志不懈之決心，凡我中國之寸土尺地，皆之灑滿吾中華民族黃帝子孫之血跡，使我世世子孫，皆踏此血跡而前進，永久不忘倭寇侵略與慘殺之痛史，必使倭寇侵略之武力，摧毀滅絕，期達我民族鬥爭最後之勝利。吾知以我將士過去犧牲之壯烈悲慘，總理與陣亡將士在天之靈，

---

52 《蔣介石日記》，1937年7月26日。

53 《蔣介石日記》，1937年7月29日。

54 《蔣介石日記》，1937年7月31日。有關七七事變中日雙方的信息溝通管道、決策過程，和南京—東京—北平三地中日政府及前線軍人的角色和互動關係的最新詮釋，見：郭岱均編，《重探抗戰史（一）》，第一章。

55 《蔣介石日記》，1937年9月8、9、11、25日。

56 《蔣介石日記》，1937年9月10日。

必能佑輔我軍將士完成復興民族之使命也。」[57]

　　一旦蔣介石做出了如此堅毅的抗戰決心，他對於胡適這種嘮叨不捨的為和平奔走當然就益發感到不耐，特別是胡適的活動似乎是受到汪精衛支持。蔣介石認為胡適的主和論調只能打擊國人士氣，因此反而加強了他自己的決心，不容抗戰的準備工作受到影響。蔣介石此時唯一做出的讓步，就是答應汪精衛和胡適，他不會命令外交部長王寵惠去徹底關閉中國政府和日本外交接觸的管道。在8月初，當胡適仍在不厭其煩地鼓吹和平論的同時，蔣介石政府已經秘密決定把首都從南京遷往一個內地城市，以便進行長期抗戰[58]。

　　豈知一個戲劇化的轉變是，淞滬戰爭爆發最終讓胡適從一名苦口婆心的主和派轉變成為一名旗幟鮮明的主戰派，而且從此堅決反對和日本進行任何調和試探。到了9月初，胡適開始對以前主和派的同志們（汪精衛、陶希聖、高宗武）宣稱，和平要比戰爭困難一百倍[59]。胡適這種劇烈的轉變當然很快就引起了國民政府的注意，而後者在此時也正在物色一位恰當人選到美國去推動外交關係[60]。

　　但是胡適個人立場的轉變並沒有立即影響到國民政府的外交方針大計。雖然蔣介石在9月初決定派蔣百里赴德國和義大利進行外交工作。與此同時，也決定派胡適赴美。然而這兩個外交使命的根本差別是，蔣百里赴歐洲是負有具體的軍事戰略外交使命，而胡適的赴美則不過是去摸著石子過河，因為美國在中國外交上的重要性尚未顯露出來。在開戰的頭三個月內，蔣介石在日記中第一次把注意力放在外交問題上是在9月底。而他所希望的，是九國公約會議能夠如期召開，並希望對德國和義大利能夠加強外交運用。至

---

57 《蔣介石日記》，1937年9月11日。

58 《王世杰日記》，1937年8月5、6日。

59 胡適致蔣廷黻函，1938年1月12日。《胡適來往書信選》，（中國社會科學院近代史研究所中華民國研究室編，中華書局，1979），第2冊，頁364。《胡適筆記》1938年1月12日，《胡適遺稿及秘藏書信》，第20冊，頁202。

60 關於胡適被選為駐美特使的背景，請參閱：吳相湘，〈胡適，但開風氣不為師〉，《民國百人傳》，第1冊（台北：傳記文學出版社，1982），頁113-213。

於美國，則是希望它能夠召開太平洋會議，借此鼓勵英國和蘇聯在亞洲事務上能夠採取更積極的態度。當然，如果美國能夠對日本施行經濟制裁，則最為理想。但是中國政府此時並沒有形成具體方案[61]。

換言之，中國政府的外交關注點仍舊停留在重歐輕美階段。到了 10 月底，淞滬戰爭敗象已露，然而蔣介石的外交方針並未隨之修正。中國政府對於在九國公約會議上所要採取的態度是：1. 不妥協，但是不拒絕列強調停；2. 如調停失敗則責任由日本擔負，促使列強對日本不滿而採取經濟制裁；3. 淞滬戰爭和華北戰爭必須同時解決，而不可分割處理。與此同時，蔣介石也預測，如果日本無法儘快結束淞滬戰爭，則它將拒絕出席九國公約會議[62]。換言之，中國政府除了在淞滬戰爭上堅持抵抗之外，在外交上則把重點擺在九國公約會員國，爭取它們的同情和支持，並且判斷日本政府當會拒絕參加九國公約會議，因此而激怒列強去採取經濟制裁。值得注意的是，中國政府此時外交努力的目標並不指望導致列強武力制裁。

蔣介石在 10 月底對於中國抗戰的大策略和外交關係，做了一個通盤性分析，在此值得我們細心研讀。他寫道：

十年以來對倭之決心與初意：

甲、如我與之妥協，無論至何程度，彼少壯侵略之宗旨必得寸進尺，漫無止境，一有機會，彼必不顧一切信義，繼續侵略不止也。

乙、即使解決東北問題，甚至承認，彼以後亦必侵華，毫無保障，一時妥協，不惟不能奏效，徒自破壞人格與國格而已。

丙、倭之望我與之妥協者，其唯一目的為破壞我人格，使中國無領導中心也。

丁、此次抗戰，無論結果與成敗如何，但如不抗戰而與倭寇妥協，則今日國亂形勢，絕非想像所能及也。

61《蔣介石日記》，1937 年 9 月 30 日。

62《蔣介石日記》，1937 年 10 月 23 日。

戊、倭寇非先擊敗我革命軍，確實處置中國後，決不敢對俄開戰。故我
　　國雖欲與倭謀妥協以待機，絕不可能。

己、總之倭寇對我，一得國際動搖機會，必先向我進攻。此無可挽回，
　　亦不能用任何策略轉移者也。

庚、此次抗戰實逼處此，無可倖免者也。與其坐以待亡，致辱招侮，何
　　如死中求生，保全國格，留待後人之繼起而復興。況國際形勢，非
　　由我自身犧牲，決不能喚起同情與干涉耶？

辛、解決中倭問題，惟有引起國際注意與各國干涉。今九國公約會議已
　　有召集確期，國際盟約亦有較好之決議，此乃抗戰犧牲之效果也。

最後他說道，「如此次再不抗戰，則國民之精神消沉，民族等於滅亡矣。」[63]

　　蔣介石的這一大篇日記中的私語，可以說是把心中的話說得淋漓盡致。
但是我們在此還可以做出一點分析。首先，他把對日必須抗戰而不可求
和的理由（甲、乙、丙、丁），說得比當時許多政治領袖們和學者們要更全
面性而更透徹。這是他「**十年來**」思考的結果，自然有其深刻之處。其次，
他對抗戰必須不惜一切犧牲進行到底的理由（戊、己和庚的前半部）也再三
強調。雖然他沒有採用「苦撐」一詞，但是含義高度重疊。其三，他當時的
看法也是，中日衝突最後解決脫不了列強的干涉（辛）。九國公約會議和國
際聯盟都是政府外交活動的焦點，贏得他們的同情使日本孤立，或是動用經
濟制裁手段使日本屈服。但是一切這些國際變化可能性的前提，都是非要中
國先做出重大犧牲不可。至於蔣介石心目中所謂的國際行動到底能夠指望帶
來何種後果，蔣介石寫道，「宗旨。祇要第三國參加保證，則可調停。若中
倭直接妥協，則任何條件皆不願問。惟有抵抗到底，雖至滅亡，亦所不
惜。」「停戰必有保障與撤兵日期。」11月初，日方又委託德國傳達媾和條

63《蔣介石日記》，1937年10月31日。

件，並提出防共協定，遭到蔣介石「嚴詞拒絕。」[64]

C. 1937年底和談氣焰再度高漲和蔣介石的對策

　　但是11月是中國抗戰的一個內憂外患夾攻的月分，此時淞滬戰爭的敗象更為明顯，而且已經無可挽回，於是求和之議再度活躍。依照蔣介石說法，「老派與文人動搖主張求和，彼不知此時求和，乃為降服而非和議也。」[65] 11月下旬，國軍的潰敗局面更加驚人，戰敗的士兵淪為打家劫舍。「抗戰結果，東南財賦之區，反成為散兵遊勇搶劫之場。此乃戰前未曾想到之事，痛心疾首，無踰於此。實為抗倭惟一之致命傷也。」又寫道，「文人老朽以軍事失利，皆倡和議，高級將領，皆多落魄望和，投機取巧者更甚。若輩毫無革命精神，究不知其昔日倡言抗戰如是之易為，果何所據也？」[66]

　　所以蔣介石把注意力放在把國民政府遷往四川，和籌畫大局上。同時試圖坦誠告知英、美、法、蘇聯等國，中國抗戰的能力有限，如果不能得到國際組織的制裁行動，則抗戰前途將大受威脅[67]。但是即便處此逆境，蔣介石的信心似乎絲毫沒有動搖。他在日記中寫道，「戰敗敵軍，制服倭寇之道，今日除**在時間上**，作長期抗戰，以消耗敵力，**在空間上**謀國際干涉，與使敵軍在廣大區域，駐多數兵力，使之欲罷不能，進退維谷，方能制敵之死命，貫徹我基本主張。此旨萬不可稍有動搖。國際局勢不可視為沉寂無望，全可由我自造之也。」[68]由這段話可以看出，在蔣介石宏觀戰略思想中，已經開始注意把「時間」和「空間」之間的辯證關係在中國戰場上加以運用。

　　值得注意的是，蔣介石的堅決抗日並不純粹是意氣使然，而是顯然經過深度的理性思考。作為主戰派最高領導人，他並非對於主和活動一無所知。相反地，在七七事變後相當一段時期中，他收到大量情報關於在各種不同程

---

64 《蔣介石日記》，1937年11月1、5日。

65 《蔣介石日記》，1937年11月20日。

66 《蔣介石日記》，1937年11月30日。

67 《蔣介石日記》，1937年11月15、17日。

68 《蔣介石日記》，1937年11月30日。

度上和各種不同身分的日本人之間產生的和談接觸。這些報告來自周作民、
鄭介民、陳儀、高宗武、董道寧和袁良等人[69]。

儘管如此，他在11月底淞滬戰爭全盤崩潰之際，卻很理性地把長期抗
戰能夠帶來的最惡劣後果做了一番梳理，其內容非常有趣。他寫道：

> 考慮長期抗戰之最惡場合：
> 甲、各省軍閥割據，國內分崩離析
> 乙、共黨乘機搗亂，奪取民眾與政權
> 丙、散兵游勇到處搶劫，民不了（聊）生
> 丁、人民厭戰，共黨煽動，民心背棄
> 戊、政客反動離間，各處偽政權紛起
> 己、各國與倭妥洽，瓜分中國
> 庚、倭俄以中華為戰場，陷於西班牙水深火熱地位
> 辛、財政竭蹶，經濟枯梏，社會紛亂。[70]

七十多年後重讀這些話，不禁令人感慨萬千。依照蔣介石推想，長期抗
戰的最惡劣的場合不啻是一個火焰坑。在不同程度上，這八個最壞的結局都
先後出現。其中唯一比較離題的是（庚）項，中國沒有淪為西班牙，但是在
抗戰最後的幾天卻果真成為日本和蘇聯的戰場。

更令人震驚的是，即使蔣介石當時對於這個火坑看得很清楚，但是依然
橫了心往裡面跳。而他所持的理由在上述引用的10月31日的日記中已經說
得非常明白。在這個意義上，蔣介石並不是一位閉著眼睛帶領國家瞎碰亂撞
的頭腦簡單的軍人，反而是一位明知其會導致他的個人和國民黨政權遭遇粉
身碎骨命運，但仍舊勇往直前的民族主義者。這就解釋了為什麼當德國大使

69《特交檔案：中日戰爭》，第27冊。這些文字對於和談研究非常有參考價值。

70《蔣介石日記》，1937年11月30日。

再度趁中國新敗之時轉達日本的和平條件時，蔣介石依舊悍然拒絕[71]。當然與此同時，蔣介石還要面對國內日益高漲的和平呼聲。依他形容，「近日各方人士與重要同志，皆以為軍事失敗，非速求和不可。幾乎眾口一詞，此時若果言和，則無異滅亡，不僅外侮難堪，而且內亂益甚。彼輩只見其危害，而不知敵人之危害甚於我也。不有主見，何以撐持此難關耶？」[72]

　　1937年12月是一個更難熬的月分。南京的防衛瞬息瓦解，日軍展開全面總攻擊。此時國民政府面臨的是一場此前完全沒有預料到的大災難。12月26日，蔣介石在心力交瘁情況下生了一場大病，發高燒至華氏101.2度，不能起床。當晚德國大使卻轉來日本最新的和談條件。主要是：1. 要求中國政府放棄親共、抗日、反滿政策，承諾與日本共同防共；2. 某些地區劃為不駐兵區，並成立特殊組織；3. 中日兩國成立經濟合作；4. 中方向日方賠款。日方的附帶條件是日軍在談判進行時不停戰，而且中方代表必須到日方指定地點和日方進行直接談判。蔣介石在看到德國轉來的條件後第一個反應是大為高興，認為日方條件既然如此苛刻，則終於可以讓主和派從此死心。因此他除了置之不理之外，還以為中國內部不致再發生糾紛[73]。

　　豈知蔣介石仍然低估了主和派的信念和能耐。因為當他次日向國防會議報告日方條件時，與會者居然熱心議和，而老一輩政治人物的言行也令他感到特別氣憤。「于右任等且評余為優柔而非英明，此種糊塗憑（評）論固不足計較，但一經失勢，則昔日趨炎附勢者，今皆變為投石下井矣。本黨老糊塗亡國元老之多，此革命之所以至此也。」[74]這番話說得既火冒三丈，又沉痛無奈。但是它們非常正確地表露了蔣介石力排和談眾議，而要把抗戰進行到底的決心。到了1937年最後的幾天，蔣介石把堅持抗戰的決心就表露得更無迴旋餘地。他寫道，「外戰如停則內戰必起，與其國內大亂，不如抗戰大

71 《蔣介石日記》，1937年12月2、6日。

72 《蔣介石日記》，1937年12月13日。

73 《蔣介石日記》，1937年12月26日。

74 《蔣介石日記》，1937年12月26日。

敗。」又說，「除抗戰以外，再無其他辦法。」[75] 就在這一天，蔣介石還是委曲求全地和主和派的大老們進行溝通，指望能夠爭取到他們的支持。所以在29日的日記中又寫道，「約于（右任）居（正）談抗戰方針不可改變，此種大難大節所關，必須以主義與本黨立場為前提也。」次日的日記又再度透露他對主和派的憂心忡忡，「今日最危之點在停戰言和。」[76]

這些語言在此後四年的抗戰辛苦過程中，一直很忠實地代表蔣介石的立場。

乙. 中美關係的發展和胡適的外交使命

回顧在戰爭爆發後的最初幾週內，中國政府在爭取國際支持的努力中，最顯目的措施就是派遣特使代表團赴西方國家。它最初的重點無疑是歐洲列強，因為它們都和中國有長遠而又複雜的政治和商務關係（德國、義大利、法國、英國和蘇聯）。但是美國也順便被當做是一個次要的國家一併處理[77]。

國民政府對於列強的外交關係顯然採取了差別待遇。它派往歐洲的特使團都是經過長時期籌備，並且受到指令必須和中國駐各國使館保持密切合作。唯有它派赴美國的特使團倉促組成，也沒有接受任何指示要去和中國駐美使館進行合作。在這些特使團中，最重要的一個無疑是由孔祥熙所率領的團。不但孔本人在中國政府中擁有最高官階，而且其他團員也都是部長級官員，是由權力核心的重量級人物組成，以便達成具體的財經政治目的。孔祥熙代表團其實是在盧溝橋事變之前（1937年4月1日）已經自國內出發，名義上是參加英國喬治六世國王的加冕慶典，實際上的秘密任務是爭取西方列強提供軍事和經濟援助，實現中國全面對日抗戰的計劃。

孔祥熙代表團先後訪問了英國、義大利、德國、法國和比利時，並且和

75《蔣介石日記》，1937年12月29日。

76《蔣介石日記》，1937年12月29、30日。

77 1937年9月7日，1938年5月1日；《總統蔣公大事長編初稿》，第4冊，頁112。

許多國家的元首們會談，包括希特勒和墨索里尼。6月中旬，孔祥熙趁訪問行程中一個空擋趕去了美國一趟希望能夠得到借款，但是沒有成功[78]。等到中日戰爭爆發，孔祥熙又兼程趕返歐洲（7月14日），繼續爭取歐洲列強對於中國抗戰的支持。孔祥熙特使團前後在國外停留共六個半月，其中在美國逗留時間不足一個月[79]。在此期間中，除了孔祥熙之外，中國政府還派遣了其他高階層代表團訪問歐洲各國爭取支持。

相比之下，蔣介石要等到淞滬戰爭開始之後（1937年8月13日）才把部分注意力放到美國，而且派遣代表團的動機只不過是進行宣傳工作而已。碰巧正在這個時節，胡適剛剛放棄了他的和平活動，使得蔣介石可以在8月19日任命他為特使去美國爭取輿論支持。除此之外並沒有交付任何具體使命，基本上任由胡適自由發揮。而胡適在接受此項任務時，心中同樣不知道他究竟能夠達成何種效果[80]。

雖然胡適代表團是中國政府派往美國的第一個特使代表團，但是它顯然缺乏政治力度。這一點從它的成員即可看出。代表團是由政治圈外人士所組成，其中包括一位大學文學哲學教授（胡適本人）和兩位政治學和國際關係學教授（錢端升和張忠紱）。他們只是北京大學的同事，既非蔣介石的親信，又在美國政治圈中缺乏廣闊人脈。他們更非政府經過深思熟慮而後任命的人才，而只是由王世杰一人推介倉促組成[81]。

除了政治分量微薄之外，這個代表團也缺乏具體使命。蔣介石指示王世杰去和胡適商定一個整體外交計劃，但是王、胡二人並未完成此項任務。換言之，代表團到底去美國做什麼和如何做，從未在政府高層中取得共識，甚

---

78 王松等著，《孔祥熙和宋靄齡》（鄭州：河南人民出版社，1992），頁180-197。

79 孔祥熙一直要到10月14日才返抵國門。細節請參閱：劉紹唐編，《民國大事日誌》（台北：傳記文學出版社，1989）；陳興唐，《中國國民黨大事典》（北京：中國華僑出版社，1993）。

80 《胡適的日記（手稿本）》，1937年8月19日。又見：王世杰，《傅先生在政治上的兩三事》，《傳記文學》，第28卷，第1期（1976年1月），頁12。

81 《王世杰日記》，1937年8月30日，9月4日。

至沒有經過策劃[82]。當時政府內部對美外交的籠統概念，只是去爭取美國輿論對中國抗日能夠給予同情和聲援而已[83]。

依據當時中國政府疏鬆的觀點，既然美國屬於西方國家，則當然應該去爭取它的支持，但是支持的內容究竟是什麼則並未明確界定。然而儘管有這許多不確定因素存在，胡適依然在離華赴美的當天（1937年9月8日）充滿豪情地預測，他有能力爭取到美國對中國抗戰的支持[84]。

事實上，這幾位大學教授要等到上了開赴美國的輪船之後，才有機會首度去思考他們此行的目的到底是什麼？他們達成了兩項協議：一、向美國民眾解釋中國為何必須抗日，以求獲得美國人的同情；二、勸告美國人民不可在國際事務上繼續奉行「孤立主義」。教授們自己心理也做出準備，了解他們的工作可能費時費事，在短期內未必能做出成效[85]。除此之外，他們也想不出到底美國人民還能如何幫助中國。

國民政府對美外交缺乏政策焦點的特性，也同樣在它當時對美的定向廣播工作中顯示出來。這些向美國人民做廣播的中國領袖們，包括宋美齡、宋子文和外交部長王寵惠[86]。而當蔣介石與當時美國駐華大使詹森（Nelson T. Johnson美國駐華大使，1935-1941）面談如何打擊日本侵略行為時（7月23日），他也只能敦促美國密切注意中國局勢的發展，給予中國道德支持，和維護國際法尊嚴，如此而已[87]。中國政府其他領袖們也無人向美國提出具體的經濟或軍事支援項目。

至於胡適本人，他獲得任命的理由既不是因為他具有政治實力，也不是

---

82 《王世杰日記》，1937年8月21、29日。

83 1937年9月7日，《總統蔣公大事長編初稿》，第4冊，頁112。

84 張忠棟，《胡適五論》（台北：允晨文化公司，1987），頁111、114；吳相湘，〈胡適，但開風氣不為師〉，《民國百人傳》（台北：傳記文學出版社，1982），第1冊，頁113-213。

85 張忠紱，《迷惘集》（台北：文海出版社，1978），頁115-116。

86 《總統蔣公大事長編初稿》，1937年9月12日。余偉雄，《王寵惠與近代中國》（台北：文史哲出版社，1987），頁104-105。

87 《總統蔣公大事長編初稿》，1937年7月23日。

因為他享有中國政府或美國政府特殊的信賴，而是因為大家認為他對美國社會比較熟悉，又是在美國有知名度的中國學者。對於一個無關緊要的外交任務而言，他看起來是一個適當人選，不致產生高風險，而且說不定還可以引發一些意想不到的成果。從最低程度來看，三位教授應該是一個引人注目的公關團隊，在這種情況下，蔣介石或許決定讓他們盡其所能地見機行事，做出一些好成績來。

　　由於上述這些理由，因此即使在胡適抵達美國任所之後，中國政府的對美外交工作依然遠遠落後於它在歐洲各國的活動，以及對國際組織的重視[88]。

　　胡適代表團成員抵達美國之後，很快就得到一個初步結論，認為中國政府對美國群眾的宣傳工作收效太慢，因此他們應該從美國領袖層次著手爭取支援。他們（尤其是錢端升）首先擬訂的目標是設法接近美國總統周邊的有力人士，爭取他們給予中國借款、軍火、運輸設備等援助。但是當美方人士問及具體內容時，教授們卻無法列出中國所需要的物資以及如何解決運輸問題。當他們詢問中國駐美使館和李國欽時，也未能得到回應，因為後者本身尚未從國內接到任何爭取美援的指示[89]。既然這幾位學者本人對於中國抗戰的軍備、財務、交通、軍隊可謂完全是門外漢，難怪他們在面對美國官員們時提不出具體方案。

　　顯而易見地，教授們本身的工作都只能夠摸索前進，或是根本漫無目標。結果是，胡適剛到美國頭幾個月的工作完全沒有進展，以致另外兩位教授很快就覺得興味索然，而要求早日打道回府。這真是一個令人震驚的發展。在中國國難當頭的時刻，它派駐到美國的外交代表團居然會覺得無可作為，而想回家？而胡適典型的解決之道就是勸他們多讀些書以便消磨時間[90]。胡適本人也很快就發現，原來王正廷大使根本沒有意願向胡適代表團提供協

---

88 《王世杰日記》，1937年10月22日。

89 錢端升自紐約致陳布雷電，1937年12月2日《特交文電：領袖事功之部》(8)，《領導革命外交──對美關係》，第2冊，#26021841。同樣電報見：胡適致陳布雷電，1937年12月2日，《蔣中正總統文物》，#002090103003143。

90 《胡適的日記（手稿本）》，1938年1月27日。

助[91]。實際上，胡適的代表團和中國駐美大使館各自為政，互不往來。

丙. 中國早期戰事失利對內政和外交的影響

　　中國不久在淞滬戰爭中的敗績嚴重地挫傷了它的作戰能力，並且迫使政府更加費神去培養對外關係。

　　這一連串軍事潰敗在根本上改變了中國的內政和外交局面。國民政府和蔣介石的力量在胡適離華赴美時達到最高峰。蔣介石屬下的中央軍是當時中國國內訓練最嚴格，裝備最精良的一支現代化作戰部隊，它們有效控制了長江下游五、六個省分。這些省分是當時中國經濟發展最成功的省分，擁有豐厚的財政資源。就是因為這些資源，才使得蔣介石有足夠勇氣和本錢去爭取戰略主動權，並且採用他自己選擇的方法去主動向日軍出擊。不幸的是，一旦這一波戰爭失敗而十年培養出來的精銳之師傷亡殆盡之後，蔣介石不但被迫放棄了戰略主動權，而且在此後的抗戰中再也無法奪回。在此後七年的抗戰中，蔣介石不得不一再和地方實力派妥協（包括共產黨在內），才能繼續進行作戰。他的權力根據地的喪失，在抗戰後半段對國民政府的處事能力造成了致命性的打擊[92]。

　　在這個動盪不安的局面下，蔣介石個人的態度逐漸變成中國是否繼續抗戰最重要的關鍵。這個態度可以分成幾方面來了解：一是來自內部和外部要求談和的壓力；二是蔣介石個人意志的傾向；三是如何處理中國內部的關係以保證抗戰得以持續？

I. 內外夾攻的和談壓力

　　就來自外部的談和壓力而言，日本和西方國家是雙管齊下，而且有時呈

---

91 胡適的抱怨信，見：《王世杰日記》，1938年1月2日。

92 詳情見：Hsi-sheng Ch'i, *Nationalist China at War*, Chapters 3-5（Ann Arbor, University of Michigan Press, 1982）.

互相配合之勢。我們一般以為，以日本軍力之盛以及其戰鬥進行之順利，它必然是充滿信心，坐待中國屈膝求和。但是實際情況並非如此，即便是在1938年初，日本剛在淞滬和南京取得空前勝利之後，就開始各種形式的和平試探。而蔣介石卻仍然鬥志高昂，把日本的和平攻勢看成是一項陰謀。他在1月初日記中寫道，「注意：一、倭寇所提條件等於滅亡與征服，應即嚴拒。」[93] 不幾日之後，他又得到另外一種啟示，寫道，「敵國急於求和，而外張威聲，其實外強中乾。」[94]「敵軍愈進，則其對內對外之危險亦愈大也。」[95]

　　換言之，縱然京滬戰爭之慘敗打破了蔣介石原先想要取得地區性勝利的設想，他已經開始轉而產生一種新思維和信心，認為戰爭只要能夠延長，就會對中國愈加有利。和談的引誘力自然隨之減少。而到了1938年1月中旬時，蔣介石的抗戰決心益發堅定，似乎中國在抗戰中完全沒有屈居下風的氣概。比如說，他在1月15日的日記中寫道，「此一星期中，敵人以宣戰，否認國府與繼續軍事行動等等威脅逼迫，無所不至，可云極矣。以余視之，不值一笑。無論出於如何舉動，皆不能搖動我抗戰之決心與信心。彼本未停止軍事，何謂繼續。並未受有拘束，何謂自由行動。此種外強中乾以進為退，求和不得，進退維谷之醜態畢露，盍不早日覺悟，明言撤兵為得計也。」[96]

　　值得注意的是，蔣介石這種嬉笑怒罵的語氣正是表現出他頑強的鬥志。如果吾人不是已經知道國軍新近所遭受的嚴重挫折，還會誤以為中國軍隊是戰場上的勝利者。從另外一個角度來看，在國家命運處於如此極度嚴峻的狀況下，蔣介石私下的這些言論，究竟是他具有超乎常人的洞燭先機能力？還是他一意孤行，無視於現實，甚乃自欺欺人？是他特具打不倒的剛毅精神？還是生活在自我封閉的虛幻空間中？這些都是值得從事抗戰研究的學者們進一步認真探索的心理狀態。

　　就日本而言，它此時最依賴的國際傳達信息管道是德國，特別因為德國

93《蔣介石日記》，1938年1月2日。

94《蔣介石日記》，1938年1月10日。

95《蔣介石日記》，1938年1月10日。

96《蔣介石日記》，1938年1月15日。

此時供應中國大批武器和顧問，使它對中國所能產生的影響力遠非其他西方國家所能項望者。因此，蔣介石在1月16日只好「對德大使明言，如倭再提苛刻原則，則拒絕其轉達。」[97] 日本在經由德國探索和平之路碰壁之後，在2月下旬又改求義大利介入[98]。

與此同時，讓蔣介石感到更具威脅性的是，英國也想借此機會把它自己在遠東的處境和它與德國與義大利關係問題一併予以解決，而這就可能促使英國也為了自己的利益而參加德國和義大利共同向中國施壓的行動。這當然會對中國更加不利。而日本雖然和英法兩國的關係遠不如它和德義兩國那麼接近，但是只要有機可乘，日本政府仍然不會輕易放過。它在1938年9月間就玩了一手。根據蔣介石的記載，「昨日英國代辦攜其大使轉達倭寇要求劃漢口為安全區之意見書見告，閱之髮指。面斥英使之不當受倭之要求轉達。彼並言法大使亦同意，可知英法帝國主義毫無公理與公義，而惟以勢利是尚也。痛惡之至。」[99]

豈知中國的相應不理，並沒有讓日本放棄和談的企圖。到了4月初，「敵又託德國間接探和意。可鄙也。」[100]

3月間一則有關日俄關係的傳言也引起了蔣介石的注意。傳言大致是說日本可能在4月發動對蘇聯攻擊[101]。假如這個信息屬實，則當然是中國求之不得的大事。但是經過一段時間思考之後，蔣介石又得到了另外一種領悟，那就是日本故意施放攻打蘇聯的謠言，其目的是向中國施壓。他推測的理由是：如果日本真要攻打蘇聯，則它顯然應該保持高度機密以達成奇襲效果。而如今如此大張旗鼓地宣揚，其真正目的是希望中國政府信以為真，進而誘使中國政府相信日本必定會在發動攻打蘇聯之前，全力終止中國的抗戰。這樣或許可以迫使中國政府趕緊抓住機會結束中日戰爭。換言之，日本根本沒

97《蔣介石日記》，1938年1月16日。

98「倭又託意大使來調停，可鄙。其固窮可見也。」《蔣介石日記》，1938年2月23日。

99《蔣介石日記》，1938年9月14日。

100《蔣介石日記》，1938年4月4日。

101《蔣介石日記》，1938年3月21日。

有攻打蘇聯的計劃，但是非常希望中國政府能夠回應它的和平試探[102]。從這個分析來看，蔣介石觀察國際事務也頗具獨特的想法。

在早期這些列強企圖插手中日和談事務的活動中，美國也並沒有完全缺席。比如說：當時胡適和美國政府部門接觸最親密的單位是國務院的赫爾國務卿（Cordell Hull）和高等顧問項貝克（Stanley K. Hornbeck, 又譯為洪貝克、霍貝克）。當他們告訴胡適稱，美國政府中頗有一部分官員主張中日和談時中方應該要求上海方面日軍撤退，但是華北方面則任由日軍占領。胡適立即回覆，日軍必須恢復盧溝橋事變之前的原狀。而胡適對於政府外交方針的大局，也認為應該著重在布魯塞爾的國際聯盟會議上爭取到一個「光榮可靠的和局」，或是退而求其次地去促成太平洋國際組織（當然包括英、法、澳、荷等國）[103]。

縱觀 1938 年的前半年，日本對於早日結束中日戰爭的意願累次使用它自己的渠道和德國、義大利的傳達，都沒有在蔣介石身上產生預期效果。1938 年 7 月間，義大利又向國民政府做和談試探。「意大使又欲來為倭寇說項轉圜矣。當置之不理。該大使之卑劣與其國格相等矣。」[104]但是對於國民政府的其他領袖們和某些民間輿論領袖們，則產生了相當效果。如眾所周知，汪精衛和他的支持者在政府中並非少數，雖然胡適的立場在 1937 年底已經從主和成為主戰，但是許多他在知識界的朋友們仍然對於抗戰表示悲觀，他們並非「親日」，而是恐懼戰爭會使中國陷於萬劫不復的國運。但是在國民政府內，除了汪精衛和親信們之外，或許主張談和最力，倡導「見好就收」言論的人，就是孔祥熙。蔣汪之間的和戰歧見，還可以有濃厚的派系和爭權色彩使之複雜化，而蔣孔之間則根本沒有這些問題。簡單的區別就是兩人個性不同和判斷不同。

早在 1938 年初，蔣介石在拒絕德國大使調停時，就想借此機會打擊國

102《蔣介石日記》，1938 年 4 月 4 日。

103 胡適致陳布雷電，1937 年 10 月 19 日，《蔣中正總統文物》，#002090103002010。

104《蔣介石日記》，1938 年 7 月 14 日。

內主和者的氣焰。因此他寫道，「拒絕倭寇媾和之條件，使主和者斷念，內部穩定矣。」[105]而就在此時，日本政府也宣稱從今以後不以國民政府為談判對象。可說是間接地幫助了蔣介石的立場。但是主和氣氛在國民政府某些高層官員中持續瀰漫，總想打開一條「挽救」國家的出路，因此各種活動不斷在暗處進行。這就難怪蔣介石到了6月底仍需嚴重警告孔祥熙不可涉身其事[106]。

II. 蔣介石的心態

　　為什麼蔣介石從抗戰一開始就如此堅持？他的信念是用何種語言表達？導致他堅持的因素又可能有哪些？我們在此無法對蔣介石的心理狀態和政治盤算做一個總結性的處理，但是有些因素可以從他的言行中探窺一二。

　　蔣介石在此時日記中不時宣洩他對日本和抗戰的看法。儘管他的王牌軍隊在開戰後已經喪失殆盡，但是他的鬥志顯得無比高昂，甚至令人產生他幾乎無睹於現實，到達了一意孤行的地步。因為蔣介石的心情並不是他存著打勝仗的希望，反而是他不為打敗仗的可能性而退縮。

　　早在1938年開春，他就寫道，「與其屈服而亡，不如戰敗而亡。」[107]3月底他又寫道，「和戰問題，降不如戰，敗不如亡。若我不降，則我無義務而責任在敵，否則敵得全權而我全責，民不成民，國不成國，則存不如亡也。敵國政府無權失信，若我放棄東北，徒長敵寇侵略之野心，永無和平之一日。只要於國有利，則一切和戰責任，我願不顧一切負責斷行，但此非其時也。」[108]幾天之後，他又寫道，「寧使民心悲壯而犧牲，毋使民氣消沉而屈服。」[109]

---

105 《蔣介石日記》，1938年1月17日。

106 「囑孔不可另行接洽。」《蔣介石日記》，1938年6月23日。

107 《蔣介石日記》，1938年1月2日。

108 《蔣介石日記》，1938年3月23日。

109 《蔣介石日記》，1938年3月30日。

　　能夠在如此惡劣情況下維持蔣介石鬥志的最大因素，當然是他的個性，不管我們稱之為驚人的毅力，百折不饒的不服輸的精神，或是獨排眾議一意孤行的膽識，都是歷史上許多領袖們所表現出的特質，難以量化。除此之外，日軍在華的暴行肯定也在感情上給了他極大的衝擊。早在1938年1月22日，南京屠殺的事故已經傳入蔣介石耳中，他當時對於事件的規模和兇殘真相，可能尚未獲得全面性了解，但是寫道，「敵寇在京之殘殺與姦淫未已，彼固陷入深淖，進退維谷，而我同胞之痛苦極矣。」[110]在1938年5月間，蔣介石看到了一些照片，極可能是南京大屠殺的景象。使他大受震撼。他在日記中寫道，「見我男女同胞受敵寇慘殺兇淫之照片，而不動羞惡之心，無雪恥復仇之志者，非人也。」[111]隔日又寫道，「敵寇殘暴兇橫實古今無例，若不消滅，何以維持人道？」[112]同樣的情操不時會在日記中宣洩。例如在6月底，蔣介石又寫道，「倭寇殘暴兇橫慘無人道，不知東北同胞在敵蹄踐躪之下何以過生？若不與倭寇奮鬥到底，將何以救我同胞於水深火熱之中耶？」[113] 7月間，蔣介石又寫道，「見寇軍殘殺我平民同胞之照片，痛憤乃至瞑眩，極憂東方民族之仇讎相板，不知何日得了也。」[114] 9月初，蔣介石寫道，「每念人民受戰禍之烈，與婦孺受敵軍踐躪之酷，不禁腸斷心裂。戰事完結時應對婦孺與災民定一特別永久法律以愛護之。而對於刻刮人民之貪污尤應最密防制也。」[115]才隔一天又寫道，「每見民眾之菜色與婦孺之苦痛，不堪言狀。所謂動心忍心之實情，非此不得而知也。」[116]

　　這類言辭至少能向讀者們提供了一些蔣介石心理方面的線索，去體會為什麼他對抗戰會表現出如此堅定的態度。

110《蔣介石日記》，1938年1月22日。

111《蔣介石日記》，1938年5月13日。

112《蔣介石日記》，1938年5月14日。

113《蔣介石日記》，1938年6月29日。

114《蔣介石日記》，1938年7月19日。

115《蔣介石日記》，1938年9月1日。

116《蔣介石日記》，1938年9月3日。

III. 如何理順國內問題

至於如何處理中國內部關係，務使抗戰得以長期持續進行，這個命題在淞滬失敗之後隨即浮出水面。早在1938年開春蔣介石就已經著手思考，萬一武漢失陷，則國民政府下一步就必須要退守大西南，特別是四川和雲南。在此之前，蔣介石的抗日部署只是著重和日本在長江下游地區的軍事衝突，而其最大的努力則只是試圖說服各省派兵出省到江南地區參戰而已。不過國民政府這項努力的成績卻極為有限，因為除了廣西比較爽快送兵開赴淞滬戰場之外，其他各省實力派都推諉責任，甚或在內心上根本就覺得事不關己，甚至可能暗中指望所謂的「中央軍」在遭受日軍打擊之後，就可以相對地調整地方和南京政府的關係，間接達到幫助地方勢力抬頭的效果。

豈知一旦國民政府失去老根據地之後，一種嶄新的國內政局盤算突然產生。蔣介石最早體察到這個問題的跡象是1938年1月2日，他開始盤算，「萬一武漢失陷退守川黔，則國內變化與倭寇壓迫之推想」，就變成是不可逃避的難題了。然而有趣的是，這個新形勢所可能產生的困難，最初卻遠遠超過蔣介石的估計。比如說，在1月20日四川軍人劉湘病逝時，蔣介石立即的反應是持高度樂觀心情，認為四川將從此納入國民政府的有效統治範圍，成為抗戰大後方基地。但是此項估計完全錯誤，他很快就遭到嚴重阻力。因為才沒有過幾天，他就發現四川問題遠遠大過劉湘一個軍人。難怪他在一週後就不得不寫道，「處理川局須和緩安定。」「晚會報，為川事又須廢（費）盡精力矣。」才隔不了幾天，他再次提醒自己「川情只有緩和處之。」[117]

此後幾個月時間內，如何處理四川問題俾使抗戰得以繼續變成了一個令人擔憂的重大問題。在蔣介石日記中幾乎不斷為四川問題而憂心忡忡。他先是指望派何應欽入川，借著何氏軍事領袖的氣勢去壓制四川省籍軍人的不合作態度。此計顯然不通之後，繼之又指望藉重四川社會名流劉航琛去動以鄉情，使四川軍人就範，所以說，「川局似以緩處為宜，應用航深（應為

琛）。」[118] 才不過幾天之後，顯然此路依然不通，使得蔣介石只好寫道，「對川事，暫從放任，勿心急之。」[119] 換言之，蔣介石認輸了，只好把川事暫且先冷卻一番。但是他依然不斷地和宋子文、白崇禧和其他川籍人士探討打破四川不合作的僵局，但是顯然又找不出有效的方法。因此蔣介石在3月初才會有一則非常灰色的感觸。他寫道，「對內忍耐，與其亡於敵，不如讓於軍閥。」[120]

但是隨著國軍在戰場上的節節失利，四川問題實在無法拖延下去。到了3月下旬，如何說服四川軍人出兵抗戰，如何取得他們允許中央政府機關遷至重慶辦公和推行政令政策，都必須做出有效安排[121]。8月初，戰局的逆轉使得中央政府機關必須轉移到重慶辦公。但是即便到了1938年底，四川仍是一個讓蔣介石感到頭痛的問題[122]。而這個現象在整個抗戰時期，都沒有獲得解決。

四川歷來的政治軍事和財經重心本是成都，而成都又正是地方勢力盤根錯節的是非地。國民政府為了躲開成都而在重慶另起爐灶，建設新基地，其本身就已經是一項委曲求全而又非常艱鉅的工程。而一旦出了重慶市範圍，國民政府的政令就會受到地方上大小軍人的挑釁和阻擾。正因為地方軍人也逐漸體會到，國民政府侵入他們的勢力範圍不只是一個短暫的現象，而將會是一個無限延長的局面，無論是國民政府的政策需要在西南各省推行，或是許多外省籍的軍隊開始從前線撤退到西南去整編和駐防，這都是自滿清末年以來從未有過的現象，讓地方軍人好不容易才培養成型的勢力範圍一瞬間受到極大的衝擊，自然造成了許多新的摩擦點。因此難怪到了1938年底，除了四川問題令人頭痛不斷之外，蔣介石對於雲南龍雲的態度也開始感到難以

118《蔣介石日記》，1938年2月8、11日。

119《蔣介石日記》，1938年2月14日。

120《蔣介石日記》，1938年3月5日。

121《蔣介石日記》，1938年3月19、27日。

122《蔣介石日記》，1938年8月5日，12月10日。

處理[123]。然而在1938年底，當蔣介石環顧當前情形時，仍然提醒自己，「寧對外大敗，毋使國內大亂。大亂則四分五裂，外侮更無已時，而國勢更危矣。」[124]當時重慶政府的內外交逼的壓力可以想見。

在以上和中日戰爭有直接關係的因素之外，蔣介石對於國際情勢的判斷和對外關係的處理，也值得我們進一步去了解。至少有三方面是和中日戰爭有重要的間接關係的。

IV. 對外關係

A. 對於德國和蘇聯關係的處理

如讀者所熟知，國民政府抗日的軍事本錢，無論是技術指導或是武器供應，最大的依靠是德國。而在中日開戰之前，德國也是在全部西方國家中以最熱切的態度回應中國各種軍事現代化和國防需求的國家。因此無論在威瑪政府時代或是希特勒取得政權之初，中國對德的外交政策都是小心翼翼地培養，蔣介石甚至把次子蔣緯國送到德國習武，其雙重目的就是向德國示好，同時掌握德國的軍事技術。說得簡單些，只要德國軍事援助的渠道能夠維繫通暢，則中國的抗日就有了強力後盾，無需培植和其他西方國家的軍事關係。

不幸的是，中日戰爭的開始和德日關係的改變，使得中國政府這個長期既定國策受到重大衝擊。由於德國認為德日關係的重要性遠遠超越中德關係，因此積極向中國政府軟硬兼施地要求中國終止對日抗戰。這立即讓國民政府面臨一項根本性的選擇。中國原本就是為了抗日而精心培養中德友好關係，如果現在德國卻希望中國停止抗日，則中德關係還有什麼剩餘價值？

因此不難理解的是，國民政府屢次拒絕德國不請自來的和平建議，最後寧可冒著和德國決裂的風險，排斥了一連串德國傳遞的和平方案。最後德國

123《蔣介石日記》，1938年12月17日。

124《蔣介石日記》，1938年12月31日。

終於失去耐心，在1938年5月下旬正式通知國民政府要撤回所有在華服務的
德國軍事顧問並停止對華的武器輸入，威脅中德軍事關係將全面破裂。才過
不了幾天，蔣介石也感到終於可以毫無顧忌地宣洩他久藏心底希望德國能夠
在世界舞臺上遭受挫敗的秘密想法[125]。

　　由於德國態度之轉變已經使得國民政府大增警惕，因此它也開始籌畫在
必要時取代德國的可能性。此時國民政府的設想是在軍事上最能取代德國的
國家只有蘇聯而已。因此在蔣介石親自主導下，秘密地達成了若干協議。
1938年初，中國政府已經訂立了一個大目標，要向蘇聯借貸兩筆款項，其中
4億元是購買蘇聯飛機，另外4億元是購買蘇聯的武器和彈藥[126]。但是即便是
淞滬和南京的大挫敗，似乎還沒有讓蔣介石產生挫折感。因為他在2月間檢
討中國戰局時，仍然頗具信心地寫道，「外交形勢日劣，惟有自強自立。此
時武器人力尚能持久，不足為慮也。」[127]到了5月，蔣介石日記寫道，「對俄
軍械借款完成。」[128]

　　中國政府在不久後又簽訂雇用蘇聯軍事專家的協定。並在7月間把蘇聯
顧問派赴各個國軍單位服務。等於是全面性取代了德國顧問原先的職責。而
且一如過去對待德國顧問相似，蔣介石命令各個軍事單位的司令「對顧問誠
正與工作條規，并供給材料。」[129]到了該年10月分，當蔣介石得到情報稱蘇
聯政府已將北伐之前曾經與國民黨密切合作的嘉倫將軍（General Galen, 或
Vasily Blucher）拘捕時，蔣介石顯然為了眷念舊情，也是為了珍惜人才，立
即兩度向蘇聯政府提出要求，希望能夠聘請其返回中國參加抗日工作，企圖

125「不能引起世界大戰，恐不易使德國失敗也。」《蔣介石日記》，1938年5月20、26日。

126《蔣介石日記》，1938年1月27日。蔣介石日記沒有指明款項的幣制，依他的習慣，應該指
　　的是法幣。其中4億元購買飛機一項值得注意的是，在此抗戰初期，中國已經想要購買大
　　批飛機，這和後來美國指責蔣介石天真幼稚，只想靠美國空軍擊敗日本的揣測完全違背，
　　只是少數美國將領的自作聰明而已。

127《蔣介石日記》，1938年2月22日。

128《蔣介石日記》，1938年5月1日。有關蘇聯飛機和陸軍武器援華的情形，參見：H. H. Kung
　　Papers, Box 10, Folders 1, 2, 4. Hoover Institution.

129《蔣介石日記》，1938年6月1日，7月7日，8月30日。

挽救嘉倫的生命。與此同時又做出決定，要向蘇聯「多購重轟炸機。」[130]這一切跡象都顯示，在蔣介石心目中希望蘇聯能夠幫助中國擺脫德國威迫中國向日本求和的壓力，以武器和人員全盤接替德國的軍事功能，而不致干擾中國的抗戰。

雖然中國和德國與蘇聯就武器的交涉分別以單線進行，由不同渠道和專人負責，但是兩者之間的關係當然是重要無比。如果和蘇聯的談判缺乏進展，則中國政府對於德國就必須採取和緩態度。如今蘇聯借款和武器運送一旦得到保證，則中國政府當然就無需再對德國低聲下氣了。怪不得這個因果關係使他在5月間首次敢於推想，何種情況可能使德國在國際競爭中遭受失敗命運？而且接下來又斷然通知德國大使，中國政府將允許德籍顧問全部返回德國[131]。蘇聯取代德國策略的成功，使得中國政府沒有理由積極地去向其他西方國家爭取新的武器供應來源。這種此消彼長互為因果的複雜關係，值得我們在試圖了解國民政府此時外交運用時作為重要參考。

但是無論是德國或是蘇聯，一旦它們成為中國抗戰倚重的對象時，就會自然而然地運用這些援助作為它們對華政策中實現其本國利益的籌碼。蘇聯也絕不例外。中蘇之間的軍事扶持關係剛開始不久，中國政府就感到彼此之間問題重重。在8-9月之間，蔣介石顯然對於蘇聯武器供應的情況感到不滿，抱怨蘇聯遲遲不肯簽訂購買武器的協定[132]。當時武漢正受到日軍進攻威脅，所以他兩度直接寫信向史達林要求蘇聯能夠在9月中旬之前將第二批武器趕緊運送到中國，豈知史達林的對策卻是相應不理。所以難怪蔣介石在私下已經抱怨，「對敵國易，對友邦難，受人接濟，被人輕侮，此種苦痛若不能大忍，則決不當此重任也。」過不了幾天，當蔣介石不得不召見蘇聯大使強調中國的需要時，所得到的結果反而讓他感到對方「挾貨驕人」，使他大為憤怒。即便如此，蔣介石仍然不得不承認，蘇聯給予中國的軍事援助已經

130《蔣介石日記》，1938年7月15日，10月13、14、15日。

131《蔣介石日記》，1938年6月14日。「下午會德大使，告其解除德國顧問契約。我不願其國民為中國關係而違反其政府命令也。」

132《蔣介石日記》，1938年8月3日。

大大地超過英國和法國，因此也無法過分對之加以責難[133]。

B. 蔣介石對於歐洲局勢將如何影響中日戰爭的思考

照理說，中國此時為了埋頭抗戰早已自顧不暇，對於歐洲列強之間的紛爭自不應有太多精力加以關注。但是事實不然，因為這些列強在亞洲和中國內地都各自有強大的利益所在。即便是中國不想去操心歐洲事務，歐洲列強也不會放過中國，而是會為了其自身利益去主動干預中國事務。這樣就逼得中國政府也必須密切注視歐洲局勢的發展，和做出及時的相應對策。

在很長一段時間裡，面對瞬息萬變的歐洲局勢，蔣介石心中其實並沒有一個明晰的概念，究竟歐洲局勢如何演變才會對中國抗戰前途最為有利？因此毫不奇怪地，他的看法隨著時間在改變，時或前後矛盾。但是自抗戰開始以來，他有一個不曾改變的信念，那就是歐洲列強相互之間關係的消長，很可能會對中國產生影響。雖然他並不能預測這個影響具體如何，但是他趨向於指望可能對中國有益。正是為了爭取這個機會，因此中國更必須堅持抗戰，不可半途而廢。這也就解釋了為什麼在1938年開春時節，他的看法會是，「不患國際形勢不生變化，而患我國無持久抗戰之決心」。又說，「祇要我能抗戰到底，則國際形勢到底必變，倭寇到底必敗也。」[134]至於為什麼倭寇必敗？蔣介石當時並沒有進一步說明。

到了1938年夏末秋初，歐戰到底會不會爆發，已經是蔣介石腦中經常思考的問題。如前所言，到了5月底中德關係惡化之時，蔣介石還認為歐戰如果發生，則可能導致德國失敗。而到了9月中旬，他卻寫道，「歐戰如能不起，則於中國總有利也。」才過不了幾天，蔣介石卻又達到了一個相反的結論，「歐洲於我最後勝利，總有補益也。」[135]不過蔣介石的語氣並不堅定。諸如：誰會參加歐戰？歐戰何時可能發生？之類問題，只是剛剛進入他的思

133《蔣介石日記》，1938年9月8、17日，10月6日。

134《蔣介石日記》，1938年1月10、13日。

135《蔣介石日記》，1938年9月16、24日。

維，顯然尚未形成定見。

不過到了9月中旬，蔣介石對於歐洲局勢的看法，逐漸趨向複雜和細膩化。依他所見，如果歐戰果然爆發，則首先，日本可能趁機向中國宣戰，借此振振有詞地封鎖和控制英國和法國在中國境內的租界；其次，中日戰爭在未來的歐戰停戰會議上可以借外力一併解決；最後，中國也可以趁機敦促英國和法國，在國際聯盟組織裡通過決議制裁日本侵略行為[136]。

到了9月底，國際聯盟通過引用第16條對日本施行制裁，但具體做法則由各個會員國自行決定。這個發展在蔣介石眼中，代表著西方各國已趨向願意去承擔把日本視為侵略國而付出代價。這個發展對於中國的士氣和秉持的法律主張當然是一大鼓舞。與此同時，蔣介石又寫道，「如果歐戰爆發，於我將來對倭之戰略應重新考慮，此於倭寇是否參戰攻俄，實為一大關鍵。然無論如何，歐戰果起，則對倭更需作戰到底。」[137]以上可見蔣介石分析歐洲事務漸趨明朗化，那就是：中國在歐戰發生的局面下，更需要對日抗戰到底，這樣才能阻止日本從歐洲的亂局中漁翁得利。

但是蔣介石也推想到，假使歐戰不爆發，則歐洲列強就更有精力去牽制日本，而對中國有利。蔣介石也察覺到，當時中國政府內有許多領袖們都樂觀地認為歐戰爆發對中國最為有利，但是他卻也看出一個相反的可能性，那就是一旦歐戰爆發，列強忙於應付歐洲事務，而日本又決定不參加歐戰的話，其結果將可能使日本更敢於擴大侵略中國，而不必擔心受到列強制裁[138]。

此時最讓蔣介石體會到中國抗戰和歐洲事務休戚相關的，是蘇聯的態度。前文已經提到過，雖然在1938年前半年中國政府已經成功地把蘇聯發展成為一個新的武器來源，但是蘇聯運送武器的速度一直讓中國感到不滿。即使經過再三催促，蘇聯方面並未採取積極行動，其用意似乎是觀望中日戰

136《蔣介石日記》，1938年9月18日。

137《蔣介石日記》，1938年9月28日。

138《蔣介石日記》，1938年9月29日。

爭的變化。1938年夏季之後，隨著國民政府西撤，武漢立即成為日軍進犯的下一個主要目標，而國民政府也希望經由蘇聯的武器供應可以鞏固武漢防衛，但是蘇聯卻無動於衷。等到10月初，歐洲軍事局面緊張，蘇聯開始擔心國民政府可能放棄武漢的防守甚至接受日本的和平條件，此時史達林才自動向蔣介石提出承諾，可以向中國提供裝備60個師的武器和500架飛機。這個動作讓蔣介石不禁感歎，國際間「秖有利害，毫無信義，更無是非。弱國惟有公理與信義是從。凡不義之物非禮之事，雖至窮困敗挫，亦不能有動于中。區區武器何足為意？且其已訂之物尚不能如期交貨，則其示意之事更不足計矣。」[139] 換言之，雖然蔣介石拒絕把史達林的承諾當真對待，但是他卻進一步了解到歐洲局勢和中日戰爭之間的密切關係。

丁. 對於抗戰前途的展望

在盧溝橋事變發生之前，中國政府從未和世界強國進行過長期戰爭。事實上，在此前一百年間，中國在抵禦外侮的努力上，總成績是屢戰屢敗。以中國經濟的落後，或許即使有一個統治有效的政府，也無法從這個落後的農業經濟結構裡榨取出足夠的剩餘物資，去進行一場大規模而長期的現代化戰爭。

即便是在抗戰最初的數月中，這個困境已經非常明顯。戰爭的費用和資源的損耗已經大大地超過了中國政府戰前最壞的打算，變成是一個最無法克服的困難。中國的軍火儲藏量急劇減少，而政府又缺乏外匯去向國際市場購買軍火作為補充。雖然政府不得已發行大量公債以圖彌補赤字，但是收效甚微[140]。戰爭過了一周年時，孔祥熙的秘密報告指出，在1937年7月到1938年7月間，由於政府失去大量領土，因此它的總稅收量只有1億8千萬元（法

---

139 《蔣介石日記》，1938年10月6日。

140 《徐永昌將軍日記》，1937年12月18日，1938年2月23日。《王世杰日記》，1938年2月16日。

幣），而政府的支出卻超過15億元（法幣）[141]。換言之，政府的支出超過收入的八倍。

面對這些發展，中國的幣制必然急速貶值，外幣的黑市價格急速升高。事實上，有些政府領袖們開始相信，外幣儲存量的降低才是中國財政最大的困難，其對中國生存的威脅甚至超過戰場上的軍事挫敗[142]。

戊. 中國主動展開對美外交

本章以上幾節反覆地說明中國內政情況，中日戰爭的進展，和中國在國際環境中的處境，其目的就是要幫助讀者了解中國政府改變對美政策的歷史背景。

中國政府在甫開戰立即陷入嚴重財政危機，導致國民政府領袖認為只有列強的援助才能幫助中國免於全盤潰敗。由於缺乏外匯，中國政府已經被迫以原料支付購買外國武器的款項。這種交易方式對於中國當然極為不利，其原因是中國的原料生產力相當有限，而運輸更是一大困難，以致中國根本無法出口大量原料去支付採購武器所需的款項。因此，中國政府的希望是眼前就能獲得西方武器，但是承諾將來才輸出原料作為償還。中國政府更希望的是能夠直接從外國獲得借款，以之購買武器。

基於這些考慮，蔣介石才開始在他的全球戰略視野裡，提高了對美國的評價。大約在1938年早春，蔣介石對於美國所能扮演的角色開始複雜化。比如說，首先，他認為美國對遠東問題大概會改變政策，不可能長期對於遠東問題置身事外。依他估計，羅斯福總統大概在今後一兩年內將會對遠東問題採取更積極措施。到了4月初，蔣介石注意到美國通過立法提升海軍力量，同時英美兩國也充實軍備。他認為這是對日本一個重大打擊。其次，他

---

141 《王世杰日記》，1938年7月7日。政府領袖如孔祥熙、何應欽、徐堪和鄒霖就戰時問題所作的秘密報告，見：《王世杰日記》，1937年7月27日，8月7日，9月8、9、11、11月5日。又見：《徐永昌將軍日記》，1939年1月29日。

142 《王世杰日記》，1938年5月19日，7月25日。

相信由於日本越來越了解它不可能以武力屈服中國，因此也將會更努力地把英美兩國拉進中日戰局，企圖運用兩國的干預去迫使中國接受向日本尋求妥協[143]。

除了這兩個推測性的想法之外，更具體的是，他開始首度向羅斯福總統提出要求給予中國經濟援助[144]。正如蔣介石告訴孔祥熙的（2月初），他認為從英國得到經濟援助的希望越來越渺茫，因為英國基本上是一個不可信賴的國家。而從蘇聯得到經濟援助的希望也不大，因為它自己也面臨嚴重的安全威脅。因此，美國最可能幫助中國，因為美國是一個民主國家，輿論可以產生重大影響力。雖然蔣介石本人並非一位民主制度的信奉者，但是他或許是受到妻子宋美齡或是妻舅宋子文的影響，因此相信只要美國人民能夠明確表達他們對中國抗戰的支持，則美國國會必定會順從民意，而總統也會對中國進行實際支援。蔣介石同時也認為，羅斯福總統對於亞洲危機不但具有正確了解，而且具有決心去處理亞洲問題。因此，從中國的對美政策著眼，最需要做的就是去影響美國輿論。這也就解釋當時蔣介石為何授權孔祥熙可以編列每個月十萬元美金的預算，在美國推展民間宣傳活動[145]。顯而易見的，蔣介石到了此時已經漸漸開始體會到美國的重要性，而且開始探索一些方法去爭取美國援助。

值得注意的是，中國企求美國協助的性質、目的和程度，仍然極為有限。蔣介石在1938年1月30日致羅斯福一封長信，十之七八都是講客套話，稱讚美國的立國精神和對華友誼。只有到了最後一段才講到實質性問題。「吾人急迫之願望，則美國即於此時在經濟上及物質上，予中國以援助，**俾得繼續抗戰。**」至於援助的金額則未置一詞，顯然中方只知申論主旨而並沒有產生方案向美方提交。同樣值得注意的是，他接下來說，「至其他美國所可採之有效辦法，足使閣下意想中之最後解決得以實現，**則惟閣下之**

---

143 《蔣介石日記》，1938年2月1日，4月8、9日。

144 1938年1月30日，《總統蔣公大事長編初稿》。

145 見：蔣介石對孔祥熙的指示，1938年2月6日，《蔣總統籌筆拓影本》，2010.30/4450.01-009, #12716。

裁奪。」[146]換言之，中國政府沒有具體企望，一切聽由羅斯福自己「裁奪」。至於羅斯福意想中的解決方案是否也符合中國的意想，則更是遙遠話題。

也就是在這個環境下，中國政府開始更積極地思考如何展開對美國的外交工作。在原先中國政府並不指望得到美國援助之前，王正廷大使的作為，並未引起政府重視。但是一旦抗戰的需要提高了美國的重要性時，政府就無法再對王正廷的外交能力視若無睹了。

I. 王正廷大使的缺失

總地來說，在王正廷主持下，中國對美外交在三方面出了大問題：公共關係、借款和官方來往。

A. 公共關係

在公共關係領域中，中國政府最基本的目標是爭取美國對中國抗日的支持，而王正廷本人也正是中國官員中最早強調美國公共輿論重要性的一位。王正廷的看法是，美國政府對日本的態度頗為曖昧，但是人民態度則顯然同情中國。因此他建議中國應該準備長期地增加對美宣傳經費，爭取美國輿論轉向對中國有利，借此導使美國政府採取親華政策[147]。

具體地說，王正廷的計劃是開展一個全方位的宣傳攻勢，動員美國社會各個不同階層的分子去支持中國的抗戰。雖然王正廷的觀點頗為有道理，但是他的實施計劃卻是極度商業化。他的方法並不是經由個人努力去接近美國群眾，也不是借輿論力量去影響美國人民大眾，而是去雇用美國人經營的公關廣告公司去影響美國人，為此不得不花錢雇用了一大批美國人士作為幫

146《中華民國重要史料初編——對日抗戰時期》第三編，《戰時外交》（此後簡稱《戰時外交》）（台北：中國國民黨黨史委員會，1981），第一冊，頁78-79。蔣介石致羅斯福函，1938年1月30日。

147 王正廷致蔣介石電，1937年9月27日，《特交文電，領袖事功之部》(8)，《領導革命外交：對美關係》，第2冊，#26015844。

手，其中包括國會議員、宗教領袖和新聞記者等等[148]。

　　事實上，王正廷本人並不了解如何去估量民意支持度，而他屬下的使館職員們又多屬無能，其結果只是浪費公款而已。在這種情形下，無怪乎王正廷會所託非人，用了一群待價而沽的國會議員和新聞記者，而他們在美國社會中毫無威望，根本沒有能力去改變一般人民的態度。簡言之，公關活動完全失敗。

B. 借款交涉

　　王正廷借款活動表現得同樣無能。由於他和美國的銀行界不熟悉，又和聯邦財政部缺乏聯繫，導致王正廷借款的方法顯得雜亂無章。他採取最簡便省事的方法，就是雇用美國商業人士做代理（掮客）去和銀行打交道。不幸的是他所用非人，找了一批自私自利的銀行家、律師和一些自我吹噓有內線關係可以直通財政部的個人，他們大肆誇耀可以替中國借到大量貸款，引誘王正廷上鉤。

　　由於王正廷熱衷於借款，但是又缺乏能力去評估這些「掮客」的管道和能耐，更不知道他們工作的虛實，以致付出了大量傭金卻得不到實質結果，只落得受騙上當[149]。

　　王正廷的另外一個致命傷是好大喜功。在1937-38年間，他同時開始了幾項借款談判，其中包括一個1千萬美元，一個1億5千萬美元，和一個6億美元的借款，而且一度誤導重慶政府以為成功在望。然而在花費了大筆傭金

---

148 這些人每個月向使館要求支付的服務費用大約是1萬2千美元。王正廷致蔣介石電，1937年10月12日，《特交文電，領袖事功之部》(8)，《領導革命外交：對美關係》，第2冊，#26015005。

149 有關這些交易的細節請參閱：Mr. K. P. Chen's Private Papers, Group A, Box 4, C-1. Rare Book and Manuscript Library, Columbia University, New York City. 有關雙方的法律訴訟詳情，見：Case of Rudolf Hecht vs. UTS, Group A, Box 4, Folder C2. 又見：《翁文灝日記》，1938年9月4日。又見：李傳璽，《做了過河卒子：駐美大使期間的胡適》（合肥：安徽教育出版社，2010）。

之後，卻一事無成[150]。

　　另一個讓情況惡化的因素則是孔祥熙，因為他不但放任王正廷去胡作非為，而且不時把王正廷完全不切實際的吹噓電報轉呈給蔣介石和政府領袖們，並且附加上他自己的讚譽之詞。孔祥熙的這種玩忽處理方式當然產生了極嚴重的後果。使重慶政府誤以為大批美國借款指日可待[151]。

　　這種自欺欺人的做法，一直要等到1938年初才被宋子文拆穿。宋子文明白指出王正廷的借款談判是一場「騙局」，只是讓不講道德的美國銀行家耍弄中國而已[152]。即便在宋子文開始抨擊之後，王正廷和孔祥熙還是沒有立即收斂。因為在1938年5月分，孔祥熙再度向蔣介石報告稱，美國可能近期內會給中國一個巨額借貸，金額將達6億美元。一如往常，孔祥熙向蔣介石宣稱，此項借款即將達成協議，而實際上完全出自王正廷的冥想[153]。

　　王大使對於財務的無知實足令人震驚。他對借款可能達到的成果憑空想像，他對借款的努力懶散無章，他向國內政府長期提供虛假信息。其結果是，重慶的領袖們在戰爭環境極度困難的情形下，屢屢被王正廷的樂觀報告所鼓舞，然後又被現實所粉碎。並且因此一再貽誤軍國大計。王正廷和孔祥熙二人不但缺乏判斷力，更缺乏現實感。他們的錯誤情報讓中國政府至少損失了一年的寶貴時間，未能及早去探求其他的國際財政支援的途徑。

　　更糟糕的是，王正廷和他所雇用的中間人簽訂了許多措辭鬆散的雇用合

---

150 《顧維鈞回憶錄》，第3冊，頁271；《王世杰日記》，1938年3月15日。

151 孔祥熙自諾曼第Normandy致蔣介石電，1937年7月17日，《特交文電：領袖事功之部》(8)，《領導革命外交——對美關係》，第1冊，#26031380；王正廷致蔣介石電，1937年9月20日，《特交文電：領袖事功之部》(8)，《領導革命外交——對美關係》，第1冊，#26015269；孔祥熙致蔣介石電，1937年11月23日，《特交文電：領袖事功之部》(8)，《領導革命外交——對美關係》，第1冊，#26010601；王正廷致蔣介石電，1937年12月7日，《特交文電：領袖事功之部》(8)，《領導革命外交——對美關係》，第1冊，#26021856。

152 散見1938年1-8月間蔣介石，孔祥熙、宋子文和王正廷之間有關借款談判之往來電文：《特交檔案：外交》，第40冊，《美國經濟援助》，#48696-48709。

153 孔祥熙致蔣介石電，1938年5月17日，《特交文電：領袖事功之部》(8)，《領導革命外交——對美關係》，第2冊，#27014660。

同[154]。讓他不久就陷入幾個訴訟案[155]。有些中間人還向美國政府提出訴求，更讓中國政府難堪不已[156]。

C. 官方外交接觸

最後，王正廷大使對美國政治的無知和缺乏判斷力，也到了驚人地步，並且直接傷害到中國國家安全。王正廷的壞習慣是不勤奮地去了解和分析美國政策，而是直接向美國政府提交書面問卷，要求後者逐條提供答案，然後由他轉交給中國政府作為他的工作成績，或是逕自把他對美國政策的誤解向國內政府呈報[157]。比如說，王正廷向蔣介石報告稱，美國政府將於1937年底之前向日本宣戰，事後證明這是他徹底聽錯了羅斯福總統的話語。在1938年2月，他又向中國政府報告，美國政府已經決定要向日本施行新一輪的制裁行動，而事實上美國政府根本沒有考慮此類行動[158]。此類誤判和誤報最終徹底摧毀了政府對他的信任。

---

154 For the case of A. P. Laissue, see:《胡適的日記（手稿本）》, July 11, 1938. For the case of Rudolf Hecht, see K. P. Ch'en file on the "Case of Rudolf Hecht vs. UTC" in: Mr. K. P. Chen's Private Papers, Group A, Box 4, C-4.

155 See: Hu Shih letter to Kung, January 24, 1940 in Mr. K. P. Chen's Private Papers, Group A, Box 1, F-3.

156 《翁文灝日記》1938年8月14日，1939年6月5日，1940年2月14日。《光公使美日記》1939年2月13日。Mr. K. P. Chen's Private Papers, Group A, Box 2, F-2, pp. 28-29. Also see: K. P. Chen's letter to Kung on February 15, 1939, in Group A, Box 4, C-1. Also see: K. P. Ch'en letter to Kung on February 15, 1939, in Group A, Box 4, C-1. Also see: New York Times, February 9, 1940, "China Loan Agent Sues for $1,000,000." Also see: Mr. K. P. Chen's Private Papers, Group A, Box 1, G-2. 又見：《胡適的日記（手稿本）》，1938年9月1日，1939年7月6日，9月14日，10月21日；1942年2月4日。又見：孔祥熙致陳光甫電，1939年7月4日，in Mr. K. P. Chen's Private Papers, Group A, Box 1, F-3.

157 See: Memorandum of Conversation, Department of State, written by Hornbeck, December 13, 1937, in Hornbeck Papers, Box 59. Hoover Institution. 又見：《顧維鈞回憶錄》，第2冊，頁437。

158 《顧維鈞回憶錄》，第3冊，頁65-66、270-271。

就在這個關節口上，胡適也從華盛頓向國內發出了一連串電報，抱怨王正廷的無能和中國駐美大使館拒絕向胡適代表團提供合作的真相。這些報告當然更加強了政府對王氏的不滿[159]。到了1938年6月間，一個事件終於使政府的不滿表面化。

此時宋子文直接向蔣介石抱怨稱，廣東省政府之前曾經交給王正廷7萬元美元，委託他購買防空用的高射機關槍。但是該項武器從未運達國門。用不著說，蔣介石為之大為憤怒，要求王正廷立即提出說明[160]。但是王氏卻無法提出。

雪上加霜的是，不久中國政府又接到美國財政部長摩根韜（Henry Morgenthau, Jr.）的直接抱怨，指稱王正廷無能。摩根韜不但是美國財經界的重要人物，還是在聯邦政府首長中最同情中國的人物，其親華色彩超過國務卿和其他聯邦官員。當摩根韜訪問歐洲時，他直截了當地向中國駐法國大使顧維鈞聲稱（1938年7月27日），美國政府將永遠拒絕和王正廷談論借款事項，理由是王氏只曉得一味依賴中間人。摩根韜的嚴厲批評終於讓中國政府認識到王正廷實在是中美關係發展的一大阻礙，必須儘快予以清除。中國政府當即接受了摩根韜的建議，派遣陳光甫赴美，啟動了新一輪的借款談判。

與此同時，王正廷的工作表現在重慶也遭到嚴厲指責，尤以傅斯年和周鯁生的攻擊最為尖銳[161]。由於國內社會普遍認為王正廷和孔祥熙有親密的私人關係，因此大眾也認為後者必須對中國對美外交失敗擔負連帶責任。也可能正因為孔祥熙對王正廷的呵護，使得宋子文也參加了批王的行列。1938年7月，宋子文公開指斥王正廷兩次處理對美借款的失誤為可笑，同時還提醒蔣介石有關王正廷一連串處理財務問題上不乾淨。宋子文警告蔣介石說，由於王正廷已經在華盛頓變成笑柄，因此中國政府必須儘快委派新大使赴美。宋子文的警告顯然產生了效果，因為在蔣介石在次日的日記中，就開始考慮

159《王世杰日記》，1938年1月2日。

160 蔣介石致王正廷電1938年6月8日，《特交文卷：交擬稿件》，第8冊，#517。

161《王世杰日記》，1938年7月23日。

駐美大使的人選[162]。

II. 胡適成為候選人

　　當蔣介石本人也逐漸體會到需要另組一個新團隊去改善對美外交時，他同時決定這個新團隊不但應該有能力改善與美國官方的關係，還應該有能力和美國民間建立溝通管道。而胡適由於人已經在美國，又在美國民眾中享有知名度，因此看起來是一位合適大使人選[163]。再者，由於胡適已經相當熟知王正廷的缺失，因此胡適理應可以把工作做得更好。

　　還有另外一個原因讓胡適看起來非常適任大使一職，那就是在中國領袖們的外交視野中，美國的重要性僅僅是較前產生了些微的提升而已。中國政府此時還沒有把美國看成是可能影響中國抗戰前途的一個關鍵性因素。因此，中美關係仍然可以託付給一位國內政治權力圈子之外的「外人」去掌管，也無關緊要。而胡適恰好具有這種身分。在此也可以附帶一提的就是胡適最重要的身分是學者。20世紀中國政治領袖們對學者的態度，和學者們在政治圈裡的地位和分量，都是一個值得後人深入鑽研的課題。

　　在此我們可以提出的例證是，就在1938年春天，蔣介石還想要延攬國內的人才，成立一個類似智囊團性質的組織，為國家大事向他提供意見。當時列入名單者包括張君勱、胡適、王世杰、張家璈、張季鸞、張群、蔣廷黻、朱家驊、周鯁生、左舜生、傅斯年等。讀者可以注意的是，在此11人名單中，至少有8-9人的本行是知識分子[164]。在這個情況下，蔣介石信賴胡適使美，可謂合情合理。到了8月中下旬蔣介石已經相信，政府應該更積極推展對美外交，而且還希望胡適能夠安排回國一次進行諮詢。胡適回國雖然未能安排，但是在蔣介石心中已經做出決定。因此蔣介石在8月底，還需要致

162　宋子文致蔣介石電，1938年7月15日，《特交文件：親批文件》，第45冊，#3281。《蔣介石日記》，1938年7月16日。

163　《顧維鈞回憶錄》，第3冊，頁271-272。

164　蔣介石1938年3月6日手件，《蔣中正總統文物》，#002060100126006。

函孔祥熙，催問後者有關胡適大使任命和陳光甫赴美事項是否已經辦妥？是否有需要由蔣介石親自出面寫信給胡適去敦請[165]？

　　由以上這些跡象顯示，胡適被派去美國的最初動力，來自汪精衛和蔣介石兩人都尊崇他的「美國通」的扎實工夫。但是此後一年中，王正廷的工作不力，政府企圖加強對美宣傳，加上蔣介石對學者的尊重，使得胡適以「人在現場」的優勢，順理成章地成為大使繼任人，並獲得蔣介石的熱心推動。但是孔祥熙可能還在想安排他自己偏愛的人選，甚至不惜抬出美國財政部來做擋箭牌，因為根據孔祥熙宣稱，根據該部官員私下告訴孔祥熙稱，「似以適之使美不甚相宜」[166]。但是這些發展均不能動搖蔣介石的意志，而美國財政部的保留語言出自孔祥熙的轉述，更可能引起反作用，反而促使蔣介石致電王寵惠外長追問胡適使美事的進展如何[167]。

　　或許就是蔣介石的壓力，外交部終於在1938年9月17日正式發表任命胡適接替王正廷出任駐美大使，為中美關係開拓了一個新局面。順便值得注意的是，蔣介石為了胡適任命大使之事，居然還需要三番兩次地去催促外交部，原因就是對美外交並非國民政府外交的重點，因此此時依然在孔祥熙和王寵惠的掌握之下。

165 《蔣介石日記》，1938年8月21日；「適之任大使事，務請即日發表。」見蔣介石致孔祥熙函，1938年8月22日，《蔣中正總統文物》，#002060100131022。

166 孔祥熙致蔣介石電，1938年8月23日，《蔣中正總統文物》，#002090103003188。

167 《蔣介石日記》，1938年9月17日。

第二章

胡適受命出任駐美大使

胡適被任命為大使一事顯示蔣介石對於當前的國際局勢似乎做了一個更全面的思考。在德國屢次背離中國之後，當然蔣介石外交政策的重點首先還是蘇聯。在他的規劃中，他希望如果歐戰爆發之前能夠說服蘇聯早日簽訂中蘇共同防禦日本的條約，並且互相承諾不會和日本單獨簽訂和平條約。但是與此同時他對美國外交也有了新的估計。他希望能夠敦促美國重申它傳統的遠東政策，對日本採取堅定立場。在他看來，只要英美兩國能夠表現堅定立場，則蘇聯就不至於向日本軟化。基於這種思考，蔣介石的結論是，「故歐戰起後，美國遠東政策，關於中國之命運至鉅。」[1]

一旦美國在中國政府的外交視野中分量增加，接下來的問題當然就是如何去達到最大效應？

甲. 國民政府對美政策重點的具體化

蔣介石首先認為美國大眾輿論影響其外交取向甚鉅，其次他認為國會將順從民意授權總統在外交事務上採取有力措施，第三他認為羅斯福總統具有足夠的見識和決心去謀求解決遠東衝突之道。基於這些信念，蔣介石認為中國必須致力於爭取美國的民意。而此時國際聯盟同意接受中國的申訴，也讓

---

1 《蔣介石日記》，1938年9月19日。

蔣介石益加相信美國的民意趨向將會對國際聯盟的態度產生重大影響力。因此，蔣介石指示孔祥熙和王寵惠（9月20、21日）從速加強在美國的宣傳工作[2]。

　　蔣介石此時也把他對於國際形勢的看法，向汪精衛和孔祥熙作了詳盡闡述。依據他的推論，既然國聯已經受理了中國的申請指控日本侵略東三省，「則以後，制裁樞紐全力在美國，務請對美外交盡我全力設法推動。」這短短幾句話表示：1. 蔣介石此時還在忙於軍事，對美外交政策的具體事務依然委託汪精衛、孔祥熙的行政院和王寵惠的外交部去操勞。2. 但是蔣介石已經開始關注對美外交，而且也產生了自己的看法。他的應對之道，是指望胡適、陳光甫和李國欽共同聯絡輿論界，向各方推動宣傳，並且敦促行政院向駐美使節們「多發給宣傳費為要。」[3]隔一日又發電孔祥熙，「對於美國宣傳經費，務請不惜一切，託駐美可靠人員竭力做有計劃之宣傳。」並指示孔祥熙立即匯十萬美金作為宣傳費用[4]。由此可見，蔣介石對美關係的第一步棋是增加宣傳，希望能夠改變美國民意，轉向敵視日本，同情中國，支持國聯對日本侵略行為加以制裁。蔣介石如此重要的一個外交策略念頭，其來源出自何處尚需其他學者進一步去考究，是他自己想當然爾？是左近親信的進言？是宋美齡的意見？作者目前尚無答案。

　　在傳達蔣介石的指示時，孔祥熙也同時提醒胡適（9月22日）稱，世界各國都一致期望美國在世界局勢中採取領導地位，因此他作為大使的新任命將會對中國的前途產生重大影響，並且敦促胡適為促進中美關係做出最大努力[5]。

2　蔣介石對王寵惠的指示，1938年9月20日，蔣介石對孔祥熙的指示，1938年9月21日，《蔣總統籌筆拓影本》，4450.01-016, #13306, 13310。

3　蔣介石致汪精衛電，並轉孔祥熙、王寵惠，1938年9月20日，《蔣中正總統文物》，#002010300016065。

4　蔣介石致孔祥熙電，1938年9月21日，《蔣中正總統文物》，#002010300016069。

5　孔祥熙致胡適電，1938年9月22日，中國社會科學院近代史研究所中華民國研究室編，《胡適駐美大使期間往來電稿》（北京：中華書局，1978），頁1。

　　就在胡適就任大使給中美關係帶來一個新的契機之時，蔣介石也給中日關係做了一個更為果斷的決策。中美關係和中日關係是否有因果關係，本書作者目前並無直接史料可以評斷。但是兩者的同時發生，則很可能說明蔣介石此時的心態。此處所指的事件是，即便是中日戰爭已經超過一年，但是各種和談努力仍然非常活躍，而其中一位著名人士則是天津特別市市長蕭仙閣，經常向國民政府傳遞各種來自日本的和平試探。1938年9月28日，蔣介石向蕭氏做出如下指示：

　　　　請與對方（日本）堅決表明如下：一、原狀未復，誠信未孚，即未有以平等待我中國之事實證明以前，決不允商談任何協定，不但軍事協定之字樣不得涉及於停戰協定之中，即經濟協定在原狀未恢復以前，亦不能商談。至於兄等攜來經濟協定之原稿，無異亡國條件，更無討論餘地。二、停戰協定祇可訂明停戰之時間，地點，與日本撤兵，及恢復七七以前原狀之手續與月日。此外不能附有任何其他事項，此應特別注意。三、停戰之日即為停戰協定發表之日，決不可以停止進攻若干日，為簽訂協定之時間。換言之，中國于停戰協定未簽訂之前，絕不願停戰。此應鄭重聲明。四、原狀未恢復，且未有以平等待我之事實證明以前，絕不能再提軍事協定，且絕無保留之餘地。否則請明告對方，無從再約續談也。6

　　1938年10月8日，蔣介石又對另外一位未具名的和談活動人士發表「面訓」，其中要點包括：

　　　　2. 我方絕對不要求停戰，更不害怕漢口失守，儘有力量支持長期抗戰。此層應使對方徹底認識……4. 此次談判係對方主動，我方誠意與之商洽。對方不得故意扭曲事實，散布不利於我方之宣傳，否則認為對方

6 《特交檔案：中日戰爭》，第28冊，資料袋#001。蔣介石致蕭仙閣指示，1938年9月28日。

毫無誠意……6. 談判重點應集中於恢復七七事變前原狀。[7]

　　這的確是兩份引人深思的文字。如果讀者們不熟悉國民政府在淞滬戰役的慘敗，而此後在華北、華中和華南戰區又屢戰屢敗的歷史的話，僅從字面上看，還會誤以為這是一篇出自戰勝國之手的招「和」書。而蔣介石語氣果斷，條件強硬，指明日本必須無條件地恢復七七事變之前的一切原狀，還需要做出以平等對待中國的具體表現之後，中國政府才願意商談停戰，而且中國政府在簽訂停戰協定之前依然堅持保留繼續作戰的權利。換言之，日本必須完全放棄七七事變以來的全部侵略成果。

　　這個文件也可以讓我們重新思考西方歷史學者對國民政府抗戰的分析。有相當一部分學者認定國民政府從來不曾認真抗日，淞滬戰役只不過是中方以軍事姿態逼使西方列強及早介入調停工作，不幸此計不通，中方反而是損失慘重。但是如果檢視中方上述所提的這些條件，則顯然遠非西方列強的任何調停努力所能達到的成果。這些差距實足令人警惕，以想像力取代史料的做法，決非治史的正道。

　　也就是在中國政府如此表達其堅定抗戰立場的同時，外交部發給胡適的指令，對他駐美大使的職責說得更為具體：

　　　　第一，胡適應該搜集美國的政治情報，供中國政府擬定更好的對美政策；

　　　　第二，胡適應該儘量爭取美國經濟援助，爭取美國修改其中立法，將侵略國家和被侵略國家加以區別，並且對日本實施軍火禁運；

　　　　第三，胡適應該促成美國和英國與法國在遠東的合作，共同抵制日本。[8]

7　〈面訓要點〉，1938年10月8日，《特交檔案：中日戰爭》，第28冊，資料袋#001。

8　《胡適的日記（手稿本）》，1938年9月25日；外交部致胡適電，1938年10月1日，《中華民國史料叢稿》：專題資料選輯第三輯，《胡適任駐美大使期間往來電稿》，頁1。

這些指示顯示，國民政府對美國的期望已經比王正廷任職大使時期提高了許多，而且變得更為具體，但是依然相當低調，因為它既沒有要求建立盟友關係，也沒有要求美國直接對中國提供軍事援助。本章的目的是討論胡適大使工作的四項重要工作，和檢討他的成績。這四項工作分別是：1. 促進中美之間的互相了解；2. 借款談判；3. 改變美國對中立法和武器禁運的政策；4. 和增加國際合作的實質內容。本章也將會討論另外一個問題，那就是胡適對鼓勵中國政府堅持繼續抗戰所作出的貢獻。雖然這並不包含在政府給他的指令之內，但是對於中美關係依然產生了重大影響。

前文曾經提及，孔祥熙內心可能並不贊同蔣介石對美宣傳的基調。孔氏認為：對美宣傳工作的性質其實相當微妙，如果執行不當，可能適得其反，因為美國人民對於外國人用金錢手段來向他們進行宣傳，向來心存反感[9]。即便如此，孔祥熙還是遵照蔣介石指示前後向美國匯了 20 餘萬美金，此時再匯 5 萬美金。在此中國外匯拮据的情況下，如此大筆美金的支出，也可以顯示出蔣介石對於對美宣傳的高度期望。

事實最終證明，蔣介石所構思的對美宣傳政策，並未按照計劃展開。因為到了 1938 年夏天，美國本身的政情也發生了變化。在 6 月分，美國國會對於外國政府在美國利用宣傳手段去鼓動美國輿論一事，視為屬於以非法手段干涉內政而深切反感。國會為此還通過了一項取締辦法，規定凡是任何人為外國做宣傳，都必須首先向美國政府註冊和詳細填表申報，否則一經查出將處以兩年徒刑或罰款兩萬美元。至於中國政府原本打算聯絡國會議員的方案，則更需要小心從事。因為一旦被發現，將會造成重大政治事件。也正是因為這個環境的改變，使得李國欽和陳光甫趕緊把蔣介石以前撥給的宣傳費退還。改而把指望寄託在胡適的免費宣傳途徑之上。但是孔祥熙還是認為在美宣傳一事，依然應該以低姿態和分散方式進行，所以先後選派了梁士純、于斌、張彭春三人赴美進行，並撥款 1 萬 8 千美元作為活動費[10]。

9　孔祥熙致蔣介石電，1938 年 9 月 21 日，《蔣中正總統文物》，#002090103016114。

10　孔祥熙致蔣介石電，1938 年 12 月（？）31 日，《蔣中正總統文物》，#002080106008001。

　　這個宣傳規模就比蔣介石原來設想的要縮減許多。這段公案說明的一件「小事」是，當時赴美從事外交工作的那幾位人士的守正不阿，的確值得讚佩，因為那些錢大可以不了了之，無需回交國庫。但是他們的操守決定了他們的行為。這段公案說明的一件「大事」卻是，政治領袖們制訂政策的動機和實踐的成果之間往往可以產生大幅度誤差。這並不是說中國政府對美沒有宣傳，而是說蔣介石心目中的宣傳政策沒有實現，而胡適的宣傳工作又受到了蔣介石的責難。這個諷刺也難以逃脫讀者的注意。

　　在此還可以做出另外一個註腳，那就是由孔祥熙主導的宣傳工作，成果也並不令人滿意。因為到了 1940 年 5 月分，陳光甫致電向孔祥熙直言，孔氏所派出的人員工作效率非常差，他們由於內部意見分歧，反而讓美國政府無法回應。因此他建議以後的對美宣傳工作應該加以統一指揮，方能奏效[11]。如此說來，中國政府當時在美宣傳的重頭戲，還真是只有胡適一人單肩獨挑。

乙. 政策成果的初步檢查

I. 促進中美兩國的了解

　　鑑於中國政府在抗戰前對於美國政府政策取向的重視程度遠遠不能和英國、法國、蘇聯和日本相比，因此儘管有不少留美學生歸國後進入中央政府成為領袖，但是政府有更多領袖們對於其他國家的事務更為熟悉。比如說，日本和蘇聯事務專家在中央政府的外交部門中早已建立了穩固的地位，而對美國事務的情報基本上還需依賴駐美大使館提供。

　　一旦美國的重要性增加，蔣介石就開始感到需要有人可以諮詢有關美國的政局，和如何與美國政府進行溝通。由於美國此時正是孤立主義情緒瀰漫全國之際，美國人民對日本侵華行為並不了解，因此，若想改變美國政府對借款、中立法和購買武器的立場，則必須首先改變美國人民的認知和爭取他

---

11 陳光甫致孔祥熙電，1940 年 5 月 4 日，《蔣中正總統文物》，#001088201007。

們的支持。而就這兩項任務而言，胡適的資歷又似乎讓他成為最佳人選。

　　作為一位典型的學者，胡適的閱讀範圍和題材興趣極廣；他有剪貼報紙的習慣，然後把所讀到的資料大量回報給重慶政府，或是放進他對美國公眾的演講之中。毫無疑問地，他的這些好習慣使他對美國社會政治的了解或許超過其他國家的駐美外交官們。

　　和王正廷大使相比較，胡適也做出更大的努力去結識美國政府的領導層，比如國務卿、財政部長，甚至總統本人和他的家屬[12]。而胡適和項貝克（Stanley K. Hornbeck）的親密關係則更不尋常。項貝克是國務院遠東事務部門的負責人，對於美國政府制訂其中國和遠東政策具有高度影響力。胡適和他之間的交情好到可以彼此直呼其名，彼此之間經常傳遞便箋和通電話，又和項貝克夫人（Vivienne）也是朋友。這層關係使得胡適對於國務院對國際問題的思路非常熟悉。項貝克不時成為胡適在國務院的內線消息來源，當然有其優勢。但是隨之而來的風險，也就是胡適或許過分依賴項貝克這條內線，以致項貝克的情報，他對美國行政單位內部的關係和政策，以及他本人的許多觀點和立場，也都被胡適照單全收，成為唯一的權威來源。其結果是胡適有時會省略進行獨立的思考和分析，把自己的判斷束之高閣。說得更白些，胡適對於美國政府的分析思路和政策走向判斷，有時會不自覺地被項貝克牽著鼻子走。

　　和王正廷大使相比，胡適風度優雅，博覽群書，談吐機智詼諧，很容易贏得美國人（特別是知識分子）的信賴與尊敬。這些個人品質幫助胡適更容易從各種渠道獲取情報，比起中國以前歷任駐美大使均大有過之。

　　從胡適的工作品質而論，他向重慶政府的報告不僅是提供信息，而且充滿對美國政治事務的解讀和分析，這其中包括美國總統和國會未來可能採取的措施，選舉對於政府政策取向可能產生的後果等等，內容極為豐富。這些報告不但要比王正廷大使的報告寫得好，而且大大提升了蔣介石前此對於美

12《胡適的日記（手稿本）》，1940年2月22日。

國政治的掌握[13]。這些報告充分展示出胡適作為一個勤奮學者的優勢，也顯示了他的文筆和表達才華。

　　但是，胡適的情報搜集工作也有它的局限性。他的學者本色，讓他的報告內容對於美國的內政外交在大方向上常有精闢的分析，但是對於美國政府的具體運作卻鮮有實質性的情報。而後者對於中國政府官員制訂對美外交政策卻往往最為重要。從表面上看胡適到處演講的活動，他似乎很可能被認為是一個成功的交遊廣闊的外交官，但是從他自己的記載中，只能看到他如何把他自己的知識和見解轉達到對方，卻很少看到有例子是他如何從對方得到有價值的訊息和情報。因此他的這些看似熱鬧的「廣結善緣」其功能多屬「單向性」，他能夠借此類活動而向中國政府提供的政治線索，非常稀少。

　　胡適的「君子風度」或許是他在和一般人接觸時無法降低身分去見縫插針和刨根究柢，更不方便去探聽內幕消息，而他在大使館內也沒有設立一個情報搜集機制。這或許是因為他此前的人生經驗中，根本沒有做過這類工作所致。其結果是，他的報告對於大局的「分析性」很強（或是學究氣味太深），但是對於具體的事務卻沒有足夠的參考價值。同理推之，他的報告對於長程性的政治發展常有精闢的闡述，但是對於美國政府逐日的運作細節卻不甚熟悉。說白了，他的報告讀起來經常像是學術論文，而不像是政治情報。

　　還需要指出的是，雖然胡適報告的品質和數量都較前大為改善，但是在華盛頓的中國大使館內部的組織編制並沒有顯著改善。胡適對於大使館和在其他城市的領事館都沒有做出改進的努力。反觀美國的駐華大使館中，即便是低階的館員也都搜集情報，廣泛接觸中國社會各階層，並且提交各自的分析報告。但是中國駐美大使館的館員依然是呆坐館內處理文書工作。胡適似乎並沒有督促他們打進美國社會，也沒有把這批舊式官僚予以汰換，改任一批具有現代思想和作風的年輕有為之士。當時在美國留學的中國學生人數已經不少，但是卻很少被延攬參加使館工作。其結果是，使館的重頭戲全都落

---

13 胡適致蔣介石函，託陳布雷轉交，1939年12月4日，Mr. K. P. Chen's Private Papers, Group A, Box 1, G-2.

在胡適一人身上。在胡適的日記中和他與外交部之間的大量文電來往中，他幾乎從未要求增加大使館和各地領事館的編制或辦公預算，以提高工作效率。

更有進者，雖然胡適花費大量時間精力給蔣介石寫報告（有時也給孔祥熙寫），但是他對外交部卻經常不予理睬，以致外交部官員不時抱怨他們對於美國情況頗為隔絕[14]。這種情況可能顯示胡適在內心中自認為是和蔣介石和孔祥熙是同一個等級的人物，而不是外交部體制下的一個外派官員。

從另外一個角度來看，胡適的貢獻又遠遠不止於提供信息而已，因為他經常會「自告奮勇」地對重慶政府提出各種坦誠直率的「諍言」。胡適在這方面的表現不但大異於王正廷，而且也超越了絕大多數的職業外交官。一般在中國傳統官場爬上來的外交官從來學會明哲保身，絕不質疑長官們的指示。即使在他們不同意上級指示的內容時，也只是採用拖延或是陽奉陰違等手段進行消極抵抗或暗中破壞，但是絕不明目張膽地表達異議。然而胡適身為一位學者，卻完全沒有想在中國政府內經營個人的宦途，而又對自己獨立思考的能力感到無限驕傲，不容受到限制。結果是他和上級的立場經常相左。當他不同意外交部的訓示時，他不但會公然反對，而且還會向中國其他駐外使節廣為散布，直言無隱[15]。這就難免讓外交部更加難堪。

胡適歷來不齒一般政府官員缺乏勇氣向蔣介石實話實說，或是質疑後者決策的正確性，因此他自己更是務求達到盡言責的標準。胡適認為蔣介石如果做出錯誤的決定，原因多半是下屬向他提供錯誤信息。因此在中美關係問題上，胡適打定主意一定要知無不言，言無不盡。

縱觀胡適給蔣介石的報告中，他經常企圖糾正蔣介石對美外交的一些「不正確」的觀念或是「不切實際」的想法。有時胡適不免被自己的「高見」所陶醉，乃至開始以「授課」的語調對蔣介石大開講座。而蔣介石儘管未必接受胡適的論點，卻對他的高談闊論一貫保持禮貌。這一點也頗能顯示出蔣介石的風度。有少數幾次，當蔣介石實在無法忍受胡適的訓誨姿態時，也還

14　外交部徐謨次長致顧維鈞大使電，1940年10月3日，見：《顧維鈞回憶錄》，第4冊，頁461。

15　胡適此種行為的一個例子發生在1939年1月，見：《顧維鈞回憶錄》，第3冊，頁342-43。

只是委婉地抗議稱，他並不是如胡適所指的對於美國一無所知。而胡適作為一個非國民黨黨員，蔣介石竟然把他安置在駐美大使這個位置上長達四年之久，這本身也是蔣介石尊重胡適人才的一種表示。在此令人不禁聯想到，蔣介石在抗戰初期把中國最重要的三個外交職位信賴給有外交長才的人士，而他們卻和國民黨或是蔣介石本人並無政治淵源。除了胡適的使美，其他兩位是蔣廷黻的出使蘇聯，和顧維鈞的先後出使法國、英國和美國。

　　胡適不但對蔣介石扮演了一個忠心耿耿的批評者角色，對於其他中國領袖們的態度也一貫如此。只要是他衷心認為有益於中美關係，他始終是以禮貌莊重的態度直言無隱，從不考慮個人的得失。一個例子就是他在1943年批評宋美齡在紐約處理外交活動的行為不當[16]。在這一方面，胡適的表現實在可圈可點，是一個稱職外交官的楷模。或許他付出的政治代價就是在1942年（9月11日）被魏道明取代，而他本人原本是希望做到抗戰結束。總地來說，胡適處理中美關係前後一共五年，其中四年擔任駐美大使。僅就時間的長度而言，已經看得出蔣介石對他的尊重了。

　　從促進中美相互了解這項工作而言，胡適在中國政府的外交作風上的確樹立了一個新風範，那就是拉近和駐在國人民群眾的關係。在此之前，中國駐美大使館在開拓公共關係的業務上遠遠落在日本之後。日本入侵東北之後，中國駐美使館也曾經收到過許多來自美國民間團體要求，鼓勵中國政府對日本的虛假宣傳進行有效反擊。但是使館內無人有能力處理此項工作。可笑的是，駐美使館反而利用美國報紙上的輿論作為回應，而這些報紙的言論既無表達中國立場的蹤影，又不能提供來自中國的現場實況。

　　相形之下，日本人卻儘量主動地為它在中國的劣跡求開脫。日本外交官不但經常出現在美國公共視線內，日本人還能巧妙地運用他們的經濟力量去進行收買工作，改頭換面地以學術團體或是民間組織的幌子去進行公關活動。其結果是，日本幾乎霸占了美國的輿論市場，散布他們對中日衝突的片

16　見：Hu Shih letter to Hornbeck, March 6, 1943, Hornbeck Papers, Box 80.

面說辭[17]。

　　胡適在其大使任期間立即徹底地改變了這個宣傳上的劣勢。他展示出高度的主動性和語言能力，接觸到美國人民大眾，其能力超過了19世紀中葉中美建立外交關係以來任何一位中國外交官的成就。因為毫無疑問地，他最能和美國的人民大眾做直接的溝通。在胡適使美期間，其最傑出的表現就是他能夠以無限的熱忱去接近美國人民，鼓動他們對中國產生好感，增進他們對中國事務的了解，進而支持中國對日本的抗爭。胡適本人也對他這方面的成就感到最為自豪。而他達到此項成果最有效的方式就是他無懈地在全北美洲各地進行的大規模公開講演活動，真可謂無遠弗屆。一個具體的例子是在1938年1-3月的51天之中，胡適總共訪問了9個美國城市和11個加拿大城市，面對大學生和市民團體發表了56場公開演講[18]。

　　總計起來，胡適做了幾百場講演，行程不下數萬英里，遍及美國和加拿大所有的大城市及主要大學校園[19]。這種成就不但遠遠超過了此前所有的中國駐美使節，也可能為同時期其他國家的駐美使節所望塵莫及。令胡適特別感到驕傲的是，他替中國贏得了巨大的國際知名度，但是幾乎完全沒有成本[20]。

　　儘管有這些令人醒目的數字，但是胡適公共關係活動的成果依然應該接受實事求是的評價。如前所言，蔣介石一旦決定要在美國展開大規模的公共關係攻勢，他就急不得待地想要付諸執行。儘管中國政府此時面臨重大軍事挫折和財政困難，但是他依然願意花費大筆經費去推動此項工作。此時孔祥熙被蔣介石委託去支持此項工作，因此他立即轉告已經在美國的陳光甫和李國欽二位和胡適大使取得聯繫，展開工作，並且從國內電匯了美金5萬元作為活動經費。想不到陳光甫和李國欽的反應卻完全不熱情。除了前述美國國

17　微塵，〈如此外交〉，《獨立評論》，第138號（1935年2月17日），頁2-5。

18　見：《胡適的日記（手稿本）》，1938年3月16日。Also see: Hu Shih letter to Stanley Hornbeck, February 28, 1938, in Hornbeck Papers, Box. 80.

19　Min-chih Chou, *Hu Shih and Intellectual Choice in Modern China*（Ann Arbor: University of Michigan Press, 1984）, p. 126.

20　同上註。

會通過法案（1938年6月分）規定所有替外國從事公共關係的美國人必須預
先向政府註冊之外，他們進一步提出警告，中國對於運用國會議員作為說客
可能會讓後者遭受批評，甚且危害他們的公職，因為美國國會議員依法不可
以替外國從事遊說工作。他們更警告稱，中國政府雇用美國人替中國工作企
圖影響美國政府決策，很可能結果適得其反，因為美國人打心底厭憎外國政
府干預他們的內政。換言之，在陳光甫和李國欽眼中，蔣介石當時所嚮往的
公關活動（雇用美國專業公關人士或具有影響力人士替中國做事）已經和美
國當時局勢格格不入[21]。在這種情況下，胡適能夠以大使身分和美國人民直接
溝通的能力，就變得更為及時而又難能可貴了。

　　胡適在公眾場合講演的興趣和才華，從年輕時即已顯示出來。在學生時
期，他已經屢次贏得演講比賽。他養成的好習慣是每次在演講前必定花費大
量時間去搜集資料，寫好講稿，再經多番修訂和勤奮演練，務求完善。他在
做準備工作時，不但會勤讀報刊找資料，並且會廣泛徵求別人的意見[22]。根據
其本人的估計，他為了要能做出一小時的講演，通常要花費許多小時去做準
備[23]。一旦成為大使之後，這些好習慣都變成是他的重要政治資本。在他工作
範圍裡，最讓他稱心快意的事就是能夠做公開演講，其聽眾包括學生、學
者、教會、商會和各式各樣的民間團體。換言之，美國社會裡凡是可能關心
國際事務的人們都是他傾訴的對象。

　　至於演講的題目和內容，則他最偏愛的是文化、歷史和哲學，但是他也
花許多時間討論和中日戰爭直接有關的課題。一般而言，他的寫作儘量避免

---

21 孔祥熙致蔣介石函，1938年，無月分（可能是9月），31日。《特交檔案：外交》，第8冊，
　《國際情報及宣傳》，#48587。

22 劉鍇，〈備受美國朝野敬重的外交家〉，《傳記文學》，第28卷，第5期（1976年5月），頁
　153-155。

23 Hu Shih's article "I Became a Trained Public Speaker" in *Chinese Studies in History, winter 1980-
　81*, pp. 31-34. 根據胡適本人透露，他有時會花費2-3週去準備一次演講，唐德剛，《胡適雜
　憶》，（台北：傳記文學出版社，1979），頁70。又見《胡適的日記（手稿本）》，1940年6
　月1日。

政治色彩，讀起來像是一位教授的學術論文[24]。即便是他討論日本侵略的演講和寫作，也是強調理性分析而避免感情發洩，更不會破口大罵。因此其特色是保持尊嚴而又心平氣和。他的這些努力的目的當然是增加美國人對日本侵略的反感和對中國的同情，但是他卻很少向美國人提出在物資上幫助中國的要求[25]。

作為一位學者型的外交官，胡適還著意保持他和國民政府之間的距離。他經常談到中國傳統的價值觀念、當前的困難和對未來的憧憬，但是頗為刻意地避開中國政府當前政策的內容，他特別避開不談的是國共之間的摩擦。一般來說，胡適把自己的身分定位是一位中國的愛國者，而不是一個政府的代言人[26]。在私人場合，他有時甚至會強調他是為了國家而「屈就」大使公職。這兩者所表現的其實是同一個心態。

胡適本人對於他的演講能力感到自豪，對他的成果也感到滿意。依照他的估計，美國民間的輿論在他就職大使之後兩三個月就開始明顯轉向同情中國。他察覺到有一部分美國人已經開始認識到，中國局勢可以影響全世界，因此值得美國關心。中國政府也看出來，美國的民意從1938年中期之後，已經逐漸偏向同情中國和譴責日本。更多的美國人民開始支持修改中立法，和嚴厲譴責日本禁止美國船隻在長江上航行的權利[27]。在胡適看來，代表美國民意親中反日轉向最好的證明，是一些重要報紙上的社論版[28]。

無容置疑地，他的演講在美國社會產生了幾個重要的影響。首先，他讓美國人民了解到中國悠久的歷史，文化和價值觀，這樣就更幫助他們萌生對

---

24 Chou, Chih-p'ing, *A Collection of Hu Shih's English Writings*, vol. 2. 有關胡適在1937-1942年間演講更詳細的資料，請參閱：耿雲志，《胡適年譜》（成都：四川出版社，1989），頁163-177。

25 張忠棟，《胡適五論》，頁143-145。

26 又見：Min-chih Chou, *Hu Shih and Intellectual Choice in Modern China*, p. 126.

27 《顧維鈞回憶錄》，第3冊，頁276-277。

28 Memorandum of Conversation, Department of State, written by Hornbeck, December 13, 1937. Hornbeck Papers, Box 59.

中國的同情心和反日情緒。其次，他對日本在華暴行提供了具體而生動有力的指控，並且試圖說服美國人民，他們必須幫助中國，因為西方國家必須保護它們在中國和亞洲其他地區的利益。

　　胡適巧妙地發揮了他對英文運用自如的技巧，加上他能掌握美國人的文化和歷史。因此他不但遣詞用字深得其中奧妙，而且還能領會美國人的感情，使得聽眾們感到是在和同文化背景的人在交談，而不是面對著一位外國的使節[29]。

　　胡適在演講中經常強調中美兩國人民的共同點，使聽眾感受到中國人民面臨的困難並非發生在一個遙遠異族的身上，而是似乎發生在他們自己身上一般。在電視機還沒有進入美國一般家庭之前，胡適這種勤奮的公共演講把中國苦難的信息和場景，帶進了許多美國人的客廳，並且深深地植入他們的腦海。這實在是一項非凡的成就。

　　胡適馬不停蹄的到處演講，不但讓他有機會散布中國的觀點，也使他能夠更準確地掌握美國民眾們對中國和亞洲的觀感。他的演講也使得中國問題得以在美國的公共媒體上占據一個重要的版面。對美國人民而言，胡適成為他們對於中日抗戰最權威的消息來源。不必說，胡適從這許多和美國社會密切接觸之後所提煉出的報告在送回重慶之後，對於中國政府對美國的了解，當然也發生了重大作用。

　　除了蔣介石宋美齡夫婦之外，胡適肯定是在美國媒體中曝光率最高的中國官員，而他的親和力和知名度或許甚至可能超過蔣氏夫婦之上。還有一點值得一提的是，胡適的活動大大地激勵了在美華僑的士氣和社會地位，其中感受最深的可能是留美學生群體。因為之前他們都被歷任中國大使的不露面和不作為而感到羞愧和沮喪。如今胡適不但形象清新活躍，而且把那些在美國為日本侵略行為粉飾的宣傳家的氣焰都壓下去了，這就免不得使中國的僑

29　有關胡適公開演講效果的不同評價，請參閱：朱文華，《胡適評傳》（重慶：重慶出版社，1988），頁272-273；耿雲志，〈胡適與抗戰〉，張憲文編，《民國檔案與民國史學術討論會論文集》（北京：檔案出版社，1988），頁805。

民們感到無比驕傲。更何況，胡適到處出席華僑社會的各種社團活動，表現出特有的親切和隨和。這一切都遠非以前中國官員在美國所能比擬者。

　　胡適多次穿梭北美洲大陸做公開演講的時機，正和美國輿情逐漸轉向同情中國的趨勢不謀而合，或者兩者是互為因果[30]。美國國民態度的改變是由多種因素所造成，它們包括：美國人在華目擊的日軍暴行，日軍對中國城市的濫炸，日軍對在中國內河航行的英美兩國兵艦的攻擊，和日本兵對在華西方人士的粗暴待遇等等。胡適及時把美國人注意焦點放在這些事故之上，讓美國人自己目擊的罪行成為中國控訴最有力的素材。

　　當然，胡適真正要克服的困難，是如何把美國民間的同情心，轉換成其政府對中國的實質援助。而美國人民在這方面可並沒有顯示出明確的態度，對於中日交戰雙方也沒有採取明確政策。在有關美國銀行是否應該向中日兩國同時貸款一事上，絕大部分美國人民在1937年9月分的民意調查時都持否定態度[31]。在問及美國是否應該向中日雙方同時出賣武器一事上，1937-1938的兩年中，美國民意逐漸支持向中國賣武器而向日本實行禁運[32]。但是在1939年中，當美國人被問道美國政府應該採取何種手段去維護美國在中國的利益時，大部分人只願意對日本實施武器禁運，而只有極少數人們認為應該以武力去維護這些利益[33]。只有等到西方國家在東南亞的利益受到日本直接威脅時，美國人才開始認為美國可能必須使用武力去維護這些利益[34]。

　　換言之，儘管美國輿論已經漸漸地認為中日戰爭並非僅是兩個亞洲國家的衝突而與美國無關時，它在1941年夏天開始認為美日之間可能發生戰爭，其動機卻並非出自對中國局勢的關心，而是出自對歐洲局勢的關心，也同時是出自對日本危害歐洲國家在東南亞利益的關心。如此說來，儘管胡適正確地預測世界大局的發展對中國有利，但是美國民意的轉變並不能視為是

30　See: *The Gallup Poll*, Public Opinion 1935-1971, vol. I, pp. 69, 159.

31　*The Gallup Poll*, Public Opinion 1935-1971, vol. I, p. 70.

32　*The Gallup Poll*, Public Opinion 1935-1971, vol. I, pp. 90, 159-160.

33　*The Gallup Poll*, Public Opinion 1935-1971, vol. I, pp. 168-169.

34　The *Gallup Poll*, Public Opinion 1935-1971, vol. I, pp. 196, 268, 306.

　　顯然地，胡適和重慶政府都已經逐漸放棄了他們早先認為美國公眾輿論決定其外交政策的看法。此時胡適對蔣介石明白指出，美國領袖們才是外交政策的決策人。既然有了這些觀念上的改變，就讓人更難理解何以胡適不能及時修正他自己的行為，以求言行一致。因為事實上而又具有高度諷刺性的是，胡適的新評估對蔣介石所產生的影響，似乎遠遠大過於對胡適本人的影響。因為蔣介石很快就改變了他的對美策略，最顯著的後果就是決定派遣宋子文去華盛頓。不再走群眾路線，而是集中精力向聯邦政府的高階層做工作。而胡適本人則仍舊處於徘徊之間，舉棋不定。

　　對於胡適的言行不一致，和仍然耗用大量精力從事演講活動，除了舊習難改之外，可能還有另外一個解釋，那就是他認為中國並不具有能力去改變美國政府高階層的政策，而中國也必須小心尊重美國政府的自主立場。因此，儘管美國民意並不能產生決定性影響，但是他還是相信他對美國政府的決策使不上力氣。所以在這個意義上，胡適可以被批評的是，他作為一個處於危難中國的外交官，委實缺乏鬥志。他過於體諒東道主美國政府自身的困境，而沒有卯足全力為自己風雨飄搖的國家去爭取外援。

　　作為一個學者和君子，胡適的個性可能根本不適宜從事外交工作。即便是在珍珠港事件之前，中國政府真正需要做的，是把美國的同情心轉變成具體的物質援助，使中國的長期抗戰得以維持，避免向日本屈膝求和。但是胡適的個性和他的人生哲學，都無法把他變成一個劍及履及的實踐家，因此反而把他的局限性暴露無遺。在後文中我們將會用實例來進一步闡述這個問題。

II. 借款談判

　　雖然中國政府在盧溝橋事變之前就已經有意向美國借款，去準備對日作戰，但是到1938年6月為止，中國政府所有的試探均以失敗告終[39]。

---

39 任東來，〈中美桐油貸款外交史末〉，《復旦學報》（社會科學版）1993年第1期，頁107。
　　Foreign Relations of the United States, Diplomatic Papers, 1937, vol. 3, pp. 610, 832-833; 1938, vol. III, The Far East, pp. 59-61、74-75、519-522、526-529.《王世杰日記》，1937年11月16日。

這些失敗的原因可以從中美兩方面去了解。從美國政府而言，它和其他西方國家一樣，既不想激怒日本，也不認為中國是一個重要的國家。而中國政府，除了王正廷大使所表現的無能之外，也沒有積極地把美國當成是一個重要的爭取對象。只要中國能夠指望繼續從德國和蘇聯獲得大量武器和其他物資，則美國貸款與否其實無關緊要[40]。

事實上，在整個1939年間，中國政府為了尋求從歐洲國家獲得援助做出更大的努力，也派遣了更多的高階層代表團前往歐洲[41]。只有在受到英國和歐洲他國拒絕後，中國政府才開始認為，如果能夠先從美國得到借款的話，則或許可以改變歐洲各國的態度[42]。換言之，中國政府最初向美國貸款的動機，並不是看重它本身的價值，而是認為英美兩國的國際借貸政策基本相同，所以才開始爭取和美國政府商議貸款，希望借此軟化歐戰國家的態度。

在中國政府逐漸了解美國和歐洲國家關聯的同時，它也從美國政府得到一些令人鼓舞的信號，表示美國也在考慮增加對中國援助[43]。基於以上這些因素，所以中國政府才開始了一個新嘗試。由於中國領袖們在當時認為羅斯福總統領導的聯邦政府中，以財政部長摩根韜對於以財政援助中國最為熱心，因此當胡適接任職大使時，重慶政府立即訓令他向美國政府接洽貸款之事[44]。沒過多久，中美兩國之間有關桐油借款的談判就給胡適提供了一個機會，和陳光甫之間建立了一個極不尋常的共事關係。

40　參閱：蔣介石致羅斯福電1937年12月24日，羅斯福致蔣介石電，1938年1月11日。See: FDR Official File, 150, Box 1. 又見：蔣介石致羅斯福電，1938年1月30日，《戰時外交》，第一冊，頁78-79。

41　見：郭泰祺從倫敦致外交部電，1938年1月19日，《戰時外交》，第二冊，頁24-25；立法院長孫科與郭泰祺自倫敦致外交部電，1938年3月29日，《戰時外交》，第二冊，頁27-28；《顧維鈞回憶錄》，第1冊，頁23。

42　郭泰祺大使報告，見《王世杰日記》，1938年6月27日，7月15日。

43　顧維鈞大使和普立特Bullitt大使的會談1938年2月21日，《顧維鈞回憶錄》，第3冊，頁66；《王世杰日記》，1938年5月24日。

44　胡頌平編，《胡適之先生年譜長編初稿》，第5冊，頁1648-1649；Schaller, *The U.S. Crusade in China 1938-1945*（New York: Columbia University Press, 1979），pp. 24-25.

III. 徵召陳光甫到美國服務

　　美國財政部長摩根韜在 1938 年 7 月分一次和顧維鈞大使會談中就曾經明白建議，中國在和美國財政部和進出口銀行進行談判時，不宜經過王正廷大使而應改派他人負責。摩根韜同時特別稱讚的人是陳光甫，因為陳氏早先曾經在有關白銀問題談判中和摩根韜發生過接觸，而且深獲後者敬佩。摩根韜提出承諾，如果中國政府可以派遣陳光甫直接和摩根韜談判的話，則摩根韜將會儘快協助中國獲得美國貸款[45]。美國駐法國大使普立特（Bullitt）適在此時也向顧維鈞進言，中國政府應該儘快地尋求美國協助，因為英法兩國一定要等到美國表態之後，才肯做出實際援華行動。顧維鈞在得到這些信息後，立即向孔祥熙做出報告[46]。這個發展在中美關係上可說是一個重大突破。因為終於有一位美國聯邦政府部長級的官員，毫不含糊地向中國承諾了提供援助。

　　孔祥熙的熱烈反應不僅是因為陳光甫在中國財經界享有崇高地位，同時因為他們兩人之間有超過 30 年的友誼。不久之後，陳光甫接受任命，並且提出建議書，以中國的桐油作為抵押，向美國申請商業貸款[47]。

　　陳光甫於 1938 年 9 月抵達華盛頓，立即透過聯邦財政部關係展開借款交涉[48]。而此時的蔣介石，除了想要展開對美宣傳攻勢之外，也想要有計劃地向美國政府借款。蔣介石的這個想法其實早在幾個月前就已經逐漸形成，因為在抗戰經歷一年之後，雖然中國政府指望戰爭能夠把日本的經濟拖垮，但是也擔心中國自己的經濟會被拖垮。如果金融發生問題，勢必嚴重影響中國繼

---

45 顧維鈞致孔祥熙電，1938 年 7 月 27 日，《特交檔案：外交》，第 41 冊，《美國經濟援助》，#48813。

46 孔祥熙致顧維鈞電，1938 年 12 月 26 日，感謝顧維鈞對於爭取美國貸款的努力。見：《顧維鈞回憶錄》，第 3 冊，頁 322-323。

47 "Detail Report of lst and 2nd loan negotiations" in Mr. K. P. Chen's Private Papers, Group A, Box 2, E. 又見：牟潤孫，《中美桐油借款商談紀要稿》（1968），頁 132-134。K. P. Chen's Private Papers, Group A, Box 7. 關於陳光甫使美的背景，請參閱：吳相湘，《民國百人傳》，第 4 冊。

48 《光公使美日記》Mr. K. P. Chen's Private Papers, Group A, Box 2, F-2.

續作戰的能力。因此在政府精密的計算之後，得到了一個結論，認為在「此後一年內如能借足一千五百萬鎊之外匯基金，決可應付裕如。」當時中國政府主要的借款對象是英國，而依據政府情報，英國可能願意借款，但是需要美國和法國也共同參與其事。因此蔣介石敦促胡適一定要向美國下功夫，只要美國肯借錢，「無論款項多寡，影響必極重大。」而他能夠設想到的最便捷途徑，便是由美國政府避免經過國會而逕直採取借款行動，或指示金融界從旁支持[49]。換言之，只要是美國肯借款，就達到了伸張道義的目的，借款數量的多寡此時尚不是重要考量，因為中國政府真正的大目標是英國。

這就說明了為什麼蔣介石要親自寫信敦促陳光甫趕緊啟程赴美，而陳光甫一旦抵達美國後，蔣介石又請其「借款務望於本月內（十月分）完成。」[50]由此可見蔣介石心情之急迫。

因此，幾乎在同一時間內，摩根韜傳達了美國政府願意協助中國的新意願，又適值陳光甫和胡適二人新官上任，急於改變現狀，雙方共同為中美關係創造了一個新氣象。美國政府不再僅是以表達同情中國和重申道德原則為滿足，而是願意具體地向中國提供經濟援助。而中國政府此時的打算是讓陳光甫和胡適兩人在借款談判中，擔負等同責任。但是在實際上，兩人此後的責任並不等同，因為陳光甫的擔子遠比胡適所承擔者要沉重得多。其中有好幾個理由。

首先而且最重要的是，摩根韜部長曾經對財政部的下屬們做出明確指示，他們只許和陳光甫一人討論借款事宜[51]。其次，陳光甫的財經閱歷和他對中國當時財務、工業、礦產等領域的了解，使他成為當時唯一有資格處理這幾個領域之間錯綜複雜關係的不二人選。而且他可以單獨一人在和美國政府交涉時，處理以上各個領域的事物，無需假手他人。第三，陳光甫不但和孔祥熙關係非比尋常，他和蔣介石也有密切來往，因此得到政府充分授權可以

49 蔣介石致胡適電，1939月7月30日，《蔣中正總統文物》，#002020300030017。

50 蔣介石致胡適電，1938年10月10日，《蔣中正總統文物》，#002020300030007。

51《任嗣達日記》in Mr. K. P. Chen's Private Papers, Group A, Box 2, F-1.

依據他自己的判斷去和美國進行談判。

在整個談判過程中，陳光甫的例行做法是繞開重慶政府的外交部，而以電報方式直接和孔祥熙聯繫，讓後者完全熟悉有關借款各方面的發展[52]。陳光甫在1938-39年的工作，包括直接主導和美國財政部官員所進行的每一項重要談判，成立Universal Trading Corporation（世界貿易公司UTC）作為中國政府在美國的商務代理機構，解決所有在中國西南省分的運輸困難，使桐油得以如約交付給美國，然後以美國的貸款在美國購置中國抗戰所需要的器材。

縱然陳光甫和摩根韜之間存在深厚友誼，但是借款還是遭遇到多重困難。美國國會中的孤立主義派議員把任何與中國政府商談的借款，都指稱是美國政府好戰的證據。即使美國外交界的領袖們也意見不一。項貝克（Stanley K. Hornbeck）是在國務院內部主張借款最力的官員，而且也積極地去探索借款謀略。他不但相信借款可以作為是對日本的一種警告，而且他還相信，除非中國能夠阻止日本的侵略，否則一場美日兩國在太平洋地區的大衝突將在所難免。項貝克除了主張借款之外，更進一步主張美國政府應該單方面宣布中止1911年的美日商務條約，減少美日之間的商務，加強美國在太平洋的海軍力量。而摩根韜部長則對項貝克的觀點非常支持，因為他認為這種給予中國財政援助的手段，可以同時達到阻止日本和德國侵略擴張行為的目的[53]。

然而項貝克的觀點，也受到國務院內部分同事的反對，因為後者認為如果想要達到阻止日本的侵略行為，與其向中國提供小額貸款，不如向日本直接施加壓力。即便是國務卿赫爾本人也認為桐油貸款的政治意味太過濃重，很可能會引起美日直接的軍事衝突。基於這項考慮，赫爾本人給羅斯福總統的建議，就是在今後幾個月內暫緩桐油貸款事項。

廣州和武漢的相繼淪陷，使得中國政府更急於想要獲得美國貸款。經濟部長翁文灝當時給胡適寫信時指出，中國政府既不能向日本求和，又缺乏繼

52 Mr. K. P. Chen's Private Papers, Group A, Box 1, G-2.

53 Schaller, *The U.S. Crusade in China*, p. 26.

續抗戰的能力，此時惟有獲得美國借款才能防止中國全面性崩潰[54]。中國的這些發展當然也引起了美國政府的憂慮，惟恐中國政府內部會產生劇烈人事變動，轉而投向日本求和[55]。美國政府相信它必須採取某些更強勢的措施，才能阻止中國和亞洲情況繼續惡化。為此，美國政府（10月6日）發表一份措辭嚴厲的文件，指責日本違背門戶開放政策，並提出警告稱，將施行經濟制裁以防堵日本的侵略行為。美國海軍部長甚至建議世界各國應該採取集體方式，阻止日本海軍的擴建壯大。因此，日本的侵略行為似乎終於使美國人相信，援助中國並不僅是幫助中國，而是防止對美國乃至全世界安全的威脅。

日本對借款所採取的一些手段，也同時影響了美國人的觀感。1938年11月3日，日本內閣做出暗示，它可能會採取更和緩的態度，放棄以前拒絕以蔣介石政府為談判對象的政策。日本姿態的和緩自然增加了美國的疑懼，擔心蔣介石會和日本達成和平協議。當日本政府宣布準備建立一個大東亞新秩序，和鼓吹東亞和非洲應該從白人的壓迫下解放出來時，美國輿論界立即指控日本意圖在東亞建立霸權，施行「關門主義」，和挑起種族衝突[56]。11月18日，日本又向美國政府提出照會，聲稱日本不再受美國「門戶開放」政策約束，暗示日本已經打定主意要把西方國家趕出中國和整個亞洲地區。

在廣州和武漢淪陷後，這些接踵而至的發展只能更加增加美國人的擔憂，因為除非美國能夠立即採取行動加強中國政府的信心，否則後者或將被迫向日本尋求妥協[57]。雖然羅斯福總統和摩根韜部長之間的關係比他和赫爾國務卿的關係更為親密，而且他也相信美國應該向中國提供財政援助，但是他

54　翁文灝致胡適函，1938年10月24日，中國社會科學院近代史研究所中華民國研究室編，《胡適來往書信選》，第2冊，頁387。

55　陳光甫致孔祥熙電，1938年10月28日，《革命文獻：抗戰時期：對美外交》(1)，《財經援助》，頁34-36。

56　胡適致陳布雷和蔣介石電，1938年11月4日，《特交文電：領袖事功之部》(8)，《領導革命外交：對美關係》，第1冊，#27050506。

57　*Foreign Relation of United States* (*FRUS*), Japan, 1931-1941, vol. 1, pp. 477-481, 797-806；Schaller, *The U.S. Crusade in China*, pp. 27-28.

也不想冒犯國務卿。因此總統在11月25日接受了赫爾的建議，把借款一事暫予擱置[58]。

　　然而，國際局勢的演變不久又給美國增加了更多壓力。摩根韜部長很快提出警告稱，如果美國不向中國提供借款的話，則中國很可能被迫向日本求和，或是投入蘇聯陣營[59]。因此，趁著赫爾國務卿因公前往秘魯時，羅斯福總統改變了立場，火速批准了對中國的借款（11月30日）。因此在美國政府中的激進分子，終於在摩根韜部長領導下說服了總統，把中國抗戰當成是美國國防的第一線，防止日本繼續向亞洲其他地區擴張。美國對華借款所象徵的意義是羅斯福總統終於同意，中國已經成為是抵抗日本帝國主義的一個重要因素[60]。

　　從實質而言，美國的新借款對於中國抗戰並無重大幫助，因為借款只允許用以購買美國製造的卡車、汽油和設備。它們最多只是能夠略微增加中緬公路上的運輸效率，而不准許用以購買武器彈藥去增加中國的作戰能力。但是在心理上，由於當時中國政府正面臨內部分裂危機，主戰派堅持繼續抗日，但主和派卻主張去爭取在最優惠條件下和日本簽訂和平條約，因此美國借款的確暫時產生了鼓舞中國士氣的作用。美國政府借款的決定對於蔣介石的主戰政策而言，無疑是一個重要而又及時的大好消息[61]。這就難怪蔣介石把借款宣稱是中國外交的一大勝利和日本的一大挫敗[62]。

　　此次借款在國際上造成的另一影響是它給英國吃了一顆定心丸，讓後者感到今後在抵抗日本壓力時不致孤單無援。果然，英國在1938年12月16日也給予中國一個45萬英鎊的貸款，隨後又向中國貸款5百萬英鎊（1939年3月）幫助中國償還外債。從這個意義上來說，中國似乎是完成了它原先的計

---

58 *FRUS*, 1938, vol. 3, pp. 540, 562-563, 566, 569-575, 581-582；Schaller, *The U.S. Crusade in China*, pp. 24-26.

59 *FRUS*, 1938, vol. 3, p. 377.

60 Schaller, *The U.S. Crusade in China*, p. 29.

61 Memo by Hornbeck to himself, May 16, 1939, in Hornbeck Papers, Box 52.

62 《蔣介石日記》，1938年12月15日；《顧維鈞回憶錄》，第3冊，頁322。

策，那就是以向美國借款為手段，去爭取得到更多的英國援助[63]。更讓中國政府感到滿足的是，日本對於美國貸款的反應非常激烈，它指責美國的行為是干涉中國內政，並且將會嚴重傷害美日關係。日本領袖們感到特別氣憤的是，美國借款宣布的時機正值汪精衛叛逃重慶之時，因此大大地沖淡了這個事件對中國民心士氣的打擊度[64]。

然則胡適在此次借款過程中到底做出過何種貢獻？

有些胡適的擁護者歷來把借款的功勞歸諸於胡適[65]，最近的例子則更是推崇胡適外交全面性的成就。譬如說：「胡適任內，對內不負國家重託，對外深受駐在國人民，國會以及行政當局之禮遇及推崇，為中國解決了向美國借款，購買軍機，洽購軍資，重開滇緬，滇越路等重大交涉問題，更堅定了中國抗戰決心，對抗戰貢獻，闕功至偉。」[66]但是事實上此說難以成立，因為胡適在整個借款過程中，並沒有做出重要貢獻。原因之一是因為他在接任大使不久之後就因病住院70天，基本上無法參與借款談判。二是胡適完全缺乏財經背景和專業知識，無法對談判過程產生作用[67]。誠然，蔣介石向羅斯福請求借款的電報都一律經由胡適傳遞，但是真正重要的談判工作都是在聯邦財政部辦公大樓內進行，而胡適卻很少進入該大樓，或是完全不參與其事[68]。因此，即便是牽涉到如此重大的政治或是外交領域問題時，胡適也並沒有極力去維護中國的利益，或是獨力爭取美國借款。

然而第一次借款成功的確讓胡適大受鼓舞，所以到了1939年5月分，他已經開始主動宣布要在今後對美借款事宜作出更積極表現，而他所建議的途

---

63 《總統蔣公大事長編初稿》，1938年12月16日、1939年3月8日。

64 Schaller, *The U.S. Crusade in China*, p. 28.

65 這些人士包括王世杰、耿雲志、胡頌平。朱文華，《胡適評傳》，頁274-276。又見：胡頌平編，《胡適之先生年譜長編初稿》，第5冊，頁1655；張忠棟，《胡適五論》，頁121-123。

66 周谷編著，《胡適、葉公超使美外交文件手稿》，頁3（台北：聯經出版公司，2001）。

67 1938年12月4日後，胡適突患心臟病住院，至1939年2月20日出院，前後住院77天。見：耿雲志，《胡適年譜》，頁166-167；又見：《光公使美日記》全部。

68 胡頌平編，《胡適之先生年譜長編初稿》，第5冊，頁1648-1649。

徑則是通過美國的國務院。胡適的這種熱情表現當然也令陳光甫受到感染，因為陳光甫歷來也認為向美國政府借款的正道應該是通過國務院才對。陳光甫一直感到不安的，就是通過摩根韜和羅斯福這些「僻徑」去獲得借款，他也擔心這種做法會使國務院大感不快。此外，他也一直認為胡適既然是大使，就應順理成章地由他主導借款事宜[69]。

　　儘管胡適表達了前所未有的熱情，但是並沒有改變他好整以暇的生活步調，因為等到他開始採取具體行動時，卻已經是三個月後的事情了。而就在這段時間內，中國政府已經另行發展出一套新方案。由於顧維鈞大使對於第一次借款曾經做出重要的穿針引線工作，因此重慶政府決定改由顧維鈞大使向摩根韜提出二次借款的請求。在1939年8月27日，蔣介石通知胡適和陳光甫兩人，請他們對於顧維鈞的努力從旁予以協助[70]。

　　重慶政府這個不尋常的決定——要依賴駐法國大使去爭取美國的借款——終於刺激了兩位駐美代表們不得不做出更主動的表現。胡適很快向羅斯福提出以桐油作為第二次借款的抵押，而陳光甫也加緊步伐和摩根韜安排借款談判事宜[71]。在目睹胡適這種前所未有的積極表現之後，顧維鈞乃決定退居幕後，不再參與借款的談判工作。

　　在美國方面，摩根韜和項貝克的主張也得到進一步認可。在1939年內，項貝克再三強調中國和東南亞地區對於美國在經濟安全上的重要性，而中國又是東南亞安全的關鍵所在。項貝克所持的論點是，美國在東南亞有兩大利益：一是保證西方國家能夠享有在該地區的天然資源，二是阻止日本無

69　《光公使美日記》，1939年5月26日。

70　蔣介石致胡適電，August 27, 1939, in "A Chronology of Loan Negotiations, 1938-1940" by Dr. Hu Shih, From File of Chinese Embassy, in Mr. K. P. Chen's Private Papers, Group A, F-3.

71　《光公使美日記》，1939年9月8日，Also: entries of September 7, 8, 1939, in "A Chronology of Loan Negotiations, 1938-1940" by Dr. Hu Shih, From File of Chinese Embassy, in Mr. K. P. Chen's Private Papers, Group A, F-3. See: Hu Shih cable to Kung, September 8, 1939, in "A Chronology of Loan Negotiations, 1938-1940" by Dr. Hu Shih, From File of Chinese Embassy, in Mr. K. P. Chen's Private Papers, Group A, F-3. 有關胡適在第二次借款談判中的活動，請參閱：耿雲志，《胡適年譜》，頁168-194。

法獲得該項資源。而中國正是在戰略上控制該地區的基地[72]。財政部也發展出它自己的一套看法，承認中國在戰略上的重要性，同時也需要美國的援助。基於這個觀點，財政部摩根韜的助理，Harry Dexter White，建議美國政府應該「大張旗鼓」地給予中國一個貸款（"a well publicized loan"），去遏止日本的侵略意圖（1939年5月）[73]。1939年9月26日，摩根韜通知胡適稱，財政部希望採用以前的桐油借款先例，再次向中國提供貸款。

在1939年裡，蘇聯對華借款數目已達2億5千萬元，但是隨著時間移動，中國對於蘇聯借款的可靠性逐漸產生懷疑。因此它急需找到另外一個國際財政援助的來源。另外蘇聯向日本傳達的友好姿態，和德國政府明白表示要居間改善蘇日關係的姿態，都大大地加深了中國的疑懼，認為蘇聯的援華工作將變得日益不可靠。但是由於中國的抗日戰爭不得不依靠外來的經濟援助去購買西方武器，同時允許中國的天然資源得以運出口去償還西方的債務，因此抗日戰爭進行得越久，中國想把天然資源運送出國去償還債務的工作就會面臨更多更大的困難[74]。在這種情形下，美國貸款就變得更為重要，而重慶政府也不斷地給胡適訓令，囑其向羅斯福總統請求給予更多和更大的借款[75]。

1940年初，當羅斯福和國務卿赫爾在得到信息稱汪精衛政權即將成立時，他們不再擔心激怒日本，而決定給予中國（通過UTC公司名義）兩千萬美金的貸款。在美國政府批准貸款之前，它也要求胡適大使提出承諾（1940年1月24日），即中國政府必將抗戰到底，絕不中途求和[76]。

---

72 國務院內部有些其他的官員也主張對日本實施經濟制裁和對中國增加援助。見：Schaller, *The U.S. Crusade in China*, p. 31.

73 Schaller, *The U.S. Crusade in China*, p. 31.

74 翁文灝致胡適電，1939年11月11日，梁錫華選注，《胡適秘藏書信選》（台北：遠景出版社，1982），第1冊，頁175-176。

75 《總統蔣公大事長編初稿》，第4冊，頁451-452。又見：胡頌平編，《胡適之先生年譜長編初稿》，第5冊，1696，頁1703-1704；又見：耿雲志，《胡適年譜》，頁168-170、194。

76 耿雲志，《胡適年譜》，頁169。

當蔣介石在1940年2月14日得知美國國會通過對中國提供第二次貸款時，他在日記中寫到，儘管貸款數目並不大，但是它依然有力地證明美國對於中國的同情，並且有決心保衛它在遠東的利益[77]。這個第二次借款，在1940年4月20日經簽署正式生效。它大致遵循第一次借款的模式，只是接受了美國人的要求，改以雲南省出產的錫作為償還品[78]。同時需要指出的是，陳光甫原本希望借款的數目是7千5百萬美元（1939年9月），而最後的借款遠遠小於這個指望[79]。

IV. 中國政府的談判方針

1940年以前，中國政府尋求美國經濟援助的經歷，可以作為一個案例，來幫助我們去了解當時中國在美外交工作的實質及作風，從中可以獲得一些啟示。

從實質上來說，中國政府終於放棄了它此前的被動心態，轉而積極爭取美國財政協助，其目的大概有三個。首先，它意圖鼓勵更多的歐洲國家，在看了美國的例子之後，能夠為之壯膽也向中國提供貸款。其次，無論貸款數量多少，中國政府還是希望能夠從更多國家獲得貸款，藉以分散它對外資的依賴性。第三，中國在承受了一連串軍事和政治挫敗之後，希望用美國貸款去激勵低沉的士氣，也借此打擊此時仍然甚囂塵上的對日主和派的氣焰。總地來說，美國前後兩次的對華貸款，對於以上的三個目的都做出了相當成果。

從外交作風上來說，中國政府在進行貸款談判過程中最值得注目的，是胡適和陳光甫之間所表現的合作無間的精神。他們二人無論是從個性還是政

---

77 《總統蔣公大事長編初稿》，第4冊，頁493。又見：蔣介石致羅斯福電，1940年3月9日，《胡適任駐美大使期間往來電稿》，頁32。

78 有關第二次借款從1939年4月分到1940年4月分的談判經過，以及陳光甫的工作，請參考：Mr. K. P. Chen's Private Papers, Group A, Box 2, E. "Detail Report of 1st and 2nd loan negotiations," pp. 33-60.

79 陳光甫致孔祥熙電，1939年9月29日，《革命文獻：抗戰時期：對美外交》（1），《財經援助》，第30冊，頁47。

治目標而言，都可謂是相輔相成。二人的行事作風各有特色，但是卻能夠密切配合，做出實質成效。通過對他們這種合作關係進一步的分析，也可以幫助我們更了解中國政府當時對美外交的基本設想，和執行策略的優勢或是弱點之所在。

實際上，中國政府此時處理對美外交的團隊成員有四人：蔣介石、孔祥熙、陳光甫和胡適。蔣孔二人在重慶主持決策，而陳胡二人在華盛頓負責執行。雖然蔣介石掌控一切對美的政策決策，但是不久就可以看出這四個人之間其實有兩條信息管道。一條是蔣介石—胡適的管道，另一條是孔祥熙—陳光甫的管道。它們之間的交叉情況並不多見。在1939-40年間的貸款談判中，陳光甫極少和蔣介石聯絡，而胡適也很少和孔祥熙聯絡，只是在少數情況下，胡適會在陳光甫致孔祥熙的電文中連署簽名以增加電文的分量而已。一般來說，胡適—蔣介石的電文內容著重於貸款的政治軍事含義（比如，美援對中國抗戰的意義），而陳光甫—孔祥熙的電文則強調技術性問題（比如，還款日期及利率）。一旦重慶方面做出了基本政策，胡適和陳光甫的任務就是將之付諸執行。這就使得胡陳二人在美國的工作特別重要。在數量上，孔陳之間的信件來往遠遠超過蔣胡之間的信件來往，它顯示借款談判其實是由孔陳二人主持。導致此一現象的原因，將會在稍後加以討論。

在貸款談判開始時，胡陳二人立即遭遇到的尷尬處境是如何應付美國的聯邦體系，因為不同的聯邦部門對於借款的態度並不一致。大致而言，摩根韜部長相信，如果日本在中國的侵略目的得逞的話，必將鼓勵法西斯國家在其他地區進行擴張，進而威脅世界和平。為此，摩根韜願意以美國的財政援助來幫助中國抵抗日本。但是摩根韜的立場卻遭到國務卿赫爾的反對。赫爾認為美國要給中國貸款，就必須也向日本貸款，以求在形式上維持對中日兩國平等待遇[80]。在整個有關桐油貸款談判過程中，摩根韜被迫不斷地提醒羅斯福，對中國貸款的後果是阻遏日本和德國的侵略，以及減低世界陷於混亂的

---

80 J. Blum, *From Morgenthau Diaries, Years of Crisis, 1928-1938.* Boston, 1959., pp. 508, 510;
　FRUS, 1938, vol. 3, pp. 547-550, 557, 559, 563-564.

危機[81]。

　　通過蔣介石不斷地要求美國經濟援助，羅斯福當然了解中國處境的危急，也有心想要幫助中國。但是他也必須面對美國在法律上和政治上的種種約束。換言之，羅斯福只能使用模稜兩可的外交辭令作為搪塞，「對於提出之事項，當予以最慎重及同情之考量。」[82]因此，儘管他鼓勵摩根韜繼續和中國政府進行貸款的談判工作，但是他也不能忽視赫爾國務卿的立場。在財政部來說，貸款的談判一直進行得頗為順利，因為他們談的盡是一些技術性細節，而國務院則擔心借款的長遠國際影響，和對美日關係的重大影響。因此每當財政部和國務院意見分歧時，羅斯福的典型對策就是拖延不決。

　　反觀中國方面的對策則是採取分工。由於陳光甫本來就是摩根韜私人邀請赴美的，缺乏官方身分，因此他著意把自己的活動範圍限於財政部長和他的高級幕僚這個小圈子裡，以避免讓美國政府感到任何尷尬。

　　陳光甫自我設限的另外一個原因，是他猜測摩根韜也可能把陳光甫視為是財政部「私房」擁有的人際關係，因此不樂意看到陳光甫在美國政壇上交遊廣闊（而這個假設後來果然在摩根韜對宋子文的不滿得到了旁證）。結果是，陳光甫只是在禮貌上曾經拜訪過國務院和白宮官員，但是基本上只和財政部打交道[83]。相對而言，胡適以其外交官身分，當然能享有較大的活動空間和自由度，可以經常和國務院及白宮官員交往，也偶爾拜訪財政部替陳光甫加一把勁。

　　事實證明，中國政府在借款談判過程中所遭遇的最大阻力來自國務院，而陳光甫幾乎在剛剛抵達華盛頓時（1938年9月）就已經察覺到問題之所

81 任東來，〈中美桐油貸款外交始末〉，《復旦學報》（社會科學版），1993年第1期，頁109。

82 羅斯福致蔣介石電，1938年11月21日，《戰時外交》，第一冊，頁81。又見：《光公使美日記》，1938年11月18日，in Mr. K. P. Chen's Private Papers, Group A, Box 2, F-2. 又見：陳光甫會見羅斯福總統紀錄，1938年10月13日，in Mr. K. P. Chen's Private Papers, Group A, Box 2, F-2, p. 3.

83 《光公使美日記》，1939年3月7日，頁37，in Mr. K. P. Chen's Private Papers, Group A, Box 2, F-2.

在[84]。照理說，胡適既然是大使，他本應該主持和國務院的交往工作，也應該更關心它的不合作態度。但是胡適卻似乎從來沒有對國務院的作為表示任何不滿，在私人日記中既沒有提過，在和朋友同事間的大批信件中也未曾表示抱怨。其中道理，本書將在後文中加以說明。

相比之下，陳光甫和國務院甚少來往，卻對其作為高度反感。陳氏認為國務院對他態度冷淡，對他的借款談判也漠不關心[85]。到了1939年3月分，陳光甫已經認定美國國務院是一個保守而又膽小的官僚機構，從來不敢主動採取任何行動，而只知道以不變應萬變[86]。這個看法只能讓陳光甫加倍努力去贏得財政部的合作，給予中國貸款。

胡適和陳光甫之間的關係不僅是親密合作，而且是互相敬重。雖然兩人之間以往並無淵源，但是二人都對國家事務關心，而且精誠合作去追求國家利益。在中國這樣一個在政治圈裡向來以派系紛爭不斷的社會裡，胡陳二人的關係可謂是政治圈中極為難能可貴的表率。和胡適一樣，陳光甫接受任命的動機也只是最單純的愛國心，而胡適對這一點也十分敬佩[87]。

在1938-40年間，胡陳二人保持密切聯繫，經常聚會，傳遞簡訊，把自己所得到的情報及時通知對方，也協調彼此的行事策略。多半時間他們對事物的看法相當一致，經常聯名向重慶發電報，以增加電報的分量。他們在和美國聯邦部門和國會領袖們交往時，也積極協調彼此的策略，務求達到最好的結果[88]。

等到第二次借款談判正式開始時，二人的合作關係又更進一步。他們一

---

84 《光公使美日記》，in Mr. K. P. Chen's Private Papers, Group A, Box 2, F-2, pp. 1-2.

85 Mr. K. P. Chen's Private Papers, Group A, Box 2, F-2, p. 7.

86 Note on March 3, 1939, and Entry of March 25, 1939 in Mr. K. P. Chen's Private Papers, Group A, Box 2, F-2, pp. 35-36, 46.

87 Entry of Hu's diary on June 22, 1939, in "A Chronology of Loan Negotiations, 1938-1940" By Dr. Hu Shih, From File of Chinese Embassy, in Mr. K. P. Chen's Private Papers, Group A, F-3.

88 See large number of documents in 1939-1940 in Mr. K. P. Chen's Private Papers, Group A, Box 1, Folder G-2, and Box 3, Folder H.

旦得知羅斯福已經和摩根韜討論過借款問題時，胡陳二人就分別和摩根韜及財政部官員舉行會商，然後又彼此聚會交換心得，並協商下一步行動。等到他們之間取得共識之後，陳光甫才向摩根韜正式提出借款要求[89]。雖然這些做法看起來既正常又合理，但是這卻是大大地違反了中國官場行事的常態。這是中國政府戰時在美國處理外交事務時，其重要官員們首次如此地精誠合作。之前在王正廷做大使時，這種情形從來沒有發生過，而一年之後當宋子文赴美工作時，這種做法也隨之消失無蹤。

胡陳二人的關係中不含絲毫嫉妒或是競爭，也是一件難能可貴的事，也違反中國官場常態。正好相反的，胡陳二人幾乎不斷地稱讚對方，甚至幾乎形成一個互相恭維捧場的團隊。他們無論是為了公事或是私人交誼，經常聚會。他們在談論問題時都直言無忌，但是又能夠獲得共同結論，採取一致行動。儘管陳光甫在美國的身分有其曖昧之處，但是他和胡適之間從沒有地盤之爭。事實上，正好相反，只要是對國家利益有利時，他們反而是急著把主角位置讓給對方去扮演。胡適從來沒有因為陳光甫和摩根韜的親密關係而感受威脅，也沒有因為陳光甫和底特律的汽車大亨達成大筆生意出盡風頭而心含醋意。而陳光甫也不時地表露出對胡適外交地位的尊重。他們兩人關係最好的說明就是，陳光甫一直希望胡適能夠挑起借款談判的大梁，而他自己則甘願退居幕後予以協助[90]。

胡適不僅對於陳光甫借款的功勞讚譽有加[91]，而且在向重慶政府打報告和與朋友們的私信中，也不斷稱讚陳光甫[92]。總地來說，胡適在和蔣介石通信中只要涉及陳光甫時，一律對陳光甫讚不絕口，要求蔣介石給予陳氏最大的支持[93]。

---

89 胡適致蔣介石電，1939年10月16日，Mr. K. P. Chen's Private Papers, Group A, Box 1, G-2.

90 Mr. K. P. Chen's Private Papers, Group A, Box 2, F-2, p. 94.

91 《光公使美日記》，1939年5月26日。

92 胡適致外交部電，1939年7月15日，耿雲志，《胡適年譜》，頁167-168；胡適致蔣介石電 1939年8月3日，in Mr. K. P. Chen's Private Papers, Group A, Box 2, F-2, p. 94.

93 胡適致蔣介石電，1939年11月27日，See: entry of November 26, 1939, in "A Chronology of

　　或許胡適能夠給予陳光甫最大支持的表現，就是出面去衛護孔祥熙，而孔祥熙卻正是胡適內心中最不齒的人物。事情開端於1938年，當時孔祥熙主持下的中央政府工作受到許多有識之士的交相責難，要求將其革職。胡適最敬重的朋友之一──傅斯年──也正是批評孔祥熙最尖銳之人。儘管胡適內心同意傅斯年批評的內容，但是他也認為陳光甫在美國的工作是得到孔祥熙的支持才能展開，因此他只好要求他的朋友們停止對孔祥熙的攻擊[94]。胡適這份複雜心情在他請陳布雷轉達給蔣介石的一封長電中最能表達無遺。胡適開宗明義地向蔣介石坦陳，「弟向不滿於孔庸之一家，此兄所深知。」但是「一年來光甫在美所辦各事業，所以能放手做去，無內顧之憂者，多因庸之絕對合作⋯⋯」[95]

　　但是一旦胡適得知陳光甫在1940年中期不擬再留在美國工作時，他就停止為孔祥熙緩頰。

V. 談判中的困難

　　縱使是中國方面的兩位主要談判者合作無間，但是談判仍然遭遇諸多困難。這也讓陳光甫感受到極大壓力，因為他總是想要把事情做得盡善盡美。

　　陳光甫心中非常清楚，借款的成功機率建築在中國是否有能力依照約定的價格和數量，把貨品交到美國人手中。它的先決條件就是中國政府必須有能力從桐油生產省分收購桐油。然而，一旦桐油成為中美貿易中的大項時，

Loan Negotiations, 1938-1940" by Dr. Hu Shih, From File of Chinese Embassy, in Mr. K. P. Chen's Private Papers, Group A, F-3；又見：胡適致陳布雷電，1940年4月27日，in Mr. K. P. Chen's Private Papers, Group A, Box 1, F-3. 胡適也寫信給翁文灝、傅斯年、孔祥熙等強調陳光甫在借款談判中不可取代的重要性。

94　Hu Shih letter to Weng Wen-hao, December 4, 1938, in entry of December 4, 1938, in "A Chronology of Loan negotiations, 1938-1940" By Dr. Hu Shih, from File of Chinese Embassy, in Mr. K. P. Chen's Private Papers, Group A, F-3. 又見：胡適致陳布雷電，1939年11月27日，耿雲志，《胡適年譜》，頁169。

95　胡適致陳布雷轉蔣介石電，1939年11月28日，《蔣中正總統文物》，#002080106041001。

政府中有權有勢的人士就會想方設法先把桐油搶到手，然後以高價將之轉賣給官方的採購員。而最讓陳光甫氣憤難平的投機者卻正是孔祥熙的兒子孔令侃。依據陳光甫得到的情報稱，孔令侃企圖壟斷浙江省桐油，使之不落入國民政府手中。陳光甫為此指責孔令侃是一個膽大妄為和人格低賤的年輕人，同時也指責孔祥熙懼內成癖，沒有膽量阻止其妻子（宋靄齡）慣縱自己的兒子。陳光甫對孔令侃行為感到特別憤怒的另一個原因是，他認為自己遠赴美國工作，不但是為國服務，同時也是幫了孔祥熙個人一個大忙[96]。而孔家的兒子此時卻在暗中破壞他的工作。

　　與此同時，還有一個因素也招致陳光甫極度不滿，而且也直接打擊到他向美國政府請求借款的工作，那就是孔宋兩家在美國的財富。1940年2月時，美國政府私下向陳光甫提供了一份資料，顯示中國的富人們在美國銀行開立了大戶頭，存款總數接近一億美元。這就讓陳光甫覺得，當一小部分中國富人在美國就有如此巨額存款，還要開口向美國政府借款，令他委實難以啟齒[97]。

　　但是陳光甫和孔祥熙之間最尖銳的衝突，則是有關借款本身。

　　在整個借款談判過程中，陳光甫一直謹遵孔祥熙的指示，並且不斷地向孔祥熙報告進展。但是孔祥熙的缺乏關心卻讓陳光甫感到失望，孔祥熙對借款的態度也讓陳光甫感到不快。陳光甫懷疑，孔祥熙只是熱心向美國借款，但是從不曾認真計劃如何償還債務以維護中國的信譽。陳光甫也相信，在第一次借款成立之後，假如當時不是他個人努力去保護中國的信譽的話，則中國政府或許就會無法償還而導致信譽破產，從此借不到外款[98]。

　　在中國政治圈子裡，陳光甫和孔祥熙兩人的私人關係向來是大眾關注的話題，而陳光甫也普遍被視為是孔祥熙派系的核心成員之一。但是陳光甫個人檔案清晰顯示，這些傳聞並不正確。陳氏檔案文件中的確無數次提到孔祥

96《光公使美日記》，1939年6月24日。

97《光公使美日記》，1939年2月14日。

98《光公使美日記》，1940年4月6日。

熙，但是都顯示陳氏的立場公正，態度超然，立論持平，而且公私分明。他評判孔祥熙所用的尺度，和他評判別人的尺度非常一致，並無偏頗。

到了1940年初期，陳光甫由於操勞過度，以致健康出了問題。而他對孔祥熙的無能和不負責任的態度也日益不滿。有趣的是，陳光甫是出於和摩根韜的私人關係而赴美工作的這一件事，也被國內的批評者拿來作為攻擊他的口實，指責陳氏有擁洋自重之嫌。這類的污蔑不但使陳氏行事更加謹慎細心，它們最後也促成陳氏做出決定，在第二次借款成功之後，立即打道回返中國[99]。當然，如果陳氏此時能夠得到重慶政府明確支持的話，他有可能就不必去理會那些政治上的惡意攻擊。但是當重慶政府沒有做出此項支持行動時，陳氏的最佳選擇就是及早抽身而退。

當陳光甫在1939年6月間察覺到孔祥熙的兒子正在暗中破壞他的工作時，他已經在日記中預言，他有朝一日必將會與孔祥熙走上決裂之路[100]。事實證明，在陳光甫成功地完成了第二次借款案的尾聲時，決裂終於發生。這也讓陳光甫成功的外交事蹟在畫上句號時，增加了一分缺憾。事情的原委是，在陳氏已經和美方把所有借款細節商妥之後，孔祥熙突然通知陳氏（1940年3月9日）稱，中國政府改變主意，不願提供雲南省的錫作為借款抵押。由於孔陳二人早已同意以雲南省的錫作為抵押一事，所以難怪陳氏對於孔祥熙的臨時變卦大感意外，而且也為之憤怒不已。

更令陳光甫憤怒不已的是，孔祥熙的翻悔動作是在借款消息公布之後的次日才做出。無可置疑地，陳光甫當然把孔祥熙的變卦，看成是對他的個人侮辱，因為前此孔祥熙已經向陳光甫保證授予全權處理借款事宜，然而卻在最後階段接受某些人的建議，破壞了陳氏辛苦談成功的借款協議。更糟糕的是，陳氏竟是從美方人士才得知，原來孔祥熙向美國政府要求不以雲南省的錫作為抵押的請求，是先透過美國駐華大使在重慶提出，而陳氏卻被蒙在鼓

---

99 《光公使美日記》，1940年2月26日。
100 《光公使美日記》，1939年6月24日。

裡，一無所知。這就更讓他耐不住火冒三丈了[101]。

由於陳光甫擔憂孔祥熙的新主意可能會導致整個借款談判的流產，因此他立即寫了一封措辭嚴厲的長信，指責孔祥熙未能尊重他的（陳氏）判斷力，同時堅持中國必須履行和美國政府已經達成的協議。事情的結果是孔祥熙做出讓步，撤回他的新指示，允諾（1940年4月16日）依然按照陳氏和美國達成的全部原議，仍以滇錫作為抵押。即便孔祥熙做出這般讓步，仍無法平息陳氏滿腔怒氣。陳光甫隨即直接質問孔祥熙為何隱瞞著他而私下和美國駐華大使另外建立和美國政府的信息管道，但是孔祥熙卻裝聾作啞，不予回答。然而孔祥熙的回函卻節外生枝地提供了另外一個原因，引起了陳氏加倍的憤怒，那就是孔祥熙暗示想要委派陳氏出任外貿部長。看在陳光甫眼裡，這就等於是想用一個部長的職位去收買陳氏的人格[102]。孔陳二人在這次事件中的表現和處事方式，不但生動地表露出他們對政府工作的態度和責任心，也表露出他們的個性和人格操守。陳光甫的盡忠職守和直言無忌，和孔祥熙的優柔寡斷和無能善變，形成尖銳對照。

事情發展的結果是，孔陳二人的公誼私情雙雙遭到徹底破壞。但是美國的第二次借款卻得以順利達成。在陳光甫接到孔祥熙回信的當日，他到白宮去向羅斯福辭行，隨即取道返回中國。

VI. 陳光甫離美返華

陳光甫在1940年5月分離開美國，結束了兩年爭取美國借款的努力。在當時局勢中，美國兩次借款是中美關係史上的突破，它們不但為此後美國數額更大的借款開啟了先例，而且也讓其他歐洲國家看出來，美國為了支持中國不惜開罪日本。

陳光甫本人對於借款成就也頗為自得，他指出這兩次借款較之此前的國際貸款對中國都更為有利，因為它們都沒有附帶政治條件，也沒有干預中國

---

101 Mr. K. P. Chen's Private Papers, Group A, Box 1, G-2. 又見《光公使美日記》，1940年4月9日。
102《光公使美日記》，1940年4月6、9、16日。

經濟自主權。雖然中國仍然不可以用借款來直接購買武器，但是可以購買國防工業所需的其他器材原料[103]。日本對於借款的強烈抗議也讓中國感到滿足，由於這些借款使美日之間關係更趨緊張，而這正是中國求之不得的政治效果。

　　但是如果僅從經濟角度著眼，則桐油借款和滇錫借款的作用都並不重要，因為它們既不足以穩定中國貨幣制度，也不能購買美國軍火。兩次借款總數只有4千5百萬元美金，對於中國抗戰的需求而言，遠遠不能滿足，更無法扭轉戰局。但是它們卻多少能幫助中國維持抗戰，而它們也符合陳光甫本人原本對於美國借款的指望。

　　陳光甫在參加借款談判後不久，曾經對中國戰局做過一個全面性檢討。他得到的結論是，美國借款應該遵循商業借款的原則。至於談到中國更嚴重的財政和貨幣危機，則是應該運用本國資源和政策去解決問題，而不是依靠美國援助[104]。用不著說，重慶政府的領袖們多數無法接受此種看法。

　　還有一個令人好奇的問題是：到底陳光甫與摩根韜之間密切的私人關係，對中國是利或是弊？從美國政府觀點看，此二人的關係毫無疑問是一個優點。比如說，在財政部一次內部會議上（1940年4月25日），摩根韜告訴僚屬們說：

　　　　陳光甫是唯一的一位對我說實話的中國人，是唯一的一位不跟我玩把戲的中國人。他說的話絕對可信。我建議借款四千五百萬給他，理由就是因為他向我提出了個人的保證。他真是一位了不起的人物。真是了不起。[105]

---

103 "Detail Report of 1st and 2nd loan negotiations" in Mr. K. P. Chen's Private Papers, Group A, Box 2, E.

104 陳光甫致鄒秉文函，1939年2月3日。此函的重要性是它全面性地闡述了陳光甫的看法，包括借款的目的、方法、優先順序。也回應了他的反對者的批評，和提出他自己的辯說。In Mr. K. P. Chen's Private Papers, Group A, Box 2, F-2, pp. 23-26.

105 Minutes of the meeting, Henry Morgenthau, Jr. *Morgenthau Diary*（*China*）（New York: Da Capo

　　陳光甫和摩根韜之間的確存在著真誠的友情和信賴，而這種關係在外交圈中也的確頗不尋常，真乃難能可貴[106]。但是在他們交往過程中，也可以看出一個明顯的現象，那就是他們兩人之間並非平等的互動，而是一個由強國做出決定而由弱國照單全收的局面。中國所扮演的角色是乖順而又充滿感激的借債人，而美國則是把自己看成是慷慨大方的債權人，因此難免露出財大氣粗和施捨的氣概，因為美國到此時還沒有深切體會到，支援中國其實就是保護美國本身國家利益的觀念。

　　事實上，重慶政府領袖們很快就對這種關係產生不滿。1939年初，已經有人開始對談判進展的速度感到不耐，進而批評陳光甫過於遷就美國人[107]。如果陳光甫和胡適果真在1940年春季以後繼續作為一個團隊的成員的話，則胡適的任務應該將是擬定行動的大綱，而由陳光甫去操心技術問題使之能夠付諸執行。我們將在下文中解釋為什麼這個想法不切實際，因為無論是胡適的個性或是他的理念，都無法實現這樣的分工制度。

　　誠然，如果胡適和陳光甫繼續合作的話，中國或許可能從美國得到更多的貸款，但是基本上由美國單方面決定借款的速度和條件，而兩者皆無法滿足中國的需求。既然中國政府無法改變胡適和陳光甫的作風和策略，它如果想要得到更好的結果，就不得不採取其他的辦法。

　　事實上，蔣介石對於胡適在借款過程中所表現的被動性感到極為不耐。難怪在他改派宋子文赴美總管借款事務時，他給宋子文的第一個訓示（1940年7月12日）就是叫宋子文自行裁決，而完全不必和胡適商議借款事項[108]。從此以後，借款事務就從胡適的大使權責範圍中，完全排除。

　　　　Press, 1974）, p. 124.

106　Minutes of meeting on April 19, 1940 between Ch'en and Morgenthau. *Morgenthau Diary* （*China*）, pp. 112-118.

107　K. P. Ch'en's letter to Tsou Ping-wen dated on February 3, 1939. Mr. K. P. Chen's Private Papers, Group A, Box 2, F-2, pp. 23-26.

108　蔣介石致宋子文電，1940年7月12日，《蔣總統籌筆拓影本》，4450.01-036, 14454。

丙. 中立法和禁運事務

　　胡適大使責任的第三部分是盡量降低美國中立外交政策對中國的不利影響，同時增加它對日本不利的影響。具體而言，中國政府敦促美國放鬆中立法案對中國武器禁運的限度，同時增加對日本禁運的限度。在此同時，中國政府希望美國能夠停止向日本提供大量的戰略物資，因為這些物資使得日本在中國的侵略得以無限延長。胡適的任務正是去達成這些目的。

I. 中立法案

　　回溯中立法的來源，我們可以發現最早的中立法由美國國會在1935年8月通過，反映當時美國社會上瀰漫的反戰和潔身自保的情緒。方案內容是全面禁止美國與任何交戰國進行戰爭物資武器的銷售運輸。美國公民如果乘坐交戰國的交通工具也責任自負，美國政府不予理會。在1936年2月修正後的中立法進一步禁止美國向交戰國提供貸款或信用支付。

　　1937年5月國會再度修正中立法，但是與前兩年（1935、1936）的內容有幾個重要不同點：1. 中立法同等適用於外國的內戰和國際戰爭；2. 美國船隻不可開赴交戰國，美國公民不可乘坐交戰國船隻；3. 本法案沒有固定有效終止期限。但是在羅斯福總統堅持下，這個中立法做出了一個所謂 "cash and carry" 的規定，即交戰國如果使用現金和自己的船隻，則可以向美國購買貨品並自行負責運輸。這個特別條款（cash and carry）規定有效期為兩年。

　　但是1939年9月歐戰大戰爆發，羅斯福為幫助英法兩國獲得美國戰略物資，說服國會在1939年11月4日制定的中立法中，繼續維持cash and carry條款，等於取消了過去武器禁運的國策。

　　等到1941年3月通過Lend-Lease Act（租借法案）時，中立法自然壽終正寢。美國政府在租借法案下可以租賃、出售、出借任何戰爭物資給任何國家[109]。

---

109 有關租借法案對中國的影響將在本書第八章詳細討論。

　　美國的中立法案是在中日開戰前三個月成為法律的。依照法案規定，如果總統宣布兩個國家間處於交戰狀態時，則總統必須禁止美國武器及借款進入該等國家。中國最初採取的立場是提出抗議，認為法案沒有對侵略者和被侵略者做出區別待遇。因此，如果美國選擇不採用中立法案的話，則中國和日本將有同等機會獲得從美國進口的武器。當然這樣就讓日本以其豐富的財源可以成為主要受惠者。中立法案經過修正後，又規定允許交戰國以現款付帳和自行運送（cash and carry）形式購買武器。而這種做法依然對日本有利而對中國有害，因為日本以其雄厚的財力可以購買大批戰略物資，而又以其大量的船隻把物資從美國運走。而中國則兩者均無能力受惠。

　　要想了解中國對中立法案的擔憂，我們必須記得，中國在進行戰爭之前曾經一度樂觀地估計，中國的頑強抵抗必將使日本國內資源很快就消耗殆盡，進而迫使日本政府必須倚仗外國進口戰略物資去持續作戰，而美國又正是世界上戰略物資最豐沛的供應國。因此，如果中國可以說服美國停止向日本輸出戰略物資，那麼中國就有希望迫使日本早日終止其對中國的侵略行為。胡適作為中國特使出使美國的初衷，本就是敦促美國不要引用中立法案，因為那時中國的港口依然對外國航運開放。但是一旦這些港口被日本海軍占領或封鎖之後，胡適下一步的任務就是說服美國政府對於侵略國和被侵略國做出區別待遇，而讓中立法案只去懲罰侵略國[110]。

　　雖然胡適循規蹈矩地為中國政府轉達了向美國政府提出援助的請求[111]，但是他內心其實非常不認同重慶政府的做法，並且認為這些努力將毫無成功的機會。依照胡適推理，美國政府對於中立法的盤算其實更多是受歐洲局勢

110 有關美國中立法的論述，請參閱：Robert Dallek, *Franklin Roosevelt and American Foreign Policy, 1932-1945*（New York, Oxford University Press, 1979）, pp. 102-108, 117-121, 139-140; 張忠棟，《胡適五論》，頁118-119。有關胡適在中立法事務所扮演的角色，請參閱：中華民國外交研究會，《抗戰時期封鎖與禁運事件》（台北：1967），頁182-218。又見：Robert A. Divine, *The Reluctant Belligerent: American Entry into World War II*（New York, John Wiley & Sons, 1965）, p. 38.

111 耿雲志，《胡適年譜》，頁167；張忠棟，《胡適五論》，頁119-121。

影響，而甚少受亞洲局勢的影響。所以按胡適的分析，羅斯福總統和赫爾國務卿想要修正中立法，廢除其中關於武器禁運的條款，其意圖主要是對希特勒剛剛侵入捷克斯洛伐克做出警告，不得繼續其侵略行為。如若不然，美國就會向英國和法國提供武器，不再受任何限制。換言之，中國抗戰在美國政府眼中並無足輕重。

實際上，由於美國國內孤立主義者的阻擾，其政府一直要等到歐洲爆發後才開始修改中立法案，國會立即通過了新的中立法，廢除了武器禁運條款[112]。然而直到珍珠港事件發生之前，羅斯福總統都從未引用中立法。在此期間內，胡適對於改變美國政府政策的努力也只是虛應故事，難怪他對於局勢後來的發展也沒有產生任何作用。

除此之外，胡適對於中國應該如何處理美國的中立法也有一套他自己的看法。他特別強調的是，中國政府絕不可以貿然對日宣戰，因為其害處有二：1. 一旦宣戰，則美國政府不得不施行中立法，中國的借款和武器購買計劃均將落空，而日本卻仍然可以用它自己的船隻運送原料到日本。2. 日本可以享受交戰國的權力，搜搶中立商船，使其針對中國的封鎖政策執行得更為徹底[113]。

II. 禁運政策

從中日戰爭開始以來，中國政府就一直希望西方國家不要向日本輸出戰略物資及商品去幫助日本的侵華行為。它首先努力的對象是要求國際聯盟實行全球禁運。此項努力失敗之後，中國政府改變方針，轉而要求個別西方國家制定它們自己的禁運政策。但是此項努力依然失敗，其原因是既然西方國家缺乏採取集體行動去懲罰日本的勇氣，當然就更缺乏採取個別行動的勇氣

---

112 有關胡適在修改中立法過程中所扮演的腳色，請參考：中華民國外交研究會，《抗戰時期封鎖與禁運事件》（台北：1967），頁182-218。又見：Robert A. Divine, *The Reluctant Belligerent: American Entry into World War II*, p. 38.

113 胡適致蔣介石電，1938年12月5日，《蔣中正總統文物》，#002090103003174。

國施行帝國主義政策。更因為美國商人的活動範圍多半是在汪政權掌控的地區之內，因此後者也可以對美國商人施行各種要挾。

從另外一方面說，蔣介石也感到日本很可能比以往更依賴美國，因為歐洲局勢的惡化可能導致德國不再有餘力向日本提供戰略物資。如果美國也終止對日本的軍用物資和商品輸出的話，則日本很可能被迫在中國尋求和平解決的途徑[124]。

正因為如此，所以中國此時對美國的期待，是後者能夠堅持禁止輸出軍用器材，禁止日本重要物資輸入美國，和禁止日本船隻使用某些特定商港。而中國對於美國援助的要求，則仍然限於美國「政府與金融界能繼續在物質上予以及時之接濟與積極之協助。」換言之，即使到了此時，中國尚未向美國提出軍事和武器援助之事。

然則美國施行禁運到底能夠達成何種目的？蔣介石的設想，是希望它們可以「迫使日本採取對於其本身唯一安全之途徑，而同意以集體會議之方式，以解決一切有關中國及其他關係國家之問題。」換言之，美國最終扮演的角色是以九國公約簽訂者身分，召集會議，依理智公義法則，終止中日戰爭[125]。

以上的這些盤算，在某種程度上可以解釋為什麼許多中國領袖們在1939年中期之後開始把美國因素放進他們的戰略考量之中，並且越來越希望胡適大使能夠說服美國加強對日本的壓力。

至於說到日本，它對美國禁運所可能產生的威脅，也推出了一系列的反制行為，其中包括對滇越鐵路和重慶施行大規模空軍轟炸，以圖瓦解中國的鬥志，早日結束「支那事件」。按照日本的推理，一旦它能夠解決中日衝突，則它就無需擔心美國的威脅，而美國也就無必要去威脅日本。但是當中國政府抵死不肯屈服，反而加緊了它對美國的外交攻勢時，日本的對策就只能是加緊它自己對英國和法國的壓力，希望借此使美國陷於孤立，同時完全

---

124 翁文灝致胡適電，1939年11月11日，《胡適遺稿及秘藏書信》，第32冊，頁336-340。

125 蔣介石致羅斯福函，1939年7月20日，《戰時外交》，第一冊，頁82-86。

切斷中國通往西方國家的通路。而這種發展又隨之徹底地改變了美國對日本在亞洲侵略行為的戰略估計。

毋庸置疑，造成日本處境困難最根本的原因，就是中國政府的「冥頑不靈」和拒絕投降，而反而不斷地向美國求助。在表達中國政府請求時，胡適大使的基本態度是盡到「本分」，但是並不竭盡全力以求達到目的。比如說，依照本書所參考的中外資料所顯示，胡適既未曾在私人場合中向美國領袖們做過懇切動情的說服工作，也沒有在公開場合中批評過商業界和日本的貿易活動去阻止美國戰略物資流向日本。反過來說，胡適對美國公眾的演說中經常談到日本侵略的本質和對美國本身國家利益的威脅。而這種論調卻也呼應了其他美國本國人的大聲疾呼要終止美日貿易。持平而論，胡適在美國的外交活動和公共關係活動，對於促使美國政府施行對日經濟制裁和武器禁運的工作上，只是起了些微作用，但是並沒有產生決定性效果，而中國政府也沒有因為胡適的工作而獲得更多的美國經濟和軍事援助。在這方面，胡適的成就的確非常有限。

丁. 對於促進國際合作的努力

重慶政府希望胡適能夠做出重要貢獻的第四個方面是促進國際合作，說服西方列強共同支持中國的抗戰。抗戰剛開始時中國政府領袖們就察覺到，原來他們自己對美國的看法和其他列強對美國的看法存在極大差異。從中國人看來，既然美國不願意涉入中國戰局，那麼它就應該被安置在中國外交舞臺的邊緣。但是他們從歐洲列強所得到的信息卻正好相反，因為後者是把美國看成是太平洋地區的主軸。它們認為美國必須在抵抗日本在亞洲—太平洋地區日益增高的侵略行為上扮演主導地位，這樣才能讓其他國家敢於採取同樣態度對付日本。然而即便在中國政府已經察覺這種認知上的差異之後，它仍然並不感到壓力必須採取立即應變措施。考其原因是，只要中國政府依然有信心可以用自己的力量去打擊日本的侵略氣焰，或是中國可以不斷從德國或蘇聯獲得必須的武器的話，則它就大可以繼續把中美關係擺在次要位置上。

I. 中國政府國際視野的改變

然而，1938年歐洲緊張局勢的升級，迫使中國政府不得不重新認識美國對中國事務的重要性。

如前文所言，自從七七事變開始，中國政府外交工作的焦點就一直是放在歐洲各國。在德國占領奧地利（1938年3月11日）和簽訂慕尼黑條約（9月29日）的這一段時間裡，中國領袖們逐漸認識到歐洲局勢也可以對中國抗戰產生嚴重影響。在歐戰爆發之前的至少12個月裡，中國領袖們對於歐洲局勢發展給予高度關注，他們特別擔心英國和法國會在日本強烈壓力下出賣中國。正是這種新局面，使得中國領袖們也開始思考應該跳出國際聯盟和九國公約的格局，改為努力去促進國際間集體行動[126]。

毫不奇怪地，在中國領袖階層裡，最初對於歐洲局勢的看法頗為分歧。孫科和蔣方震將軍認為歐戰一旦爆發，必會對中國有利，因為他們認為歐洲將會速戰速決，繼之將召開全面性和平會議，而中日爭端也可期望隨著歐洲爭端一併解決。中國前駐蘇聯大使蔣廷黻則主張中國應該對德國和義大利表示親善，因為這些國家很可能在大戰中占上風。但是也有領袖們認為歐洲發生戰事一定會對中國不利，因為中日兩國的衝突問題很可能根本就排不進歐洲和平會議的議程。而且他們還認為，即使是歐洲和會解決了歐戰問題，它處理中國問題的結果也未必對中國有利。第一次世界大戰後的巴黎和會正是前車之鑑[127]。

中國領袖們的這種意見分歧，最終導使蔣介石決定要去提醒歐洲列強必須主動關心日本崛起對它們的威脅。一個例子就是，在武漢和廣州相繼淪陷後，蔣介石當即（11月4日）告訴英國駐華大使（Archibald Clark Kerr, 1938-1942年任英國駐華大使）稱，日本的軍事勝利不但打擊了中國，也同時威脅了英國，因為如果英國不做出強烈反應，則日本最終目的必將是要把英國趕

---

126 余偉雄，《王寵惠與近代中國》（台北：文史哲出版社，1987），頁95-96。
127 《王世杰日記》，1938年9月3、26、30日。

出中國[128]。有趣的是，事後蔣介石認為，他和英國大使的談話是他個人介入外交工作中一個極為重要的努力，前後花費了5個小時，企圖說服英國[129]。相形之下，英國人則是充耳不聞，無動於衷。

與此同時，中國領導層內部也針對美國在維持世界均勢究竟是否重要這個課題，展開了一場辯論。這場辯論的結果讓蔣介石採取了一個看法，認為歐洲如果發生戰爭將會對中國極為不利。因此他要求胡適大使設法從美國政府獲取承諾，那就是，萬一歐戰發生時，英國決定不至於犧牲中國而對日本做出讓步[130]。

更有進者，蔣介石不僅關心美國是否可以直接給予中國援助，他更希望美國可以在國際事務上聲援中國。就是這樣，蔣介石開始把美國看成是在中國抗日的大戰略中，可以扮演牽制日本的角色。因此他利用日軍在廣東省海岸登陸一事向美國提出警告（1938年10月13日），把此一事件形容成是對英美兩國造成重大威脅，促請兩國必須認真考慮共同出面干預遠東事務[131]。在他看來，如果英美兩國能夠採取堅定立場，共同對付日本，則法國和蘇聯也將會有更大勇氣去抵制日本的擴張[132]。

與此同時，中國政府根據駐歐洲使節們的報告，也對西方國家合作的可能性得到了一些啟示。比如說，駐英大使郭泰祺和駐法大使顧維鈞的報告稱，英法兩國政府均表示願意考慮國際合作途徑，但是指出問題癥結是美國不願參與行動。英國更抱怨過去曾經向美國試探均遭碰壁。因此國際合作方案的關鍵端視美國是否採取行動[133]。姑且不去深究英法兩國的說詞是否只是

---

128 《總統蔣公大事長編初稿》，1938年11月4日；又見：王寵惠致蔣介石備忘錄，1938年11月19日，《戰時外交》，第二冊，頁29-31。

129 《蔣介石日記》，1938年11月4、5日。

130 《王世杰日記》，1938年9月26日。

131 蔣介石致胡適電，1938年10月13日，《總統蔣公大事長編初稿》，1938年10月13日，11月11日。蔣介石致胡適電，1938年10月13日，《蔣中正總統文物》，#002060100133013。

132 孔祥熙致胡適電，1938年11月17日，Mr. K. P. Chen's Private Papers, Group A, Box 1, F-3.

133 王寵惠致蔣介石電，1938年11月24日，《蔣中正總統文物》，#002090103003194。

美國能夠同意參加[143]。然而由於這種想法和英國的立場完全相反，所以中國
政府早先設想的四國（英國、美國、法國、蘇聯）合作方案，最後胎死腹
中。胡適處理中國外交策略的設想和蔣介石的設想存在極大的差距。

　　更讓中國不安的是，蔣介石對於歐戰可能對中國造成負面影響的看法，
不久之後似乎就得到證實，其證據是英國首相張伯倫在1939年7月24日宣
布英國和日本在天津簽訂了一項協定，由英國承認日軍在中國的「特殊需
要」。蔣介石早先就曾經擔憂歐戰可能占據歐洲列強的全部精力，使日本得
以趁機威迫它們放棄對中國的友善政策。現在此一擔憂看來完全得到證
實[144]。在這種新情況下，美國的政策就可以對太平洋地區的發展產生決定性
影響，而蔣介石也就更迫切地希望能夠獲得羅斯福的保證，美國將會盡一切
努力阻止歐洲列強向日本壓力屈服[145]。

　　到了1939年8月初，蔣介石對世界大局的分析似乎更趨具體。在他看
來，英國和蘇聯之間在亞洲無法採取合作，其關鍵是美國。如果美國能夠出
來領導遠東問題，為英蘇做仲介，使英、美、法、蘇四國在遠東事務上能夠
採取一致立場對付日本，則遠東問題就可以得到解決。不然的話，就可能導
致往昔英日同盟的復活，蘇聯甚至可能在英國之先與日本妥協，進而導致
日、蘇、義大利和法國建立統一陣線。而美國總統最有能力可以阻止這種結
局的實現。更具體地說，中國政府希望美國政府可以積極勸說英國切不可對
日妥協[146]。

　　有趣的是，胡適的判斷恰恰相反。在他看來，英日同盟的恢復完全沒有
可能性，純屬杞人憂天。英國既然高度依賴美國，則它一定不敢冒險喪失美
國的同情與支持，因此英日妥協或是同盟，可說毫無可能。至於美國政府內

143《顧維鈞回憶錄》，第3冊，頁460。

144《顧維鈞回憶錄》，第3冊，頁476；《王世杰日記》，1939年6月17日；《徐永昌將軍日
　　記》，1939年7月26日。

145 蔣介石致羅斯福電，1939年7月20日，《戰時外交》，第一冊，頁84-85。

146 蔣介石致胡適電，1939年8月9日，《蔣中正總統文物》，#002080106023003。見：《戰時外
　　交》，第一冊，頁86-87。

部政策，胡適認為美國政治體制限制甚嚴，不能擔任聯絡英蘇的責任，因此中國大可不必去麻煩美國。但是從大局著眼，胡適說，「鄙見以為，此時國際形勢急轉直下，顯見問題已自然成為整個問題之一部分，此事與我國最為有利。」那麼中國在此時應該怎麼辦？胡適指出的出路是，「只要我國能站穩腳跟，繼續苦撐，則兩年助我之友邦，必不中途負我賣我，必能繼續助我，不須疑慮也。」[147]

換言之，蔣介石希望中國駐外使節能夠經由外交途徑，去敦促美國在遠東事務上採取更積極主動的政策。而胡適大使的看法，則是中國政府應該自求致力於苦撐，不要去打擾美國，因為美國絕不致出賣中國。這兩個政策主張的衝突在未來的幾年中，屢次呈現。從事後世界局勢的演變去回顧，蔣介石的這些分析似乎更符合現實。如果一定要挑毛病的話，或許就是蔣介石對於日蘇之間必有大戰的預測屬於樂觀過甚。

在國際問題上，蔣胡二人之間顯然產生了根本性的歧見和政策導向。此後數日中，蔣介石警告胡適，關於英法與日本妥協之可能，絕非出於臆斷，而是有事實依據，因此千萬不可掉以輕心。如果美國不採取行動，則可能導致大禍。蔣介石告訴胡適，「對英日妥協事，請勿過作樂觀與大意。若美國不作警告，則英法不止與日本妥協，而且安南、緬甸對我後方之惟一交通，亦將即生阻礙……情勢危急，無論如何，請速設法面告羅總統是荷。」[148] 短短一封電報，除了完全暴露蔣胡二人對世局看法的極端差異之外，同時顯示胡適膽敢對蔣介石直言無諱，而蔣介石還選擇不以國家領袖的姿態命令大使遵照命令辦事，反而是以委婉口吻請求胡適配合，這些都是值得讀者注意的幾個不同層面。

有了蔣介石的明確表態，胡適當然只好如實向羅斯福當面表達（1939年9月8日）。而根據胡適的回報，總統也持高度樂觀態度，認為英法在遠東之地位不致受歐戰影響，更何況總統認為以英法美等國在亞洲的實力，日本將

147　胡適致蔣介石電，1939年9月1日，《蔣中正總統文物》，#002020300028012。

148　蔣介石致胡適電，1939年9月3日，《蔣中正總統文物》，#002020300028013。

不敢用武力逼迫[149]。有了美國總統的呼應，當然讓胡適大使更增加了他對自己判斷正確的信心。因此過不了幾天，他再度致電蔣介石稱，「關於英法，鄙意以為英法對日或不免作一局部的妥協，但凡有關根本原則者，似不致退讓，因英法今日皆須依賴美國，決不敢犧牲我國，而大失美國感情也。」說來說去，胡適又重彈老調，告訴蔣介石中國政府的基本外交政策應該是，「在現勢之下，我國祇有咬牙苦撐一途，兩年之抗戰已過，世界形勢驟變至此，此正國運轉變之紐，倘能立定腳跟，安然應付，終有苦盡甘來之日。」[150]換言之，蔣介石和中國政府不應該總是想在外交領域裡找出路，去妄想催促美國採取行動改變國際局勢，而應該咬牙苦撐，被動性地等待國際形勢變成對中國有利。

在這幾個電文來往之間，我們不禁察覺到幾個有趣的現象。其一是，胡適是中國派駐外國的使節，他的職務本質原本就應該是運用外交手段去促進國家的利益，但是「苦撐待變」聽起來似乎應該是國內領袖在抗戰找不到出路時為了鼓勵士氣而發出號召的語氣，令人不禁有職務錯位之愕然。其二是，蔣介石作為在抗戰困境中的領袖，對於國際情勢，理應要考慮最壞的打算，然後防範於未然。而羅斯福所反映的是典型西方白人對亞洲黃種人（包括日本人）的「想當然爾」心態。而胡適最依賴以分析世局的權威就是白宮和國務院，缺乏獨立見解和批判精神，這就難怪他身為中國大使，但是在許多事務上不知不覺地在唱美國的調子。其三是，才不到一年時間內（1940年夏），遠東局勢的演變就證明胡適和羅斯福的樂觀毫無根據，而蔣介石的憂慮卻不幸而言中。因為英法兩國果然相繼在越南和緬甸向日本屈服。

II. 歐洲局勢發展對蔣介石戰略盤算的衝擊

德國─蘇聯互不侵犯條約的簽訂（1939年8月23日）使國際局勢產生了驚天動地的改變，也嚴重影響到蔣介石對中國局勢的盤算。一方面，蔣介石

---

149 胡適致蔣介石電，1939年9月8日，《蔣中正總統文物》，#002020300028014。
150 胡適致蔣介石電，1939年9月21日，《蔣中正總統文物》，#002080106002004。

擔憂德蘇條約可能導致英蘇關係急劇惡化，進而導致遠東局勢惡化，同時迫使英國和法國不得不向日本壓力低頭。為了防止這種危險，蔣介石趕忙訓令中國駐西方國家使節敦促美國採取主動去協調英蘇間的衝突，同時也敦促英國、美國、蘇聯和法國政府採取共同行為去阻止日本擴張[151]。

在另一方面，蔣介石也認為，比起蘇聯加入英國和法國的陣營而言，或許德蘇條約對中國更為有利。依照蔣介石的思路，德蘇條約其實可以幫助蘇聯從歐洲爭端中抽身而退，而去全神貫注亞洲事務[152]。因此，儘管蘇聯當前的行動是拒絕和英國和法國就歐洲事務（納粹崛起）進行合作，但是它意想不到的效果卻可能鼓勵蘇聯更大膽地和這些國家在亞洲事務上進行合作。

這些發展在蔣介石心目中的含義是，蘇聯在歐洲和亞洲的政策既有密切關聯，卻又會產生截然相反的效果。蔣介石當然知道，英國和法國在德蘇條約簽訂之後對於蘇聯只能深懷疑懼，因此自然地做出推理，認為只有美國才有能力把這三個國家在亞洲拉進同一條戰線。蔣介石認為蘇聯在遠東事務上應該可以接受美國的領導，理由是他認為蘇聯在亞洲最擔心的是英國和日本恢復它們以前的合作關係，共同對付蘇聯[153]。蔣介石的這些分析顯示出中國領袖們已經開始對國際關係做出相當細膩複雜的思考了。

歐戰爆發迫使中國領袖們必須擔心中國被英國和法國出賣的可能性，因此他們在開戰後的頭三週裡舉行了一連串緊急會議，評估歐戰的影響和中國的對策。

在這些會商中，有幾位領袖（包括王寵惠、張群、朱家驊、孔祥熙等人）強烈主張中國應該對歐戰宣布保持中立。但是也有領袖主張中國切不可放棄其道德原則和對西方國家的傳統友誼。然而蔣介石卻主張中國應該採取更積極的作為。在連接幾天的會議裡，蔣介石再三強烈主張中國應該立即對德國宣戰。他的用意不但是要把中國的命運和西方國家緊緊綁在一起，而且

151 蔣介石致胡適電，1939年8月29日，《戰時外交》，第一冊，頁86-87；又見：《總統蔣公大事長編初稿》，1939年8月29日。
152 蔣介石致白崇禧電，1939年8月26日，《蔣總統籌筆拓影本》，4450.01-026, #13895。
153 蔣介石致顧維鈞電，1939年8月29日，《蔣總統籌筆拓影本》，4450.01-026, #13896。

也想防止日本趁此兵荒馬亂之際，脅迫西方國家出賣中國利益。

　　但是也有領袖指出蔣介石的主張不切實際，因為在德蘇條約中有一項特別規定，那就是蘇聯不可以幫助任何與德國敵對的國家。因此，如果中國果然對德國宣戰，則蘇聯馬上就無法向中國輸入大批武器，這就會直接危害中國抗戰。當時溫和派領袖們建議，中國依然可以表達對西方國家的支持，但是所使用的手段則是要求國際聯盟對德國施以懲罰，或是召回中國駐德國大使。中國政府最終決定召回駐德大使，而蔣介石也不再堅持對德宣戰[154]。

　　有關這些會商的中方資料顯示，有一小部分領袖們懷疑西方國家對中國的真實態度，因此不願意公然採取親西方政策。而另外一部分領袖們又對蘇聯對歐洲的曖昧態度感到不安，因此建議蔣介石不要過早表態而綁住了自己的手腳[155]。相對而言，蔣介石本人對於中國應該採取的立場似乎自有主張，而且從歐洲危機醞釀之始就持一貫堅定態度。當人們回想起當時日本、德國、蘇聯、英國和美國之間關係的錯綜複雜，它們之間離合之變化無窮，則蔣介石的這種自始明確的態度著實頗不尋常，乃至難能可貴。蔣介石似乎在歐戰爆發之前早已對它的影響予以深思，而且也形成了中國政府的對策。

　　比如說，歐戰爆發當天（1939年9月1日）蔣介石在日記中寫道，中國務必做出兩項努力：1. 阻止日本參加歐戰；2. 阻止日本和蘇聯建立和緩關係。蔣介石判斷西方國家必會得到最後勝利，因此中國務必參加英法聯盟，並且阻止日本參加這個聯盟。更為理想的發展是，中國應該設法使日本成為英法聯盟的對手。但是蔣介石也決定，萬一在中國參加英法聯盟後，日本也隨即參加了同一聯盟的話，則中國也依然對日本進行抗戰，絕不停止[156]。不幸的是，即便在歐戰爆發後，英法兩國仍然對中國所創議的合作方案相應不理，而法國的態度尤其惡劣，使得蔣介石禁不住怒火中燒地寫道，「欺善怕兇，且無信義，真無國格可言。此種民族與國家豈能久存於世乎？」[157]但是

154《王世杰日記》，1939年9月2、4、5、8、19日。

155《王世杰日記》，1939年9月15日。

156《總統蔣公大事長編初稿》，1939年9月2、5、6日。

157《蔣介石日記》，1939年9月23日。

儘管感情發洩，依然沒有動搖國民政府的外交大政策。

　　中方資料沒有顯示蔣介石曾經設想過和義大利或是德國結盟，也沒有奢望過歐戰可以使中國抗戰提早結束。正好相反，他更關心的是歐戰將會如何影響中國的作戰能力。他一方面對於西方國家必會贏得最後勝利的結局持高度樂觀，比如說，他寫道，「此後我國自處之道反形簡單，即對內建設四川，對倭更作持久抗戰到底，以待世界戰爭之結果而已。」[158]但是另一方面他又高度擔憂歐戰可能會對中國抗戰在近期內造成不良影響。即便是在歐戰剛爆發的數週之內，蔣介石已經多次警告其他中國領袖們，歐戰很可能會導致英法兩國把資源全副投注歐洲戰場，而使日本有可乘之機，在亞洲遂行其願毫無顧忌。因此中國可能會面臨更艱苦的局面[159]。

　　如眾所周知的，戰爭的真相遠比其表像要複雜得多。在國際衝突中，不但各國會竭盡所能地掩飾其真正意圖，它們還會故布疑陣，混淆敵人和旁觀者的視聽。中日戰爭當然也不例外。正當中國政府致力於探討和西方國家建立合作關係的同時，日本政府也在致力於散布謠言，使西方國家誤以為中日間即將達成和解[160]。日本新聞界甚至傳出謠言，指稱中國打算參加德蘇陣營，冀此引起西方國家疑懼。日本的謠言攻勢立即引起蔣介石的警惕，並且盡速召見英國駐華大使卡爾（Kerr），向後者保證中國絕不會背棄英國和法國[161]。

　　歐戰爆發使得蔣介石相信，即便是美國國內孤立主義氣氛依然濃厚，它最終必會承擔起全球性責任，而中國的利益也必將受美國全球政策的嚴重影響。在1939年下半年裡，中國政府所獲得的情報也導致蔣介石提出預測，日本和蘇聯簽訂的邊境停火協定不久將會變成互不侵犯條約，而日蘇間的這些協定又將鼓勵日本實行「南進政策」，同時促使蘇聯向中國施壓儘快和日本議和。

158《蔣介石日記》，1939年9月30日。

159《總統蔣公大事長編初稿》，1939年9月20日。

160《徐永昌將軍日記》，1939年10月17日。

161《王世杰日記》，1939年10月21、26日。

　　儘管這些發展已經足夠讓蔣介石頭疼不已，但是更讓他憂心忡忡的是英國和法國對於日本的計謀似乎缺乏警惕，而且還心存僥倖地以為它們只要犧牲中國的利益就可以保護它們自己在遠東殖民地的利益。從蔣介石看來，除非美國能夠更敢於承擔起領導責任，否則英國和法國必將在亞洲節節敗退，中國必將變得愈加孤立無援，而日本將更能實現其東亞新秩序的野心。反之，如果美國政府此時做出堅決反對日本的姿態的話，則或許可以為英法兩國壯膽，阻止它們對日妥協[162]。

　　顯而易見的，蔣介石到了此時已經習慣於把中國的命運和世界某些其他國家的行動聯繫在一起，即使遙遠的歐洲也必會密切影響中國。在這種情況下，蔣介石對中國外交的處理上，明顯地採取了一個全球化觀點。他同時也越來越相信只有美國才有足夠力量去影響全世界的政治和軍事演變。正是這些思維方式，使得美國在中國政府的決策過程中的重要性，變得益發明顯。

III. 蔣介石與胡適對於國際合作問題在認知上的差異

　　在這種國際情況瞬息劇變環境下，蔣介石和胡適之間在對美政策上逐漸產生了重大分歧。簡言之，蔣介石渴望從美國取得援助，而胡適則並不積極地將之付諸實行。基本上，蔣介石想要做到的是，建立一個全球性而又常規化的國際合作機制，例如由中國、美國、英國、法國（也可容許蘇聯參加）組成國際會議，而胡適則不認同這種想法。

　　蔣介石心中最大恐懼，就是英國和法國被迫對日本妥協，因此強烈希望胡適能夠從羅斯福獲得承諾，去協助這些國家敢於與日本抗衡。但是胡適除了本性樂觀之外，還對西方民主國家的榮譽感充滿信賴。因此對於蔣介石的疑懼，忍不住拿出一副居高臨下的教誨語調，開導蔣介石無需對英日之間的協調太過操心。更讓蔣介石氣憤無法釋懷的是，胡適居然坦然承認他已經自作主張決定不把蔣介石致羅斯福的重要電函親手交給對方，而是託由第三者

---

162 蔣介石致胡適電，1939年9月18日，《蔣中正總統文物》，#002020300028018。

轉交。而胡適所持的理由居然是美國領袖們都正在全神貫注歐戰戰局，根本無法顧及中國這類次要問題。所以胡適的建議是，中國政府應該「識相地」避免去強人之所難。

胡適繼續以開導式語氣勸告蔣介石，應該體諒美國政府手中的時間和資源都有限，而需要處理的事務又很多，因此也無暇顧及去修復英國蘇聯之間關係，或是促進英國、法國、美國、蘇聯共同對付日本的這類事務[163]。事實上，胡適毫不婉轉地告誡蔣介石毋庸操心，也不要用中國問題去煩擾美國領袖們，因為美國人需要關注的是更重要的世界大事。難怪，胡適的信立即受到蔣介石的駁斥。蔣介石同時提醒胡適稱，假如美國不能及時向日本提出警告的話，則英國和法國不僅會向日本屈服，而且會對經由越南和緬甸通往中國的國際運輸線採取不利措施[164]。

1940年夏季世界大局的發展，很快就證明蔣介石的憂慮是有根據的，而胡適對西方國家榮譽感和善意的信心卻是悲劇性錯誤（見本書第六章）。但是胡適對於蔣介石屢次要求他去促請美國政府擔負起領導國際合作的責任的要求，卻是一再推卸。而他回覆蔣介石要求的一貫說詞則是，美國的法律不容許其政府去做任何政治或是軍事的承諾[165]。因此中國的饒舌並無意義。

胡適不假辭色地告訴蔣介石，後者希望美國能夠出面領導西方國家對抗日本的想法，根本脫離現實，因為很少有美國領袖會對此感到興趣。他指出，更糟糕的是有些美國人甚至懷疑英國和法國的陰謀，正是想激怒美國去和日本產生衝突，借此避開鋒芒而坐收漁翁之利，去保護它們自己在亞洲的殖民利益[166]。鑑於蔣介石和胡適之間存在如此重大的意見鴻溝，就難怪中國在促進國際合作共同對抗日本侵略的努力上，變成毫無進展了。

有關中國政府努力促進國際合作想法的演變，還有幾點值得注意。第

---

163 胡適致蔣介石電，1939年9月2日，《戰時外交》，第一冊，頁87-88。

164 蔣介石致胡適電，1939年9月3日，《戰時外交》，第一冊，頁88。

165 胡適致蔣介石電，1940年7月24日，《戰時外交》，第一冊，頁97。

166 Cordell Hull, *The Memoirs of Cordell Hull*（此後簡稱 *Memoirs*）（New York: Macmillian Co., 1948), vol. 1, p. 445, 544-545, 554.

一，雖然蔣介石對國際合作這一觀念深感興趣，但是他最終目的還是想讓中國能夠更有效地進行對日抗戰。中方史料顯示，每當蔣介石暢言國際合作時，他的唯一的或是主要的目的，都不曾是想借國際力量去替中國和日本作戰。易言之，蔣介石希望國際合作可以增加中國的作戰能力，而不是去取代中國軍隊本身的戰鬥。歷來在西方史學界有一種說法，那就是，中國政府從來不想對日作戰，或是它急於想要挑起國際干預以便讓中國本身可以停止戰鬥。到目前為止，本書作者還沒有看到史料可以支持這個論點。

　　第二，中國政府對於國際合作的思路，從早期就是想要團結西方民主國家的力量，去對付日本及其法西斯盟友。在這個思路裡，蘇聯占據了一個特殊地位，因為中國政府一直無法猜透蘇聯的意向。一方面，在蔣介石心目中，蘇聯一直是中國軍事結盟的首選，但是蘇聯和英國和法國的摩擦以及它和納粹德國和日本的友好關係，又讓中國政府難以安心。中國政府最大願望是由中、美、英、蘇、法五國達成合作。但是在實際上，中國政府也一直持有心理準備，蘇聯很可能參與敵對陣營。

　　第三，從1938年開始，蔣介石和其他領袖們就已經相信，唯有美國同意出任領導，才能使國際合作成為事實，因為只有美國才具備足夠力量對抗日本，和保護英國和法國免於在亞洲遭受日本威迫。還需要指出的是，其實中國政府對於「國際合作」這個概念的內容，在很長時間裡都沒有給予明晰界定，只是停留在泛泛而論的層次。在這段時間裡，中國政府一直並沒有提出具體的政治軍事聯盟方案，因為它顯然以為，僅是用西方列強的外交力量和聲勢（比如說，召開國際會議），就可以遏止日本的侵略野心。

　　最後，中方史料顯示，蔣介石一直是國際合作概念的熱心推動者，並且也經常以全球戰略眼光去分析國際局勢。即使在面對瞬息萬變的局勢下，蔣介石總是高度關切歐洲和亞洲局勢的互動關係，隨之把中國的戰局放在一個全球性的框架裡去分析。一個頗為明顯的例子是，早在1939年3月間，蔣介石就曾經說過，「非將中倭戰爭，加入於歐戰局勢之內，形成整個問題不可。」[167]

---

[167]《蔣介石日記》，1939年3月22日。

蔣介石推動對美外交的困境，是他不得不高度依賴胡適大使去幫他爭取美國的幫助，而胡適大使又偏偏有他自己獨到的想法。透過胡適大量的文章和演講詞，我們可以看出他是一位對很多問題顯示出思想縝密，而對時事發展也有合情合理的分析的人。但是在1937-40年間，胡適對於「國際合作」這個課題，卻似乎並沒有為後人留下資料，因此我們並不知道他的想法是什麼。相比之下，蔣介石、外交部長、駐法大使顧維鈞，駐英大使郭泰祺，甚至駐蘇聯的楊杰都積極參與工作，彼此互相呼應地，致力於說服歐洲列強團結力量共同對付日本，而胡適對於扮演這個角色則似乎完全缺乏興趣。事實上，當中國駐歐洲各國使節們都為了不能達成此目的而感到沮喪時，胡適在美國卻不斷地給重慶政府潑冷水，敦促後者打消此念。

結果是，胡適在促進國際合作工作上的成績，可能是他在履行大使職務時最乏善可陳的一部分。本書後文中將要說明，這種現象並不難解，因為胡適基本上認為國際事務的發展自有其邏輯和規律，絕非中國政府一廂情願所能改變者。因此，如果中國政府妄圖想要扭轉局勢發展，或是改變世界列強的外交政策，則無非是庸人自擾而已。總地來說，當時中國想要促進某種程度的國際合作時，它的原動力主要來自重慶，特別是蔣介石個人，而中國駐美的外交官並沒有提供任何協助，反而是一盆一盆的冷水。

戊. 胡適對於中國堅持抗戰的貢獻

在胡適大使生涯裡，一個令他特別關懷的就是對日和戰的大是大非問題。但是迄今為止，學術界對這個問題並無太多討論。

在正常情況下，一個國家的和戰問題通常並不是由其駐外使節去討論，而是由國家最高層領袖們去裁決，然後交由駐外使節去執行。但是胡適認為他必須以堅強姿態加入中國政府的決策過程。由於胡適有一群位居要衝的好友們（包括王世杰、翁文灝和陳布雷），因此他對於當時國內和平運動的暗潮瞭如指掌，熟悉其領袖人物，他們的論點和活動細節等等。

身為中國駐美首席代表，胡適的地位讓他當然能夠告訴蔣介石有關美國

政府對中國和平運動所持的負面態度。而胡適也能夠告訴美國政府有關中國對於和平的態度。雖然胡適一生中對許多事務都採取溫和中庸態度，但是他對抗戰必須堅持到底卻持有堅定不移的信念，而他對和平活動的反應則極為強烈，絕不妥協，甚至主動予以抨擊。在這個問題上，他不時逾越了一個駐外使節應有的權限，緊緊盯住國內政治領袖們的一舉一動。這種作為可謂極不尋常。

為了要評估胡適對於堅持中國抗戰國策所作出的特殊貢獻，本節將討論幾個問題。第一，在胡適介入之前，中國領袖們對於和戰的態度。第二，某些領袖倡導的和平運動的失敗。第三胡適對和平運動堅決的反對。

I. 在胡適介入前，中國領袖們對於和戰的態度

任何一個國家想要決定和戰問題都不是一件容易的事。對敵人意向的估量，對他野心限度的猜測，對本國資源和民心的衡量，中央政府和地方勢力團結的程度，兩國武力的比較，各個國家承受痛苦和破壞的耐力程度，國際間可能產生的謀略，以及中國本身在當前世界中是否得以維持生存等等，都會嚴重地影響到每個人對和戰利弊得失的衡量和選擇。從1937年開始，把戰爭看成是愛國，把和平看成是賣國，只能說是頭腦簡單的思維方式。同理推之，把所有的主和派一律視為「親日派」或是投降派，也是不合情理。

誠然，有些中國領袖為了私利不惜放棄道德立場而去和日本妥協，但是也有許多領袖們出於對國家同胞的深切關懷而對和戰問題感到左右為難。這些人的道德和愛國心不容置疑，但是他們對於國家利益之所在的盤算卻可以大相逕庭。更何況，他們的政治立場並不是在開戰之初就一成不變，而是深受開戰後不斷的挫敗而逐漸改變的。

蔣介石可能是中國領袖中自始就下定決心要對抗日本侵略。也有其他領袖們最初追隨蔣介石立場，但是後來逐漸認為和平才是真正救國之道（如孔祥熙），更有其他領袖們自始主張以和平方式解決中日紛爭（如汪精衛、蔣廷黻和王寵惠）。戰場上的重大失利當然也改變了某些人的態度。比如說，

在1937年8月間，國民黨元老居正曾一度憤怒地譴責胡適的和平論調，但是到了11月底，他出於對戰場潰敗感到極度憂傷，改而主張和平，乃至主動提出願意犧牲個人政治生命去簽訂和平條約，以求拯救國家免於災難[168]。

但是即使是主和派領袖們也有一個共同點，那就是他們都不願意和蔣介石正面決裂，而希望能夠抓住機會去向蔣介石做出和平建議。我們還應該記得的是，在1937-39年間，和平論調並非政治禁區，討論和平並不會引起他人在道德上的譴責。

儘管蔣介石個人在和戰問題上早已採取了明確而強硬的立場，其他負責任和有愛國心並且頭腦清醒的領袖們，依然可以心平氣和地去論證和戰的利弊。「和平」並沒有和「賣國」畫上等號，它只是讓中國去和日本進行討價還價，爭取在最有利的條件下停止軍事衝突。而鼓吹和平的人們也不認為他們自己比主戰派更不愛國。.

這就說明了為什麼像蔣廷黻這樣受人尊敬的學者，可以毫無顧忌地承認他主張和平。這種高度自由的氣氛，一直要等到汪精衛從重慶逃走投靠日本之後，才產生了決定性改變。

以上這個簡略的歷史回顧能夠說明一個事實，那就是，即使在私下，當胡適已經完全得知主和派領袖們的主張時，他也從來沒有譴責過他們。他只是批評這些人不切實際而已。這個回顧也可以幫助我們了解，為什麼蔣介石在這些歲月裡的處境頗為微妙。一方面他受到主和派壓力催促他去試探和談的可能性，而另一方面他又不敢輕易地去鉗制他們的言論，惟恐因此引起領袖層內部的衝突[169]。

在最高領袖層中，有人既主張和平又對蔣介石忠貞不渝的是孔祥熙（行政院副院長）和王寵惠（外交部長）兩位重要閣員。兩人對中國政府的外交政策無疑具有重大影響力，而兩人又正好都是胡適行政上的頂頭上司。

孔祥熙傾向和平主張絕非因為他是「親日派」。事實上，孔氏對日本從

168《王世杰日記》，1937年11月21日。

169《胡適的日記（手稿本）》，1938年8月13日，11月12日。

無太大興趣，而在知識和感情上則非常接近美國。他的主和立場也和他的政治盤算扯不上關聯，因為他不像汪精衛，從來沒有野心脫離蔣介石的圈子去另起爐灶。事實上，他並不是一個有旺盛野心的人，而且在私人關係和政治上，始終對蔣介石忠心耿耿[170]。

作為一位財經界人士，他對軍事缺乏了解，但是他的專業背景讓他相信一個經濟和科技落伍的中國，根本無法和一個高度現代化的日本對抗。在開戰初期，孔祥熙也曾經努力遵從蔣介石指示，爭取西方國家的精神和物質支援。但是一旦西方國家援助無望而中國軍隊又節節潰退時，孔祥熙就相信中國已經竭盡其力，而應該儘快停止武裝衝突，以避免全盤瓦解的悲劇。孔祥熙在個性上並不是一個剛強的人，他缺乏信念，更缺乏好鬥精神。因此當軍事挫敗接踵而至時，孔祥熙就想要找尋一條出路退出戰局。從1937年底開始，孔祥熙已經經常向中國領袖們發表議論，認為中國缺乏能力和日本繼續打下去[171]。

同樣的，外交部長王寵惠也非親日派，他生長在廣東，不久遠赴西方留學。因此，無論是在感情或是知識上，王氏都感覺到只跟西方接近。王寵惠在個性上和孔祥熙頗為相近，他為人隨和，對於敵人或許寧可停止衝突也不願意抗戰至死。幾乎從中日開戰以來，王寵惠一直擔心衝突的升級，不斷謀求和平之道。當蔣介石在盧溝橋事件發生後派軍隊馳援華北戰場時，王寵惠立即大為緊張，曾經儘量試圖說服蔣介石對日本做出讓步，趕快結束武裝衝突[172]。

當德國大使陶德曼在1937年底轉達日本的和平試探時，孔祥熙和王寵惠二人立即力促蔣介石接受和平[173]。而當蔣介石拒絕正面回應德國和平試探時，孔祥熙在感到極端沮喪之餘，還試圖說服蔣介石稱德國的試探是「天賜

---

170 邵銘煌，〈孔祥熙與抗戰初期的謀和試探〉，《慶祝抗戰勝利五十週年兩岸學術研討會論文集》，頁22。

171 《翁文灝日記》，1937年12月28日；《王世杰日記》，1938年1月28日。

172 《王世杰日記》，1937年7月15、19日。

173 孔祥熙自漢口致蔣介石電，1937年11月27日，《特交文件：親批文件》，第45冊，#3256。

良機，絕不可失」[174]。然而蔣介石拒不回應日本和平條件終於關上了和平之門，因為蔣介石始終堅持一個立場，那就是，即使當和平條件內容可以接受時，和平的形式也必須經由第三國調停和保證，因為他無法相信日本人[175]。

以實質而論，孔祥熙和王寵惠對於和平問題所採取的立場和汪精衛非常相仿，然而他們對蔣介石的政治忠誠度也比汪精衛要深厚得多，因此只要蔣介石堅持抗日，他們二人絕對不會和蔣介石分道揚鑣。但是孔祥熙和王寵惠也無可避免地使蔣介石陷於一個尷尬處境之中。因為他們兩人是中國政府的最高官員，雖然他們的忠誠度毋庸質疑，但是他們對於和戰問題的政治判斷則截然與蔣介石不同。蔣介石無法撤除他們的公職因為他不容易找到如此可以信賴的下屬，但是他也不能對他們嚴詞訓斥。

就是這種微妙的環境，使得在美國任職的胡適，對於中國政府的國際事務戰略考量，反而能夠扮演一個特殊角色。胡適對於德國的調停工作沒有參與，因為他沒有及時得知事件的發生。但是胡適不斷地向重慶政府勸說中國必須堅持抗戰，卻對蔣介石在中國國內的政治地位產生了正面影響。這倒不是因為胡適對於和戰問題的個人意見受到國內各界的特別關注，而是因為胡適最熟知美國政府對於這個問題的態度，這樣才增加他發言的權威性。因此，胡適向國內政府所發出的電報，不但佐證了蔣介石堅持抗戰立場的準確性，同時也讓蔣介石可以據以警告孔祥熙和王寵惠等人，趕緊停止他們的和平論調，要不然中國可能會遭受極大風險，失去美國的支持。

一般而言，中國領袖們對於和平問題的分歧看法，最多只是在政府高層內部交換而已，他們毫無能耐可以控制日方言論或是實際行動。而在1938-39年間，日本方面卻對於和平表現出極大的主動性，而且通過不同渠道把它對和平的信息向外界廣為傳遞。日本似乎急於通過各種不同管道向中國人傳

---

174 孔祥熙致蔣介石電，1938年（月分不詳應為11月）30日，《特交檔案：中日戰爭》，第32冊，《和平醞釀》，#45646。

175 孔祥熙致蔣介石電，1938年10月23日，《特交文件：親批文件》，第45冊，#3292。有關外交部長王寵惠1938年11月2日在最高國防委員會的發言，請參閱：《王世杰日記》，1938年11月2日。

達和談信息，也提出各種不同說詞冀圖說服中國政府，戰爭其實對雙方的國家利益都會有所損傷。不同背景的日本人士透過非官方和半官方渠道所提出的各式各樣的和平論點，在中國領袖們之中不免產生了一個印象，那就是日本希望能夠開展談判過程，最終導致日本從中國撤離。但是在此同時，日本也指望從中國得到讓步，讓日本政府可以向其本國人民解釋為什麼他們所承擔的戰爭消耗是物有所值，也讓日本軍隊能夠有體面地從中國撤回本國。但是偏偏蔣介石歷來所能接受的和平卻是日本必須「無條件」從中國撤退，同時還必須重申保證尊重中國領土和行政權的完整。就蔣介石立場而言，這些是讓中日能夠開始談判兩國爭端的最低基礎，而且不可附帶其他條件[176]。

　　蔣介石的立場顯然讓日本不敢貿然接受，因為風險過大。因為假如日本果然從中國無條件撤退，而萬一蔣介石事後拒絕和日本簽訂任何協議的話，則日本將何以自處？對此，蔣介石的回應是：這正是他所堅持的「恢復七七抗戰之前現狀」的本意，那就是，伸張中國的完全自主權以決定是否和日本達成協議。用不著說，蔣介石若要堅持如此絕不妥協的立場，則他必須要有繼續抗戰的能力，而這種能力又必須寄望於中國是否能夠得到國外的財政和軍事支援。當中國政府的指望逐漸由蘇聯和歐洲列強轉移到美國時，胡適的想法就將會在中國政府內部受到日益增加的重視。

II. 1938-39 年間中國外交的挫折

　　但是孔祥熙卻有強烈願望，去拉近日本人和蔣介石之間立場的差距，因此促使他在1938-39年間去利用他已經建立的兩個渠道，去探測是否可以達成和平。由於當時有許多和談的傳聞都聲稱與孔祥熙有關，但又無法驗證，所以本節下文的討論只限於面前公布的中方史料所能證實者。

　　孔祥熙的第一個渠道是運用個人親信，分別在香港和上海兩地去和日本

176《特交檔案：中日戰爭》，第30冊，《和平醞釀》，#45528-45537。又見：藤井志津枝，《誘和：日本隊華諜報工作》（台北：文英堂出版社，1997）。又見：呂芳上編，《中國抗日戰爭史新論：和戰抉擇》（台北，2015）。

人進行接觸，這些日本人既有政府官員也有非政府官員。但是一旦蔣介石獲知這些接觸後，在1938年9月就命令孔祥熙立即終止[177]。然而孔祥熙依然陽奉陰違，並沒有遵從蔣介石的命令。因此當蔣介石的情報人員發現了這些接觸時，他當即對孔祥熙下達嚴厲警告（1939年9月22日）立即終止接觸。而孔祥熙也被迫寫了一份17頁的自白書，承認他的親信的確在香港和日本人保持聯繫，而且他本人也和某些日本人之間曾經互相問候致意。但是他堅決否認曾經和日本人私下舉行過和平談判。他並且提出聲明，如果蔣介石的調查能夠提出確切證據他曾經參與過這類活動，他就願意接受嚴厲懲罰。當然孔祥熙也聲明這些指責都是有人對他存心陷害[178]。

　　孔祥熙的第二個渠道是利用公開場合在政府領袖內部製造有利於和談的氣氛。在政府領袖們非正式的聚會中，或是國防最高委員會例行會議裡，主和派分子在1938年間都可以公開而又自由地闡述意見。委員會開會的氣氛自由而委員們又可以暢所欲言，主要原因是蔣介石本人忙於戰場事務而幾乎從來不參加會議，因此會議經常是由汪精衛或是孔祥熙主持。

　　當時領袖們如汪精衛、周佛海、陶希聖、梅思平等人從不隱瞞他們的觀點，認為中國必須儘快停止戰爭[179]。孔祥熙也明白表示他同意汪精衛等人的立場，主張中國應該以向日本做出讓步來謀求停止衝突。1938年下半年，當廣州和武漢的局勢相繼惡化時，主和派的論調變得更為明目張膽[180]。但是汪精衛和孔祥熙都感到不知如何去向蔣介石正式提出和平要求，因為他們不知道如何去處理日本人所堅持的一個和平的先決條件，那就是，蔣介石必須下臺。

　　日本人也致力於製造和平氣氛，他們所採用的策略是保持模糊態度，又

---

177 邵銘煌，〈孔祥熙與抗戰初期的謀和試探〉，《慶祝抗戰勝利五十週年兩岸學術研討會論文集》，頁12-26。

178 孔祥熙致蔣介石函，1939年9月30日，《特交檔案：中日戰爭》，第31冊，《和平醞釀》，#45619。

179 《周佛海日記》，1938年6月27日。

180 《王世杰日記》，1938年7月2日，10月24、26日。

讓中國人認為和平在望。依汪精衛和孔祥熙看來，日本人在10月底對於和平條件似乎又有了鬆動，但是依然堅持蔣介石必須下臺。1938年11月2日，日本政府發表聲明稱，只要國民政府放棄其仇日親共政策和改組其領導人（蔣介石），則日本願意讓中國加入它的東亞新秩序。這個聲明顯示，蔣介石已經成為和平最大的障礙，而只要蔣介石被排除在政府之外，則日本願意和國民政府進行談判。這和以前日本根本拒絕和國民政府談判的立場相比，又似乎鬆動了許多[181]。

更有進者，有些西方列強此時也加大力度，催迫中國尋求和平解決之途。因此，不但義大利和德國繼續致力於調停中日衝突，即便是英國在1938年間也一再表示有高度意願調停中日衝突[182]。唯一沒有介入此項努力的西方國家是美國。事實上，日本也特別聲明它不歡迎美國介入調停中日衝突[183]。

面對政府內部和列強交叉催促中國尋求和平如此巨大壓力，蔣介石想要堅持己見實非易事。即便是當他保持沉默時，也很容易被外界解釋為是對於和平活動的默認，因而嚴重打擊中國的民心士氣。只有蔣介石做出一個明白的反對和平的表態，才能使各式各樣的和平活動胎死腹中。因此在1938年7月初，為了有效地粉碎各種對和平的謠傳，蔣介石特別向外國記者們宣布，他反對任何不能完全恢復中國主權和領土完整的和平方案。蔣介石更指出，調停工作只能打擊中國士氣，有害而無益，他同時表達希望他的公開聲明可以有效地關閉所有的調停之門[184]。

當然，1938-1939年都是抗戰中情勢極為嚴峻的年分，但是蔣介石的堅持抗戰心理似乎未見軟化跡象。這從他日記可以選取幾則做為說明。

1939年3月30日，他寫道，「高逆宗武周逆佛海仍以余之名義在敵國政

181《王世杰日記》，1938年10月26日，11月3日。

182 郭泰祺大使自倫敦致外交部電，1938年1月19日，《戰時外交》，第二冊，頁24-25。郭泰祺自倫敦致外交部電，1938年3月1日；孫科與郭泰祺自倫敦聯名致外交部電，1938年3月29日，《戰時外交》，第二冊，2頁5-28。《王世杰日記》，1938年4月20日。

183《王世杰日記》，1938年4月20日。

184《王世杰日記》，1938年7月3日。

府賣空求和，使敵妄念不斷，而不知其全為高逆所欺弄貽誤也。鄭異不察其奸詐，而乃竟以高逆函件呈余，黨員之愚魯與國人程度之低劣，為之心痛不置。惟有斷然決絕，除惡務盡，使敵能有所大悟也。」

1939年4月1日，他又恨聲不絕地寫道，「汪（精衛）慫恿敵攻南昌長沙，打通浙湘路之企圖，汪肉不足食矣。」又寫道，「汪高勾敵，不料其仍以中央代表名義賣空。此種賣國賣友，欺敵自欺劣性，誠狗彘之不若矣。而敵國不察其欺偽，乃竟照其言而行，更為可笑。」而蔣介石此時還希望國民政府在安南行刺汪精衛的舉動應該讓日本醒悟，汪的出走絕不是在和重慶政府唱雙簧的一齣戲[185]。

顯然地，日本在此時也有它自己的打算。因為日本方面又散布風聲，表示願意和中國政府達成和平協議，而其所持之理由是這樣就可以使日本政府得以和德國共同對付蘇聯。在蔣介石看來，日本早在1938年就曾經使用過同樣伎倆，最後終歸失敗。而蔣介石所持的立場則是中國必定繼續堅持抗戰直至日本在中國戰場完全精疲力盡，才有真正和平希望[186]。到了4月5日，他就把話說得更為絕情，「如有以近衛建立東亞新秩序之聲明為和平根據者，即為賣國之漢奸。」顯然此時在國內還是有人希冀借著近衛的和平攻勢做文章，而蔣介石則提出最嚴峻的警告。不久，他又親自花了幾天時間手擬譴責汪精衛賣國的文章，並且對自己的文章深感滿意[187]。

III. 胡適對和平的態度

面對來自國際壓力而言，中國沒有理睬義大利和德國的和平建議，對於英國想要插手進行調停的試探也不予反應。蔣介石此時唯一能夠給予信任，並且可以坦誠地就和戰問題交換意見的對象，似乎只剩下美國一個國家而已[188]。

185《蔣介石日記》，1939年4月2日。

186《蔣介石日記》，1939年4月4日。

187《蔣介石日記》，1939年4月9-12日。吳稚暉參加潤筆工作。

188 胡頌平編，《胡適之先生年譜長編初稿》，第5冊，頁1646-1647。

蔣介石向美國總統通報（1938年10月8日）有關義大利和德國企圖調停中國和平的動作，但是他也向羅斯福表示中國只把美國看成是可以促成和平的領袖。也正是因為蔣介石對美國總統的信任，使得胡適得以有機會比中國其他駐外使節們扮演更活躍的角色。

　　早在1938年中期，當胡適首次聽到謠傳稱孔祥熙可能將會推動對日和談時，他立即向蔣介石提出警告，中國尋求和平的念頭荒唐透頂，因為和平比戰爭要困難得多。他認為堅持抗戰可以給中國帶來許多好處，而和平活動只能削弱美國的支持[189]。1938年尾的情勢不久就為胡適提供了一個好機會發揮更大力量去影響中美關係。羅斯福總統在1938年10月19日曾經致電蔣介石稱，只要時機成熟，他一定會盡一切努力去為中國爭取和平[190]。胡適為了呼應羅斯福的電文，也致電蔣介石（10月20日）稱，因為美國協助中國贏得正義和平的機會尚未來臨，因此中國目前最好的策略是「苦撐待變」[191]。

　　當第一次中美桐油借款談判在1938年底將近成功之際，羅斯福聽到廣州和武漢相繼淪陷，而中國國內主和派又在積極倡議和談，這些消息難免使羅斯福大為緊張。羅斯福所擔憂的是，萬一在美國政府剛剛批准借款後不久，而中國政府就竟然放棄了對日抗戰，這就會使羅斯福在政治上造成重大難堪。因此當胡適得知（1938年10月25日）羅斯福心中希望中國千萬不要放棄抗日政策時，他就趕忙要求重慶政府立即發布聲明，做出絕不和談的保證[192]。事實上，當胡適得到蔣介石回電對羅斯福做出保證時，他還認為蔣介石的語氣不夠堅定，因此決定大幅刪改蔣介石電文，務求能夠穩住羅斯福的信心[193]。

189　《胡適的日記（手稿本）》，1938年8月13日。

190　胡頌平編，《胡適之先生年譜長編初稿》，第5冊，頁1646-1647。

191　胡頌平編，《胡適之先生年譜長編初稿》，第5冊，頁1648-1649。

192　胡適致陳布雷電報，1938年10月25日，in "A Chronology of Loan Negotiations, 1938-1940" By Hu Shih, From File of Chinese Embassy, in Mr. K. P. Chen's Private Papers, Group A, F-3.

193　孔祥熙致蔣介石電，1938年10月27日《戰時外交》，第一冊，頁241-242。又見："A Chronology of Loan Negotiations, 1938-1940" By Hu Shih, From File of Chinese Embassy, in Mr. K. P. Chen's Private Papers, Group A, F-3.

胡適在處理這次事件中所表現出來的果斷和乾脆，和他以往行事的慢悠悠而又不積極的作風相比，形成鮮明對比，而且極不尋常。也由此可見，胡適在處理和戰問題時，幾乎換了一個人似的。

與此同時，胡適為了幫助蔣介石壓抑主和派氣焰，又分別致函給汪精衛、孔祥熙和翁文灝等人，反復申述他歷來的主張，認為中國除了抗戰之外，別無他途可走，因為國際發展已經越來越對中國有利。胡適一方面向蔣介石報告了美國借款即將批准的好消息，另一方面又從蔣介石之處得到了一個絕不和日本和談的承諾，因此他既對阻止和平運動做出了貢獻，又幫助蔣介石鞏固了他在中國政局中的地位。在1938年10-11月間這些發展的後果，是加強了蔣介石反對和平的決心。蔣介石採取焦土政策去對付日本侵略，使日軍無法獲取中國資源，同時顯示中國決心，寧可大規模地自我毀滅，也不向日本人屈服。在此期間，蔣介石花了大部分時間在前線監督陸軍作戰，而且在政府機構從武漢撤往重慶時，他是最後一批抵達重慶的政府官員。就在這個時節，汪精衛決定做出最後一次努力，去說服蔣介石去和日本開始和平談判。這次汪蔣二人面對面的談判，是在蔣介石剛剛抵達重慶時就舉行了，而汪精衛遭受到徹底的拒絕[194]。

這次會談對於汪精衛和他同夥人的沉重打擊，可以從陶希聖寫給胡適的一封信裡看出。陶希聖是汪精衛陣營中一員大將，他在信中對於該次會談向胡適提供了一個生動的敘述。在汪精衛和主和派的人士看來，蔣介石在12月初從前線回到重慶後，他的態度截然改變。陶希聖抱怨蔣介石完全無視於中國當前所面臨的危險，只是一味堅持稱日本已經沒有足夠兵力可以繼續戰鬥，因而認為日本的和平試探完全不屑一顧[195]。12月9日，蔣介石在一個高層會議裡，再度重申他繼續抗戰的決心，完全不理睬孔祥熙提出稱日軍可能會從廣西向貴州進攻的警告。當汪精衛詢問國民政府的和平條件究竟內容為何時，蔣介石的回答簡單乾脆，那就是必須恢復到七七事變之前的狀態，別

194《蔣廷黻回憶錄》，頁213。

195 陶希聖致胡適函，1938年12月31日，梁錫華選注，《胡適秘藏書信選》，第1冊，頁171-172。

無其他途徑[196]。

　　蔣介石這個強硬態度最終讓汪精衛相信，只要蔣介石繼續主持重慶政府，和平就沒有希望。從汪精衛和主和派的成員看來，蔣介石在11-12月間這種對日態度顯著的強硬化，只能表示蔣介石對國家民族所面臨的重大災難根本視若無睹，他一心一意想戰勝日本只是沉迷於自己的幻想世界，而主和派千辛萬苦想拯救中國免於萬劫不復之地的努力，註定必將全盤失敗。更讓主和派氣憤難平的是，他們的主和論點在此前，一向受到尊重或容忍，可以在政府內部自由表達，而現在居然被蔣介石指責為是一種罪惡行為[197]。12月18日，汪精衛終於自重慶出走，取道河內，去追尋一個和日本人合作的途徑。

IV. 胡適在汪精衛叛逃後影響力的增加

　　在整個中日衝突過程中，蔣介石個人的信念一直是和戰決策最重要的因素。雖然他在1938年底對日繼續抗戰的決心，和七七事變時相比，並沒有改變，但是他的政治處境卻因為1938年底的發展而受到重大打擊。由於這個原因，所以當胡適來電轉達美國政府不但希望中國能夠堅持抗戰，而且答應未來會向中國提供有效支援時，這對於當時的蔣介石而言，不啻是來得非常及時。到了年底，中日關係的發展可說是正如胡適所希望者，就是：雙方毫無妥協跡象。蔣介石和胡適之間在這個問題上的配合無間，達到了他們的共同目標，那就是使得中國得以繼續抗戰。

　　然而中國抗戰國策不久又面臨一個性質不同的挑戰。1939年夏季歐洲局勢持續惡化，導致部分中國領袖們開始擔心英法兩國可能會向日本屈服而放棄它們在日本占領區內的租界，而這些租界多年來正是中國抗日人士所依賴的藏身之地。他們也擔心英法兩國將會向日本屈服，而關閉經由越南和緬甸通往中國的通道，而這兩個通道則是中國所必須依賴使得抗戰得以持續的生命線，因為所有重要的外國物資和武器彈藥都必須經由它們運進國內。1939

196《王世杰日記》，1938年12月9日。

197　陶希聖致胡適函，1938年12月31日，梁錫華選注，《胡適祕藏書信選》，第1冊，頁171-172。

年8月23日蘇德協定的簽訂，使得中國更為擔心蘇日和解即將達成，這就可能導致蘇聯對中國的援助立即停止。而蘇聯和日本在邊境衝突的停火，只能使中國政府更為擔心。

面對這一連串發展，當胡適從他在政府部門工作的好友之處聽到不斷的和談謠言時，他就必然提高了警覺。胡適所聽到的是，孔祥熙和王寵惠仍然在暗地裡努力探索試探和平之路。在1939年9-10月之間，孔祥熙和王寵惠二人趁著蔣介石離開重慶到戰鬥前線視察時，居然擅自向某些外國記者宣稱，中國政府希望羅斯福總統能夠調停中日衝突[198]。王寵惠同時在國防最高委員會會議時（1939年10月19日），企圖說服其他領袖們去敦請美國介入調停中日衝突，並透露他本人已經就此事和美國駐華大使詹森做過討論[199]。

這些事件表示，孔祥熙和王寵惠之間已經達成協議採取共同行動，也顯示出當時重慶政府最高層領袖們對中國的對美關係和對日抗戰大計，都嚴重缺乏共識。多數領袖們在蔣介石缺席情況下，不知如何處理孔王二人的建議，但是孔王二人則堅信他們的立場合情合理。在他們眼裡，任何和平方案都必須得到美國人支持，原因是蔣介石一直堅持中日之間的和平協定必須經由第三國來調停和出面保證，而美國則比任何其他列強更能得到中國的信賴。

為了使這些和平試探儘快胎死腹中，胡適趕忙警告王世杰（1939年10月17日）稱，王寵惠外交部長的言論已經在美國激起了不良反響。胡適還警告說，和平比戰爭要困難一百倍，因為和平只能犧牲受害者，但是並不能滿足侵略者[200]。但是不久後胡適收到經濟部長翁文灝的一封信，使他更為擔心。因為翁文灝暗示有一位文人領袖（指孔祥熙）實際上已經派遣一位代表前赴上海去和日本人進行談判。翁文灝不僅擔心和平活動可以嚴重妨礙中國的軍事處境，而且它還可能會使中蘇關係變得益形重要，進而引起美國人疑懼，並且導致其他西方國家改變它們對中國的態度[201]。

198《王世杰日記》，1939年9月29、30日，10月19日；《翁文灝日記》，1939年10月2日。

199《王世杰日記》，1939年10月19日。

200　Mr. K. P. Chen's Private Papers, Group A, Box 1, G-2.

201　翁文灝致胡適電，1939年10月21日，梁錫華選注，《胡適秘藏書信選》，第1冊，頁161-

在這一大堆有關和平活動的謠言甚囂塵上之際，胡適收到了四個從重慶政府寄來的指令，囑他去探詢羅斯福是否有意調停中日衝突。胡適決定依據自己的判斷，拒絕執行重慶的命令。胡適向重慶解釋稱，當此美國政府正在考慮給予中國第二次貸款之際，如果中國表示希圖和平的話，必將會妨礙貸款進行。胡適同時指出，羅斯福前此已經拒絕了希特勒同樣的建議，因為希特勒也曾經認為美國總統是調停歐洲衝突的最佳人選，但是羅斯福不為所動。胡適相信羅斯福拒絕希特勒之舉讓他的態度非常明顯，而中國不應該冒險提出類似的建議而去遭到拒絕[202]。

但是，僅是告訴重慶政府不可尋求和平並不能讓胡適感到安心，他進一步還想要肯定美國政府將不會與中國政府合作去尋求和平。胡適的這項努力在10月中旬基本上取得了成果，因為他寫了一封五頁的長信（未簽名）給項貝克，敦促美國政府一定要拒絕扮演和平角色。他甚至勸告美國政府不要把王寵惠的要求當做認真去處理。但是胡適的目的並不僅是勸告美國政府拒絕接受調停角色而已，他要做的是告訴美國，調停工作有其根本無法克服的困難。

胡適警告稱，任何日本可以接受的和平，都不可能是一個公平的和平，而只能是一個遠東慕尼黑密約的翻版，只能嚴重傷害美國的聲望[203]。顯而易見的，胡適的目的，是盡一切努力去打消美國人介入和平活動的念頭，即便是違背他頂頭上司的指令也在所不惜。最終結果是胡適得以如願以償，因為項貝克向國務卿赫爾提出的建議是，任何美國政府尋求早日終止中日衝突的努力，都可能對美國國家利益造成重大傷害[204]。

幾天之後，胡適更是興高采烈地跑去通知美國政府稱，原來王寵惠在

162。又見：《翁文灝日記》，1939年10月6、30日。

202 胡適致蔣介石函，1939年10月16日，Mr. K. P. Chen's Private Papers, Group A, Box 1, G-2.

203 See：胡適致Hornbeck備忘錄，Hornbeck Papers, Box 80. 又見："Statement on the Prospects of Peace Prepared but not Signed by Chinese Ambassador" dated October 16, 1939, in *Morgenthau Diary*（*China*）, pp. 56-58.

204 Hornbeck's memo to Secretary Hull, October 17, 1939, Hornbeck Papers, Box 80.

1939年9月27日對外國記者的談話是在蔣介石離開重慶去外地的情況下做出的，而且根本沒有獲得蔣介石授權。事實上，蔣介石對於王寵惠的談話內容深感憤怒，並且命令王寵惠立即宣布收回該項言論[205]。為了防止類似事件再度發生，蔣介石也同時向孔祥熙、王寵惠和其他的官員們下達更嚴峻的指令（10月28日），此後不許再向羅斯福請求調停中日衝突[206]。

不久之後，蔣介石本人又向國民黨中央會議（六全大會第七次會議）宣布，保證中國將繼續抗戰，既不尋求和平，也不歡迎外國介入調停。他更進一步宣布，中國既不依賴外國施以援助，也不會在歐戰持續的過程中去考慮中國本身的和平[207]。但是這一連串事件也顯示出，蔣介石此時對於中國政府的內部並沒有充分的控制權，而政府高層領袖們不但可以發表他們個人的看法，甚至還可以從事未經授權的和平活動。

對於胡適本人而言，他不但想要使中國的和平活動胎死腹中，而且也想要阻止美國政府插手其事，即使是冒著越權行事的危險也在所不惜。而稍後在1941年，同樣情況又曾再次發生。在當年晚春期間，美國國務卿赫爾向胡適非正式探詢，中日衝突是否可能和平解決。依據赫爾的說法，日本官員曾經告訴美國人稱，如果美國可以降低它對日本壓力的話，則日本可以承諾去尋求途徑結束中日戰爭，並且從軸心國條約中逐漸退出。

胡適聞言後，毫不遲疑地立即回覆稱，此種可能性完全不存在，並且隨之又送給赫爾一份備忘錄，重複他的立場。正如當時甫上任的郭泰祺外交部長所指出的，胡適的行為大大地逾越了他作為一名外交官的權限。因為他在事前既沒有要求政府授權，事後也沒有向政府提出報告[208]。純粹是獨行獨斷，自作主張。但是他對和戰問題之堅定，也由此可見。

總地來說，胡適在和戰問題上所持的立場和他在許多別的問題上所持的立場截然不同。如同前文所述，胡適在許多別的事務上所持的立場多半是謙

205《王世杰日記》，1939年9月29、30日，10月19日；《翁文灝日記》，1939年10月6日。

206《王世杰日記》，1939年10月28日。

207《翁文灝日記》，1939年11月18日。

208《王世杰日記》，1941年6月28日。

讓或甚至被動。但是在和戰問題上，他的立場卻是從不遲疑，甚至逾越職權身分地反對任何有關和平的論調或行動。他技巧地運用了他在華盛頓的地理優勢，密切注視美國政府對中國抗戰的態度，隨時向重慶政府通報。更重要的是，他利用了在華盛頓的優勢向重慶政府傳遞信息，阻擋任何想和日本人尋求和平的努力。

　　在這方面，胡適的作為對於蔣介石可說是非常有價值。這並不是因為蔣介石需要胡適的開導和鼓勵去進行對日抗戰，而是因為他需要胡適幫忙去說服中國政府內部其他領袖們必須堅持抗戰到底。胡適對於蔣介石能夠起到最大的作用，是因為在政府中兩位最重要的外交政策參與人都一直傾向對日求和。胡適不斷地來電警告稱，和平將會損害美國對中國的支持。他的這一說法無疑加強了蔣介石在政府內部對付主和派的力度。我們或許可以設想，假如當時中國駐美大使反對和平的態度不如胡適那般堅決，則蔣介石面對來自主和派的壓力或許就要大得多，甚至難以抗拒而不得不妥協。事實上，胡適不僅是盡力阻擋中國不要去尋求和平途徑，也同樣盡力阻擋美國不要去充當調人。在這個意義下，而且也是頗具諷刺性地，胡適對中國外交的貢獻並非運用他的能力去影響美國政府對中國的態度，而是利用他的特殊地位使中國堅持繼續抗戰。

第三章

1937-1939年間胡適和陳光甫
對中國對美政策的影響

在討論珍珠港事件前中美關係的學術著作中，特別是英文著作，很少有人深入地去分析影響中國政府外交政策的因素。但是如果讀者們想對中美關係獲得深入了解，就必須去找出這些因素並加以分析。在珍珠港事件之前，胡適和陳光甫不但是中國政府對美外交政策的執行者，同時也身兼政策的重要制定者和策劃人。到了最後，這兩個人在美國的工作表現也導致中國政府在1940年之後改變了它的對美政策。

本章的目的是分析胡適和陳光甫的角色，並且試圖說明他們他們何以會導致中國政府不得不根本地改變其政策。本章重點將放在胡適身上，因為胡適對於中美關係的影響非常深遠，但是也會關心陳光甫的角色，因為他是中美借款談判中的主角。

甲. 胡適對中美關係的影響

如同前兩章所述，國民政府外交政策從七七事變開始就是爭取列強的政治和經濟支持，使中國的抗日戰爭得以繼續。在這方面，中國政府對於胡適的指望和它對其派駐歐洲各國的外交使節的期望並無二致。所有的這些外交官們都在努力地向他們的駐在國去爭取借款，以便可以購買武器，說服這些

國家對日本侵略行為進行譴責，動員爭取廣泛的國際支援，俾使國際聯盟能夠採取集體行動去懲罰日本（比如禁運）。中國當時駐各國的大使們（駐蘇聯的楊杰、駐德國的程天放、駐法國的顧維鈞、駐英國的郭泰祺）或是特使們（孔祥熙、宋子文、孫科）全部致力於達成這些目的，但是成就各有不同。中國政府當然也期盼胡適扮演同樣的角色。

再如前文所述，胡適最初被派赴美的使命，是基於中國領袖們的假設，以為胡適的資歷特別適合這個任務。但是胡適的工作表現卻是成敗參半，甚且很可能落後於中國駐歐洲的使節們。我們應該如何去解釋這個現象？

如果要找到答案，或許我們可以從三個不同層次上去評估胡適對中國對美外交政策的影響。一是胡適的個性如何影響了他的政治行為。二是他的學識和思想如何地影響了他對美國政府政策的了解和剖析。三是他的政治判斷如何地影響了他對重慶政府的建言。

I. 胡適的性格

就個人層次而言，胡適是一位扎實的學者，一位人文主義者，舉止優雅，風度翩翩，談吐機智，博學多聞，為人誠懇，善解人意，誠實可敬。他待人接物謙虛有禮，從不盛氣凌人，總是彬彬有禮，和藹可親。幾乎任何人邀請他去講演，他從不拒絕，在做客人時，永遠是一個討主人歡心的賓客。他勤於寫信，無論是和親朋好友或是事業上交往的人士，他寫了一大堆信，文字清晰，語氣親切，既遵守禮數，閒話家常，又言之有物。他的一切官方報告及文電，均出自親筆，從不假手他人。他的心臟病和工作習慣和壓力有直接關係[1]。

他的這些品質和習慣對於他的外交生涯產生了許多正面效果。由於他舉止端莊和藹，因此幾乎所有跟胡適有過交往的美國人，從沒有對他的形象吐露過一絲批評。張忠紱是和胡適私交極好的教授之一。他曾經說過，一個好

---

[1] 劉鍇，〈倍受美國朝野敬重的外交家〉，《傳記文學》，第28卷，第5期（1976年5月），頁153-155。

外交官應該平易近人，有能力贏得駐在國人民的支持與信任。依照這些標準，則胡適無疑是歷史上中國政府派遣到國外最好的使節之一[2]。

作為一位政府官員，胡適表現了高超的公德心和良心。比如說，他對於使用公款的謹慎細心，有時簡直到了過分的程度。在他和另外兩位教授們離華赴美之前已經私下決定，既然他們已經從各自任職的大學取得正規薪水，因此將拒絕接受政府為他們外交任務而支付額外的薪水。他們只願意把與外交工作有關的費用，向政府實報實銷。這種高尚的行為，可以是他們為國服務最好的見證，因為在中國政府官員之中，這種行為簡直是鳳毛麟角（顧維鈞大使是另外一個特例。顧夫人家族經濟實力雄厚，經常使用其個人財產對大使館進行體面修繕，買豪華汽車，或支付使館經常性的社交活動）。一旦抵達美國之後，胡適代表團立即又採取了其他一系列的節約措施，其出發點都是為苦難奮鬥中的國家節省外匯。這種行為實在是他們的愛國心和個人品德的最高表現。但是他們的節儉措施有時候又做得太過分，以致可以招惹批評，認為和他們的外交官身分和艱苦工作並不相符。

比如說他們最初抵美時，只到小旅館去租便宜的單人房，因此缺乏客廳設備去接待來訪的美國官員。而這個安排又逼使他們不得不移步到美國官員的辦公室去進行公事商談。更有甚者，他們為了節省不給旅館門房服務員小費，還特意每天從旅館步行到幾條街之外去搭乘出租車。最離譜的是，他們為了省錢而決定不聘用辦公室職員，而把辦公室的公務共同分攤負責。其結果是，為了和重慶政府保持聯繫，通常由胡適執筆擬稿，經過錢端升和張忠紱予以潤色，繼之由張忠紱將原文轉譯為電報密碼，發給蔣介石。有時，胡適本人也參加轉譯密碼的工作[3]。

在處理行政事務層次而言，首先必須肯定的是胡適的語言才能。他用英文演說的才能好，所以美國知識界對他均有好感，視為中國罕有之人才。但是胡適改不了一個教授的習慣，就是在和客人談話時，不但常持在野學者批

2　張忠紱，《迷惘集》，頁118。

3　張忠紱，《迷惘集》，頁115-116、120-122。

評政府的姿態，而且把自己形容成是學者降低身分成為外交官，頗有不屑之意。如果對方是美國政府官員，則當然非他們所樂意聽到者[4]。

胡適絕對稱不上是一位幹練的管理人才，對於統御部屬並沒有表現出獨到的能耐，而且對於許多實際運作的細節也缺乏耐心[5]。在他的領導之下，中國駐美大使館的效率頗為低落。他不善管理大使館，不習慣批閱國內公事。部下各自為政，行政效率低。館中人員編制不足，一等秘書為譯電員提升[6]。

胡適的個人健康有多重問題，因此他的精力頗為有限。而這些問題又影響到他執行公務的能力[7]。即使是胡適最親近的朋友們也承認，他缺乏一個從政者必須具有的品質。他在外交工作上是個外行，而他私人領域所具備的若干美德，常常變成是他工作上的包袱。他是一位臉皮薄的學者，太容易信任別人，在處理問題時不能明快果斷，不能展示一種權威的氣度，不會玩弄政治場中的伎倆，也沒有足夠的警覺心能夠看出其他國家之間的勾心鬥角，而轉換使之成為中國的外交籌碼。他的心腸過於慈善正直，不善玩弄權謀把戲，而他的自尊心又過於脆弱，讓他無法和別人去進行政治買賣。因此，在他朋友們的眼中，胡適顯然不夠格成為一名政治人物[8]。

儘管胡適無論在公開演講或是私人交談場合裡，都以能言善道著名，但是他卻缺乏和別人討價還價的能耐，也沒有那份心情去做這類事。說白了，他是一個臉皮薄的學者。對於應付外交界的社交活動似乎特別無奈。通觀胡適本人留下的生活記載，很少提到他出席華府的大小宴會、酒會、舞會等等，中國大使館對於舉辦政治外交交際也非常忽視，甚至有時孤僻到失禮程度。比如說，當美國駐華大使詹森（Johnson）返抵美國時，胡適也並未邀

4 〈在美見聞〉，1941年月日不詳，大約是年底，《蔣中正總統文物》，#002080114019013。發電人是1940年11月15日被蔣介石（？）派到美國，有自己的電報密碼，直接向重慶發電報，不經過宋子文控制，可見身分特殊。

5 張忠紱，《迷惘集》，頁120-122。

6 〈在美見聞〉，1941年月日不詳，大約是年底，《蔣中正總統文物》，#002080114019013。

7 胡頌平編，《胡適之先生年譜初稿》，第5冊，頁1654-1655。

8 參閱唐德剛著作，《胡適雜憶》（華文出版社，1990），對胡適個性精闢的描述。

請後者餐聚，忽略了基本禮節[9]。讀者們只要去參考顧維鈞大使在公務之外的多彩多姿的社交活動，就可以看出這兩位中國大使作風差異之大。而顧大使即使是在宴會和舞會中也在進行外交活動。而胡適則只喜歡和三五知心朋友到熟悉的中國小館點幾樣可口小菜一快朵頤。

　　胡適的個性還充滿了文化的矛盾。雖然他在中國是以一位西化運動的先驅者而享有盛名，但是在性格上卻到處可見中國傳統文化和教養的痕跡。最明顯的衝突是他的西裝革履和金絲眼鏡，而且義無反顧地向中國傳統文化挑戰，但是另一方面他卻俯首屈從母親為他安排的一場缺乏愛情的舊式婚姻。（根據新近的材料，然後又偷偷摸摸地和好幾位紅顏知己維持曖昧關係，見余英時、周質平等人的著作）。同樣地，這個矛盾性也在他的工作環境中屢屢出現。比如說，在公眾場合裡，他可以義正詞嚴地譴責日本的暴行，誓言中國抗戰必須堅持到底。但是在處理人際關係中，他卻竭力避免衝突和對立，而且當別人無情無義地利用他的善良與敦厚個性時，不知如何保護他自己。在面對他人的尖酸刻薄時，他只能以寬容大度去處之，或是乾脆逃避。

　　舉個例子來說：他和項貝克的密切友誼是人盡皆知的事[10]，而他對項貝克無論是在公開場合或是私下，從未透露過絲毫不滿之情。但是陳光甫是一位有充分機會觀察胡適和項貝克互動的目擊者。根據陳氏記載，每當他看到項貝克以教訓小學生的口吻跟胡適說話時，他就會感到痛苦不已，而胡適卻完全不知道如何去應付這種場景。胡適所遭遇的差辱只能讓陳光甫加倍同情胡適的境遇，而且隨後得出一個結論，那就是，做大使的確是一件痛苦的差事[11]。

　　事實上，陳光甫個人深信，胡適之所以不願意和美國國務院打交道的最主要原因，正是他想逃避項貝克和其他官員們那種居高臨下的架勢[12]。這可真

---

9 〈在美見聞〉，1941年月日不詳，大約是年底，《蔣中正總統文物》，#002080114019013。

10 劉鍇，〈備受美國朝野敬重的外交家〉，《傳記文學》，第28卷第5期（1976年5月），頁153-155。

11 《光公使美日記》，1939年10月13日。

12 《光公使美日記》，1940年1月16日。

是一件不幸的事，因為儘管國務院膽小如鼠，不敢主張援助中國，但是在國
務院之內，項貝克可是最積極地主張美國政府應該主動援助中國的代表性人
物，而且堅信美日之間的衝突最終必難避免。然而，不管是在公務或是私人
的接觸上，胡適幾乎從來沒有運用他和項貝克的友誼，去為中國爭取到任何
有利的待遇。當然胡適會和項貝克不斷地交換意見，有時極為坦白，但是胡
適很少借此去爭取項貝克的支持。

　　由於胡適很早就決定不參加貸款的談判過程，因此他和美國政府最密切
的接觸點照理說應該是國務院才對。然而，胡適卻著意避免和國務院進行密
切接觸，而其所持的理由則是國務院在美國政府外交政策的制定過程已經無
足輕重。正如他在1939年1月間對中國領袖們所說的，和國務院打交道純屬
浪費時間，因為國務院的官員們，連他們本國外交政策的大方向都根本不了
解[13]。

　　當然，假如胡適果真相信他自己的分析是正確的話，那麼他就應該加倍
努力去尋找其他途徑去影響美國政府的對華政策，例如說，去開拓通往白宮
的路線。但是胡適卻沒有這麼做。胡適並沒有爭取經常和羅斯福總統會面，
而他所持的理由是總統的日程已經繁忙不堪，因此他不應該再去打擾他。而
史料也顯示，即便是在胡適和總統會面時，氣氛永遠是客客氣氣，賓主盡
歡，因為所談的題目總是絕無爭議性。胡適很少為中國提出要求，而是努力
地站在總統的立場看事情，有時甚至不惜違背中國政府的具體指示。胡適這
種作為當然也給了羅斯福各種機會，去躲避許多和中日戰爭有關而又棘手的
問題。

　　在胡適性格裡，或許最妨礙他執行公務的部分就是他害怕求人伸手援
助，或是以討價還價的方式為中國爭取國家利益。胡適個人向來重視一個外
交官應該具有優雅的風度，能夠贏得駐在國國人一致的讚美，他要證明他有
能力充分體諒駐在國主人的處境困難，因此他絕對不會粗魯或是不識大體地

---

13 胡適提出的證據是，當羅斯福總統在1937年10月5日提出Quarantine Speech之時，國務院
　　在事先竟然不知道總統準備談話的內容。《顧維鈞回憶錄》，第3冊，頁342-343。

去做出不合理的要求讓主人感到尷尬。即使是胡適最好的朋友也是最衷心的
支持者——王世杰——也曾經承認，胡適絕非外交長才，正是因為他過於不
願向任何人要求施惠[14]。而胡適本人在私下也承認他其實是一個非常害羞的
人[15]。在現實生活裡很難去想像，如果一個外交官無法施惠或是要求他人施惠
的話，如何還能有效地執行他的任務。也很難想像，如果一個外交官的基本
態度是任由世局順其自然地發展，而不作出任何人為的努力去試圖主導及改
變世局時，他何以還能夠做一個稱職的外交官。

　　胡適體諒他人處境的能力，有時不免流於極端。比如說，他認為向美國
官員們提出公務約談的要求，就等於是去打擾他們的公務，因此應該儘量避
免提出。特別是在他需要和不熟悉的人士們打交道時，他的這種性向特別明
顯（比如說，包括摩根韜財政部長在內），儘管這些人的職位能夠嚴重地影
響到中國的利益，亦復如此。所以在胡適和摩根韜的交往過程中，胡適總是
不斷地表達歉意，宣稱他實在不應該對後者太過打擾。而胡適的這種姿態，
又偏偏並非一種虛假的客套，而是他發自內心的真誠感受[16]。正如胡適有一次
致信摩根韜時所言，

　　　　在過去繁忙的數月裡，我知道您的工作有多麼繁重，而且也知道您
　　一直在努力地設法給予中國協助，因此我也一直避免去打擾您。您對我
　　的讚譽，嘉許我的合作，其實只不過是我不敢去占據您寶貴而忙碌的時
　　間而已。[17]

14　王世杰等，《胡適與中國》（台北：中國文藝社，1962），頁19。

15　周質平，《不思量自難忘：胡適給韋蓮司的信》（台北：聯經出版公司，1998）。請特別參閱
　　頁127-128胡適致韋蓮司函，1938年8月25日。

16　胡適對美國官員經常使用的歉語是 "It is very kind of you to give us any time at all. We know
　　you must be very, very busy." Transcript of meeting with Morgenthau on April 25, 1941, in
　　Morgenthau Diary（*China*）, p. 396.

17　Hu letter to Morgenthau, March 26, 1941, in *Morgenthau Diary*（*China*）, pp. 361-362.

　　胡適打心底認為美國官員們都有更重要的事務需要處理，因此沒有空閒去為中國的困難而煩惱。而胡適不斷地使用這種語氣講話，最後達成的效果就是果然讓美國人也相信，中國問題的確不值得美國人去過度關切。胡適這種講話的語氣，也會讓美國人果真相信了他們自己的重要性。雖然這些語言可以使發言者（胡適）更討美國人的歡心，但是它們也因此讓美國人更不重視胡適語言的重要性。胡適所精心培養出來的「好人」或是「完美的中國紳士」的形象，可能為他個人贏得了許多善意的回應，但是卻未必因此而增加了他的政治影響力。

　　正因為胡適對於求人一事難以啟齒，因此他的解決之道就是把他的請求講得模稜兩可，最後變得面目全非，在對方聽起來根本就不像是一個請求，這樣就讓他自己不會被對方的拒絕而感到難過。事實上，胡適經常使用這個慣技去減少他個人的不安。比如說，在1938年初，胡適接到了他的好友，當時任經濟部長的翁文灝一個嚴重的警告，指出中國正面臨嚴重財政危機，而且希望胡適儘快向美國國務院提出要求任何形式的協助，以免局勢變得不可收拾。然而胡適卻不願通過正式管道向美國政府提出要求，反而是採用了給項貝克寫了一封私函的迂迴方式，吞吞吐吐地表達了這份意願，但是馬上又給項貝克吃了一顆定心丸，寫道「此信只是供您參考，因此您無需作復。」[18]換言之，翁文灝十萬火急的求援，經過胡適的改裝，最終變成是一段輕描淡寫的閒話。在1938年10月中旬，蔣介石親自寫信向羅斯福求助。而當羅斯福回覆稱他在時機成熟時一定會試圖協助時，胡適反而趕緊向國務院提出保證，聲稱中國政府完全體諒美國政府為何此時不能提出承諾[19]。

　　在1939年9月底，中國迫切需要美國向中國作第二次貸款。但是在羅斯福總統向胡適建議後者應該主動地去和摩根韜部長商量細節時，胡適卻一直要等到18天之後才向摩根韜請求（1939年9月26日）商議下一個會面的約會。而當摩根韜表示他早就在等候胡適主動來找他時，胡適的答覆竟然是，

18　Hu Shih letter to Hornbeck, dated February 28, 1938, in Hornbeck Papers, Box 80.

19　胡頌平編，《胡適之先生年譜長編初稿》，第5冊，頁1646-1647。

「我一直因為當前動盪不安的局勢（disturbed situation）而不敢貿然來打擾您。因為我知道您是一個大忙人，因此我不敢來占據您的時間。」胡適筆下所謂的「動盪不安的局勢」指的就是歐洲戰爭的問題。而胡適認為歐洲危機必定早已霸占了美國政府官員全部注意力，相比之下，中國對於貸款的要求看在美國人眼裡，根本就應該是無足輕重才對[20]。事實上，胡適對於駐在國政府的體諒，可說是大可不必，因為摩根韜比起胡適來，顯然更把中國的危機當成是大事一樁來對待。

諸如此類的案例顯示，胡適在和美國政府打交道時經常慣用的幾個技巧，其目的都是為了萬一在中國的要求遭到美國拒絕時，可以避免難堪場面。簡言之，胡適首先會盡可能地建議中國政府不要向美國政府提出某些議題，其所持的理由是美國有更重要迫切的事務需要處理，不能費神去處理中國事物。他也可能表示美國當前的政治環境不適宜處理中國的某些要求。但是萬一重慶政府堅持一定要他提出要求的話，則胡適寧可用「非官方」的方式，把中國的要求向他熟識的朋友提出（比如項貝克），而不是以官方形式向國務院或是白宮提出[21]。

但是即便是胡適終於採用了「非官方」手法提出要求時，他還是寧可把中國的「要求」裝扮成為是一個「不是要求」，而只是一個「願望」，而不是一個「指望」[22]。他的這種做法等於是將主動權雙手拱讓給美國政府，使後者完全可以選擇去正視或是忽略胡適所謂的「願望」。項貝克當然不是傻瓜，他一眼就看穿了胡適的弱點，正如項貝克有一次向他國務院上司做的報告中所說的，「胡博士沒有就這件事情向我正面提出任何問題，而我當然也就避免表達任何意見。」[23]

重慶政府向胡適發布的許多正式指令，囑他去向美國政府提出的具體要求，最後都變成面目全非不了了之。其原因就是胡適把它們改頭換面，裝扮

20　Mr. K. P. Chen's Private Papers, Group A, Box 2, F-2, p. 94. 又見 *Morgenthau Diary*（*China*）, p. 15.

21　Hu Shih letter to Hornbeck, October 12, 1938, in Hornbeck Papers, Box 80.

22　Personal note by Hornbeck, dated May 1, 1939, in Hornbeck Papers, Box 80.

23　Personal note by Hornbeck dated March 20, 1939, in Hornbeck Papers, Box 80.

成了不是「要求」，或是非正式的「探討」，這就讓美國政府大可以裝聾作啞，甚至相應不理。在這方面，王正廷大使和胡適大使正好形成一個明顯對照。王正廷可以毫不怕難為情地要求美國政府把它的政策秘密向中國一五一十地和盤托出，而且還要以答問卷的方式白紙黑字寫清楚，而胡適則走到另外一個極端，因此中國政府要求從美國政府處想得到任何合情合理的信息，都會讓胡適感到萬分為難無法啟齒。顯然地，即使是美國政府對中國的要求，做出一個溫和客氣的拒絕，都會使胡適感到萬分恐懼而不敢冒險提出[24]。

　　胡適不是一個高效率的外交官，根本原因是他缺乏進行外交事務所必備的權衡折衝的個性。在和平時期，胡適溫文儒雅的氣度，學識的淵博，進退有度的行為，或許會讓他贏得許多西方人的喜愛和尊敬。但是當國際上各國正在進行高度競爭的關係下，胡適的個性就顯得過於被動和溫順，他被推上外交前線，實在無法成為中國國家利益的有效鬥士。更何況中國正處於生死存亡的險境之中，他的局限性就益發突出。多年後，胡適本人也曾經向一位友人承認他的外交官生涯對他而言是一項充滿困苦的任務，而他打心底也不喜歡外交生涯。他的這種想法其實很容易了解。

　　胡適是一位愛國者，全心全意地為國家服務，這一點絕無疑問。作為一位從學術界轉向外交界的門外漢，我們也不應該用太苛嚴的尺度去評判胡適。但是如果我們使用外交界慣用的尺度去衡量胡適的大使生涯時，那麼他的成績顯然不符標準。作為一個處於戰爭狀態的弱國的外交官，胡適必須具有請求外國協助的技能。而這卻正是胡適最嚴重缺乏的技能，也是他最不願意去執行的工作。在他的心目中，請求他國協助無異於乞討行為，它既使人尊嚴喪盡，又難以達到目的，只能自取其辱而已。

　　胡適之所以不能請求他國協助，主要來自他對尊嚴和面子等觀念的看法。雖然胡適早年在文化領域裡塑造了一個反傳統先鋒的形象，但是他的個性其實帶著濃厚的傳統教養的痕跡。儘管他也曾旗幟鮮明地主張揚棄傳統儒家禮教中的君子的形象，但是在他個人行為上他卻不自覺地以那個形象為楷

24《顧維鈞回憶錄》，第3冊，頁342-343；《胡適的日記（手稿本）》，1939年5月1日。

模。不管是作為一個學者還是外交官，胡適都認為，去討價還價的行為委實有損他個人的尊嚴，而不值為之。

　　同樣地，胡適也認為中國必須維持其「國家尊嚴」，而不應該喋喋不休地去請求美國給予援助。他不厭其煩地告訴朋友們，也經常在他自己的日記中提到，他的外交工作中的一個重要部分，就是要為中國爭取到一些尊嚴，或是「為國家做點面子」，借此讓外國人減少一些他們歷來對中國的輕視，和增強一些他們對中國的尊重。在他看來，一個外交官所能做的也無非只是如此而已。換言之，中國的抗戰是中國人自己的家務事。當中國要求美國施以道德和法律的援助時，這是完全說得過去的。但是當中國要求美國提供武器和財政援助時，就是一種丟臉，如果這種要求還招致外國拒絕時，那簡直就是國家的災難。

　　與胡適這種行為模式最不相稱的，可能就是他在和戰問題上所採取的強硬堅定立場。但是在實際上，這兩者之間又並無相互矛盾之處。即便是在1920和1930年代，胡適在國內許多問題上，已經採取了清楚而堅定的立場去挑戰傳統，這包括文學改革，哲學辯論，和政府政策等方面。而胡適對於和平運動的反對，以及他向蔣介石不斷提出的進言，其實都符合傳統儒家對於君子的要求，那就是一定要毫無保留地衛護道德原則，不可妥協，盡責地做一個諍臣。胡適的個性使得他在處理個人關係上，顯得溫和謙讓，但是在衛護抽象觀念和原則時，卻顯得高度的道德勇氣和擇善固執的氣概。在這方面有一點特別值得注意的，就是他雖然對於和平運動口誅筆伐，但是對於倡導和平運動的領袖們卻從不疾言厲色地進行攻擊。事實上，他和一度參與汪精衛和平運動的健將──高宗武──在後者秘密抵達美國後，一直保持親密私人關係。總而言之，胡適在倡導和衛護抽象觀念時的形象可以是勇往直前，但是在處理個人交往關係時又可以瞻前顧後，過分體貼。

II. 胡適的知識理念

　　作為大使，胡適的基本責任是成為重慶政府在美國的耳目，去分析解說

美國的政策，預測它未來的趨向，把影響美國政策的政治和觀念上的各種複雜因素向中國提出解釋，最後幫助中國政府做出更務實而有效的政策去和美國打交道。再進一步說，他也應該試圖成為中國政府在美國的有誠信和說服力的代言人，去影響美國的對華政策，並盡心盡意地執行中國政府的對美政策。

胡適給人的第一印象，是他應該比其他同時代的中國人更具有知識能力，去應付千變萬化的國際局勢。他原先把西方哲學和政治思想介紹進入中國的成績，是有目共睹的。雖然他極力避免參與實際政治，但是他對中國內政和外交問題的見解，透過大量文章的發表，已經在國內廣為人知。他在學術界的成就，也早已被國人普遍認可，即使是和他持反對立場的人，也能夠衷心讚賞他的學術誠實，和對事物的客觀和務實等優點。派送像胡適這樣一位品學兼優的人到美國去代表中國，很容易就能夠得到大多數中國人的支持，更不會有中國人懷疑胡適在這方面還可能有能力不足的缺點。

相對而言，胡適在那些熟悉中國事務的美國人中間，也享有崇高名望。或許項貝克對胡適的嘉譽，在一般美國人中間頗為具有代表性：

> 胡適可能是中國當代知識界最傑出的領袖。他的言論既沒有官僚氣息，也不是一位（向美國）求助的說客，而是一位敏銳的觀察家和政論家。他的分析的敏銳性和他闡述問題的清晰性可以說是和李普曼不相上下。[25]

然而，儘管胡適具備了這些超乎常人的優點，但是他對美國文化和社會長期的熟悉和深入的了解，卻可能並沒有讓他對美國的政治和政府運作做出更敏銳的分析，從而幫助中國政府制訂更有效的對美政策。

25　Walter Lippmann是美國當時最具聲望的政治分析家。Hornbeck notes of conversation with Hu Shih, October 15, 1937, in Hornbeck Papers, box 80.

　　胡適的好友張忠紱，曾經稱讚胡適是一位偉大的民主人士[26]。這的確是一個很貼切的形容詞，因為胡適一生從未偏離和違背民主的原則。即使是當他的某些親密朋友們，在某個特定的時段裡，嚮往獨裁專制政治的優勢，認為更能有效解決中國的社會問題時，胡適也會堅持立場，和他們進行激烈爭辯，暢言民主的優勢，決不動搖。

　　在他人生成長過程中，胡適打從在美國做學生的年代裡，就深受民主意識薰陶，因此他從心底對美國在知識層面上對他的啟發充滿感激，從而也堅信美國的政治傳統和政府體制的優越性。他同時對美國人民有高度親切感，認為他們善良、公正、崇尚理性。事實上，在他的生命的前半段中，我們找不到任何跡象證明他在公開的文章中或是私下的談話裡，曾經對美國的政治價值觀和制度提出過絲毫批評或保留。假如在國民政府時代，果然存在所謂的「親美派」的話，胡適無論在感情或是知識領域裡，都對這個稱號當之無愧。

　　胡適在中國國內的公開活動中，也一再表現出他的自由主義派的傾向。比如說他在早年就主張多談實際問題，少談空洞理論或主義。而他對於無論是政治界、語文界、哲學界、文藝界和美術界的一切新鮮觀念都能夠以開闊胸襟去看待。他能夠傾聽不同的意見，也願意經過實證過程去評判這些意見的正確性。他對於各式各樣的學說和主張都能持以高度的包容心，但是他也極力地維護言論自由的基本原則，不容破壞。就像有一位學者曾經說過的，胡適有一種趨勢，就是高估了理性能夠影響輿論的能力，而低估了人的感情和低劣的品質，可以讓他們的行為會違反他們自身的利益[27]。

　　以上的這些對胡適評語的正確性，可以從他對美國政治的態度上得到大量印證。胡適看美國政治的出發點，是以自由民主的學說作為他的依據，然後用這個學說去解釋美國的實際政治行為。他在討論美國的文章中，幾乎很少提到個別人物的特性、自私、認知上的短視、種族偏見、不理性、粗暴個

---

26 張忠紱，《迷惘集》，頁118。

27 Min-chih Chou. *Hu Shih and Intellectual Choice in Modern China*, pp. 107-109.

們也採用了同樣仔細嚴謹的尺度去分析批評。比如說，胡適對於羅斯福的觀感是毫無保留的讚許。在第一次貸款成功之後，他也開始稱讚摩根韜是一位理想主義者，而貸款本身就足以證明摩根韜的理想主義[29]。

胡適似乎沒有想到過，儘管摩根韜可能真正是一個理想主義者，但是他也是一位經歷豐富的老政客和一個愛國的美國人，而他決定向中國貸款的動機很可能遠遠地要比他想實現理想主義的目標要複雜得多。不知出於何種原因，胡適對於中國人的透視力，遠遠超過他對於美國人的動機和意圖的透視力。還有一點是，從大量的文件對比中可以看出，胡適無論在公開場合或是好友私下聊天，似乎從來沒有對美國遍地皆是的種族歧視做過任何評述。這一點和陳光甫、宋美齡和宋子文大不相同。

胡適的隨和個性和他對於美國政治的高度信賴，似乎是不謀而合。這當然就會影響到他認為中國到底能夠如何實事求是地向美國提出援助的請求，和中國政府究竟有何方法可以達到它的目的。即使在胡適還沒有擔任大使職務之前，他對於美國政治的分析已經做出了幾個引人注意的結論（1938年6月）。首先，他認為美國領袖們在1937年7月已經有意識地制訂出一套條理井然的遠東外交政策，而且從此堅定不移地遵循該項政策，既不猶疑也不矛盾。其次，他認為美國該項政策的基本精神是譴責國際無政府狀態，捍衛國際秩序，其目的遠遠不僅是保護美國在遠東的國民，投資或是貿易而已，而是要捍衛國際關係更基本的價值和秩序。其三，儘管羅斯福總統在1937年因為曾經發表過有名的「隔離演說（免疫）」（quarantine speech）而引起了孤立主義勢力的抨擊，但是胡適認為羅斯福政策終將會「隔離」國際侵略分子，而美國的軍事和外交政策將會有效地抑制侵略行為並維持國際法和秩序[30]。

一個月之後，1938年7月3日，胡適在芝加哥對一群中國留美學生做了

29　Diary entry of May 7, 1939, in "A Chronology of Loan Negotiations, 1938-1940" by Dr. Hu Shih, From File of Chinese Embassy, in Mr. K. P. Chen's Private Papers, Group A, F-3.

30　Hu Shih letter to Hornbeck, dated June 9, 1938, in Hornbeck Papers, Box 80.

一場演講，又把他的信念講得更為透徹。他聲稱在他對美國政府文件和報紙言論做過細心研究之後的心得是，美國在未來必將會採取積極行動去恢復世界和平。而他所持的理由是：美國由於過去國內孤立主義及和平運動情緒高漲，因此政府難以採取斷然行動。目前英法兩國已經在幫助中國，而美國則尚未採取實質行動。不過，一旦美國採取行動時，它就會顯示高度實力。由於美國奉行積極進取的國際政策，所以它必將會採取實際行動。而國務卿和總統都已經先後闡述了這個政策。1937年7月16日國務卿赫爾發表了一個美國外交政策的聲明，邀請其他國家予以置評。8月23日他又發表了另外一份聲明重新闡述他的外交政策。10月5日，總統在芝加哥發表了一個極為重要的講演。胡適在仔細研讀這些文件之後所得到的結論是，美國一直都尊奉著一個既定的政策。中國人唯一需要做的，就是信賴這些美國領袖們的人格高尚和誠信。雖然胡適承認他並不能預測美國此項政策在何時才能付諸執行，但是他認為諸如日本飛機攻擊美國駐華海軍船艦（Panay）之類的事件，就更可能激發美國政府將政策付諸實施。

胡適在講演終結之前指出，美國政策的目的並不是為了拯救中國，而是為了維護世界和平，而且這個政策在不久將來必將付諸實行[31]。胡適擔任大使不久之後，就堅信中國根本無法也無必要去試圖影響美國政府的政策，其原因是美國的外交政策乃是由有遠見的領袖們所制定，因此當然是目標鮮明，充滿理性和一貫性[32]。無庸他人置喙。

由於胡適對於美國外交政策本質的理想化和一貫性持有如此高度樂觀信心，就難怪他會頗為自滿地向朋友和同事們宣稱，他在美國的外交工作的基調就是「**無為**」[33]。這兩個字的真正意思，並不是說他果真不做任何事。他真正的意思是，如果中國政府總是要去追求一些不務實的目標或是做出一些興之所至的行為，或是極力意圖去改變國際上無可扭轉的發展的話，則不但於

---

31 Chou, Chih-p'ing, *A Collection of Hu Shih's English Writings*, pp. 768-769.

32 Hornbeck notes of conversation with Hu Shih, October 15, 1937, in Hornbeck Papers, box 80.

33《胡適的日記（手稿本）》，1938年7月11日。

事無補，反而有害。因此，他拒絕浪費時間和精力去瞎忙一場；在他看來，中國許多外交活動的目的，都只是為了應付宣傳需要，而去營造外交積極的假象而已。

胡適始終堅信，美國領袖們早已制訂好他們的政策，只是在耐心等候時機去付諸實行，而美國對於中國的援助也正是這個政策的一個環節而已。讓胡適感到特別欣慰的是，他認為美日兩國關係是走上了一條你來我往，冤冤相報的軌道。每一個日本的挑釁行為都會激怒美國做出雙倍的反擊[34]。就胡適看來，如果中國政府妄以為它可以經過向美國施加壓力，就能改變美國行為的話，那將真是荒唐絕頂，因為國際政治自有其邏輯性，不會受中國的意志而轉移。在這種環境下，胡適認為，真正是他力所能及的工作，就是做更多的講演，以圖扭轉中國的形象，讓中國少被他人厭惡，多受他人了解。說得明白一點，就是要採取「無為」的政策。

胡適相信，美國在制定政策過程中一定會以其本身的利益為依歸，而不會被中國的遊說所牽制，不管中國如何努力亦歸徒然。因此他建議中國政府，最好的策略就是讓國際情勢順其自然地發展，最後必定會有利於中國。他之所以提出這個看起來似乎是頗為極端的說法，其原因是在他接任大使之初，重慶政府就向他頒發了一連串他認為不合情理的指示，讓胡適感到甚為難堪[35]。

胡適這種心態可以說明，何以他會一再地嘲笑重慶政府不應該浪費精力去指望能夠經由中國單方面努力就可以得到效果。正好相反，他認為中國政府最有效的策略，莫過於在美國人民之間建立友好關係。為了支持這個論點，胡適指出，美國政府其實已經主動地採取了許多措施，最後都使中國得以受惠[36]。他之所以這麼做，其目的就是要證明他的論點是正確的，那就是美國政府最終必定會做出對中國有利的措施，而中國則應該避免採取過激的行

34《胡適的日記（手稿本）》，1940年12月17日。

35 王世杰致胡適電，1940年8月8日，梁錫華選注，《秘藏書信選》，第2冊，頁781-782。

36 胡適致顧維鈞電，1938年10月16日，《顧維鈞回憶錄》，第3冊，頁224。

為，以免造成反效果。事實上，胡適甚至宣稱美國貸款給中國一事，根本和中國政府的努力毫無關係，因為它完全是由於國際局勢所造成，而且是出於美國政府的主動行為[37]。換言之，中國政府和外交人員的努力，徒屬庸人自擾，毫無功勞可居。

胡適認為他對於「無為」的想法完全正確，因此他還儘量地去阻擾中國政府，不要企圖把美國拉進一些在國際關係裡不切實際的大計劃之中。所以當中國政府致力於推動英、美、法和蘇聯在亞洲地區進行外交合作時，胡適卻在1939年4月底批評政府，他指出美國政府此時根本沒有可能性去關注中國所提的這個方案。胡適提醒重慶政府稱，羅斯福總統和赫爾國務卿都具有正確的政治判斷力，因此中國政府應該聽任美國領袖們採取他們自己的步驟，去擬定美國的外交政策，而中國政府不應該採取任何行動去打草驚蛇，最後反而刺激美國人民提高了警覺性。換言之，中國要想得到好結果，上上之策就是等待，並且要無所作為[38]。依照胡適的主張，中國政府不但不應該向美國政府官員加壓力之外，也不應該向國會領袖們進行遊說工作。胡適為了支持他的論點，特別舉出美國單方面停止美日貿易條約的事件作為證明，那就是：即使沒有來自中國的遊說，美國國會也會做出正確的決策。

然而胡適這種極端的主張，即便是陳光甫也無法認同，因為陳氏不禁懷疑，胡適之所以建議中國政府不要對於國會議員進行遊說工作，其真正動機乃是出於他不願意冒犯美國的國務院。但是陳光甫也看得很明白，假如胡適能夠鼓起勇氣去撇開國務院，而改向國會進行更積極的遊說工作的話，則或許國務院根本不會感到絲毫不快。反之，如果胡適自以為「謹守本分」地避免遊說活動，國務院也未必就會領略胡適的好意，更不會因此而加倍努力地去維護中國的利益。說不定，國務院反而會食髓知味，習慣了胡適的自我退讓，從此更指望胡適會謹守本分，免開尊口。當然，陳光甫也看到另外一個

---

37 熊式輝，《海桑集》，第5a冊，頁18-19。

38 胡適與顧維鈞之間電文來往，1939年4月23、29日，5月3日。《顧維鈞回憶錄》，第3冊，頁458-459。

曲線形發展的可能性，那就是萬一胡適對國會的遊說工作失敗時，他依然可以振振有詞地宣稱，他的「無為」哲學果然從來就是正確的[39]。有一件事倒是可以肯定的：假如一個弱小國家不願意為自己的利益做出努力的話，那麼它的命運必將永遠操之於他人手中，而它的目標則可能永無實現之日。胡適「無為」外交作風的風險就是他不知不覺地把中國政府的對美外交引導上了這條路。

III. 中國對美外交究竟應該遵循何種途徑？

　　無論吾人對胡適個人的脾味或是知識的傾向究竟持何種看法，他作為一個外交官，他的工作成績最後必須要接受鑑定。就胡適而言，有兩個因素影響了他的外交行為。一個是他對外交工作本質的認知，影響了他如何去界定一個外交官的工作範圍和權限。另外一個是他向中國政府建言的品質，和他認為哪些是可以經由中美關係去達成的結果。這兩個因素都對中國政府的對美外交政策上，產生過重大後果。

A. 外交工作的定義是什麼？

　　胡適對於外交的看法委實令人費解。雖然他針對許多當代事物經常提出大量評論，但是他在任職大使之前、之間和之後，都對外交一詞的含義甚少論及。我們只能猜測，或許胡適認為外交是政府功能的一方面，其性質是處理國家的大計方針，對象是戰爭與和平、結盟、制裁、禁運、中立法、公眾輿論、國家間的互相了解與合作等等大問題。雖然這類問題和中日戰爭有密切關係，但是也偏偏正是中國政府無能為力去影響美國政策的大問題。換一個角度看，中國抗日戰爭急需金錢和武器，而它們又正是胡適最不願意去處理的問題。這些主觀意願和客觀事實格格不入的情況，必然嚴重地限制了胡適的外交運作空間。

39《光公使美日記》，1939年12月23日。

胡適一旦就任大使職務之後，他立即給孔祥熙寫信（1938年10月3日）。信中強調外交事務的確重要，而且誓言會盡全力地把外交事務做好。但有趣的是他話鋒一轉，緊接著聲明，諸如借款、購買軍火、宣傳、募款等事務，雖然其重要性無可否認，但是卻非外交核心事務，因此應該付託給他人去處理。用不著說，胡適這番對於大使職責的闡述，立即讓重慶政府大吃一驚，也讓中國派駐歐洲各國的外交官們大惑不解[40]。

1939年1月，當胡適向外交部長王寵惠提出下一年度外交工作計劃書時，再度闡述了他對外交工作的展望。依他聲稱，他計劃幫助美國政府和人民去了解中國抗戰的決心和對外援的需要，這樣就可以爭取美國更多的援助和對日本進行制裁[41]。但是胡適所指的，其實只是對美國人民進行群眾教育，使他們了解中國的需要，但是有關借款的具體事項，還是要交付給專家們去處理。事實上，胡適在1939-40年處理事務的作風，是讓陳光甫去負責借款，而讓李國欽去負責購買軍火。陳李二人都和美國財政部關係良好，而又深得孔祥熙信任。但是事後這項安排的發展並不順利，因為胡適本人既不願意去協調，也不願意去監督他們的工作。基本上他對借款和購買軍火事務的具體內容不願意去學習了解，而是順其自由發展。所以當陳光甫和李國欽兩人關係惡化時，他們的工作效率就大受打擊，而胡大使始終是一位旁觀者[42]。胡適對於外交工作和他對大使職責的褊狹觀念，可說是直接限制了他無法訂出一套有系統的策略，去向美國政府爭取到更多借款和軍火援助。

胡適本人的文章和日記，對於中國購買軍火的需求幾乎是一字不提，而中國政府的官方記錄也印證了胡適幾乎對軍火購買事務完全採取事不關己的態度。由於缺少了胡大使的積極推動，難怪中國政府在1940年以前對於軍火購買的需要幾乎完全無法有效地向美國政府提出，當然也就不受美國政府

---

40 耿雲志，《胡適年譜》（成都：四川人民出版社，1989），頁165、268；《顧維鈞回憶錄》，第3冊，頁270。又見：朱文華，《胡適評傳》，頁272。

41 耿雲志，《胡適年譜》，頁167。

42 《胡適的日記（手稿本）》，1940年4月29日；有關陳光甫在1940年5月4日致孔祥熙的電文，參見：張忠棟，《胡適五論》，頁132-133。

的重視。事實上，中國政府資料顯示，胡適大使和美國的軍部和軍火製造商從來沒有發生過接觸，也沒有參與過任何一項武器的採購工作。正因為胡適的全程缺席，因此直到在1940年中期為止，中國在美國採購武器的過程落入零零碎碎和斷斷續續的局面，而且多半時間是以失敗終結。

　　相比之下，胡適對於借款的態度則顯得略微積極和具有彈性。因此，他在涉及借款工作時的表現更可以幫助我們去了解胡適本人對於外交工作的看法，是如何地影響到他的成績。

　　如上所述，胡適在第一次借款時所持的態度，基本上是讓陳光甫全盤操控談判過程的一切細節。即使在第二次借款時他已經自告奮勇地想參與更多的過程，但是實際效果並不彰顯。他只是在摩根韜部長辦公室舉行的會議中露面一次，此後就不再見蹤影，把所有的重擔仍舊全部堆到陳光甫肩膀上[43]。

　　胡適不僅是在借款談判過程中避免擔當責任，而且他對於顯然屬於大使分內該處理的政治事務，也同樣投閒置散。雖然美國財政部長摩根韜的確有心主動幫助中國，但他也希望中國政府方面提供一些聲援，作為他去爭取國務院、白宮和國會支持的籌碼。但是當陳光甫向胡適轉達摩根韜口信敦促胡適大使採取積極作為時，胡適不但拒絕接納，甚至還辯稱中國本來就應該聽任世界局勢順理成章的發展，而不要勉為其難地妄圖扭轉局勢。只有在陳光甫再三懇求之下，胡適才勉強地把借款要求向項貝克提出，但是卻不肯向國務卿赫爾提出[44]。至於說到向國會進行遊說的功夫時，摩根韜對胡適（不作為）的表現深表不滿，以致他坦白告知陳光甫稱，他沒有興致和胡大使打交道。因此在第二次借款的談判上，摩根韜露骨地宣布他只願意和陳光甫一個人談判[45]。

　　總地來說，胡適大使之不願意和國務院維持密切聯繫，對於中國政府想從美國獲得貸款的努力，產生了嚴重的負面影響，而財政部又表明態度不願

43　*Morgenthau Diary*（*China*）, vol. I, 177-181.

44　《光公使美日記》，1940年1月16日。

45　《光公使美日記》，1939年9月29日。Entry of March 25, 1939 in Mr. K. P. Chen's Private Papers, Group A, Box 2, F-2, p. 46.

意和胡適打交道，則更加重了工作的困難度。由於胡適難得和羅斯福見面，而又因為他怕冒犯國務院以致不敢向國會進行遊說，這就難怪重慶政府最後不得不做出結論，這種一事無成的局面必須加以改善。

胡適對於借款事務的冷漠態度，有時甚至達到一種令人匪夷所思的程度。1940年2月初的一個例子最能說明問題的嚴重性。當時借款的談判在參議院的外交事務委員會裡面臨一個關鍵性的投票階段，為此陳光甫極力敦促胡適親自出面去遊說幾位態度游離的參議員，爭取他們支持通過此項議案。豈知胡適不但直截了當地拒絕了陳光甫的要求，而且還向陳光甫承認稱，其實格林參議員早先已經向胡適表示過他願意在投票前和胡適進行溝通，但是卻被胡適一口予以拒絕。而胡適所持的理由竟然是他不想干涉美國內政。用不著說，這個招認簡直讓陳光甫目瞪口呆。

在和陳光甫談話中，胡適進一步表示，美國在終止和日本的通商條約時，已經給了中國一個最大的恩惠，因此中國應該識相，不要再去強人所難，逼迫美國做出更大的恩惠。更令陳光甫意想不到的是，胡適宣稱他在參議院投票的關鍵時刻，原本就無法留守在華盛頓首都，理由是他已經安排好與周鯁生教授到喬治亞州的海邊風景勝地去度假，而他果然就按照原定行程表丟下華盛頓的「俗務」，安心地去度假了。用不著說，陳光甫對於胡適的態度大感震驚和不解，他無法相信何以胡適不能體察眼下中國抗戰的重大犧牲，居然還有閒情逸致去遊山玩水。幸好在胡適出遊之後，重慶政府趕緊找到其他得力人士進行遊說，使參議院有關委員會最終做出了對中國有利的投票[46]。

但是陳光甫可也不是一個輕言放棄的人，因此在他本人離開美國之前，再度做出最後努力，希望能懇請胡適今後給予借款工作更多的關懷和參與。但是無論陳光甫如何一而再，再而三地試圖讓胡適增加對於借款工作細節的了解，幫助胡適在未來可以順利接管借款事務，胡適一概相應不理。事實上，胡適直截了當地告訴陳光甫說，他對財政事務的缺乏興趣，就正如同陳

46《光公使美日記》，1940年2月6日。

光甫對哲學問題缺乏興趣是一樣的，要想強迫他們彼此去學習對方的專長，根本就是浪費時間，毫無意義。胡適這番怒形於色的表達，讓陳光甫最後只好放棄任何努力。對於今後應該如何去處理與借款有關的事務，在陳光甫離開美國之前，始終無法向胡適做出任何交代[47]。胡適對於借款工作的排斥，可謂斷然絕然毫無商量餘地。

　　讀者們不禁要問：當借款和軍火對於戰時中國如此重要時，何以胡適會如此堅決地無動於衷？如此地事不關己？對於這個疑問，或許至少可以從三方面去尋求答案。首先，胡適對於這兩個領域從來沒有掌握過任何專業知識可供他做出正確判斷。而他也毫無興趣去學習這方面的新知識。其次，他對於外交事務所下的定義從不包括這兩方面的工作。其三，他的個性和心理狀態歷來是運用溫和言辭進行說服工作，然後尊重他人去選擇自己的正道而行。胡適所害怕的是去強迫他人採取行動，他更害怕的是去乞求他人施以援手。這一類的想法都會使他手足失措。但是當中國正處於國難當頭生死交關之際，借款和軍火卻正是中國賴以生存的唯二途徑，是中國外交官必須全力以赴，從美國手裡能夠取得的最寶貴的資源。更何況中國外交官在這兩方面獲得成功的機率，要遠遠地大過於去試圖遊說或挑撥美國去向日本開戰。

　　不幸的是，在胡適心目中，這些事務在本質上卻最令他嫌惡，不應該由外交官去擔任，而應該交給專業人員（比如說，銀行家和負責軍火採購的軍官們）去辦理。這就難怪在1940年以後，當中國政府對於借款和軍火的需求日益迫切時，蔣介石就不得不改派另外一個團隊去接管胡適堅決不肯承擔的責任。這也就解釋了為什麼蔣介石最後不得不派遣宋子文赴美，而胡適也毫無理由可以抱怨他被冷落的遭遇。道理非常簡單，因為是胡適自己一貫堅稱，這些工作都不是他身為大使所應該處理的事務。

　　在中國到底應該指望如何經由外交途徑在美國達成何種效果這個問題上，胡適和重慶政府領袖們之間也存在著一條更深的鴻溝。就最低程度而言，重慶政府指望駐外使節能夠服從命令去達成政府所指定的目的。重慶政

47《光公使美日記》，1940年4月15日。

府更高的希望是使節可以發揮主動積極精神，表現出一些辦事的能耐，或是甚至創造幾個奇跡。隨著中國軍事和財政情況的不斷惡化，重慶政府當然希望從國外聽到令人振奮的消息。也隨著中國遭到國際列強接二連三地背棄時，美國對中國的重要性也隨之逐日增加。到了1940年中期，美國可說是變成了中國唯一也是最後的國際支援。

對於重慶政府領袖們的這種窘迫心情和處境，胡適大使理當完全了解才對。豈知胡適的想法卻自成一個格局。他不斷地勸告重慶政府應該務實，不要心存幻想。令他特別感到自傲的是他有勇氣直接打破蔣介石心中的幻想，並且去「開導」蔣介石對國際關係的複雜性應該多去學習了解。不幸的是，胡適這種做法不但沒有改變蔣介石的思想，反而是激怒了後者。在這種背景下，讀者們就不難了解，何以胡蔣兩人之間的隔閡會與日俱增。事實上，令人意想不到的反而是，何以蔣介石長時間以來能夠如此委屈地容忍胡適？即使中國政府在1940年中期已經明確決定放棄胡適─陳光甫爭取美國借款和軍購的做法之後，蔣介石仍然把胡適留在大使位置上達兩年之久。而在這段時間裡，蔣介石不斷地希望胡適能夠改弦易轍，做出一些積極貢獻。只有在對於胡適徹底失望之後，蔣介石才終於在1942年9月免去了胡適的任命。

在胡適整個使美的外交年歲裡，他對於美國政府所必須面對的政治環境裡的各種限制和困境，總是表現得能夠充分體諒，而又讓自己的舉止有度。每當羅斯福總統或是其他美國政府官員們在口頭上表達他們對中國的善意，而又同時為他們無法做出具體援助行動而表示遺憾時，胡適的回應永遠是趕忙勸告重慶政府領袖們必須體會美國領袖們的困境與善意，而不要給後者添加麻煩[48]。在胡適和蔣介石或是和重慶外交部之間往來的大量信函電報裡，他幾乎從來沒有建議中國政府去爭取更多的美國援助。正好相反，他只是勸告他們不要操之過急，不要提出「非分」要求。

但是身處國內的領袖們，卻無法接受胡適這種自我設限的做法，而抗日戰局的日益惡化又使得他們無法認同胡適這種氣定神閒的長程構思，因此他

48　參閱胡適致蔣介石電，1940年7月19、24日。《胡適任駐美大使往來電稿》，頁56。

們不得不催促胡適務必加倍積極地爭取美國支持。即使是胡適在政府中服務的最要好的朋友們，也乞求胡適做出更大的努力去爭取美國支持[49]。但是胡適對於這些來自重慶的呼籲基本上置之不理，而它們也只能讓胡適越來越憎厭他的大使職務[50]。

　　然而儘管胡適明確的排拒，也無法擋得住重慶的敦促。他最終的對策就是採用迂迴手法去逃避這些敦促。比如說，在1939年1月裡，當胡適不願意去執行一項來自外交部的指令時，他採取的手法是把他的反對意見向中國駐歐洲各國使節們廣為散播，希望借此可以贏得後者支持去抵制外交部[51]。如果重慶壓力委實過大而使胡適無法規避時，他有時竟然會使用一種離奇而出格的手段，去向美國政府透露他本人其實並不同意重慶政府的做法，但是為了忠於職守，又不得不在形式上向美方傳達，這樣就可以把重慶政府指令的效力大為降低。胡適所採取的策略，是運用他最擅長的分析能力，在美國人面前以貌似「客觀」的立場，替美國人把重慶政府的政策內涵「分析」得一乾二淨，而他個人所採取的姿態則是以超然態度置身事外，根本看不出他本應該是重慶政府政策忠誠推行者的蹤影。胡適的這種技巧在他在1938年間寫給項貝克的一封信裡，做了充分表達。胡適寫此信的目的是把蔣介石的政策做了一番分析。他寫道：

　　　　他（蔣介石）非常擔憂當前的軍事情況，而他也拼命地想找到及時而又有效的援助。他的這種心理狀況非常像一個即將溺水死亡的人，只想抓住身旁的任何物件（祈求活命）。坦白地說，他希望能夠獲得民主國家有效的干預（中國抗戰）。他不想經由法西斯國家的調停而接受一個恥辱的和平。因此他數度拒絕了德國主動想做調停者的願望。蔣介石之所以請求羅斯福總統主導推動和平調停，其原因是因為他看不到民主

---

49 翁文灝致胡適電，1938年10月21、24日，梁錫華選注，《胡適秘藏書信選》，第1冊，頁161-164。

50 《胡適的日記（手稿本）》，1939年8月31日。

51 《顧維鈞回憶錄》，第3冊，頁342-343。

國家有意介入中日爭端。在華南發生的情況（指廣州淪陷——作者注）顯然重新激起蔣介石的希望，英美兩國可以干涉中日爭端。

胡適還寫道，「中國抗日戰爭崩潰的危險性的確非常大。如果民主國家不願意看到中國崩潰而投降的話，就必須採取一些有效的措施。」[52]

胡適這份備忘錄的語氣委實令人納悶。因為他作為中國大使，他的基本職責應該是竭盡全力地去申述蔣介石的立場，再去用他自己的語言去加強蔣介石的要求。但是恰好相反地，他把蔣介石的立場用一種事不關己的語調加以傳達，然後緊接著幫助美國人對蔣介石作了一番心理分析。胡適並沒有遵照蔣介石指令去極力爭取援助，而只是把蔣介石的請求交到項貝克手裡之後，然後任由美國人自行決定如何處理。這樣也就讓胡適自以為他已經完成了他的任務。

B. 胡適對重慶的忠告——「苦撐待變」

為了歷史的公道，在此地必須指出，雖然胡適和重慶政府領袖們不斷地爭論政府政策的正確性，但是胡適對於抗戰卻從來不曾是悲觀主義者或是失敗主義者。相反地，他堅決相信美國最終將為了保護它自身的利益，選擇適當時機和日本進行一戰。

然則在美日開戰成為事實之前，中國的自處之道究竟應該是什麼？胡適的答案其實非常簡單，那就是「苦撐待變」。

這個觀念早在1937年就已經在胡適心中逐漸形成。他在1937年12月26日致陳布雷的電報中，首次寫道，「適等深知國力之艱，待援之迫，然此時捨苦撐待變一途，實無捷徑。」[53]胡適之所以提出這個觀念或許有一個背景，那就是當時正是日本不久前攻擊了在長江航行的美國兵艦（Panay, 1937年12月12日），在美國激起了人民的義憤，這使得胡適得到一個啟示，那就是美

52　Hu Shih memo to Hornbeck, October 16, 1938, in Hornbeck Papers, Box 80.

53　胡適致陳布雷電，1937年12月26日，《蔣中正總統文物》，#002090103003153。

國原先的「厭戰貪和」心理並非言語筆墨所能改變，然而一旦日本對美國施加暴行時，則人民情緒將急速改變。這從美國人民的排日心理和排日貨運動的激烈可以看出。因此設若類似事件再發生幾次的話，則戰禍必將難以倖免。而胡適能夠接觸到的美國「政府要人」（指項貝克？）也向胡適傳話，「只要中國能支持，必有意想不到的轉變。」[54]換言之，胡適的「苦撐待變」並非憑空設想，而是得到美方官員的信息而衍生的理念。

　　自此之後，胡適在與朋友之間的來往書信中，也開始經常提及這個觀念[55]。到了1938年10月20日，胡適在致蔣介石的信件中更進一步地正式引用了這個觀念。胡適對當前局勢做了一番分析，他向蔣介石說明，美國運用它的國力去為中國爭取公平的和平的時機尚未來到。但是胡適也指出，蘇聯和美國都不願意中國去和日本進行和談，因此蘇聯才會向中國提供武器，而美國也向中國提供借款。有鑑於此，中國的最上策就是「苦撐待變」[56]。在這之後不久，胡適在一個在紐約市講演中（1938年12月4日）首度公開推出這個觀念。在講演中，胡適指出，由於美國的支持對於中國抗戰至為重要，因此中國必需堅持作戰，等待改變的到來[57]。

　　隨著時間轉移，胡適對於這個觀念的使用頻率逐漸增加，對於它的內涵也逐漸說得更清晰。「苦撐」的意思是中國必須竭盡一切自身的力量去作戰，並儘量延長作戰時間。而「待變」的意思是中國必須耐心等待世界大局轉變成為對中國有利[58]。這個觀念作為一個口號，頗能精確地表達胡適心中對於抗戰中的中國所能做的選擇，也表達了他的對美政策的目標，和他心中外交到底可以為中國取得何種成果。

---

54 胡適致陳布雷電，1937年12月26日，《蔣中正總統文物》，#002090103003153。

55 胡適致翁文灝電，1937年12月26日，《特交文電：領袖事功之部》（8），《領導革命外交——對美關係》，第2冊，#27011134；胡適致傅斯年函，1938年7月30日，胡頌平編，《胡適之先生年譜長編初稿》，第5冊，頁1638-1640。

56 《胡適之先生年譜長編初稿》，第5冊，頁1648-1649。

57 耿雲志，《胡適年譜》，頁166。

58 《胡適的日記（手稿本）》，1941年7月19日。

誠然，胡適從來未曾宣稱他對世界局勢的變化可以未卜先知，但是他的思想發展確實是前後一致的。早在1935年間，胡適已經形成一種看法，認為中國一旦做出抗日的決心時，它就必須有準備去承受「絕大犧牲」，獨立苦戰3-4年，領土大量淪陷，國家受到嚴重破壞，然後太平洋戰爭才可能爆發。在這段期間內，中國必須做出孤軍抗日的心理準備[59]。

胡適在1937年10月1日在舊金山的一場演講中表達了他的信念，那就是美國遲早必定會被捲入戰爭。依照他的說法：

> 在我們的世界裡，戰爭與和平都是不可分割的。假如一場戰爭進行得夠久的話，它就會把其他的國家也拉進戰爭。不管人們是倡導中立法或是和平主義論調，都無法使他們置身戰爭之外。同樣的那些侵略國家中愚蠢的好戰者，他們既然能夠強迫人們參與上一次戰爭，他們也同樣能夠把人們拉進當前的這場戰爭。[60]

按照這個邏輯，胡適所致力的目標就是鼓勵中國咬緊牙根單獨作戰，一直等到其他國家被迫參戰為止。1938年夏末，胡適告訴陳布雷說，「歐戰必演成大戰，甚難挽回。」這樣就會使國際局勢為之活躍，而「我必須咬牙苦撐，立定腳跟，始能利用此世界動態。」[61]

在1938年12月4日，胡適把想法說得更為明晰。他在一場在紐約市的演講中宣稱：

> 中國的最後勝利必須依賴兩個因素：一，它必須堅持繼續作戰，而它也別無選擇，只能繼續作戰。二，在中國的長期抗戰中，國際情勢很

59　胡適致王世杰函，1935年6月27日，胡頌平編，《胡適之先生年譜長編初稿》，第4冊，頁1386-1388。

60　Chou, Chih-p'ing, *A Collection of Hu Shih's English Writings*, p. 959.

61　胡適致陳布雷電，1938年9月27日，《蔣中正總統文物》，#002090103003176。

可能轉變成為對中國有利，對日本則不利。[62]

　　1939年1月，胡適自認為他已經從美國的遠東外交政策中看出了幾個令人振奮的端倪，其中包括：美國給了中國經濟援助，它對日本施加經濟壓迫，它也在太平洋地區加強軍備去對抗日本的威脅等等[63]。與此同時，羅斯福總統也向胡適提供了更多理由去相信中國的耐心等待（苦撐）最後必將得到開花結果。在1939年4月19日的會談中，羅斯福告訴胡適說，中國應該堅持抗戰，因為世界局勢可能朝兩個方面發展。一方面，假如世界大戰爆發，則日本和蘇聯的關係必將惡化，甚至引發戰爭，而這對中國一定是有利的。另一方面，假如世界大戰不爆發，則日本可能希望尋求和平而相應去改變它對中國的政策[64]。而看在胡適眼中，蘇聯和日本關係的發展和歐洲局勢的發展，都和他原先所預期者頗為相符。這就使他倍感自信。

　　1939年8月3日，胡適又向蔣介石發送一份詳細報告，闡述他對國際事務的觀點。他反復強調，雖然國際發展並非中國所能掌控，但是中國的堅持抗戰仍然是強迫日本在國際上冒大風險的最有效方法，而這也是中國能夠做到的唯一方法。胡適用美國政府最近的一些措施去證明，它們全部都有利於中美關係的發展[65]。在把美國在1917和1939年的態度做了一番比較之後，胡適認為世界大局對中國越來越有利，因為美國政府單方面廢止美日商務條約只能迫使日本做出一個左右為難的選擇，那就是，要麼向美國讓步，要麼激發美日關係全面破裂。胡適接著提出他本人對於日本國民性的了解作為依據，預測美日關係破裂已經是指日可待[66]。

62　Chou, Chih-p'ing, *A Collection of Hu Shih's English Writings*, p. 959.

63　胡適致蔣介石電，1939年1月12日，《胡適任駐美大使期間往來電稿》，頁8。

64　胡適電報向蔣介石報告其與羅斯福會談經過，胡頌平編，《胡適之先生年譜長編初稿》，第5冊，頁1666。

65　Hu Shih's cable to CKS, August 3, 1939. "A Chronology of Loan Negotiations, 1938-1940" By Dr. Hu Shih, From File of Chinese Embassy, in Mr. K. P. Chen's Private Papers, Group A, F-3.

66　Hu Shih cable to CKS, August 3, 1939, in "A Chronology of Loan Negotiation, 1938-1940," by Dr.

　　毫不奇怪地，蔣介石最初的反應是認為胡適言之有理。因為胡適終究是中國人之中最有資格去解釋和分析美國政治社會現象的權威，他的言論當然具有分量。再說，蔣介石本人也希望事情的發展果能如他所願。因此，一直到1939年初，蔣介石依然習慣性地透過胡適的眼中去看中美關係。當蔣介石在1939年4月18日初次聽說羅斯福剛剛把大西洋艦隊一部分兵艦轉調到太平洋地區時，他立刻感到非常振奮，認為羅斯福終於拿出勇氣來抵抗日本的侵略了[67]。但是當美國和日本關係不斷升高惡化而並沒有給中國帶來任何實質好處時，蔣介石對於胡適觀點的準確性終於逐漸喪失信心。

　　正如本書下一章將會更詳細加以說明的一樣，蔣介石對於胡適處理中美關係的信心，在1939年到1940年春天急速減低。在此之前，胡適之所以能抓住蔣介石的注意力，就是因為胡適為蔣介石指出在地道的盡頭可以看到一縷光明。然而他卻不能告訴蔣介石那個地道究竟有多少長度。從重慶立場來看，中國能夠從美國獲得援助的指望，或是甚至美日之間爆發大衝突，都不過只是能夠影響中國抗戰前途的眾多因素中的一部分而已。在中國境內，抗戰進行得極為艱苦，財政情況則更為拮据。在國際上，凡是有能力可以幫助中國的外國（英國、法國、蘇聯）不但不幫助中國，反而出於不同動機而對中國進行傷害。到了接近1939年底時，中國政府逐漸意識到，在當前狀況下，它實在無法再「苦撐」下去，而「待變」逐漸變得毫無意義，因為中國逐漸警覺到一個更可怕的可能，那就是在「變」尚未對中國帶來好處之前，中國就可能會全盤崩潰。這些情緒最終讓蔣介石摒棄了胡適所建議的「待變」外交方針，而採取了一個截然不同的途徑──把宋子文派遣到美國去。

　　事實上，蔣介石和胡適兩人在七七事變前，對於中國如果進行對日抗戰所可能導致的後果，彼此所持的看法其實並無太大差異。簡言之，蔣介石的信念是攘外必須首先安內，而胡適基本上也同意這個看法，認為中國對於日本不斷地侵略必須暫時忍氣吞聲，以換取更多時間去達成國家統一，並且訓

Hu Shih, From File of Chinese Embassy, in Mr. K. P. Chen's Private Papers, Group A, F-3.
67《總統蔣公大事長編初稿》，1939年4月18日。

　　胡適的行事作風不禁讓人懷疑，一個弱國的外交官，是否擁有足夠的政治資本去奢談「尊嚴」和「風度」等問題？對於一個正處於生死交關的國家而言，它在任何時候或許都只有一個選擇，那就是，扯起喉嚨大叫大嚷地祈求外力援助。而這也正是中國政府當初把胡適派送赴美的主要動機。如果外交官開不了口去爭取援助的話，這個外交使命從一開始就註定失敗。胡適在私人行為上，能夠表現出有咬緊牙關默默承受苦難而不失身分的美德，但是把它轉移到處理國家事務時，就變成是不合時宜的高調了。而胡適所再三引以為自豪的「無為」政策，卻正是出於這些高調，使他在外交戰場上打不開局面，從而嚴重地妨礙了他執行大使任務的效率。

　　還有一點值得注意的是，胡適的公眾形象和內心感情之間有著重大差距。他明明內心對中國軍事挫敗感到極端沮喪，但是在公共場合裡還是表現得高度樂觀。舉例說，廣州淪陷的消息對於陳光甫和席德懋在心理上都造成了嚴重打擊。但是胡適還能夠安慰他們兩人不要洩氣，其所持的說詞是，雖然他們三個人離開戰場距離最遠，但是他們是中國剩下最後的（外交）軍隊，因此絕對不可放鬆自己的職責。這些話聽起來頗有慷慨激昂氣概。豈知幾天後武漢又告失陷，胡適禁不住在日記中寫道，在過去15個月內，他多年來所有的噩夢都已經成為事實，而他在過去12個月來所有的指望卻沒有絲毫有實現的可能[70]。即便胡適看不到美國有援助中國的跡象，他依然鼓勵中國政府一定要勇往直前，繼續抗戰。

　　最讓重慶政府感到灰心的是，胡適的「苦撐待變」口號逐漸變成是唱高調，內容空洞。胡適從來沒有說明，在國際局勢「變」了之後，中國究竟能夠指望得到何種好處？在國際局勢必然改變的前景下，胡適下一步的建議，或許還是激勵中國做出更多的苦撐，乃至了無止境。當胡適在1938年10月分第一次向重慶政府提出他的主張時，他給人的印象是，美國在當年11月國會選舉後，將會給中國的處境帶來顯著的改善。但是在國會選舉以及一年

70　Entries of October 21, 23, 25, 1938, in "A Chronology of Loan Negotiations, 1938-1940" By Dr. Hu Shih, From File of Chinese Embassy, in Mr. K. P. Chen's Private Papers, Group A, F-3.

後各種其他的改變都相繼產生之後，胡適依然只是提到黑暗地道的盡頭有一絲光明，但是卻提不出更具體的指望。

有關這一點，胡適在重慶最忠誠的支持者的反應，最能一針見血地點出問題之所在。翁文灝是胡適在重慶的好友中，最初全心全意地支持「苦撐待變」的說法，而且在其他領袖們在推動和平言論浪潮時（1938年），翁氏曾在蔣介石面前極力支持胡適的論點。但是到了後來，就連翁文灝也寫了許多信要求胡適積極爭取美國援助。因為作為國民政府的經濟部長，翁文灝非常清楚知道中國到底還有能力「苦撐」多久。

到底要苦撐多長時間？胡適自己倒是提供了一些信息。雖然他從未明白說出中國為了得到有利的改變之前，還需要苦撐多久，是他在1938年10月間，卻提供了一個歷史先例作為參考。他在日記中提到他從Phillips Russell出版的書，書名是 *Benjamin Franklin: the First Civilized American*，書的內容是弗蘭克林作為美國使節，如何在法國奮鬥了八年時間，最後成功地為美國借到2千6百萬法郎借款。胡適在日記裡對於這段史實做了進一步的發揮，認為它讓陳光甫和他自己都感受到莫大鼓舞，因為弗蘭克林和今日兩位中國使節的處境大致相同，因此他們（指陳光甫和胡適本人）必須拿出耐心，去苦撐得更長久些[71]。

假如當時重慶政府領袖們得知胡適這種把弗蘭克林當做是「耐心」的楷模時，他們一定會大感恐慌，因為沒有政府領袖膽敢相信自己能夠苦撐得那麼長久。但是胡適卻也實在提不出更好的方案來分擔重慶政府的憂慮。等到1940年初時，蔣介石對於胡適所提的解決之道，已經徹底喪失信心，而緊迫想找出新的解決途徑。

胡適的「苦撐待變」模式最大的缺點，是它既缺乏想像力，又完全使中國陷於被動。假如中國政府唯一能夠做的就是依賴自己的國力去進行抗戰，而任由其他國家去推行它們各自的外交政策的話，那麼中國政府大可以停止

---

71 Entry of October 20, 1938, in "A Chronology of Loan Negotiations, 1938-1940" By Dr. Hu Shih, From File of Chinese Embassy, in K. P. Chen's Private Papers, Group A, F-3.

後，逐漸對於美國社會上的孤立主義與和平主義的強烈情緒，得到了更深刻的了解，同時也更能體會為何美國領袖們難以克服來自國務院和國會反對向中國提供政治性借款的困難[76]。比如說，財政部官員們就一再告誡陳光甫稱，美國借款不可用於購買直接作戰所使用的武器，而只能購買間接與戰爭有關的器材，例如汽油[77]。因此陳光甫完全了解，美國政府必須考慮自身的國家利益，並顧及本國的公眾輿論，而不能一味順應中國的要求。陳光甫和胡適一樣地相信，中國必須依賴自己的力量去進行抗戰，和自力解決財政危機，切不可奢望外國人施捨協助[78]。

因此，每當重慶政府官員們似乎不能了解美國政府外交政策的限制，而不斷地要求他去麻煩美國要求給予借款時，陳光甫總是感到萬般無奈。和胡適一般，陳光甫也一再抵制重慶政府下達的指令，因為他認為這些指令根本沒有實現的可能，只不過是浪費時間而已[79]。陳光甫進一步覺得，重慶政府過分強調借款的宣傳價值和心理效應，而不著重它們在財政上的實效，這種做法根本不切實際[80]。結果是，陳光甫不斷地抱怨重慶政府對他的進言根本沒有給予重視[81]。事實上，陳光甫和胡適兩人不時被迫採取聯名上書的方式，企圖讓重慶政府能夠認識清楚，向美國提出的多項借款要求，根本都沒有實現的可能[82]。

陳光甫對於中國政府應該如何運用美國借款，也有他自己的一套看法。

76　"Detail Report of 1st and 2nd loan negotiations" in Mr. K. P. Chen's Private Papers, Group A, Box 2, E.

77　Note on March 3, 1939. Mr. K. P. Chen's Private Papers, Group A, Box 2, F-2, pp. 35-36.

78　K. P. Ch'en's letter to Tsou Ping-wen dated on February 3, 1939. Mr. K. P. Chen's Private Papers, Group A, Box 2, F-2, pp. 23-26.

79　"Detail Report of 1st and 2nd loan negotiations" in Mr. K. P. Chen's Private Papers, Group A, Box 2, E. 又見：《光公使美日記》，1939年9月26日。

80　《光公使美日記》，1939年7月1日。

81　《光公使美日記》，1939年6月21日。

82　Letter to Kung signed jointly by Hu Shih and K. P. Ch'en on March 14, 1940. Mr. K. P. Chen's Private Papers, Group A, Box 1, G-2.

事實上，他認同美國的看法，認為在當前抗戰環境下，中國政府想利用借款方式來穩固幣制的成功機率非常小[83]。依陳光甫之見，中國幣制是否健全必須依賴兩個因素，一是國際局勢，一是國內戰爭進行是否順利。假如兩者皆對中國有利時，則法幣自然健全。反之，如果兩者皆對中國不利時，則即便有百分之百的外匯存底，法幣仍將難逃貶值命運[84]。他又認為，任何國家處於戰爭狀態時其幣制貶值本就是正常現象，歐洲國家在歐戰爆發時也歷經同樣命運。有鑑於此，中國政府應該讓法幣在自由市場裡聽任它的價值浮動。歸根結柢，陳光甫認為中國的出路是自救，而不是不斷地去騷擾美國人[85]。

　　由於陳光甫持有這些看法，就難怪他對於解決中國問題的方案和著重點，和重慶政府的期待大相逕庭。在1939年9月分，陳光甫就已經接受一個事實，那就是美國政府最多只願意借給中國小額款項[86]。但是陳光甫和胡適卻有一個根本不同之處，那就是，胡適的立場是把一切決定權交由美國全權處理，不去做任何強求，而陳光甫則至少還願意盡一份努力，幫助中國爭取到更多的借款。

　　隨著時間轉移，陳光甫擬定了一套計劃，設法去贏取美國借款。根據胡適的認知，美國政府最終必將會幫助中國，其原動力將是出自美國的道德原則、民主價值和對國際法的尊重。但是陳光甫則以一個生意人的觀點，認為美國幫助中國的最根本動機，是取決於借款是否符合美國自身的商業利益[87]。正因為美國不會採取任何足以傷害到它自身商業利益的行為，所以中國政府想要得到美國貸款，則最有效的方法莫過於利誘，那就是承諾用美國貸款去購買美國產品，並且向美國提供它所想要的中國產品作為擔保。陳光甫進一

---

83 "Detail Report of 1st and 2nd loan negotiations" in Mr. K. P. Chen's Private Papers, Group A, Box 2, E.

84 《光公使美日記》，1939年12月23日。

85 Note on September 12, 1939. Mr. K. P. Chen's Private Papers, Group A, Box 2, F-2, p. 92.

86 Mr. K. P. Chen's Private Papers, Group A, Box 2, F-2, pp. 1-2. 又見：陳光甫致孔祥熙電，1938年10月28日，《革命文獻：抗戰時期：對美外交》(1)，《財經援助》，第30冊，頁34-36。

87 《光公使美日記》，1939年2月23日。in Mr. K. P. Chen's Private Papers, Group A, Box 2, F-2, p. 32.

步指出，美國政府官員不願意提供政治貸款的原因其實並不難了解，因為他們也需要迎合公眾輿論，不想被指責是把美國拖進戰爭之中。依照陳光甫的分析，中國唯一的選擇是接受商業貸款，這樣既可以讓美國政府在實質上幫助中國，又可以振振有詞地向美國人民宣稱借款是為了促進美國的商業利益[88]。

　　一旦陳光甫認定美國法律的限制使得貸款必須具備商業性質時，那麼中國應該要去爭取合作的美國政府對口單位，就不是國務院，而是財政部和進出口銀行。而貸款談判的重點，將會是如何幫助美國拓展商務，增加出口，並且保證債務得以順利按期由中國政府償還等問題。假如中國能夠證明它有能力滿足以上這些要求的話，那麼它就可以幫助美國政府去降低來自國會的反對力量，並且增加貸款的數量[89]。在1940年2月間，正當第二次借款談判接近成功之際，陳光甫再度向重慶建議，中國必須小心使用它有限的資源（兩千萬美元）去購買它最迫切需要的物品，而且這些物品必須是能夠在短期內運回到中國的，而且還需要擬出一套周全計劃去贏取美國信心[90]。扼要言之，陳光甫的策略是首先打開美國財政援助的大門，不管是數量多小，務求先拿到美國借款再說。一旦美國商業借款大門開啟之後，中國接著就必須儘量把這個門開得更大，這樣做的重要步驟是儘量遵守借款協定的規定，同時並鞏固中國在美國的信貸地位。只有在打好了穩固基礎之後，中國才可能希望美國商業貸款可以源源到來，而且兩國間才能發展出一個平穩的財經關係[91]。

　　為了保證這個策略得以成功，陳光甫再三強調，中國必須盡一切努力去維護它的信貸聲譽[92]。要做到這一點，中國政府就必須證明它有能力克服交通

---

88 《光公使美日記》，1939年12月10日。

89 "Detail Report of 1st and 2nd loan negotiations" in Mr. K. P. Chen's Private Papers, Group A, Box 2, E.

90 《翁文灝日記》，1940年2月10日。

91 Mr. K. P. Chen's Private Papers, Group A, Box 2, E. "Detail Report of 1st and 2nd loan negotiations," p. 9. Also "Detail Report of 1st and 2nd loan negotiations" in Mr. K. P. Chen's Private Papers, Group A, Box 2, E.

92 "Detail Report of 1st and 2nd loan negotiations" in Mr. K. P. Chen's Private Papers, Group A, Box 2, E. Also: Note on March 3, 1939. Mr. K. P. Chen's Private Papers, Group A, Box 2, F-2, pp. 35-36.

運輸上的困難，把桐油準時運送到美國。他也要求中國政府必須盡一切努力去替美國政府設想，不要使它在國際關係上遭受不良後果[93]。如果這個策略能夠付諸實行，則一旦借款有了開始，就可以源源不絕，而且它們的條件也將越來越優惠才對[94]。

至於拿到美國借款之後，陳光甫堅決主張中國政府首先應該將之用來改善中國的經濟大局，比如說改進中國西南各省豐沛的人力物力資源，和擴展國際貿易。為了達到此目的，中國最迫切的任務是建立一個有效的運輸系統，使西南各省的資源可以出口到國際市場，而外國產品也可以順利進入中國本土。陳光甫不厭其煩地提醒重慶政府必須牢記在心的是，美國給予中國貸款最重要的藉口就是借此開拓美國產品的市場。如果中國政府不能運用美國貸款去採購美國產品的話，則美國就根本沒有理由繼續向中國貸款[95]。

在陳光甫策略中完全不曾提及的，是軍事器材裝備，而後者正是中國政府越來越無法從國際市場上購買得到的要件。陳光甫當然理解中國的需要，但是他基本的立場非常明確，那就是中國必須謀求其他方案去滿足軍備需求，而不可依賴美國借款達成此項目的。換言之，武器和借款必須分別處理。

陳光甫從美國回到中國後不久，他在1940年7月2日曾經和蔣介石舉行一次會談，他告訴蔣介石稱，中國解決國內經濟危機和爭取更多國外經濟支援的最重要手段，是增加西南各省礦產的生產量，並且將其運往國際市場上去銷售。事實上，陳光甫認為礦產的生產和銷售，不但可以大幅增加中國抗戰勝利的機會，也可以為戰後國家重建奠定穩固基礎[96]。但是，陳光甫也同時給了蔣介石一個悲觀的估計，因為他承認，儘管美國人對於中國充滿好感，

93　陳光甫致孔祥熙電，1938年10月28日，《革命文獻：抗戰時期：對美外交》(1)，《財經援助》，第30冊，頁34-36。

94　《光公使美日記》，1940年4月6日。Also: Letter by Hu and Ch'en to Kung, dated March 14, 1940. Mr. K. P. Chen's Private Papers, Group A, Box 1, G-2.

95　《光公使美日記》，1939年6月21日，7月1日。Also: note dated September 12, 1939, in Mr. K. P. Chen's Private Papers, Group A, Box 2, F-2, p. 92.

96　Letter from K. P. Ch'en to Hu Shih, July 15, 1940, in Hornbeck Papers, Box 80.

但是他們只對英國願意出力協助，因為「血比水濃」[97]。還有另外一個關鍵性的問題是蔣介石避而不談的，那就是：陳光甫計劃成功的先決條件，是國民政府可以控制和開發西南各省的資源。如果國民政府根本缺乏這個能力，則陳光甫的計劃只能成為畫餅。這就使局面變得非常清楚：如果蔣介石仍然指望從美國獲得更多援助的話，他就不能依賴陳光甫，而必須去找一位更積極的人去進行新的努力。

儘管陳光甫和胡適的行事作風或有不同之處，他們對於向美國借款的可能性和局限性，則看法大致相同，因為他們都認為美國借款必將附帶種種限制。如果這些限制無法符合中國期望的話，則中國必須另謀他法（或他國）去滿足需要。陳光甫和胡適二人對於美國地主國歷來儘量表示尊重，而且在和地主國官員們接觸時也一貫小心翼翼。他們兩個人不斷地抱怨在工作上承受了太大壓力，而主要原因正是因為他們二人自尊心過於脆弱，總是把美國的借款看成是美國對中國所施捨的恩惠。而二人卻又痛恨向他人求助。除非他們能夠從美國人那裡得到絕對明確的許可信號，他們絕對不願擅自採取任何請求借款的活動。如此徹底的被動心理，對於中國外交而言，不啻是自我畫地為牢。

平心而論，陳光甫並非不了解中國軍事失敗的慘狀，而且對於美國政府加諸於借款的種種限制也有強烈反感[98]。但是他和胡適二人卻認定他們毫無能力去說服美國人去取消這些限制。反之，胡適的應付之策是告訴中國用盡一切方法去苦撐，而陳光甫則只能心懷不滿而卻拿不出對策。事實上，在 1939 年底，他在日記中不得不承認，英美兩國對中國的援助，其實多半只是口惠而缺乏實際效應。他也認為中國政府有必要去爭取政治性借款，但是由於英美兩國表明不願提供此類貸款，因此中國唯一的指望只能是向蘇聯求助而已[99]。

---

97 《王世杰日記》，1940 年 7 月 2 日。

98 《光公使美日記》，1939 年 6 月 21 日，9 月 26 日。

99 《光公使美日記》，1939 年 12 月 1 日。

　　然而從重慶政府立場來看，陳光甫的應對方法未必比胡適的方法更可取。理由是，即便是在和平時期最有利的條件下，經濟發展也必須是一個漫長過程，而且成敗未可預測。但是此時中國卻正是在為了國家存亡而做掙扎，委實難以在同時去發展經濟。再說，陳光甫方式是否能夠成功，有幾個關鍵性的因素在當時中國都不存在。這些因素包括：國內能夠維持穩定生產，地方政府必須效率高，必須維持通暢的公路系統，必須有足夠的交通工具把物品運送進入和輸出中國的國境。陳光甫爭取到的美國借款，倒是可以用來購買美國造的汽車去改善交通系統，但是重慶政府卻沒有能力去完成其他的因素，而其根本原因就是因為重慶政府在退居西南地區之後，在政治和軍事上並不能有效地控制這些地區。即使是陳光甫的方案得以實現，它也將是要經過一個極度漫長的過程，而中國的戰事卻完全無法支撐那麼長久。

　　歸根結柢的說，一個影響陳光甫方案成敗的決定性因素，是中國是否能夠保持通往國際市場的安全。而這根本不是一個經濟問題，和經濟政策本身的合理性毫不相干。它取決於戰場上的勝負，也取決於其他歐美列強對中日戰爭的態度。在陳光甫經濟計劃還沒有機會贏得重慶政府的首肯之前，它就已經被1939年間中國國內情況的惡化，和1939-40年間國際變化所顛覆。當中國經由越南和緬甸通往歐美國家的生命線面臨不斷的威脅時，蔣介石也就不得不做出結論，認為陳光甫的方案完全沒有實現的可能性。換言之，若要想救中國的話，必須另謀出路。

第四章

尋求一個新的對美政策——
1939-1940年來自各方的壓力

　　以上的歷史回顧說明了中國政府對美政策，何以在抗戰的頭三年裡，無論是在政治上，軍事上，或是財政上，都未能爭取到實質性的援助。誠然，美國民間瀰漫的孤立主義情緒，他們對中國事務的冷漠，和對日本的恐懼，都嚴重影響到其政府的行為。但無可否認的是，中國駐美外交官的作為同樣產生了重大影響。即便如此，只要美國在中國政府外交策略中只是占據邊緣地位時，則胡適和陳光甫在美國的工作成績仍然無足輕重。因為只要中國政府主要希望是從歐洲國家得到大力援助，則它大可以讓胡適和陳光甫繼續留在美國工作，並且持續他們的工作方式。

　　但是1939-40年間所發生的一連串變化，使得這個局面不再可以維持。因為中國政府所面對的內部和外部環境，已經接二連三地遭受劇烈衝擊，迫使它不得不重新評估它的政策取向。那麼這些衝擊究竟是什麼？它們又如何地改變了中國對於美國的觀感？

　　為了回答這些問題，本章將會集中討論四個因素。第一，中國國際環境遭遇重大改變。這些改變包括日本對中國所採取的新戰略，中國從國外輸入武器的急劇減少，中國和蘇聯關係的日益疏離。第二，中國內部政治和財政處境的惡化。第三，許多中國領袖們開始對中美關係現狀日益不滿。第四，有些中國領袖們對美國產生日漸升高的指望。

吾黨政人員，若不再努力奮勉為民造福，其必禽獸之不如矣。」[4]

　　到了日機大批來臨開始濫炸，蔣介石在5月4日寫道，「敵機今日傍晚來渝轟炸，延燒，**實為有生以來第一次所見之慘事，目不忍睹。**」次日又寫道，「民眾遭此苦痛，仍無一句怨恨抗戰之言，思之更難自安。對此無知純潔之同胞，其行動雖多難約束，然而其精神之可愛，使余銘感無涯，遭此慘殘不能忍受之艱難，惟見此更增余樂觀與勇氣矣。」[5]

　　5月26日，再度寫道，「民眾鵠立防空洞前，浹汗喘息，毫無怨色，而沿街燬焚之淒慘，思之心傷，未知如何得救吾民也。」[6]

　　此種慘狀不但每日呈現在蔣介石眼前，而且他個人面對日本飛機肆意炸射的屈辱感和無助感，和一般老百姓並無二致。難怪他要歎息「未知如何得救吾民也？」

　　這種敵我懸殊的空中作戰能力，對重慶政府產生了極大的壓力，使它必須儘快找到化解的出路，而唯一可以滿足中國需求的方式是仰仗外國協助。顯而易見地，解決的辦法是首先要獲得外國足夠的借款，然後用之去購買性能優良的飛機，而美國正是兩者兼備的供應者。到了1940年6-7月間，當重慶再度每2-3天就必定遭受日本飛機轟炸時，重慶政府的耐心已經磨盡，決定必須採取有效方案去徹底改變中美關係。讓中國政府特別憂慮的是西方世界輿論似乎已經趨向麻木，對於日本濫轟中國平民，不再引起震動或譴責。這些國家似乎已經認為這就是中日戰爭的現實常態。歐美國家的這種不關痛癢的態度，正是使蔣介石決定要把宋子文趕緊送往美國，改善中美關係的主要原因之一。

　　在此或許也可以為太平洋戰爭期間中美關係發展做一個歷史學的註腳。珍珠港事件爆發之前，中美兩國就飛機而言，是一個比較簡單的關係，中國政府是一個急切的買主，美國廠商和政府是賣主，兩者之間存在一個賣方市

4　《蔣介石日記》，1939年3月29日。

5　《蔣介石日記》，1939年5月4、5日。

6　《蔣介石日記》，1939年5月26日。

場（a seller's market），所以美國政府大可以拿捏作翹，對中國的採購要求可以隨意處理。但是珍珠港事件後中美兩國變成盟友，美國政府（特別是軍方）不論是出於誤解，或是蓄意製造一個不願向中國提供足夠飛機的藉口，於是提出一個論點，認為中國政府打心底不想抗日，而只是妄圖坐享其成，借重美國飛機去打敗日本，如此就可以讓中國陸軍養精蓄銳地在戰後消滅國內政敵。從美國戰時最高軍事統帥（馬歇爾、史迪威）開始，到戰後的歷史學者，由於不肯花費精神去深入了解中國的實際情況和領導人的心態，寧可自作聰明地閉門造車，又據之制訂戰略和政策，對中美軍事同盟的效率產生了重大影響。

II. 中國日趨嚴重的軍火危機

　　無論中日戰爭的規模如何隨時間而異，中國軍隊都必須有足夠的武器和裝備才能從事戰鬥。正是由於國內缺乏現代化軍火工業基礎，所以中國軍隊只有在從國外不斷獲得武器的前提下，才能繼續作戰。

　　即便在1937年8月間，國民政府已經面臨重大困難，無法如同戰前一般從多種渠道取得外國武器彈藥。一方面，義大利和德國向中國政府提出警告，不許中國從蘇聯獲取軍事援助，否則它們就威脅要加入日本陣營與中國為敵。另外一方面，法國政府又向中國提出警告，不可與義大利和德國友善而必須親近西方國家。法國同時通知中國政府，中國只有在承諾和日本抗戰到底絕不中途談和的條件下，才能獲得西方武器支援[7]。但是從中國立場作為出發點，它當然不願意在這些互相對立的國家之間做出一個明確的選擇，除非它能夠從其中一方獲得絕對支援的保證。中國真正想要的，是掌握最大限度的外交主動權，可以從不同國家購買到足夠的武器彈藥，俾能和日本進行作戰。

　　如眾所周知的，德國在抗戰前十年間，一直是向中國輸入武器和現代化

7　《顧維鈞回憶錄》，第2冊，頁420-422、442。

進行妥協時，它對中國軍火的運送速度就從 1939 年 7 月分開始明顯減少。最後到了 1941 年 3 月分，它就幾乎陷於停頓[19]。蘇聯援華軍火的逐漸枯竭，對於中國軍隊當然造成重大危機。因為中國當時國內的兵工廠的全部生產量，遠遠不足以維持國軍的戰鬥需要[20]。

　　因此，德國和蘇聯相繼對中國施行軍火限運和禁運，逐漸把中國領袖們逼向一個絕境，使他們在最短期間內必須找到另外一個可靠的軍火供應來源。如果無法達成此項目的，則中國就將會無法繼續抗戰。這個緊迫的時間因素，說明了為什麼中國領袖們感到必須重新評估他們的對美外交政策。

III. 漸行漸遠的中蘇關係

　　在前期抗戰過程中，中國政府最大的恐懼之一就是日本和蘇聯之間關係的修好。萬一這種局面發生，則中國在亞洲將面臨徹底孤立無援，日本將會從滿洲和蒙古邊境的緊張對峙得到解脫，可以把屯駐在亞洲的全部兵力用來對付中國。

　　在 1937-39 年間，即使是日本已經不斷抗議蘇聯軍火援華行為時，中國政府尚且無需擔心，因為當蘇聯和日本處於敵對地位。然而在歐戰爆發之後，蘇聯被迫修改它對中日戰爭的盤算。不久之後當蘇聯和日本簽訂了遠東邊境停火協定時，它也同時向中國政府發出通知，聲稱蘇聯政府今後在中日戰爭中將保持中立。用不著說，這個聲明著實讓中國政府大吃一驚[21]。

　　對於中國而言，更糟糕的是蘇聯政府運用公開媒體向中國喊話，勸它早日停止對日抗戰。一位不願透露身分的蘇聯領袖甚至通過媒體表示，如果像蘇聯日本這樣的世仇國家都可以重新成為朋友的話，則中國和日本當然也可以達成同樣協議。該蘇聯領袖並語含威脅地表示，如果中國不識時務地錯過

19《戰時外交》，第一冊，頁 4。又見：最高軍事委員會參謀總長何應欽報告，1941 年 3 月 28 日，《戰時外交》，第二冊，頁 530-533。

20《徐永昌將軍日記》，1940 年 4 月 2 日，6 月 18 日，7 月 19 日。

21《徐永昌將軍日記》，1938 年 5 月 4 日，1939 年 9 月 18 日。

了參加這個「遠東地區的新紀元」的機會，而一意指望仰仗西方國家協助的話，則其前途必將淪為不堪設想的悲慘。蘇聯真正的意圖是中國能夠幡然醒悟，排拒英國影響力，放棄對抗日本[22]。1939年10月31日，蘇聯外交部長莫洛托夫發表演說，強烈抨擊西方民主國家，同時表達願意和日本達成根本性改善關係。而他的演說對於中國問題則隻字不提。這就讓中國政府更加憂心忡忡[23]。

這一連串事件的發生，迫使中國政府不得不重新檢討中蘇外交關係。蔣介石在其住所召開一個高層會議（1939年11月7日），其結果是中國領袖們決定由蔣介石一方面去促請蘇聯政府不可對日本進行妥協，另一方面去敦促英國政府維持英蘇關係，不要發生變化。但是中國同時也向英國政府提出保證，萬一英蘇關係惡化時，中國絕不會放棄和英國的友誼[24]。如此說來，在1939年末，蔣介石和幕僚們已經開始接受蘇聯可能背棄中國去和日本修好的風險，而那些歷來堅持中國必須繼續相信蘇聯的領袖們（如孫科），則顯然已經成為少數派[25]。

不管從何種角度來看，這都是處於極度逆境中的國民政府所做出的一個重要無比的決定。蘇聯是一個緊鄰大國，其軍火的供應攸關中國抗戰勝敗，而中國政府此時一方面明知這種開罪於蘇聯的高度風險，另一方面又完全沒有把握能夠爭取到任何西方國家去取代蘇聯地位和幫助中國，然而他們依然做出此項決定，誠可謂表現出極大的毅力和決心。為了不放棄最後一絲希望，蔣介石還是在1939年12月19日致函史達林向蘇聯建議，中國可以在戰後向蘇聯提供中國領土作為蘇聯的軍事基地，作為當前蘇聯對日參戰的交換條件[26]。用不著說，這種建議對於蘇聯而言毫無引誘力，因此很快就被蘇聯拒絕。

---

22 《徐永昌將軍日記》，1939年9月19、20日。

23 《王世杰日記》，1939年11月1、4日。

24 《王世杰日記》，1939年11月7日。

25 《翁文灝日記》，1939年12月18日。

26 John Garver, *Chinese-Soviet Relations: 1937-1945*（Oxford Nniversity Press, 1988）, pp. 96-98.

由於歐戰爆發而引起的複雜局勢，只是造成中蘇關係惡化的諸多原因之一，但是它至少是在中國政府所能夠掌控的範圍「之外」的一個原因。但是與此同時，還有另外一個導致中蘇關係惡化的原因，卻完全在中國政府可以掌控的範圍「之內」，那就是中國對於蘇聯入侵芬蘭的態度。在這個問題上，國民政府的選擇是維護它本身的原則，並因此而付出沉重代價。

事件起源是蘇聯紅軍於1939年11月30日大舉入侵北歐小國芬蘭，而芬蘭政府當即向國際聯盟提出呼籲。這兩個事件立即使中國陷入左右為難局面，一方面是國際道德和公義的考量，另一方面是國家實際利益的考量。從道德角度出發，儘管中國對於遙遠的芬蘭國甚少有來往，但是大多數中國領袖們都譴責蘇聯的侵略行為，因為它和日本侵略中國的手法如出一轍。反過來說，中國又難以開罪像蘇聯這麼一個大國，特別擔憂的是會因此而打擊到中國本身的對日抗戰。換言之，中國不願在國際聯盟的投票中贊成制裁行動而開罪蘇聯，然而同時它也想到，中國政府正是引用同樣的道德和法律原則，要求國際制裁日本在東三省的暴行，因此中國務必言行一致[27]。面對如此困境，蔣介石備受煎熬。最終他排除了幕僚們的警告，決定向蘇聯表達其立場。除了召見蘇聯駐華大使深談三個小時，和派遣賀耀祖赴蘇聯解說之外，還決定「寫史達林信，約千餘言，審慎再四，決以直言告之。」一週後，又再寫了兩封信給史達林。（1939年12月2、9日）

因此，當國際聯盟最後為是否開除蘇聯會員資格而投票時，中國政府拒絕了蘇聯政府的要求，沒有投下支持蘇聯的一票，它反而是參加了北歐和波羅的海國家集團而投下了棄權票。雖然中國政府再度召見蘇聯駐華大使加以解說，但是中國之沒有順從蘇聯政府意志去投票，當然招致後者極度不滿[28]。

中國棄權票並沒有平息蘇聯的憤怒，因為看在後者眼裡，中國的行為無疑是在與英法兩國勾結去和蘇聯作對[29]。中國此時國內輿論對蘇聯芬蘭紛爭的

27 王世杰致胡適函，1940年1月6日，中國社會科學院近代史研究所中華民國研究室編，《胡適任駐美大使期間往來電稿》，第2冊，頁449。

28 《王世杰日記》，1939年12月9、15日。《蔣介石日記》，1939年12月16日。

29 楊杰（莫斯科）致蔣介石電，報告莫洛托夫（Vyacheslav Molotov，蘇聯外交部長，1939-

導向（和對蘇聯的批評），也引起蘇聯強烈不滿。不久，在國際聯盟開除蘇聯會員資格之後，莫洛托夫和弗洛西羅夫元帥立即中斷了中蘇之間的軍火供應的談判，並且要求中國政府對於它在國際聯盟中的行為提出解釋[30]。蘇聯政府明白表示，中蘇兩國必須先解決兩國間爭端，在獲得蘇聯滿意後，兩國才可以恢復有關軍事援助的對話[31]。非常明顯地，中蘇關係已經走入自從抗戰以來的最低谷。

即便情況如此糟糕，而蘇聯的壓力又如此漫天蓋地而來，蔣介石也變得更加憤怒，而且決定予以反擊。1940年1月21日，蔣介石召見蘇聯駐華大使，進行了一場嚴峻的衝突。蔣介石明白告訴蘇聯大使稱，中國絕不會向蘇聯乞求援助，而蘇聯政府也必須獨自去估算，以軍事援助中國是否符合蘇聯本國的利益[32]。緊接著，蔣介石又向中國駐蘇聯特使賀耀祖嚴詞訓斥，提醒後者在執行任務時必須時時刻刻記住中國的國家尊嚴，切不可向蘇聯乞求軍事援助。事實上，他訓示賀耀祖做出最壞打算，並表明除了和史達林當面會商之外，拒絕和任何其他蘇聯官員會談[33]。就這樣，在中蘇關係經過了將近40個月的合作之後，中國政府採取了一個新立場，迫使它把自己和這個最重要的軍事夥伴的關係，推到全面決裂邊緣。因此，到了1940年初，中國面臨迫於眉睫的需要，就是在國際上找到一個比蘇聯更可靠的支持者。

大約從1939年上半年開始，撲朔迷離的國際局勢讓中國政府一時還看不出一個明確的發展軌跡。一方面，美國國會對中立法修正案的膠著，和對聯邦政府處處掣肘，看在中國政府眼裡，顯然對中國相當不利，而英國和蘇聯未能簽訂協定，也讓中國感到失望。更何況，中英平準基金用盡後，英國的不合作態度更是讓蔣介石火冒三丈，忍不住寫道，「英國老獪之刻薄，世

1949）對中國政府所表達的不滿，1940年1月9日，《戰時外交》，第二冊，頁362-363。

30　賀耀祖（莫斯科）致蔣介石電，1940年1月9日，《戰時外交》，第二冊，頁363；賀耀祖莫斯科）致蔣介石電，1940年1月12日，《戰時外交》，第二冊，頁364-365。

31　賀耀祖（莫斯科）致蔣介石電，1940年1月19日，《戰時外交》，第二冊，頁367。

32　蔣介石與蘇聯大使在重慶會談記錄，1940年1月22日，《戰時外交》，第二冊，頁369-370。

33　蔣介石致賀耀祖（莫斯科）電，1940年1月31日，《戰時外交》，第二冊，頁521。

無其匹，難怪倭（日本）德（德國）俄（蘇聯）意（義大利）皆與之為敵也。」[34]

但是另外一方面也有對中國抗戰有利的發展。首先，在美國方面，蔣介石認為羅斯福總統內心想法和他本人相近，急於對日本進行制裁。而其民間輿論也愈加對中國友好。其次，日本和蘇聯在外蒙古邊境的衝突，日本和英國在天津的摩擦，和英國與法國在新加坡就軍事合作所進行的會談，都讓蔣介石感到鼓舞[35]。而中國若想要對這些有利的國際局勢善加利用的話，則最重要的手段是進一步加強和美國的關係。

乙. 國內情勢的加速惡化

I. 財政困境

當中國政府首次向美國要求借款時，它的需求量並不大，部分原因是當時並沒有預料到戰時財政負擔會變得如此沉重，而另外部分原因則是美國尚未成為借外債的主要對象。1937年9-10月分，宋子文曾經做過一個預估，認為中國經濟大概可以支持兩年或是更久的戰爭[36]。蔣介石和幕僚們原本也曾經估測戰爭應該可以在三年內結束。諸如此類的估算，使得中國政府相信國家有足夠資源去從事抗日。當時既有蘇聯貸款，又有蘇聯和德國軍工設備和武器的支援，而中國又是以「以物易物」的方式獲得，因此看來可以長期維持無虞。至於美國借款則只具象徵性的外交意義和政治含義，其功能超過實質上的財政意義。假如國際情形果真循此軌跡發展的話，則對美國借款工作大可以好整以暇從容進行。不幸的是，1939-40年間局勢的發展，證明中國政府此項設想太過樂觀。

34《蔣介石日記》，1939年7月18日。

35《蔣介石日記》，1939年6月30日，7月15、18日。

36 吳景平，《宋子文評傳》，頁296。

　　首先，開戰初期戰費的急劇增加，大大超出領袖們所想像者。以蔣介石的軍人背景，他從來對於財經問題就是外行。在以前和各省軍閥們混戰期間，他只需要發號施令，要求部屬搜求財源，而後者也每每施展出各種手段完成指標，姑不論這些手段的合法性如何。從蔣介石最初的看法，既然以前每次內戰的財政需要都可以如願以償，則中日抗戰也必然可以遵行同樣模式，因此並沒有跡象顯示他當時對於抗日戰爭的財政需求，曾經給予特別關注。他在1937年7月間的心情，不過是以其堅強意志力，下定決心要傾盡中國的一切國力和日本人做殊死搏鬥。果不其然，他最早的決定就是命令財政部長必須每個月提供1億元法幣用於作戰。除此之外，每個月還要籌備6千萬元應付正常國防支出[37]。

　　但是情況惡化的速度遠遠超出政府意料之外。在開戰後的頭12個月之內，中國政府的財政總收入只有1億8千萬元法幣，而支出則達15億元[38]。政府此後不得不急速而且不斷地上調戰爭的財政支出[39]。面對這種狀況，通貨膨脹變成是無可避免。

　　中國對於外國軍火的高度依賴程度只能使財政情況更為拮据。根據何應欽報告，僅僅是從1937年7月到1938年12月為止，中國就向國外購買了7億元法幣的軍火[40]。由於戰爭規模急劇擴大，使得戰費也跟著急劇上漲。根據何應欽在1940年9月分提出的報告稱，在1937-39年將近三年間的戰事過程中，全部戰費達到35億元法幣。而僅僅是在1940年一年之中，戰費就躍升到35億元。根據何應欽當時估計，1941年的戰費恐將超過60億元[41]。

　　用不著說，中國政府歷來用來購買西方國家軍火的外匯存底很快就使用枯竭，因為戰前原本持有的外匯儲備根本無法應付這般無底洞式的需求。相對外幣而言，法幣急速貶值。而在國內市場上，法幣的官價和黑市價格的差

---

37 財政部次長徐堪報告，何應欽報告，見：《王世杰日記》，1937年7月27日。

38 財政部長孔祥熙報告，見：《王世杰日記》，1938年7月7日。

39 財政部次長徐堪報告，見：《王世杰日記》，1938年9月11日。

40 《王世杰日記》，1939年1月23日。

41 《徐永昌將軍日記》，1940年6月14日，9月16日；《王世杰日記》，1940年11月18日。

的極限[49]。

　　更有進者，既然大多數外國都希望獲得同樣的中國產品，中國政府必須擔心的是，這種還債方法將無法持久[50]。翁文灝心懷憤懣地指出，假如英國、法國、蘇聯和美國都依然堅持使用這種交易方式的話，則它們口口聲聲說是想要幫助中國的說法，就無非只是假冒偽善的宣傳伎倆而已，因為中國壓根就沒有能力可以去滿足它們的條件[51]。中國西南各省固然有豐富的天然資源，但是要想開發卻絕非易事，何況即使在開發工作完成之後也未必能夠支持長期抗戰（運輸困難），而這卻正是陳光甫對重慶政府所作出的他自以為是最重要的建議。到了1939年中期，有些政府領袖們已經得到一個完全不同的結論，那就是如果想要把抗戰進行下去的話，政府就必須找出另外一條途徑去獲得國外援助，而他們對美國的期望也隨之逐日提高，認為只有美國才能夠以更慷慨的方式對中國做出更大的幫助[52]。事實上，孔祥熙選擇在此時向蔣介石提出詳盡財政報告，其動機很可能是他承認他以前開發財源的方法已經走到窮途末路，無以為繼。因此從今以後中國必須改弦易轍尋覓新財源，才能徹底解決問題。

　　幾乎打從抗戰一開始，就有中國領袖們指出，中國的經濟條件根本不容許國家從事長期作戰。但是蔣介石一旦下了決心要進行抗戰，對於這類言論一概嗤之以鼻，根本不予理睬。在汪精衛出走之後，在重慶的政治人物更是無人敢重新提起這種論調。但是1939年的財經現實越來越險峻，使得那些原本不支持與日本談和的人士們，也不得不承認，中國的經濟更可能正在走向總崩潰的路途上[53]。到了1940年初，即使是政府內的部分領袖們也不得不

49 《王世杰日記》，1939年1月23日。

50 翁文灝致胡適函，1939年11月11日，《胡適遺稿及秘藏書信》，第32冊，頁336-340。

51 翁文灝致胡適函，1940年1月7日，《胡適遺稿及秘藏書信》，第32冊，頁342-344。

52 張忠紱致胡適函，1939年6月4日，中國社會科學院近代史研究所中華民國研究室編，《胡適任駐美大使期間往來電稿》，第2冊，頁420-421。

53 張蔚慈致胡適函，1939年5月25日，中國社會科學院近代史研究所中華民國研究室編，《胡適任駐美大使期間往來電稿》，第2冊，頁418-419。

承認，經濟因素可能將成為是該年度裡抗日戰爭中最嚴重的危機[54]。與此同時，蔣介石也開始向美國提出一連串緊急警告，指出中國的經濟在1940年將開始陷入嚴重危機。

的確，至少到了1940年初，蔣介石已經有充分時間去消化孔祥熙秘密報告的含義，而且也相信中國的確是面臨重大危機[55]。一旦蔣介石感到大事不妙時，他才開始更積極地向美國政府提出要求給予中國更大更多的援助。因此，蔣介石給美國政府的文電所代表的是，他終於把中國政府官員和老百姓早已普遍熟悉的情況，心不甘情不願地向美國人袒露。有趣的是，某些歷史學著作中，有人經常把它們當成是蔣介石故意對美國人誇大其詞和危言聳聽，類似一種手段拙劣的欺騙和敲詐伎倆。

如前文曾經提到，當陳光甫仍在美國時，他基本上認同美國政府處理中國事務的方式，那就是慢悠悠地給予中國一系列小數額商業借款。但是等到他在1940年初返回中國之後，他對中國經濟危機的嚴重性也得到了更深刻的了解。在一封給胡適的私信裡，他花了很多篇幅詳細敘述回國後的所見所聞，同時指出，政府控制區內老百姓最關懷的問題是物價高漲，生活越來越困難[56]。面對飛漲的物價，政府在香港設立的鈔票印刷工廠，根本來不及供應國內市場的需求。到了1940年底，政府的法幣在香港印刷後秘密空運到中國，每個月約120批次，每批4百萬元法幣[57]。但是政府掌管財經事務的部會，彼此缺乏協調，也拿不出有效的辦法，以致印出來的鈔票永遠不能達到市場需求[58]。

在這種情形下，1939年底和1940年初，國內開始出現社會秩序不穩現象。四川本是稻米生產豐富的省分，然而在1940年初卻因為糧價過高而發

---

54 《王世杰日記》，1940年1月1日。

55 《王世杰日記》，1940年3月16日。

56 See: Letter from K. P. Ch'en to Hu Shih, July 15, 1940, in Hornbeck Papers, Box 80.

57 《徐永昌將軍日記》，1940年11月27日。

58 《王世杰日記》，1940年10月2日。

生動亂，而政府卻沒有能力將之平息。雲南和貴州等省的糧價也急速增加[59]。從1939年夏季開始，危機接二連三發生，在孔祥熙領導下的財政部完全無力應付局面，迫使蔣介石最後不得不求助於宋子文，要求後者盡速從香港飛往重慶，去謀求解決之道。孔宋兩人多年來的摩擦，使得兩人之間根本沒有合作空間，而這些逐日加深的財政危機，只是向他們提供了更多機會去進行互相指責和推諉責任[60]。宋子文表明態度，如果要他來承擔挽救中國財政危機，則先決條件就是孔祥熙必須免職，而孔祥熙則表明他將會盡一切努力去保護自己的職位。

到了1940年初，中國領袖們的估計是日本在中國的軍事攻勢已經喪失其銳利之氣，所以從今以後，日本在中國的作戰目的，將會轉型變成一場長期性的經濟鬥爭。國民政府的法幣政策此時也開始承受雙重打擊。一方面日本宣布在上海成立汪政權銀行，並發行自己的貨幣，另一方面，歐洲的逆勢又繼續加深。兩者共同的影響，是造成新一輪的物價上漲。這些發展都讓重慶政府憂慮，除非它的外匯狀況得以改善，否則其財經情況將加速惡化。

就是在這些情況下，美國借款的重要性變得更為突出，而這種新認識使得重慶政府更積極地想要爭取到更多和更大數目的現金借款，而這正是胡適和陳光甫歷來所最不願意去達成的任務。為了要開始新一輪談判和開拓新作風，蔣介石向羅斯福透露他擬委派一位新的特使前赴美國主持其事。這就是宋子文日後赴美的前兆[61]。

II. 政治和軍事上的挫折

A. 軍事危機

中國在1939-40年間所遭遇到的政治和軍事挫折，進一步加深了危機。

---

59 《王世杰日記》，1940年3月16日。

60 《王世杰日記》，1939年7月18、20、24、26日，8月8日。

61 CKS cable to FDR, May 17, 1940, in *Morgenthau Diary*（*China*）, pp. 173-174.

1938年底，在武漢和廣州相繼淪陷之後，在整個中國的陸軍中，再也沒有一個師能夠保持它在戰前的完整性。換言之，它們都在戰鬥中遭受到不同程度的打擊而實力大為削弱。國民政府在後方各省擴大實施徵兵制度的結果，是在民間引起了極大反彈。而政府的焦土政策，雖然充分表露重慶政府的抗日決心，卻同時也造成民眾流離失所，以及種種難以形容的傷痛。其中尤其是在長沙的失誤，造成全城付之一炬，更是遭到民間一片責難之聲[62]。雖然蔣介石似乎並未因此而動搖他的抗戰決心，倒反而造成他加緊督促部下進行各種反攻計劃。然而無可懷疑地，汪精衛自重慶的出走，不但給政府內部帶來了極大衝擊，同時也為戰時中國的外交關係產生了意想不到的複雜後果。因為打從抗戰開始後不久，日本政府就不斷地聲稱，拒絕以蔣介石為談判對象。現在這個威脅似乎終於看似具有實質性，因為日本終於扶植出另外一個政權可以作為和平談判對象，而置重慶政府於不顧。

　　重慶政府領袖們清楚地了解到，偽政權建立可以幫助日本立即向西方國家施加外交壓力。如果軟硬兼施地靈活運用，則日本就可以離間重慶和華盛頓之間的關係，進而導致美國和中國撇清關係[63]。出於這番考慮，重慶政府想盡千方百計要去阻止汪精衛偽政權成為事實。既然汪精衛的出逃已經嚴重地打擊了中國的民心士氣，則最有效的扭轉辦法莫過於讓國軍打一場大勝仗，去消弭民眾的悲觀情緒，證明重慶政府依然是一個實體政權，也同時去警告日本，和汪精衛合作絕無前途可言。

　　儘管國軍在1938-39年間已經屢屢遭受軍事挫敗，但是許多高級將領依然堅信中國軍隊有能力給予日軍沉重的打擊。基於這個信念，他們開始著手準備發動一場大規模攻勢，一般稱之為民國二十八年的「冬季攻勢」[64]。並於1939年12月12日正式發動攻勢。雖然攻勢計劃原本的目的是進行長期攻擊，但是事與願違，在大多數戰區裡，攻勢維持不到兩個星期就偃旗息鼓，

---

62 陶希聖致胡適函，1938年12月31日，梁錫華選注，《胡適秘藏書信選》，第1冊，頁171-172。

63 翁文灝致胡適函，1939年11月11；《胡適遺稿及秘藏書信》，第32冊，頁336-340。

64 有關冬季攻勢的戰略構想，部署和執行，參見：Hsi-sheng Ch'i, *Nationalist China at War*, pp. 56-63.

無力為繼。只有第四和第五戰區的某些部隊，能夠把戰鬥堅持到1940年1月底，然後也依然不了了之。冬季作戰號稱動員了幾乎是整個國軍，戰線蔓延數百英里，但是成果令人大失所望。在六個星期的戰鬥中，國軍全部的戰果是逮捕295戰俘、馬匹1141匹、步槍2506枝、機關槍193挺、火炮42門、機動車輛390部。即便是這些數字仍然大有可疑[65]。說得殘忍些，它只不過是一場雷聲大雨點小的軍事鬧劇。

在1940年初舉行的戰後檢討中，重慶政府把失敗的小部分責任歸於共產黨軍隊在山西、河北和山東的干擾，牽制了政府軍，但是它把最大的責任歸於國軍低劣的作戰表現[66]。依據政府內部估計，國軍在戰鬥中損失的槍支達到7%，而日軍的損失只不過1%。儘管政府軍在個別小戰場獲得勝利，但就總體而言，冬季攻勢是一個戰略失敗，充分暴露政府軍缺乏訓練、紀律、領導才能和戰鬥精神[67]。日軍在中國的地位絲毫不曾受到動搖，汪精衛政權的誕生也沒有受到延誤。

冬季攻勢的徹底失敗，終於使蔣介石驚覺到，原來中國軍隊根本沒有能力把日軍趕出廣大的淪陷區。更令人不安的是陳誠將軍在1940年夏季提出的報告宣稱，日軍已經向武漢地區集結部隊，其企圖很可能是想要在9月間攻打四川省。當政府提出對策希望派遣精銳部隊馳援湖北省西部以阻截日軍的進展時，陳誠又被迫承認，這些所謂的「精銳部隊」其實早就疲憊不堪，根本沒有能耐去阻止日軍的推進[68]。如果中國想繼續抗戰，則中國軍隊需要比過去從外國得到更多更好的裝備，和接受更嚴格的訓練。換言之，到了1940年初，許多中國領袖們都持一種看法，那就是國軍未來戰鬥力的提升，必須高度依賴新的軍事援助來源，而在當時情況下，也只有美國最有能力提供這種援助[69]。

65 《徐永昌將軍日記》，1939年12月29日，1940年1月22日。

66 《徐永昌將軍日記》，1940年1月13日、3月6日、4月11日。

67 《徐永昌將軍日記》，1940年4月8日、5月17日。

68 《王世杰日記》，1940年8月24日。

69 《王世杰日記》，1939年12月31日，王世杰與紐約時報記者 Frank Tillman Durdin 談話記錄。

B. 地方勢力集團的阻礙

國民政府還面臨著一個同樣重大的危機，讓蔣介石憂心如焚，但是卻無法說出口，也看不出解脫的曙光，那就是抗戰內部的不團結。這個現象其實還經過了一段演變過程。

早在武漢淪陷之時，國民政府抗日陣營內部的不團結，中央政府和地方政府之間的微妙複雜關係，就已經盤踞蔣介石心中。最初蔣介石對於長期抗戰還是充滿信心，認為他能夠讓中央有充裕時間從容布置和安排內部的統一與團結。四川省軍事領袖劉湘死後，蔣介石曾經一度以為川事將會漸趨穩定。在他當時看來，「若中央掌握四川，果能建設進步，則統一禦侮更有把握矣。」[70]豈知才不過一個月時間蔣介石就痛切體會到這個願望完全難以實現。4月裡，他就抱怨，「川中軍政之不合作，縣長與管區之不合作，保甲長與士紳之不合作。」僅僅是蔣介石自己列舉的問題就有兵役宣傳抽籤不切實，新兵伙食費遭長官剋扣中飽，醫官延擱不肯檢驗壯丁，輕易驗收體能不及格之壯丁，人民被保安隊在旅行中途強行拉去補空缺，新兵凍餓或被打死，軍政與管區不合作，軍事單位集體包煙（鴉片）等等，不一而足[71]。當然蔣介石也提出一些處理方案，比如說，「積極整頓四川，統一西南，鞏固後方，為今日惟一之要務，猶未著手也。應於四川實行地方自治。」[72]

雖然蔣介石對於地方勢力的割據似乎毫無對策，但是他的日記卻很能沉痛地說出重慶政府的艱苦處境。其實國民政府遷都重慶之時，就已經預知四川軍人不好對付，所以特別任命一位四川籍軍人王瓚緒為主席以求緩和，但是仍然無法消弭省內各個軍政派系的鬥爭。到了夏季，離重慶不過百來里路的成都（四川省會和最大城市）軍人就發起驅逐王主席風潮。對國民政府造成極大震撼。

蔣介石在1939年8月11日寫道，「四川軍閥又要爭奪私利，目無中央，

70《蔣介石日記》，1939年3月4日。

71《蔣介石日記》，1939年4月21、23日。

72《蔣介石日記》，1939年5月31日。

目無外患，痛憤無已。此為內亂內訌，雖為川事，實最嚴重。」又寫道，「為川閥內訌事深憂切痛，外患至此，尚有軍閥如此作惡，愚魯無識之徒，不可以包容為也。」面對此種困境，蔣介石只看出兩條路。一是祈禱上帝垂憐，「上帝佑華，必不使此事表面化，而使能化險為夷也。上帝難人不其甚乎？」（1939年8月11日。）二是決定由自己兼任四川省主席，冀望以其個人聲望可以壓制地方軍人[73]。

　　豈知四川軍閥並不領情，以致蔣介石只好忍氣吞聲地在8月18日寫道，「對川軍將領之覆電，用逆來順受之法以處之，自較妥當。」蔣介石除了要安撫軍事領袖之外，還要對他們的家屬和代表進行慰勞羈縻，才能暫時渡過危機。正如同他在8月19日所寫，「惟終能動心忍性，再以逆來順受之道處之，以求不致潰決，則幸矣。」而「潰決」二字也的確表達了蔣介石當時對於內政危機的憂慮[74]。

　　但是四川軍人的桀驁不羈，並未得到根本性解決，這一點蔣介石完全認識清楚。正如他在8月間所寫，「四川糾紛雖熄，然其事未了也。」[75]他在8月31日日記再寫道，「川政糾紛，鄧（錫候）潘（文華）各部反對王瓚緒主席，**幾見兵戎**，幸得沉靜處決。」他用「兵戎」相見來形容，可見事態極為嚴重。到了9月中旬，他又寫道，「川事複雜不定，殊為可慮，**此乃為一切問題中之根本**。故外交無論如何吃緊，仍以此為念也。」[76]換言之，即便是在歐戰爆發而造成中國外交上重大衝擊之時，蔣介石急需解決的還是內政問題。

　　事實上，不但只是四川，全國各省地方軍政勢力早已根深柢固，而且盤根錯節，使得重慶政府幾乎難以著手。隨著國民政府軍事力量的衰退，地方勢力也相應抬頭。正在四川問題膠著之際，雲南的龍雲又傳出新的不穩跡象。10月初，龍雲毫無顧忌地散布傳言，稱四川發生兵變，而且拘留中央政

73《蔣介石日記》，1939年8月13日。

74《蔣介石日記》，1939年8月18、19日。

75《蔣介石日記》，1939年8月26日。

76《蔣介石日記》，1939年9月16日。

府官員作為人質。蔣介石寫道,「幸災樂禍與嫉忌恐懼之念昭然若揭。外患至此,而內憂如彼,可痛也乎。抗戰期間軍閥如此,可謂毫無心肝,其與汪奸相差無幾矣。」[77]過不多久龍雲又向國民政府提出一個難題,要求獲得「行營主任」的名義。當然如果此例一開,則其他地方軍人必然競相效法,益發伸張地方自主的身價。

回顧抗戰過程,一旦國民政府退居重慶之後,它對全國各省地方實力派的弱勢都更為明顯,即便是社會上認為是抗日陣營的中堅分子也不例外。因此比如說,雖然廣東軍人歷來被認為是與國民政府關係最密切而且抗日立場最堅定的一群,但是連要讓廣東籍將領具名去譴責汪精衛叛國一事,蔣介石也需要親自參與花費大幅精力和口舌,才能達到目的,而且他還把它視為是一項重大成就,可見當時地方勢力之龐大[78]。而在歐戰爆發後,當國民政府需要和重要軍事領袖商議如何對付嶄新局面時,蔣介石以委員長身分,居然會為了能夠請到李宗仁、白崇禧、鄧錫侯、潘文華等幾位軍人應邀到重慶出席會議,而大感安慰[79]。可見其控制權之薄弱程度。

1939年12月初,蔣介石又為內政事感慨不已地寫道,「心神時覺憂患,以軍閥心理不易改變,國家前途時多荊棘,藉外敵以為要求升官之機,殊堪痛苦,而又不能不予也。」[80]

才過不了幾天,蔣介石再度把他和地方勢力團體不和的痛楚講得更透澈,「昨日以川滇政客與軍閥有縱橫閉闔之醞釀,而桂白(崇禧)對反攻南寧之部署,自用私心,不肯遵令處置。新疆盛世才有扣留賀耀祖之消息。國內軍閥之惡劣,毫無國家觀念,對於國家危急,人民痛苦,軍隊死傷,中央艱難至此,若彼輩只圖私利,惟恐國家之不亂。思之痛楚,無以復加。終夜不得安寢,茫茫前途,究何所極?政客軍閥無心肝,與其忍心害國至此,可否極矣。惟有上帝與實力,二者合而為一,方能解決困難。至此乃知鄙僻之

77《蔣介石日記》,1939年10月7日。

78《蔣介石日記》,1939年8月31日。

79《蔣介石日記》,1939年9月9日。

80《蔣介石日記》,1939年12月2日。

俾得以全力擊敗中國。其次是，只和英美法三個國家妥協，專心對付中國和蘇聯。第三是，和英美法和中國取得妥協，而一意對付蘇聯。在蔣介石判斷中，日本最可能採取的策略是尋求和英美法三國妥協，集中精力對付中國和蘇聯[88]。因此，要防止這個局面成為事實，中國必須拉攏英美法三國。不幸的是，中國對於英法兩國的外交動向，很難產生影響力。所以剩下來只能循由美國途徑，才能發揮影響英法的效果。

豈知過不了兩天歐戰爆發，就使得中國的外交選擇受到更嚴峻考驗。此時中國政府所面對者不再是理論層次的推想，而是關乎國家命運和中日戰爭前途的生死存亡的抉擇。蔣介石當然不能置身事外，而是反覆思考中國何去何從？依照他的想法，中國面對歐洲最關心的問題，是日本將會採取何種態度，進而影響中國應該採取何種對策？

在蔣介石看來，中國應該密切關注幾種國際形勢的發展。其一，設法阻止日本參加歐戰。其二，阻止蘇聯不要向日本妥協。至於中國是否應該加入歐戰，則又有不同的考慮。在開戰之初，蔣介石對於英法兩國的戰力仍舊存在樂觀估計，認為「歐戰勝利必屬英法」。既然如此，則「我必須提前加入英法陣線，使倭不能加入。」這個選擇有兩個優點。首先，如果中國加入英法陣線，則即使日本和蘇聯達成妥協，也無法對中國加重危難，因為中國西南的防務（接近英法殖民地的緬甸和中南半島）將為之加強。其次，由於中國搶先加入英法陣線，可能導致日本反對英法，則對中國更為有利。「我國對歐戰之政策，主旨在參加民主陣線，以為他日媾和時，中倭戰爭必使與歐戰問題聯帶解決也。故絕對阻絕倭寇參加英法戰線也。」

即便是萬一在中國加入英法陣線之後日本也隨即加入同樣陣線，中國也不會因之而改變其抗日決心。正如他寫道，「則我應宣明，**抗倭之立場自主不變**，必以九國公約與國聯盟約為基礎，**必須我領土與主權行政之完整而後已也。**」[89]最後一點值得特別注意，那就是蔣介石的這些國際盤算，都是圍繞

88《蔣介石日記》，1939年8月30日。

89《蔣介石日記》，1939年9月2日。

著中國如何可以借力使力，善用列強的合縱連橫，去幫助中國遂行其抗戰的目的。即便是中日兩國分別的盤算把它們推進同樣一個陣線之內，中國抗日的基本國策，也不會為之稍改。這和蔣介石在國內嚴厲打擊談和派是步調一致的。

當然，歐戰所提供的可能性不止如此而已。因此蔣介石也考慮到其他的可能性。第一個可能性有關蘇聯和日本的關係。比如說，如果蘇聯拒絕和日本妥協，或蘇聯日本開啟戰端的話，則「我應以俄為重心。」如果蘇聯和日本達成妥協時，則中國應該繼續獨立對日抗戰。

第二個可能性有關日本和英法的關係。如果日本對於歐洲採取中立態度，而英法兩國為了安撫日本而不與中國接近，只是保護其各自在中國的殖民利益時，這本身就對中國有利，因此「故我對英法亦可諒解。」但是如果英國萬一支持日本進攻蘇聯時，則中國必須與蘇聯站在一條陣線共同抗日。

第三個可能性有關中國和德國的關係。蔣介石非常明朗地表示，「聯德實為下策，當無此事。」這個立場似乎不僅僅是以權謀為出發點，而是反映出他一個頗為一貫的道德評價。因為早在1939年春天，蔣介石就曾經對希特勒持嚴厲批評態度。他在4月28日日記中寫道，「希脫勒演說驕矜得意，目無世界，其敗焉必矣。」[90]證諸當時西方列強不少政府首領面對希特勒的興起，不是沉默旁觀，就是同流自保，而蔣介石先前就曾為德國召回軍事顧問和插足中日停戰事，而不惜冒著與希特勒決裂的危險，現在又斷言其必敗，不知當時列強袞袞諸公，是否也有採取同樣鮮明的立場者？

歐戰一旦爆發，蔣介石又在日記中寫了另外一段話，「（九月）一日德國進攻波蘭，不知從此殺傷無故（辜）之人類，伊與何底？由中國人民之犧牲，而推想於波蘭以及以後全歐人類之劫運，誠不堪設想矣。希脫勒之肉其足食乎？」[91]同樣值得注意的是，蘇聯在中國政府的國際視野裡歷來占據極端重要地位，但是萬一蘇聯參加德國陣線（甚至包括日本）和英法對抗時，中

90《蔣介石日記》，1939年4月28日。

91《蔣介石日記》，1939年9月3日。

國將要如何應對？蔣介石的答案依然明確直爽，那就是中國仍將保持其獨立繼續對德日作戰的立場不變[92]。

第四個可能性是中日關係。蔣介石簡單明瞭地以一句話解決，「與倭謀臨時妥協**乃為無策，決不出此。**」

經過這一番對世界大局全盤性的檢查和推演之後，蔣介石終於把焦點放在第五個可能性，那就是中美關係。要言之，中國必須運用美國牽制英法，阻止後者向日本壓力低頭[93]。蔣介石在和幕僚們商議之後，得到的結論是，不管歐戰如何發展，遠東問題之解決必須以九國公約為依歸，而「其重心在美國。」更進一步說，中國政府「對歐戰參加與否應視美國態度為標準。」[94] 說到最後，美國的態度不但在國際事務上舉足輕重，而且已經成為影響中國政府外交動向的最重要參考指標。

以上這一切跡象都顯示，歐戰爆發使得在未來抗日戰爭的年歲裡，美國的動向將會對中國產生決定性影響。這不但是由於歐戰使老牌的西方帝國主義者在歐洲戰場上自顧不暇，從而使它們在遠東事務上不得不容忍默認日本的壯大。而且在蔣介石的判斷裡，日本也必然會趁機大展身手。他在此時就預言，日本必然會做出大膽行為，特別是它的少壯軍人，如果不主動北上攻擊蘇聯，就會南下攻擊英國殖民地。（1939年9月2日）除了戰略的導因之外，蔣介石也堅信日本民族的仇視和排斥白人，才是根本原因[95]。

這些跡象都標誌著，美國在中國政府領袖們的外交視野中，逐漸由舞臺的邊緣走向中央。到了9月下旬，蔣介石的這個信念就更為明朗化。他寫道，「英法帝國主義實較其他獨裁國為可惡，現時惟望美國能表明態度，防止英法與倭之妥協而已。」[96]

一旦美國在中國政府外交政策上的重要性大幅提高之後，中國又如何將

92《蔣介石日記》，1939年9月6日。

93《蔣介石日記》，1939年9月1、2、3、4日。

94《蔣介石日記》，1939年9月7日。

95《蔣介石日記》，1939年6月5日。

96《蔣介石日記》，1939年9月18日。

對美外交予以實質化？

　　總結而言，中國逐漸形成的對美國觀感和期望，大約包含以下幾個因素：中國對於美日關係的觀察，它對於美國援華數量不足的失望感，它自認為對於西方國家在安全措施上作出了重大貢獻而沒有受到承認，以及中國政府內部對於胡適和陳光甫在1937-40年間所推動的對美政策的失望和求變。這些因素綜合在一起，其所產生的效果是向政府施加了壓力，去探求一個新的對美政策。

I. 中國對美日關係的新思維和對美國援華數量不滿情緒的升高

　　從重慶為出發點看，1939年終於顯示美日關係正在走上衝突之路。重慶領袖們最初的反應，是把1939年每一件美日衝突的個案都看成是對中國有利。他們密切關注美國駐日大使格魯（Joseph Clark Grew）向日本政府所遞送的一連串言辭激烈的照會和日本政府的反駁[97]。他們也密切注意到美日兩國公共輿論所表露出的對立情緒[98]。到了接近1939年底時，他們又看到一波新的事件導致美日關係愈加惡化，使他們為之雀躍鼓舞[99]。因此，在1939-40年這一段時間裡，當重慶領袖們目睹美日關係惡化過程時，他們不免信心大增，認為美日之間更大衝突只是遲早問題而已。

　　1940年開春美日關係加速惡化，對於中國政府而言是一連串的好兆頭。1月底，高宗武和陶希聖揭露了汪精衛和日本密約的內容，而美國在汪精衛政權成立之時隨即宣布不予承認，這讓中國政府大受鼓舞。而蔣介石個人把美國主持正義的支援看得比借款更為珍貴，稱之為「為寇偽當頭一棒。」[100]

　　此後幾個月中，美國政府採取了一系列措施不但引起了重慶政府注意，

---

97 《戰時外交》，第一冊，頁2-3。又見：《翁文灝日記》，1939年10月22日。

98 《徐永昌將軍日記》，1939年11月5、6日。

99 有關這些引起中國領袖們高度關注的事件，請參閱：《徐永昌將軍日記》，1939年11月24、27、29日，12月4日及1940年1月27日。

100 《蔣介石日記》，1940年1月27-30日，3月12、31日。

也激起了它新的希望。

比如說，當日本政府在4月間發表對荷屬東印度語帶威脅的言論時，當然對於英國和法國也有殺雞儆猴的用意，但是美國不但是以語言對抗，而且加強了太平洋的海軍力量[101]。

5月間，蔣介石又注意到美國國會通過了增加國防預算30億美元，而且很可能繼續增加，這都是對日本擴張政策的迎頭棒擊。這期間，美國也擴張了在關島的防務。5月底，美國駐日本大使格魯（Grew）決定取消返美述職而繼續留在日本和日本政府進行高姿態辯論，羅斯福總統和陸軍部長之間廣受重視的會談，國會通過授權總統可以向外國施行禁運等等，都讓蔣介石感到美日關係將會趨向惡化。

這一連串發展讓蔣介石獲得更高期望，美國在太平洋地區可以抑制日本和蘇聯的騷動。

蔣介石特別指出他並不希望美國被捲入戰爭，只是希望美國的姿態可以成為「世界一線之光明全在此耳。」但是他並不認為美國的這些動作會對中國產生實質性幫助。因為如他所言，抗戰之事「但仍賴自我努力奮勉，其實美國並不能與我有所援助之誠意也。」與此同時，歐戰的發展反而令他傾向悲觀。荷蘭和比利時的戰敗投降，英法軍隊在法國境內被包圍，都使得美國無能為力[102]。而歐戰發展究竟會如何牽制美國在太平洋地區和日本的抗爭，也確實難以預測。

這些外在環境的改變，自然也影響到中國領袖們的自我認知。回顧在1939年以前，儘管美國對日本在亞洲侵略行為的姿態已經開始變得越來越強硬，但是它對中國的援助卻沒有相對地增加，而中國也從來沒有指望過從美國獲取大批援助物資，因此當然也從不曾抱怨美國人吝嗇。但是到了1940年初，中國政府某些領袖已經開始對美國產生新的不滿。在不知不覺的過程中，中國政府在處理對美關係時，逐漸形成了一些具體的抱怨，而且這種新

101《蔣介石日記》，1940年4月30日。
102《蔣介石日記》，1940年5月18、25、31日。

態度漸漸被大多數領袖們所接受。

首先，中國人抱怨美國提供的貸款太小，遠遠不能滿足中國的需要。胡適和陳光甫這個團隊在辛苦了19個月之後，所能做出的成績不過是兩次貸款，總數是區區的4千5百萬元美金而已。

與此同時，中國所面臨的災難，使得它對美國貸款的慾望大幅增加。雖然中國在爭取到第二次貸款時也曾經為之欣慰，但是這種欣慰情緒為時短暫，因為貸款信息一旦透露之後，政府眾多部門立即展開激烈競爭，希圖可以分到一部分它們渴求甚久的甘霖，最後甚至不得不通過蔣介石的親自干預，才能擺平這些部會之間的爭端[103]。很顯然地，這些小數目借款，不但不能滿足中國各方面壓抑已久的需求，它們只能使不滿的情緒火上澆油，因為政府大部分機構的需求，根本沒有得到任何照顧。

事實上，孔祥熙最初目標是獲得1億美元貸款，所以他對桐油貸款的數目之小，完全沒有心理準備。難怪當他首次接到陳光甫電報時，趕忙去電查詢，這個數目字是否出於筆誤？抑是尚有其他更多的附加款項，將會相繼到來[104]？當中國領袖們事後獲知，即使是這個微乎其微的貸款數，也不是經過雙方協商同意而來，而只是由美國單方面裁決後逕行通知中方的，他們的不滿情緒就變得愈加強烈。

令人感歎不已的是，中國駐美的這兩位外交代表，以他們典型的溫順有禮的作風，去和美國政府打交道，以至於他們在整個商談過程中，把全副精力都放在和美國人商量借款的技術細節，而從來不曾向美國人去申述中國抗戰的需要。這兩位代表從頭開始就做了一個極端錯誤的假設，那就是，美國政府必定會自動自發地給予中國一個慷慨而又公平的大借款，毋庸中國人操心。哪知道，在兩位代表們費盡周章地把技術性細節全部談妥之後，美國政府卻單方宣布（而且是以一種若無其事的姿態宣布），借款的總數是2千零60萬元美金，最後改為2千5百萬元的整數。胡適和陳光甫兩人，都是在最

103《翁文灝日記》，1940年3月10、14日。

104 牟潤孫，《中美桐油借款商談紀要稿》，頁135-136。

後一次的談判會上，才首次被美方代表告知這個數字，而他們這兩位謙謙君子卻「**不好意思**」去要求美方重開談判 105。

　　儘管連兩位代表自己也對這個區區之數感到震驚，但是陳光甫依然努力地把它裝扮成為一個喜訊。他所持的理由是，這個借款至少提出一項有力證明，那就是他所主張的長期性借款策略，已經產生了實際效果。當然這個成果在華盛頓頗讓一般美國政府官員們感覺良好，特別是財政部長摩根韜一而再地自誇，他是如何努力地幫助了危難中的中國，但是在重慶的反響卻截然不同。當中國官員們想起了不久前曾經不費太多功夫，就從蘇聯得到幾億美元貸款時，他們更無法感激美國人的吝嗇。

　　其次，美國借款條件的內容，也在中國引起了相當程度的不安。由於這兩次借款是通過美國國家進出口銀行處理，因此準確地說，它們並不是美國的對華援助，而只是為了購買美國工業產品所預支的借款而已。而且這些借款指明是由中國出口的桐油和錫作為償還 106。中國政府本來期望用桐油借款去購買美國大炮，但是卻被美國拒絕，因為美國政府堅持這項借款只可以用來購買非軍用物資 107。最後妥協是由中國運用該項借款去購買大批美國大卡車，然後用它們去運送中國的礦產品出口到美國去還債。如此說來，美國借款大大地幫助了美國底特律的汽車工業做了一筆大生意，但是對於中國抗戰所能做出的貢獻，卻還真是說不清楚。難怪中國政府對於這種安排無法釋懷。

　　更有進者，美國借款也不准許用來支持中國政府企圖穩定法幣的努力。換言之，雖然美國政府此時政策是允許外國以支付現金方式到美國市場去購買軍需品（cash and carry），但是卻不允許中國把從美國所借到的款項作此

105　牟潤孫，《中美桐油借款商談紀要稿》，頁132-134。Also see: Hu Shih cable to Chen Pu-lei, October 25, 1938, in "A Chronology of Loan Negotiations, 1938-1940" By Dr. Hu Shih, From File of Chinese Embassy, in Mr. K. P. Chen's Private Papers, Group A, F-3.

106　"Detail Report of 1st and 2nd loan negotiations" in Mr. K. P. Chen's Private Papers, Group A, Box 2, E.

107　《光公使美日記》，1939年5月27日。

用途，迫使中國政府必須再去開闢其他財源。基本來說，美國政府其實是使用了國家公款去補貼美國的出口產品，去獲取從中國的進口物資，同時又變成是中國的債權人，誠可謂一舉而三得。無論從何種角度為出發點，美國都真是做了一筆聰敏的生意。相對而言，中國得到一大批大卡車，而它們最大的功能是滿足美國的進口和出口的需要。與此相對照，投身抗戰的中國軍隊，在這整個交易中幾乎完全被隔絕於局外。

中國政府也心裡有數，不論是桐油或是錫，它們在現有的生產技術之下，其產量都有枯竭之日，無法支持一場漫無止境的戰爭。中國政府自然不希望把這些珍貴物資用來作為小額美國貸款的抵押品，而是希望把它們儲備著，等待將來世局改變時，可以用來做大宗借款的抵押品，或是購買大宗軍火。中國政府還有另外一個憂慮，那就是，這些資源的出產地（省分）可能遭受敵人進攻的威脅。交通運輸的困難，也會限制它們的供應量。更何況，在當前抗戰激烈的階段中，投入巨額人力和金錢去開採礦產和改善交通系統，不但難以實現，而且和軍事需要的人力財力和器材會互相競爭，政府實難面面顧到。

儘管孔祥熙對桐油借款的金額和條件都感到高度不滿，他的第一反應還是想說服自己把它當成是一個不折不扣的商業貸款，同時希望中國能夠經由某種彈性方式把款項用在和戰爭有關的事物方面[108]。但是到了1940年初，中國政府終於理解到此路完全不通，原因是中國軍隊的武器彈藥需求日益劇增，而政府又沒有能力把更多的天然物資運送出國作為付款之用。難怪政府的初步解決方案，就是敦促胡適和陳光甫去要求美國放寬它的借貸條件，而這卻正是胡陳二人屢次宣稱他們無法達成的任務。

第三，中國政府對於為了取得如此微薄借款而必須付出的政治代價，也感到憤憤不平。1938年底，當羅斯福總統首度要求中國必須保證會繼續對日抗戰，作為桐油借款交換條件時，中國政府毫不遲疑地做出了承諾。豈知不

108　Kung cable to Hu Shih and K. P. Chen, March 27, 1940. Mr. K. P. Chen's Private Papers, Group A, Box 1, F-3.

　　中國開始相信，中日戰爭攸關西方列強在遠東的利益。尤其是當羅斯福總統正式要求中國政府提出保證將會繼續對日作戰時[113]，這個看法的正確性在中國領袖的心目中，就已經得到充分證實。不久之後，當日軍在1939年2月進占海南島時，蔣介石立即很有信心地把日本的行動視之為中日開戰以來，日本對英美法等國在遠東利益最嚴重的威脅，而且必將會導致西方國家強烈的反彈[114]。

　　既然美國人要求把他們的借款和中國承諾作戰綁在一起，那麼中國的戰爭肯定對美國的國家利益有高度重要性。既然如此，那麼中國當然就有權利要求得到適當回報。在這個問題上，中國的新思維是不把抗戰看成是亞洲地區的局部小衝突，而是把它看成是民主國家和侵略國家勢不可免的全球性抗爭的第一道防線，因此中國理當得到西方國家支持[115]。

　　歐戰爆發和羅斯福對於世界和平遭受威脅所提出的種種警告，益發加強了中國人的信念，認為中日戰爭和美國的全球利益有著不可切割的關聯。蔣介石在1939年9月12日所持的觀點是，假如歐洲戰事長期拖延下去，則日本肯定會抓住機會去挑戰英法兩國在亞洲殖民地的地位，因為歐戰將為日本提供一個機會，在亞洲北部採取守勢（北守，對付蘇聯），而在南部採取攻勢（南進，對付西方殖民主義）的大戰略[116]。然而儘管中國費了許多努力去要求英法等國商談合作項目，後者卻依然不予理睬，因為它們既不願意得罪日本，又只願意和美國採取共同行動。

　　既然歐洲列強對中國不理不睬，中國剩下來唯一的務實出路，就是去加強和美國的聯繫。歐戰初期西方國家遭受重大失敗之後，中國人也因此而對

　　3冊，頁263。

113 孔祥熙致蔣介石電，1938年10月27日，《戰時外交》，第一冊，頁241-242。

114 《蔣介石日記》，1939年2月9日。

115 有趣的是，雖然胡適本人從1939年4月起就開始提出這個論點，但是從未盡心去向美國人鼓吹推動。見：胡適致外交部長王寵惠電，1939年4月4日，《外交部檔案》，#172-1/1751，國史館。

116 蔣介石致郭泰祺大使（倫敦）電，1939年9月12日，《戰時外交》第二冊，頁32。

本身在這場全球鬥爭中所能扮演的角色，得到了一個比較觀。在中國的新觀念裡，假如連躋身世界強國前列的法國和英國陸軍，都如風吹草偃般地被德軍擊敗的話，那麼中國軍隊在過去兩年多以來和日軍的戰鬥，可還真是足以自豪的。光是中國人所作出的這些努力，他們就值得接受美國援助。中國人在心態上這種微妙的變化，促使他們有了動機在1937年開戰以來，首度重新檢討中國的對美外交政策。

III. 中國政府傳統對美外交政策逐漸失去民心

緊接著而來的是，1939-40年間有幾個新因素進一步改變了中國人的觀點。

首先，孔祥熙本人在國內受到嚴厲指責，因此需要轉移群眾的注意力。孔祥熙在1938年1月被任命為行政院長，同時兼任財政部長。但是除了少數幾位閣員（如經濟部長翁文灝）能力高強之外，其他內閣成員普遍表現無能。這不僅是因為孔祥熙個人缺乏領導能力和行政經驗而又思路不清所致，還由於他把財政大權信託給了一些貪污腐敗無能的下屬。孔祥熙不但在國內政壇無法贏得同儕領袖們的尊重，他也無法取得在華西方人士的信賴。比如說，英國在中國的首席經濟專家，羅傑士（Cyril Rogers）就曾經向翁文灝部長透露過，他對孔祥熙無能充滿輕視和憤怒。他同時誓言，只要孔祥熙一日留任閣揆，英國就不會向中國提供財政援助[117]。

早在1938年2月間，知名學者傅斯年就已經向蔣介石提出警告稱，孔祥熙的政策已經降低了英國和美國對蔣介石的信任，也讓政府在國內失去民心[118]。到了1938年下半年，國內對孔祥熙的批評變得更尖銳，也更有組織。1938年10月分，國民參政會約二十幾位委員向蔣介石表達了他們反對孔祥

---

117 當Rogers在1938年向蔣介石建議將孔祥熙解職時，蔣介石加以拒絕。宋美齡也向Rogers透露，蔣孔之間「不可分離」。《翁文灝日記》，1939年8月2日，1941年3月15日。

118 傅斯年致蔣介石函，見：《翁文灝日記》，1938年2月15日。

　　到了這個時節，重慶政府和它駐美代表間的鴻溝已經到了無可彌補地步。

　　陳光甫為自己的這種心情曾經做過一個非常生動而又令人扼腕歎息的見證。他雖然是美國財政部長摩根韜欽定的中國借款談判對手而摩根韜又在口頭上對其推崇不已，但是他們之間遠非外人所羨慕的平等關係，而是使陳氏充滿屈辱感。在1939年6月間，陳光甫正好在外地，而摩根韜卻想要約見，陳氏只好放下手邊事務趕緊返回華盛頓，他事後寫道，「決定乘飛機前往，隨喚隨到，有如人家僕役，如此伺候他人，平生未幹過，亦無非冀為國家多得援助而已。」[126]陳氏之所以如此處理中美關係，依他的想法是「向人借錢，必須看人顏色，如要求而遭拒絕，此後再談，多一痕跡，足以減少日後談判成功之機會。此余之所以審慎再四，不敢冒昧進言也。」[127]

　　以上所述的這些狀況，說明了為什麼孔祥熙最後接受了宋子文出任新一任駐美特使的由來。孔祥熙個人對宋子文當然沒有好感。但是當他駐華盛頓的親信陳光甫也成為被攻擊對象，而他和陳光甫的私人關係又到了瀕臨決裂地步時，他已經無路可走，只好同意讓宋子文到華盛頓去另起爐灶，而宋子文本人當然也不遺餘力地爭取得到這個新職位。也或許還有另外一種可能性，那就是，孔祥熙也頗為自信地預測宋子文必將遭遇同樣的失敗命運，這樣就可以間接地幫助孔祥熙向他的政敵們施以反擊。

　　第二，重慶政壇還有另外一群人，對於中美外交關係進行了嚴格檢查。他們發現美國的進出口銀行，早已沒有剩餘資源可以從事貸款任務，因此他們建議中國政府無需對美國過於委曲求全，應該更大膽地提出要求爭取更優惠的條件。也有人指出，陳光甫和摩根韜的私人關係過於接近，因此可能對未來貸款工作不會發生太大作用，因為連摩根韜本人也可能在下次內閣改組時遭受更換[128]。更有人對中國政府爭取美國貸款的整個策略提出懷疑。在他

126《光公使美日記》，1939年6月14日。

127《光公使美日記》，1939年7月31日。

128《光公使美日記》，1940年4月7日。

們看來，中國選擇只跟財政部打交道，而得罪了國務院，這本身就是一項重大錯誤，因為這樣只能激起國務院的破壞動作。換言之，後者從根本上就認為胡適和陳光甫的外交手段是錯誤的，而這些批評當然也讓二人感到難堪。同時也可以想像的是，蔣介石面對這些眾說紛紜的局面，當然煩惱不已，也急於想釐清出一條合理有效的出路。

丁. 中國逐漸摸索出一個新的對美政策

到了1940年初，上述國內和國際的發展已經把重慶政府逼到一個地步，對於未來的對美外交政策必須做出新選擇。確切地說，胡適作為中美關係中的重要人物，當然應該熟知中國要求美國援助的迫切性。作為所有蔣介石致羅斯福電文的傳達人，胡適也完全清楚蔣介石的觀點。因此，當中國駐美外交官不能做出更大成績時，其導因並不是因為他們不了解中國所處環境的險惡，而是因為他們認為他們沒有能力去做得更多。換言之，他們不是由於信息隔閡而無所作為，真正的原因是他們缺乏旺盛的企圖心，不敢向美國人提出更多要求。當然，當胡適聲稱有些事是他作為一個外交官所不屑做的，這種言論對於他的工作絕無幫助。因此，重慶和駐美使節間的矛盾就變得壁壘分明了。

其實，到了1939年歐戰爆發後，蔣介石對於胡適的「不作為」就已經耐不住一肚子怒火而在日記中予以宣洩了。他在9月2日的日記中寫了一段很有趣的話。他抱怨，「內外軍政皆不得其人，不得不令人悲憤。」自國「內」而言，軍人指的是何應欽，政界指的是孔祥熙。至於國「外」，他點名寫道，「**尤其胡適，余令其向美辦外交，而彼乃向余辭難辦內交。**作中國首領之痛苦，無論何國，恐無此種情形也。」緊接下來再寫道，「研究外交方針與處理，自以為無遺，而執行者不力，余雖焦心苦慮，絞盡腦汁，而一般文人書生不知何。」[129]短短數語道盡了蔣介石對於胡適的無奈和無力感。難

129《蔣介石日記》，1939年9月2日。

怪幾天之後，蔣介石終於寫下了要更調胡適的想法，理由是「**胡適……太不成事。應速更調**」[130]這個時機無疑問和剛剛發生的歐戰有極大關係。歐戰爆發之前，中國政府對美國的企圖心仍然可以緩慢處之，所以胡適的慢吞吞步調和不積極態度，似乎並沒有太大的負面作用。但是歐戰在9月1日爆發之後，中國政府的外交盤算立即進入危機處理步伐，美國即便不是參戰國，然而中國政府領導人已經得出結論，無論是哪一個列強（英、法、蘇、德和日本）的動向，都必然會嚴重地受到美國影響。因此中國對於美國的外交必須及時注入活力，才能適應瞬息萬變的形勢。而縱觀胡適的態度，似乎缺少這份危機意識。重慶的急中風，碰到了駐美的慢郎中。這個情形肯定不能持久。這則日記的時機還為另外一段歷史公案提供了解碼。多年來學術界對於胡適1940-1942年所受的冷遇和去職，都趨向於是他遭受到宋子文粗暴的傾軋，因此在這方面多有著筆。但是蔣介石日記前後多項談及胡適時，都可以幫助我們推論，問題的結癥是蔣胡二人在1938-1939年間的衝突。宋子文的赴美正是蔣介石對於胡適不滿的最好證明。

至於孔祥熙問題，偏偏在此時刻又發生了一個雪上加霜的事件，那就是外交部長王寵惠在沒有呈報蔣介石批准之前，就擅作主張地請求羅斯福總統調停中日戰爭，大大地違背了重慶政府的對美外交政策。難怪蔣介石氣急敗壞地在日記裡大罵道，「亮疇突發外交可由美國調和奇誕，此種書生，不知其用意究竟何在？誤事不淺。」隔了一日意猶未盡地繼續罵道，「亮疇發言誤事，誠所不料。天下本無事，庸人自擾之（至）此，乃不應痛苦之痛苦。是國人愚弱怯懦成性所致也。心神憂患，實以本星期為最也。」[131]這種嚴重的外交失控，終於導致蔣介石對行政院長（孔祥熙）和外交部長（王寵惠）頒發一道指令，從今以後不許自由發表意見。事後蔣介石寫道，「事後覺太過，然不得不如此耳。」[132]這一切都顯示，雖然蔣介石已經開始重估政府的

130《蔣介石日記》，1939年9月11日。

131《蔣介石日記》，1939年9月29、30日。

132《蔣介石日記》，1939年10月28日。

對美外交政策，但是幾位主管外交政策的決策人和執行者，都完全無法符合他的要求。

　　然而就胡適和陳光甫二人而言，他們堅決相信自己對美國政局分析的正確性，因此相信美國的援助不得不受到某些限制，無法克服。當蔣介石和孔祥熙兩人請胡適向羅斯福致送一份電報（1940年5月分），要求美國給予一個大額度的貸款去幫助中國穩定法幣制度時，胡適的判斷是這個要求必將受到美方拒絕，因為美國政府必須受到眾多法律上的約束。事實上，胡適在私下也確實從財政部和國務院方面得到過此類信息。因此，胡適建議重慶政府修改電文內容，並在5月31日把新電文送交美方[133]。事後回顧，這是重慶政府最後一次依賴胡適作為中間人去傳達中國日益提高的對美財政要求。胡適要求重慶政府降低對美的財政要求，可能除去了蔣介石心中最後的一絲猶豫，幫助他做出決定，假如中國對美的財政要求果真想要在美國積極推動的話，那麼他必須派遣一位新使節赴美主持談判。

　　重慶政府如果曾經設想過要去改變胡陳二位的觀點的話，它的成功機會大概會非常渺茫。在他們二人之間，陳光甫原本希望胡適能夠更主動地去承擔起更多的重任，比如說，到國會和聯邦各部會去進行聯絡遊說工作，爭取政治支持。而陳光甫本人則可以就技術層次上的問題和美方談判。但是胡適卻並不如此想，因為他對陳光甫的工作表現非常滿意，並且希望他們二人在華盛頓的合作關係可以按照過去的形式維持不變。即使是到了1940年4月分，當胡適得知重慶政府可能會籌備成立一個外貿部並任命陳光甫為首任部長時，他馬上提出反對，並建議政府趕緊將陳光甫再度派送來美國，重新主持他原先遺留下來的工作。在胡適心目中，陳光甫在美國的工作要遠比做一個部長要重要得多[134]。由此可見胡適對陳光甫的器重。

---

133 Letter by Mr. T. L. T. to Vice Foreign Minister Hsu Mu, June 3, 1940，《外交部檔案》，#172-1796，國史館。

134 Hu Shih cable to Ch'en Pu-lei, April 27, 1940, in Mr. K. P. Chen's Private Papers, Group A, Box 1, F-3.

　　胡適列舉了許多理由說明陳光甫在美國的重要性。其中特別強調的是，羅斯福和摩根韜指明希望陳光甫回任，陳光甫清廉形象大大地改善了美國人民對中國的印象，陳光甫作為一個私人企業團體的領導人，在和美國政府談判未來的貸款時，將比以外貿部部長身分進行談判會更有優勢。當然，在胡適列舉陳光甫優點的背後，還意涵著一個假設，那就是胡適本人仍打算主持今後的貸款事宜，而陳光甫就一定會返回美國。對於陳光甫來說，他固然很希望能夠回中國一趟，但是他也並沒有斷然表示絕對不再回到美國的意願。事實上，即便是羅斯福總統，也指望陳光甫將返回美國繼續工作[135]。

　　對於重慶政府而言，假如它選擇保留胡陳二人繼續留在華盛頓工作，那麼它必須心中有準備去接受一個事實，那就是今後的貸款工作和中美關係，大致上將仍按照過去的軌跡進行。換言之，相同的策略，相同的速度，小額貸款，而且一切遵從美國人的旨意行事。但是到了1940年初，中國政府已經無法繼續滿足於這種形式的中美關係。正如同胡適和陳光甫對於重慶政府態度深感不耐一般，重慶政府也對胡陳二人未能爭取到更多借款而深感不耐。這個僵局遲早必須打破。

　　國民政府在回顧過去四年的歷史成績時發現，儘管羅斯福和摩根韜兩人在口頭上不斷地表達對中國的善意和照顧，但是美國政府在處理貸款的談判上，卻表現得既吝嗇又漫不經心。摩根韜在桐油借款公布之前，居然違反基本禮貌而沒有和中國領袖們進行磋商，而羅斯福更是不願意為了中國借款而去協調他部屬（財政部和國務院）之間的歧見。這些舉動讓中國領袖們感到他們自己像是一隻政治皮球，被美國人隨意踢來踢去。更令他們失望的是，中國人在耐住性子多番哀求之後，從美國人手中取得的兩次借款總數，還不及蘇聯借款的五分之一。更何況，美國借款對於中國抗戰軍事需要所能提供的幫助，更是遠遠不及蘇聯的借款。更有一種傳說，就是摩根韜和陳光甫之間的私人友誼關係，對於頭兩次的借款起了極大作用。但是這種說法也正是讓重慶政府感到份外不安的原因之一。那就是，如果中國不在人事上和政策

135　胡適致外交部報告，1940年4月20日，《外交部檔案》，#172-1/1796，國史館。

上做出重大改變的話，則中美關係將不可能產生根本性突破[136]。

　　中國政府這種態度上和期望上的改變，導致它決定採取一個新的談判姿態。中國的態度改變的另一原因，也可能是來自它新得到的情報。在這方面，顧維鈞發生了相當作用。因為雖然他的外交任所是歐洲大陸，但是他對美國政府的動態相當了解，也因此成為重慶政府依賴的重要消息來源。如果追根究柢，中國對於美國兩次借款之所以成功，還是得力於顧維鈞和摩根韜及美國駐法大使普立特（William C. Bullitt, Jr. 美國駐法國大使，1936-1940年）的接觸而來。1940 年 5 月 17 日，普利特大使在返回美國前和顧維鈞會面。一如既往地，普立特對於中國戰事表露出高度關切。當顧維鈞說明中國當前急需大炮、裝甲車、高射炮等等武器時，普立特當即表示他可以介入協助，並且透露美國政府其實有大量庫存火炮。他又宣稱羅斯福、摩根韜和赫爾三人其實都非常同情中國的遭遇，而他允諾在回到美國之後必定會把中國的需求轉達給美國政府[137]。普立特這種自然表露的友好精神，提高了蔣介石的希望，使他相信，只要中國能夠派送一位精力充沛而且手段靈活的人去美國的話，則中國大有可能從美國豐饒的資源中，獲得更多中國需要孔急的武器和財政援助。

　　一旦做出了這項決定，中國政府似乎就有兩種方法可以使之付諸實行。最極端的方法，當然是同時撤換胡適和陳光甫兩人。而比較緩和的做法則是兩者之間撤換一人。蔣介石當然清楚胡適大使在美國民間已經建立起崇高聲譽。他在重慶政府高層官員群裡，又有諸如王世杰、陳布雷、翁文灝和蔣廷黻等人是他的親密朋友。因此，要撤換胡適所可能產生的政治代價可能會相

136　摩根韜對於陳光甫和借款之間的關係說得非常清楚，"K. P. Chen is the head of the Universal Trading Company and he's the Chinese gentleman, 'gentleman' underscored, in whom I have great confidence and it's entirely on his personal word that I recommend the first and second loan and he is now returning to China. He's a grand fellow. He is everything that a story-book Chinese businessman should be and most of them ain't." Morgenthau made this comment at a meeting in the Treasury Department on April 18, 1940, See: *Morgenthau Diary*（*China*）, p. 106.

137　《顧維鈞回憶錄》，第 4 冊，頁 255。

當高。

　　事實上，蔣介石在1940年春天陳光甫離開美國之後，的確動過撤換胡適的念頭。他在4月30日向外交部長王寵惠透露，他打算請胡適回國擔任中央研究院院長一職，並徵詢王寵惠何人接掌駐美大使為最適宜，請王氏與孔祥熙就近商量後提報[138]。到了5月，陳布雷和王世杰也開始參與繼任人選的作業[139]。不久之後，孔祥熙和王寵惠提出兩個人選，分別是顧維鈞、顏惠慶。其中尤以顧維鈞最適合。值得注意的是，他們所持的理由是，到了此時，中國的對美外交在重要性上已經超過對法外交[140]。這標誌著在中國政府的外交視野上，美國的地位正式提升到法國之上，和英國、蘇聯並駕齊驅了。

　　胡適大使去留問題很快就在重慶社會上傳開，立即引起了他在政府服務的朋友們的關懷。大致言之，從學術界轉入政界的知識分子都希望胡適繼續留在美國為國家出力。最具代表性者莫過於王世杰。他在5月3日直接寫信勸蔣介石打消撤換大使念頭，其所持理由有三：1. 戰爭時期，如無重大事故，不宜更換使節。2. 胡適早已告知眾多友人，他計劃在大使職位上盡力服務至戰爭結束為止。如果遽加撤換，他可能會以為失去政府信任而在解職後逗留海外，或是拒絕政府安排新職務（中央研究院）。3. 無論如何，胡適已經和白宮和國務院建立良好關係，也建立了自己的聲譽，這遠非顏惠慶或是施肇基所可比擬者[141]。王世杰所提的第1、3點是就事論事，但是其中特別值得注意的是第二點。雖然胡適的確表示過要堅守工作崗位直至戰爭結束為止，但是王世杰也大概探知蔣介石不願為此付出太大的政治代價，而胡適如果果真拒絕回國，就是超過了蔣介石所願意付出代價的限度。也就是這層考慮終至使蔣介石暫時放棄了更換胡適的念頭。

　　反之，陳光甫的主要任務是獲得美國貸款，他在美國政府中的密切關係

138 蔣介石致王寵惠電，1940年4月30日，《蔣中正總統文物》，#001061120001。

139 陳布雷致王世杰電，1940年5月2日，《蔣中正總統文物》，#001061120001。

140 王寵惠致蔣介石電，1940年5月3日，《蔣中正總統文物》，#001061120001。

141 王世杰致蔣介石函，1940年5月3日，《蔣中正總統文物》，#001061120001。

人只有摩根韜一人，而摩根韜卻正是向中國設立許多借款限制的人（禍首）。陳光甫在中國的政治靠山是孔祥熙，而孔祥熙本人則已經是焦頭爛額，自顧不暇了。撤換胡適而保留陳光甫的做法並無太多意義，因為胡適原本就不曾熱心參與購買武器或是貸款談判工作，但是他在其他方面卻還能做出相當貢獻。但是撤換陳光甫而保留胡適，則很有可能為中美關係開闢一條新路。對於重慶政府而言，在這兩者之間的選擇不久之後就變得非常簡單了[142]。

　　當然，與此同時，重慶政府內部也需要做出相應的人事調整，孔祥熙對於對美政策本無卓見，而王寵惠也不是一位得力的外交部長。兩者都需要靠邊站，俾使一個新政策可以得心應手地展開。

---

142 有關陳光甫生平事蹟，請查閱：鄭炎、蔣慧，《陳光甫傳稿》（長沙：湖南師範大學出版社，2009）。

第五章

1940年以後外交作風的改變

　　1940年給中國對美外交政策帶來了重大衝擊，也破壞了胡適在美國辛苦建立起來的文雅平靜而又井然有序的工作環境。造成這些變化最主要原因，就是宋子文在6月26日抵達了紐約市。

　　本章將要探討三個方面問題。第一，它會通過檢討蔣介石與宋子文在1940年之前的關係，去說明宋子文任命的來龍去脈，和其他相關信息。第二，它會深入了解宋子文任務的性質，和他打算達到的成果。第三，它會討論宋子文在美國執行任務時，所遭遇到的來自兩個方面的阻力，一是他和胡適之間的摩擦，二是來自美國官方的抗拒。

甲. 宋子文任命的背景

　　雖然宋子文早在1937年之前，就被認為是南京政府中的強烈反日派，但是政府在從事準備戰爭時，並沒有委派他擔任重要職務。戰爭爆發後，宋子文全力支持全面抗戰，並且反對汪精衛等人的和平論調[1]。但是在抗戰初期，宋子文唯一引人注意的活動，只是和他姐妹們共同向美國人民進行廣播，爭取後者的同情和支持[2]。除此之外，宋子文在政府高階層裡可謂相當落寞。

1　吳景平，《宋子文評傳》，頁297-298。

2　吳景平，《宋子文評傳》，頁294-296；又見：《國聞週報》第14卷，第42期，引用自王松，

　　在整個1930年代中期，宋子文在政壇失意的最重要原因，是他和妹夫蔣介石關係惡劣。儘管一般社會大眾普遍認為宋子文必定深受蔣介石器重和信賴，但是事實不然。他們兩人間的分歧，經常超過親戚關係所能彌補者。蔣介石對宋子文最大不滿原因是，雖然宋子文多年負責政府財政，但是他竟然屢次拒絕撥款去幫助蔣介石進行軍事行動。

　　因此，當中日戰爭爆發時，宋子文是極少數高層領袖在當時號稱是全國團結的政府中，未能獲得一席職位。宋子文唯一可以和抗戰搭上關係的職位，是在武漢時擔任航空委員會主任[3]。除此之外，在1937年裡，宋子文只是替政府作為上海戰役的非官方發言人。上海淪陷後，宋子文旋即前往香港，一直住到1940年中期。1938年1月分，蔣介石委派宋子文為駐港代表。這個任命聽起來頗為古怪，因為香港當時並非中國政府軍事和財政所爭取的主要對象，派宋子文這麼一位大人物去出任駐港代表，實在看不出有任何意義。因此最可能的解釋是蔣宋關係惡化，宋子文自作主張去了香港，蔣介石在無奈情況下，只好授予一個空洞頭銜以圖粉飾太平[4]。

　　宋子文的政治麻煩，也由於他與另外一位姻親（姊夫）孔祥熙的惡劣關係而受到影響[5]。宋子文從來不佩服孔祥熙的才華或是人品，而他們在銀行界的利害關係又經常發生摩擦，因為宋子文不但反對孔祥熙的許多做法，還極端輕視孔祥熙的親信部屬[6]。更有進者，他們兩人各自和蔣介石的關係，也難免形成另外一個衝突點。蔣介石在大多數事務上所持的觀點和孔祥熙相同，而且他絕對信任孔祥熙對他的忠誠度[7]。對於宋子文則不然。

　　《宋子文傳》（武漢出版社，1992），頁167-168。

3　《王世杰日記》，1938年3月4日。

4　請參考：吳景平，〈抗戰初期蔣介石與宋子文關係研究〉，《抗日戰爭研究》，北京：中國社會科學院近代史研究所，2015年第3期，頁20-32。

5　請參考：吳景平，〈孔祥熙與宋子文〉，《檔案春秋》，上海市檔案館，1994年第2期，頁36-41。

6　《王世杰日記》，1939年3月4日，7月5日。

7　牟潤孫，《中美桐油借款商談紀要稿》，頁132-134。王松，《宋子文傳》，頁169。《翁文灝日記》，1938年6月16日。

　　事實上，一方面是蔣介石蓄意冷落宋子文，而另一方面也是宋子文刻意要和中央政府疏遠。他毫不掩飾自己的立場，只要孔祥熙一日主持中央政府（漢口及重慶），他就對之不屑一顧。孔宋二人關係惡劣到連蔣介石也無能為力。1938-40年初，蔣介石間或還想邀請宋子文到重慶進行諮詢[8]，但是均遭宋子文拒絕，也不願提供任何建議。換言之，只要是孔祥熙依然主政，宋子文就不願意和中央政府發生任何關係。但是宋子文基本上依然願意和蔣介石保持聯繫，特別是由於宋美齡努力從旁緩和兩人關係[9]。

　　雖然蔣介石偶爾還曾經設想為宋子文安插一個工作，比如說作為「不駐國大使」，但是他在私下對宋子文依然不時加以嚴厲惡評，「子文幼稚可悲，應規戒之。」[10]而隨著時間推進，蔣介石怒氣似乎有增無減。到了1938年底，蔣介石曾經向宋子文諮詢前赴歐美借款和政府財政計劃事務[11]。但是到了1939年中，中英兩國平準基金即將用罄，屆時將會對中國經濟造成嚴重打擊，而蔣介石則把一團怒火出在宋子文身上，「此乃權操外人，而宋子文應負重責。」[12]到了7月下旬，該基金已經用完，中國政府只好停售外匯[13]，導致法幣大幅貶值。而敵偽銀行則趁機操縱匯率使得法幣貶值更為嚴重，逼使得中國經濟陷入嚴重危機。尤其是法幣貶值在一些知識分子群中造成恐慌心理，導致後者重彈向日本求和的老調。這就更激發了蔣介石對這些知識分子

8　蔣介石致宋子文電，1938年5月29日，7月19日，《蔣總統籌筆拓影本》，4450.01-012, 12991；4450-01-014, 13120；蔣介石致宋子文電，1940年1月7日，5月8日，《蔣總統籌筆拓影本》，4450.01-031, 14138；4450-01-034, 14361；蔣介石致宋子文電，1939年1月15日，《蔣總統籌筆拓影》本，4450.01-19, 13464。

9　見：宋子文致蔣介石電，1937年11月12日，《特交檔案：中日戰爭》，第45冊，《全面抗戰》，#2；又見：孔祥熙致蔣介石電，1938年9月20日，《特交文件：親批文件》，第45冊，#3288。

10　《蔣介石日記》，1938年4月15、24日。

11　《蔣介石日記》，1938年12月8日。

12　《蔣介石日記》，1939年6月20、30日。

13　《蔣介石日記》，1939年7月18日。

「子文成見與私心自用，不顧大局之難也。」[24]隔不了多久，他又寫道，「子文各種主張，秪有主觀，不察環境，所以無事可成，而且其在政治必有害無益也。」[25]蔣宋兩人雖然在工作上開始合作，但是基本個性上的不融洽在1940年初變得最為明顯。1月底，蔣介石顯然對於與宋子文合作的問題做了深刻思考，而且擬出了一個方案要與宋子文進行一次嚴肅談話，把心中對於宋子文的不滿和盤托出。為了慎重起見，蔣介石在事先還把重點做成筆記，目的就是希望宋子文能夠「改正性行。」

　　然則宋子文究竟需要如何進行改正，才能滿足蔣介石期望？蔣介石想得非常仔細。他在日記中所預定的論點包括，「丙，不可固執己見，應聽從我（蔣介石自稱）意。丁，助人即所以助己，不可以私害公。戊……己。少年得志，應自知戒慎，切無（勿）驕傲。庚，未任事不能聽命，既任事必致衝突。」蔣介石大概也打算和宋子文商談後者的「政治出路」問題，也同時打算表明一個立場，那就是「余欲奠定政治基礎，必上法規，勿使有人把持。」[26]一天之後，蔣介石果然和宋子文進行了長談。按照蔣介石的形容，他對宋子文的態度是「諄諄以政治人格相告誡。」這個長談在其他文獻中（包括宋子文檔案）都無法找到相關資料，但是可以推測的是，宋子文的反應顯然讓蔣介石大失所望，難怪他在日記中會寫道，「本週心神鬱結憂患叢生，每思子文，不禁共（其）痛之至。」[27]而在宋子文遺留的檔案中，對此次事件卻未有片紙隻字，這也或許正是表示他完全把它當成是耳邊風的最好證據。

　　縱觀蔣介石在八年抗戰中，雖然曾經對宋子文的行為大怒而寫過長篇大論的指責之言，但似乎還沒有在另外一種場合下，對於宋子文的個性做過如此全面性而長篇大論的分析。按照蔣介石此時心願，顯然他指望能夠經由一番開誠布公的交談，去說服宋子文改變其個性，以便蔣介石可以放心地委以大任（政治出路）。但是也毫不奇怪地，宋子文完全不予理會，依然我行我

---

24 《蔣介石日記》，1939年10月24日。

25 《蔣介石日記》，1939年11月17日。

26 《蔣介石日記》，1940年1月26日。

27 《蔣介石日記》，1940年1月27日。

素。情況的發展是，在此後歲月中，客觀形勢使得蔣介石不得不重用宋子文的才幹，但是兩個人個性上的無法磨合，也成為宋子文在執行蔣介石所賦予的使命時屢屢和蔣介石產生分歧。這個因素也是我們檢查中美關係所必須列入考慮之列的。

換言之，蔣宋二人各有自己的主見和看法，蔣介石在抗戰開始後的前一段時間裡，並不覺得需要依賴宋子文，因此對於後者去香港也採取了不聞不問的冷處理，而宋子文個性強烈，寧可在香港坐冷板凳，也不熱衷於返回重慶政壇，不失為一種骨氣和個性的展示。如果不是外來因素介入，這種冷漠關係很有可能會長期維持下去。

在此期間，蔣介石最耗費精力的事務是主持軍事，把財經事務全部交由孔祥熙處理，對外關係（蘇聯和德國除外）則交由王寵惠主持，基本上維持一個分工合作局面。但是到了1939年重慶政府財經和外交兩方面都浮現出了嚴重問題。

首先，中國財政危機急劇加深，而孔祥熙又顯然提不出有效解決辦法，逼使蔣介石只好轉而向宋子文求助。

因此，在1939年7月底，蔣介石再度放下身段向宋子文和另外幾位滯留香港的銀行家發出邀請（錢永銘、葉琢堂），請他們到重慶共商如何解決當前財政危機。蔣介石不僅是直接懇請宋子文捐棄前嫌共商國家大計，而且還動員了幾位宋子文的好友們向宋子文加壓力，勸他務必去重慶一行。在一封電報中，蔣介石請宋子文必須親赴重慶一行，因為國家存亡和抗戰成敗都繫於宋子文一身[28]。到了8月中旬，蔣介石再度向宋子文發出懇求，希望後者能夠到重慶商討未來解決根本問題的方針大計，而且還把他們之間從前的隔閡，歸罪於彼此聯繫不夠所致[29]。

蔣介石前後多次電報的語氣既迫切又婉轉，甚至委曲求全，明白說出此

---

28 蔣介石致宋子文兩電，1939年7月22日，《蔣總統籌筆拓影本》，4450.01-025, 13827, 13828；蔣介石致葉琢堂電，July 23, 1939年7月23日，《蔣總統籌筆拓影本》，13829。

29 蔣介石致宋子文電，1939年8月14日，《蔣總統籌筆拓影本》，4450.01-026, 13875。

主要的動機是想運用宋子文的才能去解決中國內部的困境，想運用後者去填補孔祥熙之不足，收拾孔祥熙所造成的財經爛攤子。因此蔣介石首先詢問宋氏是否願意接受貿易部部長職位，甚或成立一個新單位，任命宋子文作為「經濟作戰總長」[38]。

在此期間，蔣介石對於胡適和陳光甫駐美工作也產生了更具體的不滿，開始考慮駐美大使人選之替換[39]。

但是不久之後，他對於運用宋子文的設想就改向解決其他關鍵問題。首先成為最迫切的考慮，是向美國要求貸款的缺乏成效。本書前文對於那段歷史已經做了交代，但是重慶政府則大感不足。2月初當蔣介石首度聽到美國會通過借華2千萬美金時，他的反應是，「聊勝於無也。」[40]到了4月分，當第二次美國借款手續完成時，他依然寫道，「美國借款完成，其數雖小，未始無補耳。」[41]這種態度有些類似拾得雞肋，食之無味而棄之可惜。

除此之外，此時重慶政府還面臨兩個危機，迫使它必須重新全面檢討中美關係，並且改弦易轍。

簡單地說，買飛機需要借款，買其他軍火也需要借款，而美國是最可能借款給中國的國家。

大致在4月中旬開始，宋子文赴美和蔣介石對胡適大使職位的變動之間便產生了互為因果關係。

一方面，蔣介石開始緊鑼密鼓地考慮撤換胡適，預定考慮駐美大使人選。同時為了替胡適找出路，又考慮到發表他為中央研究院院長職位[42]。

另一方面，宋子文赴美計劃也逐日變得更為具體。

大致在4月9日前後，蔣介石終於初步決定派宋子文赴美，而且把主要

38《蔣介石日記》，1940年4月19日。

39《蔣介石日記》，1940年4月15日。

40《蔣介石日記》，1940年2月14日。

41《蔣介石日記》，1940年3月9日。

42《蔣介石日記》，1940年4月29、30日。

使命定為借款[43]。到了5月初，中國政府開始籌畫從美國獲得另外一次貸款，為此蔣介石還特別召見美國駐華大使促成此事[44]。既然蔣介石不滿足於陳光甫和胡適經手的借款數目，當然希望下一次借款就會數目更大。這或許是蔣介石在6月1日召宋子文至重慶商談的目的[45]。

當然，一旦中國政府有此想法，接下來的決定就是捨棄陳光甫和胡適而另起爐灶。蔣介石很可能已經請胡適向美國轉達新借款的要求而碰了一鼻子灰，因此把一團怒氣發洩在胡適身上。他在日記中寫道，「美總統對我要求其救濟金融財政之電，澹然漠然，不加注意。抑我胡大使不知努力乎？其實此種半人，毫無靈魂與常識之人任為大使，是余之過耳，何怪于人？」[46]有了這個反感，宋子文的重要性就更為突出了。

但是以蔣宋二人數十年交往經驗，自然知己知彼。特別重要的是，蔣介石把宋子文送去美國，是否真正能夠達到他的目的？而以他對於宋子文性格和作風的了解，宋子文此行可能產生的風險又是如何？這些問題都需要經過了一番深思熟慮。就像他自己所言，「子文赴美利害與任務之研究。」[47]顯然的結果是，蔣介石決定派遣宋子文赴美，而且蔣宋二人所談的工作範圍，已經擴大到負責對美國和蘇聯兩國進行交涉[48]。

即便如此，蔣介石並沒有採取樂觀指望，沒有認為宋子文的赴美就可以大幅改善中美關係。在宋子文赴美的前後，蔣介石做了一連串的觀察，認為美國不會熱心幫助中國。

43《蔣介石日記》，1940年4月9日。

44《蔣介石日記》，1940年5月1、15日。

45《蔣介石日記》，1940年6月1日。

46《蔣介石日記》，1940年6月4日。

47《蔣介石日記》，1940年6月8日。

48《蔣介石日記》，1940年6月14日。

由兵工署長俞大維提出）。第二，要求美國給予150架驅逐機。第三，向美國提出貸款請求，具體數目可由宋子文自己斟酌決定。由於宋子文在赴美之前已經安排在此時訪問歐洲去爭取更多支持，因此蔣介石希望宋子文在啟程赴歐之前，可以先在美國完成這幾項任務[55]。

除此之外，蔣介石還託付宋子文把重慶政府對於國際事務的一些看法向羅斯福闡述。這些看法包括幾個重點：1. 法國的戰敗投降嚴重影響遠東局勢。因為它會鼓勵日本更敢於在中南半島進行侵略，藉以切斷中國的外援和打擊中國的抗戰士氣。2. 因此希望美國總統可以對中日戰爭做出明確聲明，警告日本切不可覬覦中南半島。3. 如果日本在中南半島得逞，則其下一步計劃將會是荷屬東印度群島，直接威脅美國利益。4. 日本對重慶的濫炸是得助於美國的石油。因此希望美國可以對日本施行石油禁運，並且不要把其太平洋艦隊移防大西洋[56]。由以上蔣介石的指示範圍之廣可以看出，他終於有一個自己能夠信賴的人，在美國加強中美關係，並且相信此人必定會全力以赴。

但是根據蔣介石最初設想，宋子文的外交任務只是階段性的，並非長遠存在。因為不久之後，蔣介石又通知宋子文稱（1940年7月16日），重慶政府此時正在籌畫在行政院之下設立一個新的「經濟作戰部」，主持重要工作，因此預定任命宋子文為首任部長，而且在宋氏回國之前可由蔣介石本人短期代兼部長。事實上，蔣介石告訴宋子文稱，一旦等後者返國時，他可以選擇去領導任何一個部[57]。8月中旬，蔣介石又電告宋子文，「行政院擬改組整頓，兄能早日回國為盼。」[58]一週之後，他又再度告知宋子文稱，他已經接受宋子文對於中國政府改組的建議，但是要等到宋子文回國後才付諸實行[59]。

---

55 蔣介石致宋子文電，1940年7月6日，《革命文獻拓影本：抗戰時期》，第32冊，《對美外交（3）軍事援助》，頁20。又見：蔣介石電告宋子文，在赴歐之前，完成在美基本任務。蔣介石致宋子文電，1940年7月8日，Soong Papers, Box 58, Folder 1.

56 蔣介石致宋子文電，1940年6月26日，Soong Papers, Box 58, Folder 1.

57 蔣介石致宋子文電，1940年7月16日，《革命文獻拓影本》，第15冊，頁106。

58 蔣介石致宋子文電，1940年8月15日，Soong Papers, Box 58, Folder 1.

59 蔣介石致宋子文電，1940年8月23日，《蔣總統籌筆拓影本》，4450.01-037, 14536。

即便是在宋子文歸國日期一再推遲的情況下，蔣介石在1941年1月初依然表示，他希望宋子文能夠在3月底之前返回中國。但是到了這時，蔣介石也開始留了一些餘地，那就是，萬一宋子文仍然無法結束在美國的工作時，可以酌量再做短期延長[60]。

由上可見，從1940年7月到1941年1月這段期間內，蔣介石還是依照原計劃，隔不了多時就會重提宋子文早日回國之事。顯然地，他賦予宋子文的任務，是去談判一些借款，購買一批武器，然後希望美國政府在面對越南和緬甸危機的當前，可以採取堅定態度。一旦達成了這些具體任務後，宋子文就應該打道回府，最快在1-2個月便可完成。

但是宋子文卻有他自己的想法，也可能受到幾種因素的影響。

首先，出於他的進取個性，他主動地想在美國多逗留一些時日以便做出更大成就。比如說，他早在10月間就給宋子安信中提到，他想多停留2個月去開始第二批借款，以及去運用瞬息萬變的國際政治[61]。而中美之間關係的擴張（購買武器、國際合作等等）也造成一種形勢，使得蔣介石必須繼續依賴宋氏留在美國處理。等到1941年租借法案通過後，則此種依賴性更是變得無可取代。

但是第二個原因則是宋氏自己對政治出路的盤算。其主要因素是孔祥熙仍舊在重慶政府舉足輕重，宋氏貿然回國將何以自處？這一層考慮在他給親信錢昌照的私信中說得最為赤裸。宋子文寫道，「此後是否留美繼續工作，或赴英辦理借款，抑回國。正續考慮。以弟觀察，**介公仍被孔等愚弄，回國亦無意義**。即平衡委員會弟亦不擬參加。一切聽委座及孔等決定。弟或仍在美努力。惟胡大使非但不能為助，且恐暗中冷淡，諸事唱獨角戲。」宋氏向錢昌照進一步透露，即使外交任務完成後，他也打算留在美國修養，並且徵

60　蔣介石致宋子文電，1941年1月6日，《蔣總統籌筆拓影本》，4450.01-042, #14792；蔣介石致宋子文電，1941年1月23日；《革命文獻拓影本：抗戰時期》，第33冊，《對美外交(4)居里兩度訪華》，頁26。

61　宋子文致宋子安電，1940年10月2日，Soong Papers, Box 45, Folder 3.

這也讓他們後來的工作關係發展自始就蒙上了一層陰影。

　　兩人關係幾乎從一開始就陷入困境。依據宋子文指控，他初到美國被胡適介紹給美國官方認識時，胡適只稱宋是陳光甫工作的接班人，使美方人士產生誤解是宋氏設計把陳光甫擠走，並且使得宋最初只能以中國銀行董事長身分在美國活動。因此宋立即要求蔣介石授予一個更正式的名稱，並且建議發表他為行政院不管部副院長頭銜。但是蔣介石通知美國政府任宋為中國的全權代表，其職權包括洽商、決定及執行軍械採購及貸款[67]。這使得宋至少贏得部分勝利，權限凌駕於胡適之上。

　　儘管如此，胡適也可能對於和宋子文合作一事並不完全悲觀。因為如果胡適果真悲觀的話，則他很可能當時就會辭去大使一職，而在1940年6月分接受地位名望都崇高的中央研究院院長職務。但是他卻婉謝了這個職位，理由就是他認為還有可能在大使的職位上為國家多做幾年事，即使是和宋子文成為搭檔也還是可以接受[68]。

　　但是胡適的樂觀指望很快就被打破。首先，宋子文在胡適不知情的狀況下，向重慶政府竭力抱怨胡適大使一番。他向蔣介石密告，「適之兄待人接物，和藹可親，惟終日忙於文學研究，公務上則惟東方司（指國務院東方司）之命是從。不敢逾越該司而與其上峰及其他各部接洽，以冀打破障礙，實無勝任大使能力。到任迄今，尚未與陸長，海長晤面，由此已可想而知矣。」[69]其中除了胡適是否「終日忙於文學研究」一項尚需進一步求證以求公道之外，其餘批評基本屬實。不久之後，宋子文又向重慶告狀稱，胡適說話方式依然是平實學者姿態，不諳使用外交辭令，有時過於誠實，特別是對新聞界說實話，屢屢造成尷尬[70]。宋氏有這種輕視態度，當然很容易就把中美關係大權攬到自己一人身上。

　　中方資料顯示，在宋子文抵美的短短數月中，蔣介石已經兩度意欲召回

67　孔祥熙致宋子文電，1941年5月2日，《蔣中正總統文物》，#002020300032039。
68　《胡適的日記（手稿本）》，1940年6月2日；又見：《翁文灝日記》，1940年9月18日。
69　宋子文致蔣介石電，1940年7月（？）15日，《蔣中正總統文物》，#002080106025002。
70　宋子文致蔣介石電，1941年5月20日，《蔣中正總統文物》，#002080200619032。

胡適而又中止。1940年10月間，宋子文又向蔣介石提出更換胡適之事。宋氏指出，當前美日關係日趨緊張，中國實應有一位活動能力強的大使去擴大效果，更何況美國大選在即，此後能夠影響新政府尤為重要。宋氏並且具體提出顏惠慶或施肇基二者選一最為恰當。宋子文個人特別推崇施肇基，因為他與總統、財政部長、進出口銀行總裁均有良好關係，又熟悉美國政情。建議蔣介石立即發表施肇基為駐美大使的任命[71]。

宋子文不但直接發電請求蔣介石，並且委託李石曾趁自美回國之便，向蔣介石說明**宋子文在美國工作得不到使館協助**，極為不便。宋子文指出中國要求美國援助，其他國家亦然，由於彼此競爭激烈，因此他的工作需要使館支援[72]。在此期間，蔣介石似乎同意任命施肇基，但是認為遽然更換胡適會讓後者難堪，因此決定延後再論[73]。因此在珍珠港事件發生之時，蔣介石依然不忍心解除胡適職務。蔣介石在處理人事問題上的這種猶疑不決作風，在抗戰時期屢屢發生，並不奇怪。追究其根本原因似乎都是出於不忍，對於明顯不適任者無法斷然予以處置。

胡宋二人對於中國究竟應該如何發展中美關係，和究竟可以從美國得到何種幫助，也有截然不同的判斷。其中部分原因可能是出自他們極為不同的家庭和教育背景。不少中國領袖們或許都覺得，由於胡適多年來累積的知識，使他對美國政府的政策和民意有比尋常人更深刻的了解和分析。胡適在這方面的權威性，使人們不得不信服。但是宋子文自己也在美國有過長時間求學經驗，對事物有他自己的分析，對於胡適的權威性並不信服。

胡適永遠體諒美國人自己的苦衷和尷尬處境，因此對於美國人任何自動自發而向中國做出的幫助，總是心存感激，萬分領情。宋子文則是不斷地要去測試美國慷慨和耐心的最大限度究竟在哪裡，從而從美國取得最多的幫助。一個明顯例子是宋子文在甫到華盛頓不久，就獲得機會和海軍部長進行

---

71 宋子文致蔣介石電，1940年10月7日，《蔣中正總統文物》，#002080106004005。

72 宋子文致蔣介石電，1941年5月20日，《蔣中正總統文物》，#002080200619032；李石曾致蔣介石電，1941年7月4日，《蔣中正總統文物》，#002080200618055。

73 蔣介石致宋子文電，1941年7月11日，《蔣中正總統文物》，002010300045015。

體」。王世杰屢次敦勸胡適要心胸廣大，忍氣吞聲，務必把國家利益放在個人感情之上[81]。蔣夢麟向來被世人認為是一位公正的學者和教育家，他也承認宋子文才幹出眾，但是卻具有嚴重個性缺點，包括缺乏耐心，感情衝動，和缺乏判斷力[82]。

　　既然宋子文個性予人如此負面評價，難怪胡適和宋子文兩人對於中國對美政策所產生的影響截然相反，無論是他們的努力目標和使用手段，都可謂南轅北轍。

　　幾乎毫不例外地，宋子文為了要盡快達成實質結果，即使冒著失格和失身分的風險，也在所不惜。他秉著高昂鬥志，不惜做出種種姿態，散發風聲，甚至採用戲劇化手段，務求達到目的。胡適對於美國內政事務一向保持禮貌性距離，但是宋子文只要是能夠達成目的就不惜涉入美國內政，甚至拉攏聯邦政府的一部門去和另外一個部門進行糾葛。

　　美國官員在處理中美關係時，多年來所養成的習慣，是一切由他們操盤，擬定時間表，談判規矩和進展速度，然後通知中國人去順從接受。因此他們理所當然地認為，他們和胡適交往要比和宋子文更「順心（合得來）」（"agreeable"是摩根韜對胡適的讚詞）。但是如果從中國立場為出發點，則雖然胡適和宋子文兩人都是工作勤奮的愛國人士，但是胡適做法的結果則顯然會讓中國變成是完全依賴美國人的慷慨施捨。這就會讓中國政府根本沒有對美外交政策可言。相反地，宋子文做法至少給中國一個機會（不管多麼微弱），能夠讓美國政府認識到，中國對於本身的國家利益有它自己的看法，而不是事事順從美國指使。在宋子文心目中，乖順的中國人或許能贏得美國人歡心，但是卻無法贏得他們的尊敬。宋子文一直不遺餘力地開導重慶政府官員們，一定要懂得西方人脾氣，如果想要贏得他們的尊敬，一定先要學會

81　王世杰致胡適函，1941年7月16日，中國社會科學院近代史研究所中華民國研究室編，《胡適任駐美大使期間往來電稿》，第2冊，頁529；又見：《胡適遺稿及秘藏書信》，第23冊，頁584；又見：王世杰致胡適函，1941年7月22日，《胡適遺稿及秘藏書信》，第23冊，頁586-587。

82　《翁文灝日記》，1942年9月18日。

站穩自己立場，和堅持自己原則。

　　和胡適相比較，宋子文的確比較有效率，並且更勤奮，把中國在美國的外交工作表現提高了許多。在處理相關專業技術時，宋子文對於中國財政事務所掌握的了解，遠遠超過當時任何一位中國和美國官員。他每次參加美國財政部會談時，面對一大群美國專家們，宋子文總是單槍匹馬赴會，不帶隨從，有時甚至不帶公文夾。而在面對美方提出的高度複雜的專業性問題時，總能對答如流，顯示出他對於中國財政事務掌握得很嫻熟，而且經常做出頗為深刻的看法[83]。

　　宋子文和陳光甫的對比同樣具有重要性。陳光甫在美國時，採取自我設限立場，只和美方商談貸款事務，而宋子文則將他負責事務的範圍大幅擴大，不但和美方討論中國的經濟局勢，也涵蓋幣制穩定、銀行運作程序、軍火購買需求等等。宋子文一人的工作範圍和效率，往往超過胡適和陳光甫兩人的總和，但是他肯定沒有後者所表現出來的恭謙和小心翼翼的姿態。宋子文此前的專業是財經事務，因此他能夠處理中美之間的財經關係可謂駕輕就熟，並不奇怪。但是軍火武器事務，他在此前則是完全外行，而他也能在最短期間內主動學習，掌握重點，則是胡適陳光甫兩人望塵莫及的成就。

　　最後，胡適和宋子文之間的差別，也表現在他們各自向重慶政府發回的情報和建議事項。胡適的作風一如是一位學術界的研究者和一位君子，他向重慶發回的電報，無論是涉及事實或是提出分析，總是就事論事，很少涉及個別人物的個性或是行為，更是絕口不提美國政治圈裡的風言風語，或是政府官員們之間的權力鬥爭，利益衝突，派系傾軋和爭風吃醋之類的小道消息。另外一個有趣現象是，雖然胡適對於中國政府內部官員們不時會表達強烈的意見甚至譴責，但是在他外交文電中，卻從來不曾出現過對於美國官員的負面報告。從他寫回給中國政府大量的報告中，很難看到有關美國內政行

---

83 有關宋子文對於財經事務的掌握程度和表現，請參閱：Minutes of Treasury Department meeting on December 1, 1940, *Morgenthau Diary（China）*, pp. 300-322. 在這個漫長的會談中，宋子文一人面對6位財政部高官，解答對方的質詢，提出自己的見解。表現突出。

情的報告，也很難看到那些主掌美國外交政策的人，到底有什麼特性。他最大限度只不過是指稱某些人是孤立主義分子，而某些人是干涉主義分子而已。除此之外，胡適謹守君子作風，對於美國政府官員們不去評頭論足，更不會對於他們的私人行為津津樂道。從胡適的報告中，重慶政府官員們很難了解他們的美國對手們到底是何種人物？這對他們去試圖了解，評價和應付美國政府的努力上，產生了很大局限性。在胡適筆下，美國變成是一個只有政策而沒有個人參與的團體。

與之形成鮮明對照的是，宋子文的報告充滿了對事實的敘述，舉凡政治、軍事、經濟和外交等各方面有價值的情報，一律呈報國內。因此它們向蔣介石提供的，是一個更全面而詳盡的報告，除了形容美國政府政策之外，還包括美國政治領袖人物的性向和癖好，各個政府機關之間的矛盾和鬥爭，哪些能夠影響美國政府對華外交政策的人物的利益和私人關係等等。其內容豐富的程度，可說是讓蔣介石大開眼界，首度領略到美國政治原來是如此地五光十色。宋子文報告內容明顯表示，他對美國政界裡「人的因素」，遠比胡適要敏感和重視得多，因此也更努力地去運用這些因素去幫助實現中國的利益。

胡適所關心的是「大」問題，因此他的報告也是著重去分析這些大問題，而他也對自己分析的嚴謹度和創見感到心滿意足。宋子文卻不然，他更關心當前的實質收成。胡適習慣於從歷史，文化和學術等寬廣角度去審視戰時中美關係，但是這並不表示他是一位具有宏觀戰略眼光的分析家，最好的例子就是他其實對於蔣介石多年來致力於想建造的和西方國家的大同盟，完全缺乏興趣。當然，胡適在處理中美關係過程裡，仍然有其建樹，那就是他以一位謙沖君子的氣度和一個學者的風範，贏得了美國官員和人民普遍的尊重和善意。換言之，他的成績是他不改本色的結果。

宋子文卻大不相同。他既是一位智謀多端的實行家，又是一位擅長大叫大嚷的表演者。他對於富哲學意味的探討，或是令人擊節讚賞的理論分析架構，絲毫沒有興趣。他最大目標，是幫助中國在當前逆勢下獲得更多的武器和貸款。他坦然承認自己不是一位個性優雅細膩的人，彬彬有禮的風範非其

所長，而他也不珍惜去贏取這方面的美譽。然而他絕對絕頂聰明，計謀多端，目標明顯，而且全力以赴去達成任務。相比之下，胡適極為珍惜自己的形象和羽毛，而宋子文最大的滿足就是能夠做出成果。當然，宋子文這種志在必得的脾氣，也有時會把他帶入危險境地。比如說在1941年10月底，他為了急於想要知道美國政府究竟打算給予中國何種軍事援助時，他不惜使用「特殊管道」取得了一份馬格魯特將軍（John Magruder，當時美國駐華軍事代表團團長）呈交給陸軍部長史汀生（Henry Stimson）的機密報告，其中包括他對中國軍事的調查和做出的建議[84]。宋子文的行徑讓中國政府大為震驚，因為它等於是利用間諜手段去對付一個友邦。因此政府立即警告宋子文千萬不可洩露或繼續從事此類活動，以免傷害中美關係。當然，歷史的諷刺是戰後美國政府自己卻成為這方面的專家，發展出一套高明的諜報手段，無論是對敵對友，一律適用。

總地來說，儘管宋子文的某些手段可能帶來較高風險，但是對於蔣介石而言，宋子文作為駐美代表所能發揮的功能遠遠超過胡適和陳光甫兩人。

無可避免地，胡適和宋子文個人關係很快就發展到短兵相接地步。當胡適向新任外交部長郭泰祺抱怨宋子文在美進行外交活動都對他秘而不宣時，宋子文則告知蔣介石，他是遵命不和胡適商議借款事，因為胡適經常出外舉辦學術演講，找不到他的人，因此無法進行商量[85]。中國駐美的外交團隊終成破局。

II. 宋子文與美國官方的互動關係

除了個性因素之外，宋子文在美國的處境也和胡適有兩個大不相同之處。首先，他和中國的最高領袖有親密私人關係，在中國政壇上有自己的權力基礎，而且可以參與蔣介石「制訂」對美外交政策的全部過程，而不只是

84　宋子文致蔣介石電，1941年10月27日，《革命文獻拓影本》，第32冊，《對美外交（3）軍事援助》，頁152-154。

85　宋子文致蔣介石電，1941年4月29日，《蔣中正總統文物》，#002080106040006。

「執行」而已。因此他享有的影響力遠非胡適可以比擬者。其次，在宋子文抵達美國後，美國的政治環境也和1937-40年間大不相同，這讓宋子文在和美國官方的溝通中得以創造另外一個新局面。

宋子文手段靈活性在幾個案例中很快就展示出來。比如說，在借款事務上當他認為美國不可能借巨款給中國時，他就改為試探請美國派遣財政專家到中國考察實際情況，會同國內專家共同討論，這樣將來借巨款的希望就可以增加。在軍事事務上，宋子文努力和海軍部長發展密切關係，商議派遣美國軍事專家到中國[86]。到了1941年4月，他已經做出成績，可以向政府報告，「文與軍械貸借委員會接洽後，頃已組織中國國防供應公司，請總統母舅Frederic A. Delano為董事長，總統當即允准。此後，對於援華一切，我在總統左右樹立各方助手，俾援華政策能成為實際物質之援助。」[87]而對於軍事援助一項，宋子文要求美援的新姿態是反賓為主。他於1940年年底估計美國原本打算只在2-3個月內提供100架飛機給中國而已。因此他告訴英國駐美大使稱，在華日軍正在準備南進戰略，明年（1941）可能攻擊新加坡。中國軍隊雖然可以阻止日軍南進，但需要飛機才能攻擊日軍。他聲稱中國政府要求飛機並非為長期建設中國空軍，而是為了中英美三國當前共同阻止日本南進的必須武器。因此他要求英國和美國趕緊向中國提供飛機500架，並邀請英國幫助去說服美國。因為一旦中國獲得飛機，它就可能收復廣東地區，和牽制2000架日本飛機[88]。

這一番動作不但顯示出宋子文的積極性，更顯示出他政治盤算的複雜性。他在向美國直接爭取軍援之餘，還設法把英國拉進來替中國幫腔，而且也為了讓英國安心，避免未來中英空軍在亞洲成為競爭者，又特別強調中國需要飛機只是救燃眉之急，而不是想建立強大空軍去挑戰英國空軍長期的優勢。

在珍珠港事件之前的美國政治環境中，宋子文的逞勇好鬥作風，的確不

---

86 宋子文致蔣介石電，1940年11月9日，《蔣中正總統文物》，#002080106041001。

87 宋子文致蔣介石電，1941年4月15日，《蔣中正總統文物》，#002080106044006。

88 宋子文致蔣介石電，1940年11月26日，《蔣中正總統文物》，#002060100146026。

時讓他陷入麻煩，有時反而造成反效果。在摩根韜和項貝克兩人都已經分別通知宋子文美國無法提供新貸款的情況下[89]，宋子文依然堅持提出要求，而且在數量上遠超過胡適陳光甫二人此前所敢想像者。怪不得在美國人眼中，宋子文所提的各種新理由都是誇大其詞無法採信。比如說在1940年11月30日，宋子文向摩根韜宣稱，由於日本新近承認了汪精衛偽政權，使得中國面臨危機益趨惡化，因此中國最少需要1億元美金貸款，才能度過財政難關。看在摩根韜眼裡，這不諦是獅子大張口[90]。宋子文諸如此類行為，除了惹得美國人不快之外，也使得他個人政治聲譽在剛到達美國後不久，就受到沉重打擊。

美國官方喜歡胡適而討厭宋子文，原因其實很簡單。但是基於同樣理由，我們也容易了解胡適在和美國官方打交道時，為何遠不如宋子文有效率。

和胡適的溫文儒雅相比較，宋子文每當他提出的美援要求沒有得到及時批准時，就會大做文章，絕不掩飾他的失望或是沮喪情緒，甚至刻意做出一些姿態去增加美方的不安，然後他還會把自己的不滿向美國聯邦政府各部門官員們廣事宣揚，弄得人盡皆知。此外，宋氏親信拉西曼也成為一個障礙。宋子文1940年到美國後，拉西曼即成為宋氏幕客，代表宋氏在美國進行活動。但是美國政府深表不滿，因為美方認為中美關係不宜由第三國人參加，甚至打算下逐客令。後經宋氏強求才能留下。拉西曼在中國使館獨自享有一間辦公室（陳納德和其他美國雇員都只分用大辦公室），地位特殊，也引起使館同事反感。有時宋氏宴請美國政要也讓拉西曼出席，導致美方人士三緘其口，後來宋氏才停止邀請拉西曼[91]。

宋子文對待項貝克的手法也和胡適大不相同。宋氏剛剛抵達華盛頓就急不得待地向項貝克抱怨美國忽視中國，他斬釘截鐵地宣稱，中國要抵抗日本就必須要有武器和財力作為後盾，否則就無法進行，他高調表達他的失望和

---

89 《胡適的日記（手稿本）》，1940年8月15日。

90 Transcript of meeting between Soong and Morgenthau in Treasury Department, on November 30, 1940, in *Morgenthau Diary*（*China*）, pp. 273-277.

91 〈在美見聞〉，1941年月日不詳，大約是年底，《蔣中正總統文物》，#002080114019013。

傷心，甚至語帶威脅地宣稱，既然他在美國不能發生作用，則不如趁早返回中國去。項貝克在他為這次會面所做的筆記裡，非常生動地描述了宋子文的表演才能：

> 他（宋子文）（裝模作樣地）說，他深感遺憾，他實在不願意說出口，他考慮再三不知是否應該說出來的是，中國在物質上已經接近崩潰邊緣，急需外來援助。他問我是否我可以提供任何指望，或是任何建議，他在此時還可以做出何種努力？如果他留在美國還能發揮任何作用？是否還值得他繼續努力，或是他應該逕行打道回府？[92]

胡適絕不至於放下身段想要以返回中國作為向美國要挾，也不會提出如此赤裸裸的問題。但是有趣的是，這次會談的結果，卻是幫助宋子文在上任的頭幾個月內，從項貝克之處所得到的關注和信息，超過胡適在幾年中所得到的總和。證諸胡適還衷心把項貝克看成是多年好友，這個諷刺委實不小。

宋胡兩人除了應付人際關係的手法大有有差別之外，宋子文內心根本不贊成胡適對於項貝克政治能量的估計。在一封給蔣介石報告中，宋子文稱胡適向他坦承凡是遇到疑難問題即向項貝克求教，而項貝克也不吝開導。宋子文寫道，「我國對美外交，一向搖尾乞憐，以博美方之好感，已於中國國體之尊重，及中美平等同一陣線之認識，實嫌欠缺。」又寫道，「故項白克（項貝克）毛根韜（摩根韜）一般心目中，已習於光甫適之之柔和。」「項白克藉中國自重，包攬一切，惟僅居國務部次要地位，政治力量殊嫌薄弱，適之事無鉅細惟項言是從，毫無辦法時，即以美國政府限於國內政治理論為辭，電陳鈞座。至文則不得不另闢途徑，往往逾越彼方事務官，而直達主持政務之人，是以有時與適之不能為謀。」[93]短短數語倒是把兩人和美方的互動

---

92 Stanly K. Hornbeck, "Memorendum of Conversation" Department of State, August 15, 1940. Hornbeck Papers, Box 52.

93 宋子文致蔣介石電，1941年5月20日，《蔣中正總統文物》，#002080200619032。

關係說得頗為貼切。

宋子文抵達美國之後，對於如何處理對美外交，逐漸領悟和發展出一套與此前截然不同的策略。根據宋子文所言，他在到達美國後首先的努力是，「始得與政府內幕決定政策之權要，密切往還。」繼之根據他的觀察，「美國參戰之期已迫，故國務財政等部勢力隨之遞減，軍械貸借方案即為總統直接執行權職範圍擴大之明證……**故此時我方拉攏總統左右之親信，並培植其勢力，實為目前最重要之政治企圖。**」[94]

宋子文不但心中有了新策略去接近美方權貴，還不遺餘力地向他們宣揚中國對國際事務新觀點，那就是，中國抗戰不只是為中國而戰，乃是為全世界而戰。這個觀點早先已經遭到陳光甫嗤之以鼻，認為純屬低劣宣傳伎倆，睜著眼說鬼話的自欺欺人。胡適雖然心中可能會接受這個觀點，但是他對宋子文的戲劇化表演，只能感到誇張到有失體面。但是宋子文之所以能夠在美國引起反響，也正是因為他用了充滿感性的方式去散布他的觀點。對於那些多年來已經習慣了胡適大使的那種君子風度的美國官員而言，像宋子文這般不講禮數又跡近暴發戶似的新人新作風，讓他們委實無法適應。即使在美國人已經說了「不」之後，宋子文居然還可以不識相地假裝聽不懂，繼續嘮叨不休，不達目的誓不罷手。

在此同時，也的確有另外一批美國領袖們看出了宋子文個性的價值，認為他的動力和聰明狡黠著實可取。比如說，Tom Corcoran就曾經告訴摩根韜說，儘管宋子文是個難纏的人物，但是「我相信短期內，（你別指望）他會回到中國去，而他是唯一可以推動工作（指貸款工作）的動力，（因此）而你也必須使用你能夠找到的能量（指宋子文）（去推動你的工作）。」[95]還有其他美國領袖們，或許他們本身早就打算幫助中國，或許他們被宋子文的熱情所感染，也都先後參加他的行列，在華盛頓共同推動美國給予中國更多援

---

94 宋子文致蔣介石電，1941年5月20日，《蔣中正總統文物》，#002080200619032。

95 Transcript of phone conversation between Corcoran and Morgenthau, April 14, 1941, in *Morgenthau Diary（China）*, pp. 362-363.

助。也正是在宋子文主導之下，成立了中國國防供應公司（China Defense Supplies, Inc.）成為中美兩國政府就租借法案物資的運用而擔任主要聯絡工作（見本書第八章）。

　　儘管宋子文精力充沛，他當然也不可能爭取到所有人的支持，其中最明顯的例子就是財政部的官員們。比如說，財政部副部長 Bell（Daniel W. Bell, Under Secretary of Treasury）就曾經抱怨他承受過「太多來自中國的壓力」。財政部官員們非常了解宋子文和胡適之間的摩擦，因此特意向胡適示好，希望借此鼓動胡適把宋子文擠出圈外[96]。

　　而財政部長摩根韜本人，則是把他對於宋子文的不滿表現得最為露骨。他語帶恐嚇地說道，「假如中國人在華盛頓沒有雇用這麼一大批人幫他們打點事務的話，則他們從我這裡得到的幫助可能會更多。目前這種情況，只會讓我的工作進度緩慢下來。」當副部長 Bell 轉告摩根韜說，中國人曾經放出口風聲稱，假如他們無法獲得 5 千萬美元的一次性貸款的話，則他們可能會在感情上受到傷害時，摩根韜當即脫口而出說道，「就我而言，他們可以跳進長江裡去（尋死）。這傢伙（指宋子文）過去三個月來不斷在耍把戲，而我是絕對不會讓步的。當然現在討論的貸款，本來就是一個差勁的貸款，要不要接受，由他們自己去決定。」[97] 從這些話語中可以看出，摩根韜顯然是被宋子文惹毛了。

　　摩根韜何以會如此冷淡對待宋子文？考其原因，大概不外下列幾項：

　　首先，宋子文使美的重要使命就是貸款。在這個問題上，宋子文和摩根韜之間很快就產生了正面衝突，主要是他們對於美國經濟援華的時機和方式存在歧見。基本上，宋子文不但要想為中國爭取到非常大額的貸款，而且還要一次性付款。反之，摩根韜則認為應該給予中國小額貸款，而且分多期支付，數量必須嚴格控制，這樣才能保證中國政府能夠有效地運用款項去穩定

96 Transcript of Group Meeting at the Treasury Department, April 21, 1941, in *Morgenthau Diary*（*China*）, pp. 373-385.

97 Transcript of Group Meeting at the Treasury Department, April 21, 1941, in *Morgenthau Diary*（*China*）, pp. 373-385.

貨幣，也可以防範中國國內黑市投機行為不致失控。借款戶和債權人之間的基本利益差異，註定摩根韜和宋子文會發生摩擦，無足為怪。

其次，摩根韜早已習慣了陳光甫那種恭謙態度，這就大大地增加了他的信心，自認為是對待中國的大施主，而事實上美國的付出又非常有限。怪不得當摩根韜面對宋子文，而後者不但有自己主見，居然還敢堅持他自己的立場，這就使摩根韜感到震驚不已。在他們兩人間這種微妙心理互動的場面裡，宋子文居然還敢向他提出一些（在摩根韜看來是）「貪得無厭」和「離譜」的要求，則更是令摩根韜無法抑止一腔怒火。讀者如果去參閱當年美國財政部檔案，就可以發現摩根韜之前在部屬面前慣用輕篾（居高臨下）口吻形容中國外交官。這就難怪他會缺乏心理準備，居然會碰上像宋子文這般的中國人，敢於和他頂嘴。在摩根韜心目中，類似這種中國人的「胡說八道」（nonsense）一定要儘快遏止，使之不得蔓延。這就解釋了為什麼摩根韜決定在雙方接觸一開始就需要端出架勢，及早撲滅宋子文的氣焰。

但是在宋子文赴美國履新之前，針對中國應該如何跟美國人打交道一事，心中也早已產生了一套想法。在他初度和摩根韜口舌交鋒之後不久，宋子文向蔣介石報告稱，摩根韜在那次事件之後接下來的時間裡，態度顯然變得和緩許多。因此宋子文提出了一個結論，那就是，這就是西方人的性格[98]。換言之，假如中國用自己傳統的恭謙禮讓方式去對待美國人的話，則他們的工作就將一無所成，因為美國人會誤以為是中國人的個性軟弱無能的表現。反之，假如中國人能夠站穩立場據理力爭的話，則他們就會贏得美國人的尊敬和合作。當然，在摩根韜和宋子文之間，雙方都還需要經過多幾個回合交鋒才能找出一個平衡點，到底應該向對方施加多大的壓力而不至於導致破裂。這樣也就為我們研究中美關係找到了一個新的心理學層次，可以加以著筆。

第三，摩根韜原本在美國政府的對華政策領域裡最為活躍，穩居主導地位。宋子文抵美之前，摩根韜一直是美國政府中倡導對華貸款最熱心的領

---

98 宋子文致蔣介石電，1940年12月9日，《戰時外交》，第一冊，頁423。

袖，但是宋子文來到之後，卻沒有恭謙地接受摩根韜的呵護和照顧，反而是把主動權抓到自己手裡，大有「搶風頭」的趨勢。而宋子文居然還膽大包天，向美國要求貸款的額度遠遠超過了摩根韜歷來所願意提供者。就這樣，賓主之勢立刻產生顛覆。因為儘管摩根韜的確關懷中國和擔心日本，但是他只想運用少額美國資源去達成阻遏日本擴張的效果，然而他願意付出的貸款數目又遠遠無法幫助中國贏得抗戰。摩根韜的精算，當然是力求符合美國的國家利益，而宋子文的要求則是為美國政府「添亂」而已。

　　更令摩根韜感受威脅的是，一旦宋子文遭到摩根韜抵制時，他立刻開始在美國政府內外各方面拉攏關係動員爭取政治支援，最後甚至直奔白宮求助。如果容忍宋子文如此「胡作非為」，其結果就可能讓財政部降格為無關緊要的聯邦行政單位了。怪不得摩根韜會把自己看成是一個（宋子文）陰謀詭計的受害人。當摩根韜提到那些被宋子文延攬的美籍政商要人時，他忍不住一肚子怒火地說，「我搞不清楚到底誰是拿他們（中國）的薪水，而誰又是拿聯邦政府的薪水。因此我一定要小心從事。」[99]

　　儘管宋子文能夠動員和拉攏的支持者和公關人士，在規模和數量上完全無法和當時英國政府在華盛頓所維持的公關團隊相比，但是最讓摩根韜無法接受的，是中國人居然也膽敢用這種方式來跟他較勁。摩根韜情緒反應背後的種族色彩幾乎是呼之欲出。在當時美國人民中有兩種對待華人的態度，一種是保守分子根深柢固的種族歧視，認為華人是劣質人種，厭惡華人，對於排斥華人一事，認為是理直氣壯，無需隱晦。他們當然支持排華方案（Exclusion Act）。另一類是自許為開明人士，他們認為華人在人格上與白人應該平等，但是在現階段屬於落後民族，因此需要白人開導（the white man's burden），其中包括熱心傳播基督教的福音，作為解救中國人的法寶。而且他們之中不乏願意獻身中華，開啟民智，無論是以教育、宗教、醫療、文化等各種途徑，向中國人伸出援手，提攜中國人一把。

---

99 Transcript of Group Meeting at the Treasury Department, April 21, 1941, in *Morgenthau Diary*（*China*）, pp. 373-85.

　　不幸的是，在後者這一大群善意的美國人之中，也有一部分受到自己生長環境的影響，認為美國和中國交流，當然是美國人主導定調，中國人服從執行。這就有時不免產生一種奇特而矛盾的現象，那就是：有些越是自認為愛護中國的美國人，越是指望中國人俯順聽話。他們可以信誓旦旦地宣稱一切為了中國好，但是先決條件是中國人一定要遵從他們的指導。任何拂逆他們旨意的中國人，都會傷害他們的自尊心，引起強烈反彈。在美國政府中，珍珠港事件前的摩根韜部長，和同盟國時代的史迪威將軍（Joseph W. Stilwell）甚至馬歇爾將軍（George C. Marshall），都跳不出這個奇妙的感情圈套。例如：摩根韜給宋子文的下馬威，羅斯福和摩根韜要由美國政府直接向中國士兵發薪水，史迪威和馬歇爾要由美國將領統御中國軍隊等等。換言之，在兩國關係中，除了國家利益、戰略、貿易等因素之外，人際關係和文化背景這種難以量化的因素，也經常產生重要後果。種族歧視是最難界定的一種因素，又讓自由派的學者難以啟齒，免得自己落下以小人之心度君子之腹的奚落。但是在研究抗日戰爭中的中美關係時，這又是一個揮之不去的大陰影。在宋子文、胡適、陳光甫和摩根韜等人的交往中，不斷可以看到它的弦外之音。

　　從摩根韜立場看來，更糟糕的是宋子文的運作方式還似乎頗見成效。首先能夠看到的，就是羅斯福和白宮官員們居然開始直接插手過問中國貸款事務。儘管羅斯福的決策有他自己的盤算，但是摩根韜還是把罪狀算在宋子文身上，認定是宋子文顛覆了財政部在聯邦政府中的主導權威。

　　在以往西方歷史著作中，宋子文經常被描繪是一位用不光彩手段去結交美國權貴，然後又倚仗他們的聲勢去欺壓美國聯邦政府其他部門的官員，是一位為達目的不擇手段的人。但是從中國觀點出發，則宋子文或許有另外一種形象。讀者們必須記得的是，宋子文帶去美國的物資採購單，比以往三年的總和都要大。但是他最初的整個工作幕僚，只有一位電報收發員和一位英文秘書。他無法依賴胡適大使館職員們，因為後者對於貸款和軍購事務都一無所知，也不熟悉如何進行和國會的聯絡工作。換言之，宋子文在華盛頓的工作誠可謂是人單力薄，獨力撐大廈。

　　由於宋子文和胡適的關係很快就疏離了，因此宋子文失去了運用大使館職員們去支援他工作的機會。即便是在重慶政府之中，也很難物色到適當人才可以流暢地和美國官員們進行交談。因此，宋子文急需有人熟悉美國政府內部運作，和聯邦官員們保持經常性聯繫，即使在白宮，財政部，或是軍部已經做出有利於中國的決策時，也還能夠盯住它們認真地執行。

　　宋子文以百折不撓的精神，去培養中國政府和美國有權勢人士的人際關係，很快就開始收到實效。一個明顯的例證就是美國知名人士訪華的頻率顯著增加。從1937年7月到1940年6月之間，沒有一位美國領袖曾經訪問過中國。美國在中國的事務完全由詹森（Nelson T. Johnson）大使統籌辦理，而中國在美國的事務則先後由王正廷大使和胡適大使打理。但是從1940年7月開始，這個情況得到了極大的改善。詳細情形將會在本書第七章中做具體說明。

　　本章以上所列舉的史實明顯地指出，自從宋子文在1940年6月抵達美國之後，中美關係便產生了實質性變化，主要表現在兩個重要方面。其一，他把胡適大使逐漸排除於中美外交關係之外，使自己成為是中國政府大權獨攬的外交代表。他在中國政府制訂外交政策過程中扮演了日益重要的角色，因為他遠比胡適大使更透徹地了解中國國內在政治，軍事，和財經領域中所遭遇的困難，而對於如何爭取美國援助也有更多和更積極的設想。其二，他和美國對口單位和領袖們交往的方式、手段和作風和胡適及陳光甫兩人大相逕庭。宋氏以其鍥而不捨的精神，務求達到目的，也因此而提高了開罪於美國官員們的風險。經過一段過程之後，宋子文似乎成功地打造了一個新基礎去開拓中美關係。在這個過程裡，或許很少有美國人會從內心對宋子文個人產生親切感，但是有更多的人士會接受他作為工作夥伴。我們下一步需要檢驗的是，宋子文的出現是否會為中美關係帶來實質上的改進。

第六章

1940年下半年中美關係大幅擴展

在宋子文主導下，中美關係在1940-41年間在四方面產生巨大變化。它們分別是：經濟援助、軍火購買、越南和緬甸通道的重開，和促成中國與西方國家結成國際大聯盟的努力。在這幾個領域內，中國政府加大力度，投注大量精力，採取積極態度，也嘗試運用不同手腕。本章將要討論的是，宋子文如何比胡適大使更努力地去體會重慶領袖們急迫的心願和指望，以及他採用何種新手段去爭取美國援助。本章也會討論中國政府如何設法阻止美國改善與日本關係。

甲. 促成重慶政府外交政策改變的背景和因素

在討論這些實質問題之前，我們需要對宋子文初到美國的半年裡中國政府面臨的三個新危機加以敘述，這樣才能讓我們更了解宋子文工作的壓力，和他需要爭取美國支援的迫切性，遠遠超過胡適和陳光甫在此前兩年所承受者。一個危機是重慶政府突然驚醒中國軍隊作戰能力的大幅滑落。第二個危機是日本重啟對中國城市大規模轟炸。第三個危機是英法兩國宣布關閉從越南和緬甸往中國西南省分的通道。

I. 國軍戰力低落帶來的震驚

冬季攻勢指的是國軍在民國二十八年（1939）冬季發動的一個大規模地

面攻勢。事先經過了長期精細的參謀作業，動員了40-50萬士兵，由4個戰區協同向日軍進行全面性反攻。其規模之大超過淞滬會戰以來任何一次國軍出動的兵力，其目的就是要扭轉自從七七事變以來國軍屢戰屢敗的劣勢，希望一舉而重創日軍，挫折其侵略的銳氣，重新奪回戰場上的主動權。所以中國最高統帥部寄以厚望。

但是會戰結果可說是全盤失敗，詳情在1980年代的史學論著中早已討論過，在此不予重述[1]。

冬季攻勢失敗後，重慶政府在1940年2-3月對於失敗原因舉辦了一系列的檢討和講評。其中最具規模的是柳州軍事會議，在會上蔣介石不但公開指斥許多將領，而且明令處罰失職人員，所以在形式上似乎取得了教訓和擬定出改善方向。但是實際上國軍在冬季攻勢過程中所暴露出來的弱點，在此後抗戰中依然長期存在。而蔣介石在私下的感受，要遠比公開場合中所言者要坦誠和悲觀許多。他的講評重點是，「高級將領不顧威信，平時驕矜，敗時頹喪，幾乎手足無措，可痛可悲。因之心神惶惑，失眠加重，殊為從來所未有。」[2]

但就大多數將領而言，上級的責備、鼓勵甚至獎懲都未能產生明顯效果。在某種意義上而言，冬季攻勢是中國軍隊在抗戰頭四年作戰的分水嶺。在此之前，國軍曾經表現出旺盛的戰鬥精神，在淞滬會戰時期，國軍（特別是中央部隊）不但經常表現出熾熱的求戰精神而且旺盛的求勝慾望。1938-39年間，國軍雖然多次戰敗，可是信心依然維持。最高統帥誤以為這支戰敗之軍，只要經過短期整訓和補充武器裝備之後，就可以重振旗鼓向敵軍進行攻擊。豈知這完全是最高統帥的錯誤估計，因而導致了一場雷聲大雨點小的悲劇。

無論官方宣傳事後如何淡化解說冬季攻勢，它實際上讓蔣介石清楚地看到國軍根本性的弱點，逼使他不得不向現實低頭，在此後戰略上做出了重大

1　詳情見Hsi-sheng Ch'i, *Nationalist China At War, Military Defeats and Political Collapse*, pp. 56-63.
2　《蔣介石日記》，1940年2月19-26、29日。

修正。他在日記中寫道，「以後作戰方針應養精蓄銳，非整訓完成，不輕決戰，但各戰區不時以一師以下之兵力乘機出擊，不斷打擊敵人為主。」[3]到了8月分，蔣介石又寫道，「**以後反攻非待各戰區整訓完妥而有充分把握時，決不宜輕舉嘗試，否則如反攻無效，不惟後繼補充為難，而敵且攻川無忌矣。**」[4]半個月後他再度寫道，「待敵來攻，縱深抵禦而反擊之，則勝利在我者多。若我先攻其據點而求其倖勝，則必失敗也。」[5]

說白了，他終於認識到國軍必須經過長期整訓，否則已經不具備能力從事大規模作戰任務，而只能以小部隊的兵力對日軍進行騷擾而已。這些話可以為此後重慶政府的抗戰策略做了一個很中肯的敘述，也是從冬季攻勢失敗所吸取的深刻教訓。

要想改變此種窘境就必須獲得大量外援，而所謂外援則不外兩種：一是進口足夠的武器重新裝備國軍精銳部隊，二是借重外國軍事專家協助中國訓練軍隊，如同以前德國軍事顧問一般。而兩者都是蔣介石在南京時期，既已高度熟悉而又得到高度成果的建軍工作。然而在德國和蘇聯兩國的軍事援助都相繼成為不可靠的趨勢之下，美國自然而然地開始成為取代的對象。這項工作當然越快開始越好。

恰恰在此時，美國政府也正在醞釀大幅提高對反抗軸心國的國家予以援助。如讀者熟知，美國自歐戰爆發（1939年9月）以來，一直受到1936-37年中立法的限制，不可對歐戰交戰國施加軍事援助。但是總統在1939年9月21日向國會提出 "cash and carry"（現金購買，自行運輸）變通方法，使英法可以支付現金購買美國軍用品，接著用它們自己的船隻將貨物從美國港口運往歐洲。然而到了1940年夏季，英法的處境又發生困難。首先是法國在1940年6月22日戰敗向德國投降，同時英國又現金短缺，逐漸無法以現金支付和自運方式從美國取得武器。因此，美國如欲避免英國步上法國後塵向德

3　《蔣介石日記》，1940年3月9日。

4　《蔣介石日記》，1940年8月27日。

5　《蔣介石日記》，1940年9月8日。

國屈服，就必須找到另外方式，更積極有效地抵抗軸心國侵略。

此種國際趨勢對於國民政府而言，當然是必須及時借重的一股外力。然而由於胡適大使已經作了原則性的表態，聲稱他的大使職責範圍不包括借款和武器，則國民政府就必須儘快找到合適人選，向美國政府爭取這些即將來臨的外援。由於在這個關頭，國民政府已經逐漸形成了整編30個精銳陸軍師的計劃，因此派遣幹員赴美，似乎機不可失[6]。

II. 日本發動新一波殘暴轟炸

就在宋子文赴美任務醞釀期間，大致從1940年5月中旬開始，日本以150-200架飛機開始對重慶和成都地區進行不分晝夜地轟炸，其規模之大超過抗戰以來任何時期。

回顧中國陸軍的挫敗和空軍的挫敗，雖然同為挫敗，但是卻產生截然不同的影響。中日兩國陸軍對壘有作戰前線，前線崩潰才會產生難民和震動後方。因此對於大後方居民而言，其影響是漸進而有限的。但是日本空軍的轟炸，則是把戰爭立即帶進千家萬戶的生活核心圈裡。

打從1938-1939年開始，中國政府逐漸發展出一套有效的防空預警系統。不但在後方城市如重慶、成都、昆明、西安等重要城市附近設立預警系統，而且在淪陷區日本空軍基地附近，也建立了大批觀測站及情報通訊網站。一般而言，只要日軍飛機起飛15分鐘之內，即可由國民政府派遣的地方觀測員，將訊息經過沿線轉接站向內地傳遞。但是這個系統的功能也不可誇大。因為它只可能報告敵機起飛的地點及數量，但是並不能得知它們意圖攻擊的目標。

中國最大的致命傷是一旦敵機已經凌空時，它嚴重缺乏防禦能力。防禦敵機來襲不外乎兩種方式：一種是地面防空，另一種是空中阻截。中國當時最缺乏的武器之一就是高射炮和高射機關槍。全國數量之少，無法構成火網

---

6 至於美國如何能對這30個師的裝備和整訓工作提供協助，本書將於第八章中詳細討論。

保護任何重要的地面目標（包括軍事委員會和委員長辦公室在內）。升空攔截迎戰的方法也無法生效。無論是蘇聯空軍的驅逐機（E-15, E-16），或是輕轟炸機（SB雙發動機），皆為機型落後，速度緩慢，爬升能力極差，續航作戰路程短，夜間不具作戰能力，缺乏無線電設備。尤其糟糕的是武力薄弱，機關槍口徑過小，每分鐘只能發射1800發子彈，而且經常過熱發生故障，突然喪失發射能力。在天空中無法發揮驅逐機正常功能。而偵察機又因缺乏照相設備，只能在晴空以目視方式出勤。至於轟炸機則由於投彈瞄準器粗糙落伍，又缺乏驅逐機護航，難以發生作用。即便如此落伍，以上機種全國總數不過150-160架（另外更陳舊的雜牌機種80-90架）。至於地面設備同樣陳舊。為了飛機加油，全國只有極少數量落後的加油車輛。大部分情況需要使用5加侖油桶以人工方式為飛機灌注油料[7]。

與以上形成強烈對比的是日本空軍，據美國估計，它當時在中國戰場可以使用的飛機大約有800架驅逐機和轟炸機，最主要的三個集中地為廣州和漢口（約650架）及中南半島的河內（約70架），其他散布各地。前二者可以攻擊華中各地（重慶、成都、蘭州），後者可以攻擊西南各省及滇緬路[8]。

由於雙方數量和性能相差懸殊，以致日本飛機經常在白晝出動，肆無忌憚，偶爾也會利用月滿時在下半夜起航，在清晨時分抵達目的地，完成轟炸任務後返航。由於日本掌握絕對空中優勢，所以它的飛機習慣於採用最有效方式，先派遣1-2架毫無武裝的偵察機勘察有利地面目標，通知轟炸機群隨後抵達，集中在幾個小時之內輪番投彈，放空炸彈艙後返航。直到1939年為止，日本轟炸機都無需驅逐機護航，可以單獨大膽執行任務。其偵察機一般在18000-22000英尺和時速275里執行任務，而轟炸機則在目標上空15000-20000英尺投彈，兩者都超過中國地面高射槍炮的射程，而所投炸彈

7　"Air Mission to China," prepared by Brigadier General H. B. Clagget, US Army, and reported to General Marshall, Chief of Staff, US Army, 10 pages, June 12, 1941, China Defense Supplies Papers, Box 49, Folder 2.

8　同上註。

則在100-500磅之間。

　　1940年開始，日本空軍間或會派出驅逐機組，其目的為引誘中國空軍僅剩的少數驅逐機升空迎戰而予以擊落，或是以驅逐機火炮對地面目標（特別是飛機場設施）進行低空掃射摧毀。1940年日本的新式零式飛機（Mitsubishi A5M, A6M）開始服役，更是大大地增加了日本空軍的大膽和殺傷力。1940年9月13日，13架零式飛機與27架中國空軍的蘇聯飛機進行空戰，後者全數被擊落，而前者絲毫無損。零式飛機的優勢在於它的操縱靈活，轉彎半徑小，火力強大（裝有兩具20mm火炮，兩挺7.9mm機槍），時速340英里，續航力800英里（可在空中持續飛行6-8小時），爬升速度快（3.5分鐘可以爬到9800英尺），還可以轉載各式炮火炸彈。在中國空軍的蘇聯製造飛機爬到高度極限而瀕臨失速的情況下，早已獲得升高先機的日本飛機，撲捉良機以快速俯衝方式向中國飛機掃射擊落。成為抗戰開始以來，中國空軍損失最大的一日[9]。

　　在當時中國人眼中，這次空戰提供了最有力證據，說明蘇聯援華飛機的性能低劣。經濟部長翁文灝甚至氣憤到忍不住要問，即使蘇聯送來更多同類型飛機的話，又能指望達到什麼好效果[10]？到了1940年10月初，日本空軍又派遣驅逐機進駐宜昌機場，這就使得它們可以掩護日方轟炸機向重慶和成都等城市進行大規模轟炸。有一個簡單的數據可以說明日本飛機的絕對優越性：蘇聯援華飛機需要用15分鐘以上時間才能爬升到6000公尺，而日本飛機則僅需6分鐘，然後以快速俯衝摧毀中國仍在爬升的飛機。這一切都使中國空軍完全無法招架，亟需謀求解救辦法。

　　而在地面上承受災難的大後方軍民，在光天化日之下每次遭受延續數小時的轟炸，殆日機油彈耗盡揚長返航之際，剛剛以為可以喘一口氣，不料下一波攻擊飛機又隨即趕到。日機攻擊目標不僅是中國空軍飛機和基地，並且對平民目標進行濫炸，包括政府辦公場所和人民商業與居住區。正如蔣介石

9　同上註。又見：《蔣介石日記》，1940年9月13日。

10《翁文灝日記》，1940年9月19日。

所言，「其情狀之慘酷，為向來所未有。」[11]

　　遭受日機恣意炸射的平民百姓，其幸運的少數人或可以就近躲入簡陋防空洞，但是多數人卻只能漫無目的地四散奔逃。難怪每隔不數日就會有超過千人喪生。城市居民白天無法上班或是進行商務交易，入夜無法生火作炊或是睡眠。如果房屋被毀，更是無家可歸。到了6月底，連蔣介石和孔祥熙的官邸和國民政府辦公廳都先後遭到損毀[12]。

　　在地面上，鑑於當時重慶等地房屋多為木質建築，日本又蓄意使用燒夷彈擴大其摧毀威力，以致一旦被炸，經常大片地區變成火海，政府的簡陋消防設施根本無法應付，有時在重慶引起的火場達三四十處之多。每日造成大量難民，對於政府的治理和應急能力形成嚴峻考驗。政府由於缺乏消防設備，雖然苦經思索，但是能夠想出來的辦法，無非是夷平現有建築物去開闢防火巷，多備沙包，然後以人力排隊傳遞水桶的原始方法潑灑而已。多半時間只能眼睜睜看到火海吞噬和擴散，無能為力[13]。

　　至於升空迎戰，則中國空軍根本缺乏能力和器材。面對日本的攻擊，整個中國空軍此時所能動用的防衛力量只有20架飛機，而且每日只能出動10架飛機升空作戰，其他必須留在地面修補。不久日本又發展出一種新戰術，即是以偵察機在高空巡迴監視，一旦發覺中國戰機在油料彈藥用罄而必須降落補充時，立即通知敵方轟炸機將之在地面予以擊毀[14]。使中國空軍蒙受重大損失。

　　到了10月初，中國已無驅逐機可供作戰，而其轟炸機以及在機場附近

11 《蔣介石日記》，1940年6月14日。

12 《蔣介石日記》，1940年6月24日，8月19-20日。1940年5月蔣介石發現他的下屬為他在黃山的住所造了一個堅固的防空洞，因此大發雷霆，嚴厲訓斥屬下不該為了討好他而浪費大量建築材料。見：《蔣介石日記》，1940年5月25日。他的住所在6月被炸毀，或許就是因為屬下不敢使用堅固材料。

13 《蔣介石日記》，1940年8月21日。

14 《蔣介石日記》，1940年5月25、31日。

修理之舊機也被日機擊毀無餘[15]。到了10月底情況更為糟糕。依照蔣介石的形容，「正午敵機來襲渝，專炸各工廠爐機。以吾無機應戰，彼乃放肆無忌，為所欲為。」[16]換言之，民居地區、政府辦公場所和已經夠簡陋但是碩果僅存的工業生產廠房，無一倖免。

當重慶被大霧掩蓋時，日機便轉向其他城市尋求目標，同樣地經常造成數以千人的傷亡和無法估計的財產損失[17]。

蔣介石對於中國空軍無法遏制日機狂炸，每日為之憂慮和憤怒不已。由於中國空軍數量少得可憐可笑，而空軍指揮官又屢屢被指責為無能（其實是巧婦難為無米之炊），蔣介石有時甚至親自插手指揮防空事宜[18]。

蔣介石此時心中感受，曾經留下了幾段見證性文字：

「1940年6月分重慶氣候已經超過華氏105度，而日機依然每日輪番轟炸，雖然傷亡重大，但是重慶市民依然默默承受，社會秩序並無動搖現象。」蔣介石在日記中也忍不住寫道，「如此熱暑而又蒙如此慘炸，我民眾忍痛耐暑，冒死不懼，豈非世界最堅忍之民族乎？」[19]

他在7月3日日記中寫道，「被敵轟炸之中，每一人民，無論男女老幼，上下貧富，不惟生活無定，即生命亦不知其所止，已刻不知午刻之生命何在，今日更不知明日生活如何。每一防空洞塌倒，死者少則數十，多則數百，以如此之苦痛險惡之環境，而同胞並無怨言懼心，使余不知如何報答而無虧於心矣。但有感激心銘而已。」[20]

7月26日，又寫道，「婦女躲避空襲，得背負包裹，懷抱孩童，見之心酸，我下一代之國民，更應知孝重悌，以報其父母空前劬勞之恩也。」[21]

---

15 《蔣介石日記》，1940年10月5日。

16 《蔣介石日記》，1940年10月25日。

17 《蔣介石日記》，1940年7月27日。

18 《蔣介石日記》，1940年5月28日。

19 《蔣介石日記》，1940年6月30日。

20 《蔣介石日記》，1940年7月3日。

21 《蔣介石日記》，1940年7月26日。

　　8月20日更寫道,「寢食坐立皆不得安,甚恐人心因之動搖抗戰乃受不良影響。然寸心反甚平定,毫無紛擾之象。以敵寇爆炸,最多只能焚毀我全渝之房屋,而不能殺害我民命。且其飛機油彈有限,決不能繼續久炸。即使能毀我重慶,而不能燬我全國也。然而其所用燒延小彈之爆烈,實足以驚人而生恐怖耳。」又寫道,「下午……登山巔眺望火光之大,與其火頭之多,實為自有生以來所未見也。未知天父鍛煉我民族究至何時為止耶?」[22]

　　幾乎從轟炸一開始,蔣介石就相信,日軍之所以發動如此大規模的濫炸,其惟一目的就是要瓦解重慶政府和中國人民抗戰的決心,和使人民無法過正常生活。而其最終目的則是加緊造成社會混亂,經濟蕭條,民心渙散,和士氣蕩然,最後放棄抵抗意志。同時也在對重慶政府一再拒絕回應日本誘和活動的「冥頑不靈」施加懲罰。因此日軍不但使用千磅巨彈摧毀國民政府辦公地,而且對蔣介石的故鄉奉化武嶺進行攻擊。其目的顯然就是想徹底摧毀蔣介石的鬥志[23]。

　　面對此種情況,而中國又無飛機可以迎戰敵機,重慶政府唯一辦法就是爭取外援。鑑於以往經驗,蘇聯本當是理所當然的對象。

　　不幸的是,早在1937-38年漢口時期,中國政府就對當時的蘇聯志願空軍飛行員產生懷疑。雖然當時的確有大批蘇聯飛行員來華作戰,但是已經有謠傳稱蘇聯空軍只是在表面上迎戰來襲的日本空軍,而實際上並不積極,無非虛晃一招而已[24]。到了1940年1月,重慶政府又注意到蘇聯飛行員在平時操作飛機時的損毀率非常高,其原因似乎並不是機件故障引起意外而是蓄意破壞所致。當時中國政府甚至懷疑是蘇聯政府別有用心的授意所致。可能是為了改善這個情況,蔣介石曾經召見蘇聯軍事總顧做了3小時談話[25]。這是非常特殊現象,因為蔣介石和西方其他國家的代表都沒有進行過如此長時間的對話。但是似乎沒有成果。

---

22 《蔣介石日記》,1940年8月20日。

23 《蔣介石日記》,1940年6月14日,7月8-9、27日,8月2、23日。

24 「無字第9943號譯文」,1938年1月9日,H. H. Kung Papers, Box 10, Folder 5.

25 《蔣介石日記》,1940年1月11、21日。

　　雖然中國政府無法確定緣由，但是合理的解決方法是停止依賴蘇聯空軍，改向其他國家購買到數量足夠而性能良好的飛機，以增強中國空軍的作戰能力。在這兩方面，美國似乎都可以向中國提供最好的出路。

　　但是由於美國反應極為冷淡，因此一旦日軍狂炸開始，中國政府依然迫不得已首先向蘇聯求援。5月下旬蔣介石特別召見蘇聯駐華軍事總顧問，說明中國空軍已經沒有驅逐機可以抵抗來犯日機，因此希望蘇聯可以把早先承諾向中國提供的飛機趕緊運到中國參戰。但是蔣介石也特別聲明，中國政府絕不哀求蘇聯提供飛機。6月初，由於日本轟炸實在過於嚴重，一週之內又炸死逾千人，因此蔣介石再度親自約談蘇聯總顧問，要求趕緊將飛機送來中國解救危機[26]。

　　不知蔣介石的語調是否過於表現「骨氣」而冒犯了蘇聯，其結果是「俄國史達林對我呼聲要求其交我應交之飛機置之不理。」[27]

　　在7月，重慶政府又向蘇聯提出購機要求，而到8月初，蘇聯政府正式回答拒絕，並建議中國政府在3個月後再談。不僅如此，蘇聯也拒絕允許美國援華物資假道海參崴和中國西北運往內地[28]。與此同時，重慶政府也向美國提出申請提供飛機，並希望美國能夠施行對日汽油禁運，讓日本轟炸機因為缺乏油料而減少活動[29]。

　　不幸的是，美俄兩國的反應均甚冷淡。使得蔣介石為之憤怒不已。他在8月23日寫道，「敵機轟炸各地與重慶，殘酷至此，而美俄各友邦毫不動心，應交之飛機仍無消息，俄則反藉此要脅我撤換航委會周至柔，世上最不忍與最難堪之事，莫過於此也。」[30] 10月底又忍不住寫道，「俄與美皆對華袖手不援，熟視無睹，可謂忍心之至矣。」[31]

26《蔣介石日記》，1940年5月25日，6月2日。

27《蔣介石日記》，1940年6月30日。

28《蔣介石日記》，1940年8月7、10日。

29《蔣介石日記》，1940年7月27日，10月25日，11月30日，12月7日。

30《蔣介石日記》，1940年8月23日。

31《蔣介石日記》，1940年10月25日。

　　換言之，1940年5月開始的**轟炸危機**逼使重慶政府不得不加緊努力從美國爭取到飛機供應。由於這個危機一直要延續到冬季大霧降臨才能轉緩，所以宋子文甫抵美國就卯足全力向各方面活動，希望能夠改紓解危機，俾能有效地解救中國人民於水深火熱之中。回顧在此時宋子文和蔣介石的電文來往之中，一個突出的現象就是蔣介石雪片而來的指令，囑宋子文去爭取美國出售飛機。蔣介石所強調的重點大約有如下幾個：1. 蘇聯政府的計謀是迫使中國脫離英美而倒向蘇聯。若非如此，則蘇聯不願幫助中國抗戰；2. 因此，蘇聯飛機只有承諾而無兌現。但是蔣介石認為，即使蘇聯兌現，也無價值，因為蘇聯飛機作戰力太差，徒使中國飛行員做無謂犧牲而已；3. 最近中國面臨的危機是敵空軍在華橫行無阻，變本加厲，「軍民抗戰心理漸起動搖。」而且危機比宋子文3個月前離開中國時更為惡化，因此急需外力援助；4. 如果中國能夠獲得美國飛機，則有適當機場供其立即使用（如衢州、麗水、玉山等地，可以威脅日本本國）；5. 中國要求獲得美國飛機的數量是200架左右的**轟炸機**和驅逐機[32]。

　　除了蔣介石之外，宋子文也受到來自其他方面的懇求和壓力。比如說，1940年8月間，戴笠電告宋子文，「昨今兩日敵機均百餘架襲渝，在四川雅安大投燃燒彈，房屋幾全被燬，難民正在疏散中。」[33] 10月間，龍雲電告宋子文，昆明遭受日機無情炸射，機關、學校、工商建築損毀嚴重[34]。12月他再度電告宋子文，雲南多地在12月11日一日之間被炸5次。而中國毫無空軍可以迎擊。因此他請求宋子文務必使用美國借款購買飛機[35]。與此同時，宋子文又接到軍令部情報電稱，前一月敵機先後空炸浙省金華懼縣等地，「散布白煙，並有魚子狀顆粒落下。經我衛生及軍醫機關鑑及，確係鼠疫桿菌。」[36]這個細菌戰的訊息，當然使中國面臨的**轟炸危機**進入了嶄新情況。

---

32 蔣介石致宋子文電，1940年10月7日，Soong Papers, Box 58, Folder 1.

33 戴笠致宋子文電，1940年8月23日，Soong Papers, Box 39, Folder 29.

34 龍雲致宋子文電，1940年10月19日，Soong Papers, Box 39, Folder 29.

35 龍雲致宋子文電，1940年12月15日，Soong Papers, Box 39, Folder 28.

36 1940年12月18日，Soong Papers, Box 39, Folder 28.

到了5月下旬，蔣介石相信法國首都巴黎必將無法避免淪陷的命運，導致日本趁機進犯越南，因此中國必須加強昆明的防務。當義大利參加歐戰時，法國的地位更是岌岌可危。因此蔣介石預期日本可能會以武力占領越南，並且沒收中國在該地儲存的物資。為了應付這個局面，中國政府開始著手準備了一些應急措施，包括：在西南鄰近地區集結兵力加強雲南廣西兩省的防務，並指定專人負責籌畫對滇越鐵路進行爆破工程，以便在必要時使鐵路不致落入敵手[43]。

值此風雨飄搖之際，蔣介石依然沒有放棄其苦撐的決心。正如同他此時所寫，「美英法蘇之對我態度皆冷浚旁觀，毫不援手，而俄國應交之驅逐機，見我如此被炸，而亦澹然置之。**我之咽喉被緊握，我之口舌被困塞，然而我之抗戰本不靠人，亦不希望人，惟在自強而已。**」[44]

到了6月中旬當法國終於向德國投降時，中國政府清楚認識到越南鐵路遲早必將不保，而蔣介石最擔心的是日本將趁機向法國施壓力全面占領越南，切斷中國的軍火外援來源，進而在中國戰區發動新一波攻勢，以求強力擊敗國軍而結束中日戰爭[45]。

果不其然，英法兩國在歐戰中的挫敗（1940年6月分）後，日本在幾天之內就要求法國終止一切經由越南運往中國的軍事物品，在6月19日，法國政府完全屈服，停止了所有越南和雲南省之間的鐵路交通[46]。6月下旬，日本果然沒收了全部中國囤儲的軍火器材[47]。蔣介石也擔心英法軍事失利，將會鼓勵日本向昆明和重慶進行大規模進攻，以求一舉結束中國戰局，然後挾勝利姿態從容謀求和美國達成協議[48]。

而在此後的幾個月裡，中國面臨的情況越來越惡化。1940年9月22日，

43《蔣介石日記》，1940年5月19日，6月5、8日。

44《蔣介石日記》，1940年6月8日。

45《蔣介石日記》，1940年6月17、18日。

46《徐永昌將軍日記》，1940年6月20日。

47《蔣介石日記》，1940年6月21、30日。

48《蔣介石日記》，1940年6月24日。

法國政府被迫和日本簽訂協議，允許日本軍隊在中南半島登陸，可以自由運用港口、機場、鐵路和其他設備，並可以向中國發動進攻[49]。

即便是在日本向法國施加壓力的同時，它也向英國就緬甸地區提出類似要求。日本表示，除非英國立即切斷和中國的通道並撤退其駐紮在上海的軍隊，否則日本將對香港施行封鎖，甚至可能向英國進行攻擊[50]。正值此時，英國政府也在進行改組，邱吉爾於1940年5月間取代張伯倫成為首相。雖然這個發展在歐洲看來是英國決心作戰的表示，但是它在亞洲的姿態卻遠較軟弱。邱吉爾在7月18日對日本做出讓步，宣布將在此後3個月中，暫時不准許外國軍用物資借道緬甸路進入中國。邱吉爾甚至向日本承諾，會設法勸說中國政府去向日本祈求和平[51]。由於邱吉爾的這些讓步是在他在成為首相後向英國議院做出的第一次演說中宣布，這種做法只能使中國領袖們倍感寒心。

蔣介石馬上認為自7月起以後之3個月期內，實為中國抗戰最大之難關，「須準備一切以全部精神衝破此最大最後之艱難。」事實上，英國斷絕緬甸運輸之後，從此汽油與軍用原料來路完全斷絕。蔣介石可以預見到，在越南與緬甸交通皆斷時，「此後外交經濟交通皆必困難益甚。我之政略與戰略皆應重新研討，以求得至當事之。」[52]

這個新發展導致蔣介石產生幾種不同的盤算。首先，除了斷絕物資之外，重慶政府還擔心日本會趁機從越南入侵中國的大後方廣西和雲南兩省。9月初，法國和日本簽訂協議，允許日軍進入越南。為了不引起糾紛，重慶政府決定不派兵進駐北越，而只是破壞了滇越鐵路在中國境內的重要橋梁[53]。果不其然，日軍在9月23日進駐越南。幾日後，占領北越海防市。法國的抵抗至此全面停止。

49《顧維鈞回憶錄》，第4冊，頁377-456；又見：重慶來電，1940年9月23日，Soong Papers, Box 39, Folder 29.

50《徐永昌將軍日記》，1940年6月20、21、30日。

51《王世杰日記》，1940年7月19日。

52《蔣介石日記》，1940年6月30日，7月31日。

53《蔣介石日記》，1940年9月10、14日。

　　但是胡適的批評只是加強宋子文的決心，一定要打破過去中美關係的舊模式，而且把過去中美關係缺乏進展的責任，全部歸罪於胡適[63]。幾天之內，蔣介石就給宋子文吃了一顆定心丸，他告訴宋子文稱，「借款事不必與胡使相商，請兄逕自進行為便。」並且進一步徵求宋子文意見，「此時擬召胡使回國，未知有否不便之處？」[64]

　　宋子文對於蔣介石所言，也順藤摸瓜地說，「總之，欲得美國之援助，必須萬分努力，萬分忍耐，絕非高談空論所能獲效。際此緊要關頭，亟需具有外交長才者使美，俾得協助並進。否則弟個人雖竭其綿力，恐不能盡如鈞座之期望。弟所以提議植之（施肇基），即為此耳，並非對人問題。敬乞鈞察。」[65]

　　換言之，宋子文除了宣判胡適的缺失之外，還提出了具體的取代者，希望立即付諸執行。此時離宋子文抵美，只不過4個月。他的行動果真迅速。

　　然而宋氏面對最大挑戰，還是如何去改變美國對於中國求援所採取的冷漠態度。事實上，美國政府在宋子文尚未提出要求之前，已經預先演練了一番它的對策。依照財政部官員們預測，宋子文將會請求美國向中國提供財政援助，其形式將會是採取以往模式，運用美國的平準基金去幫助中國維持幣制穩定。財政部官員們想出拒絕對策的理由，是美國法律不允許使用平準基金借款去幫助中國維持幣制穩定。他們進一步決定採取兩種說詞去反駁宋子文的請求，一是他們認為宋子文過分誇大借款所能給予中國的幫助，二是他們認為宋子文過分誇大法幣制度即將崩潰的危機。最後他們還指出，中國最迫切的困難並非國外貸款數目不足，而是中國政府未能有效運用手中的外匯儲存，到國際市場上去購買必需品，然後把這些物品運回中國本土[66]。

　　顯然地，美國政府對中國當前危機的分析，和中國政府本身的分析大相

63　《蔣介石日記》，1940年7月3、6日。

64　蔣介石致宋子文電，1940年7月12日，Soong Papers, Box 58, Folder 1.

65　宋子文致蔣介石電，1940年10月14日，《戰時外交》，第一冊，頁99。

66　Harry White's Memorandum for the President, July 1, 1940, in *Morgenthau Diary*（*China*）, pp. 174-176.

異趣。如前文所言，到了1940年中期，許多中國領袖們都認為經濟對中國存亡所可能造成的威脅，遠遠超過軍事威脅。因此，即便是在宋子文動身赴美之前，蔣介石已經表示他希望美國能夠向中國提供經濟援助以儘快穩定法幣。依他的見解，抗戰成敗是三分繫於軍事因素，七分繫於財經因素[67]。

8月間，蔣介石對於中國經濟情況的惡化顯得極為憂慮，甚至認為比日本的濫炸更能動搖國本。用他自己的話說，「糧價飛漲，百物騰貴，鈔票缺乏，運輸不濟，演成有物難用，束手無策之狀。」[68]一個簡單的指標是米價。1940年8月分的米價已經比一年前漲了800%。因此他電告宋子文說，中國必須告訴美國，如果中國得不到美國經濟援助而無法改善經濟問題，「則民生餓凍加之，共黨必從此搗亂，則抗戰必難持久。」[69]

軸心國聯盟成立之後，蔣介石希望美國能夠給予中國一系列的貸款。9月間，蔣介石再度更明確地告訴宋子文說，中國唯一希望從美國獲得的武器只是飛機一項而已，別無他求。而中國真正需要美國援助的，是在財經領域。唯有後者才能保證中國的民心士氣，堅持抗戰到底。他說「如美國果有意與我合作，**則我所望其接濟之武器惟飛機而已。而主要之接濟仍在經濟與金融**，以安我抗戰之民心與軍心，使能持久抗戰，為惟一要求，此外無任何要求也。」[70]再者，鑑於軸心國針對對象顯然是蘇聯，則蔣介石更希望蘇聯和英美能夠成立共同陣線，「聯成陣線，共同制裁侵略則幸矣。然此關鍵在美國，故我只可相機運用，而非我所能強求。如操之過急，反被其懷疑。請兄從中運用，使不失時機為要。」[71]面對如此嚴峻的財經局面，宋子文當然要盡

---

67 Memorandum on meeting between CKS and the American Ambassador, May 15, 1940.《革命外交：抗戰時期》，第28冊，《對美外交（1）一般交涉》，頁93-94。

68 《蔣介石日記》，1940年8月31日。

69 蔣介石致宋子文電，1940年8月11日，《革命文獻：抗戰時期》，第28冊，《對美外交（1）一般交涉》，頁118-119。又見：蔣介石致宋子文電，1940年8月11日，Soong Papers, Box 58, Folder 1.

70 見：蔣介石致宋子文電，1940年9月18日，Soong Papers, Box 58, Folder 1.

71 蔣介石致宋子文電，1940年9月18日，Soong Papers, Box 58, Folder 1. 又見：蔣介石致宋子文電，1940年9月28日，《蔣總統籌筆拓影本》，4450.01-038, #14622。

年7月9日，他為了避免美國法律限制，就去和摩根韜商量，是否中國可以用鎢礦作為抵押向美國貸款，然後用美國貸款轉而向蘇聯購買武器。摩根韜聽了之後大為興奮，轉而向羅斯福建議，美國可以在此後五年內向蘇聯購買1-2億美元的礦產品和其他戰略物資，而由蘇聯向中國政府提供等值的貸款，供中國去購買蘇聯的軍火[77]。當羅斯福對於這個為了讓中國能夠購買軍火武器而設計的三邊交易（美國—中國—蘇聯）也感到相當興趣時，宋子文立即去拜會了國務院，財政部，和蘇聯駐美大使館（1940年8-9月分），激起了美國和蘇聯兩國官員們的興致開始進行商談。雖然最後由於蘇聯不願意參與此項安排（見本章前文），而美國政府又無法接受各種提案而作罷，但是這些活動明白顯示出，宋子文一旦到達美國，就開始攪活一池春水[78]。

C. 美國方面的反應

　　中國新政策在1940年10月初得到了一個令人鼓舞的轉機，因為當時宋子文接到美國政府通知，同意向中國貸款3千萬美元，無需等待雙方商定細節之前就可以做出宣布，其理由是中國當時正面臨嚴重危機[79]。而蔣介石也做出了一個讓胡適難堪不已的決定，那就是明白通知胡適，此次借款由宋子文一人代表中國政府簽字即可[80]。自此之後，胡適在借款事務上正式被完全排除於局外。不久之後，兩國政府果然簽訂了貸款協定（1940年10月22日），由美國向中國提供2千5百萬美元貸款，而中國以鎢礦作為還款擔保[81]。就在這個當頭，蔣介石的態度明顯轉向強硬。他訓令宋子文去告知美國政府，除

77　Memorandum for the President from the Secretary of Treasury, July 9, and 15, 1940, in *Morgenthau Diary*（*China*）, pp. 176-178, 211-216；Also see: Minutes of meeting on September 25, 1940, *Morgenthau Diary*（*China*）, pp. 225-231.

78　蔣介石與美國大使詹森談話記錄，1940年10月18日，《戰時外交》，第一冊，頁100-103；有關蔣介石個人對此事的看法，請參閱：《蔣介石日記》，1940年7月18日，8月8日，9月29日。

79　《翁文灝日記》，1940年10月6日。

80　蔣介石致胡適電，1940年10月1日，《蔣中正總統文物》，#001088201007。

81　CKS telegram to FDR, December 12, 1940. FDR Official File, 150, Box 1.

非美國能夠接受蔣介石此前請求的大額貸款，否則中方寧可美國不公布2千5百萬借款，因為如此小數目貸款只能打擊中國的士氣。蔣介石所持的理由是：如果日本承認汪政權而美國不給予中國一個大借款，則會動搖中國政府的法律地位和抗戰意志。既然美方歷來不願意與中國進行正式合作，則美方接受蔣介石所提的請求至少可以視為是一個補償。蔣介石同時希望美國能夠開始對中國西南省分的開發擬出整體計劃，並且派遣經濟專家代表團到中國進行實地調查和談判[82]。顯然可見，中方這些想法和胡適陳光甫時期大不相同。

再過了不久，宋子文得到信息，中國新政策似乎在美國人心中已經發生影響。1940年11月29日，羅斯福突然指示摩根韜必須在24小時內向中國提供5千萬美元的平準基金貸款。這個倉促行動的原因是美國從情報得知，汪精衛將在次日與日本簽訂一項新約，重新調整「中日關係」，並致力於重建「新中國」。而羅斯福則希望經由美國的干預，能夠阻止汪精衛和蔣介石之間達成任何合作協議[83]。

就在此時，羅斯福又收到蔣介石另一個要求。蔣介石的說法是，日本既然已經承認汪精衛政府，假如美國和英國此時還不能夠向中國政府提供大量援助，則肯定會使中國經濟和士氣受到嚴重打擊[84]。雖然羅斯福稍早曾經誤認為蔣介石可能會和汪精衛合作，但是他接受蔣介石的說法，認為日本承認汪精衛政權可能嚴重打擊中國士氣，同時也接受蔣介石的說法，認為中國必須及時得到西方國家一個強烈的反應。其結果是，在羅斯福向摩根韜發出指示後兩天之內（11月30日），美國政府宣布向中國貸款1億美元，同時重申美國只承認重慶政府[85]。值得注意的是，連美國國務院這個在處理美日關係中一

---

82 蔣介石致宋子文電，1940年11月30日，Soong Papers, Box 58, Folder 3.

83 Minutes of Treasury Department meeting on November 29, 1940, *Morgenthau Diary*（*China*）, pp. 243-250.

84 蔣介石致羅斯福電，由胡適轉交，1940年11月30日，《戰時外交》，第一冊，頁121。

85 胡適致蔣介石電，1940年12月1日，《戰時外交》，第一冊，頁121-125。

貫是小心翼翼的單位，這次也完全沒有提出反對意見[86]。

　　事實上，美國1億美元貸款包括幾個性質完全不同的項目，但是美國採納了宋子文的主張，把它們放在一個籮筐裡營造浩大聲勢，擴大宣傳效果。正由於羅斯福的決定是緊接著日本承認汪精衛政權之後的次一日宣布的，因此對於中國的士氣當然造成了極大鼓舞，也是對日本一記當頭棒喝。從蔣介石立場來看，這些貸款的宣傳價值和心理的重要性，可能超過它們的經濟效益。這些貸款的快速完成也間接顯示，美國終於擺脫了此前堅持的商業貸款原則，而願意向中國提供政治性貸款了。羅斯福在1940年12月29日的「爐邊談話」時更進一步指出，中國的命運和英美兩國休戚相關。因此，美國除了向中國繼續提供經濟援助之外，還將會提供大規模軍事援助。而同時也將會擴大對日本禁運的範圍[87]。美國這一連串動作都明顯標示，國際局勢的改變和宋子文處理中美關係的新作風結合在一起，已經開始逐漸產生了實質性效果。值得一提的是，美國貸款成功也增加了中國對英國外交討價還價的力量。

　　12月初英國也決定追隨美國，向中國貸款1千萬英鎊，但是此時蔣介石卻認為不值得為1千萬英鎊而讓英國人得到援助中國的宣傳效果，因此堅持英國必須貸款2千萬英鎊，否則請英國務必不可單方宣布。豈知一天之內英國議會已經對外發布消息。蔣介石只好訓令宋子文堅持兩國必須進行另一輪貸款談判。而且宋子文是否訪問英國也將視英國是否將會提供新貸款而定，並且訓令郭泰祺大使和鄒炳文進行前期準備工作。幾經磋商，兩國才在12月14日達到共識繼續努力[88]。由此可見，雖然英國借款的數目並未立即改變，但是英國同意此後將會更加努力，而中國政府的態度也因為得到美國貸款而益趨強硬。

---

86 宋子文致蔣介石函，1940年12月30日，《戰時外交》，第一冊，頁126。

87 《總統蔣公大事長編初稿》，1940年12月29日。

88 《蔣介石日記》，1940年12月9、12、14日；又見：蔣介石致宋子文電，1940年12月11、14日，Soong Papers, Box 58, Folder 3.

不難想像地，宋子文這種專斷獨行的手法，也引起胡適的大為不快，而胡適抱怨宋子文是「太上大使」（"super ambassador"）的次數也越來越多，雙方合作的困難度當然也越來越增加[89]。在初期，胡適還只是把他對宋子文的怨氣發洩在日記上。因此，比如說，他在1940年10月21日的日記裡，就有下面這一段話，

> 今天為了一件小事生氣。我是為了一個主張來的。但是這個主張的實現不容易，不知何年何月始能做到。這個時候大家都要看「靈蹟」，也有人相信「靈蹟」是可以用流氓手段得來的，我決不能如此自信，不如讓別人來試試看。[90]

這類話顯示，胡適感到他自己正在被逼去做那些違反他的意願，同時又降低他身分和風度的事。他毫無疑問地認為，宋子文的作風令人厭惡，形同流氓無賴。

在羅斯福在1940年11月30日做出決定後，胡適在中美貸款談判過程中，從此再也沒有出席過，宋子文成為唯一的中方代表和美國財政部進行談判。造成這種現象的主要原因，是胡適認為他被宋子文詭計多端地擠壓到靠邊站，因為宋氏希望把貸款的功勞全部攬在自己頭上[91]。到了1940年底，胡適也察覺到蔣介石和宋子文之間電文來往都不再經過胡適。所以他只好求助於陳布雷，請問後者原因究竟何在[92]？至於胡適居然需要向陳布雷去探聽「內情」，也真是印證了「當局者迷」這句老話。無論如何，胡適被隔絕已成定局。但是1940年底的這個貸款談判的確是為宋子文製造了一個絕好機會去證明，他不但是一個比胡適和陳光甫更有果斷力的談判能手，他對中國經

89《胡適的日記（手稿本）》，1940年12月17日。

90《胡適的日記（手稿本）》，1940年10月21日。

91 熊式輝，《海桑集》，第5a冊，頁18-19。

92 胡適致陳布雷電，1940年12月15日，《蔣中正總統文物》，#002080106044006。

濟和財政事務的了解程度，還遠比他人更為透徹精準[93]。

在這些因素相交集的情況下，難怪宋子文在重慶的政治身價日益增漲，而胡適的影響力則急速減退。中國政府越是希冀從美國得到更多援助，宋子文的價值就越提高。等到中美兩國開始談判第三次貸款時，中國政府的談判分別在兩地進行：在重慶的談判由孔祥熙和美國駐華大使詹森主持，在華盛頓的談判則由宋子文和赫爾國務卿和摩根韜財政部長之間進行。作為現任大使的胡適完全被排除於局外。

D. 蔣介石態度的改變

或許宋子文給中美關係帶來的最大影響，就是改變了蔣介石個人對美國的態度。在胡適和陳光甫主持中美貸款談判過程中，儘管中方代表者內心裡非常不滿美國政府的吝嗇，但是中美雙方從未有惡語相向的場面。但是宋子文卻認為這種態度錯誤，因為他認為胡適和陳光甫兩人完全不懂得美國人心理。在一次和摩根韜的重要談話中，宋子文開宗明義地宣布，他自己的個性和一般恭謙退讓的中國人不同，他把自己形容成為一名「粗漢」，喜歡直言直語。他在做完這番自我表白後，緊接著告訴摩根韜，除非美國同意接受中國全部要求提供5千萬美元的幣制平準貸款，否則他個人不惜違抗中國政府命令，將會拒絕簽訂任何貸款協定。完全可以臆想到的是，摩根韜對宋氏強硬的態度極感不快，會談隨即不歡而散。然而幾天之後宋子文從財政部官員處得知，他所堅持的5千萬美元的全額已經被美國接受，因此雙方應該進入細節性的磋商[94]。對於宋氏而言，這個談判經驗非常珍貴，因此他立刻向蔣介石做出匯報。

如前所言，蔣介石的願望是美國政府能夠把貸款的總數一次性地對外宣

93　Minutes of Treasury Department meeting on December 1, 1940, *Morgenthau Diary*（*China*）, pp. 300-322.

94　宋子文致蔣介石電，1940年12月3日，《革命文獻：抗戰時期，對美外交（1）財經援助》，第30冊，頁100-101。

布，而摩根韜的希望卻是中國政府在提用每一小筆款項時，都必須向美國政府提交詳盡報告，說明款項用途並申述理由。

顯然地，蔣介石對美國態度由於這次貸款過程而產生了戲劇性改變。在此之前，他總是依照胡適和陳光甫的意見辦事，儘管他內心並不滿意他們工作進度的遲緩無效，但是他對美國領袖們維持客客氣氣。現在經過宋子文鼓勵，蔣介石終於決定直接對抗財政部長，而也不再顧忌得罪國務卿了。蔣介石的這種心態在他日記裡面表現得最為赤裸。他在9月28日寫道，「美國以倭侵越南表示反對，而許我借款美金兩千五百萬元，且欲以鎢砂作抵，實於我無濟也。**美國之自私與吝嗇，而以其偏輕黃種為可憾耳。**」[95] 他的感受真是表現得越來越直爽了。

一旦蔣介石採取強硬立場時，他自然而然地把羅斯福看成是改變中美關係並提高對華援助最好的希望。

II. 軍火購置

A. 國際局勢對中國軍火需求的衝擊

宋子文赴美外交使命中，一個極重要的新增部分是購買美國軍火[96]。宋子文在第二次和總統見面時，兩人就對中國的軍火需求做了深入討論。宋子文還趁機得到總統許可，與蘇聯接洽[97]。在宋子文抵達美國後幾天之內，他就向美方提交了一份軍火採購清單，總價值為7千萬美元。其中不僅包括火炮，彈藥，兵工廠所需的器材和原料等等，還包括價值約4千萬美元的軍用飛機，內含300架驅逐機和100架輕型轟炸機，以及所需的零件[98]。才過了不

95《蔣介石日記》，1940年9月28日。

96 蔣介石致宋子文電，1940年7月12日，《蔣總統籌筆拓影本》，4450.01-036, #14454。

97 宋子文致蔣介石電，1940年7月2日，《戰時外交》，第一冊，頁94-95。

98 "Exhibit A" of Memorandum for the President from the Secretary of Treasury, July 15, 1940, in *Morgenthau Diary*（*China*）, p. 179.

得高，武器殺傷力威猛[109]。這個簡單事實，就說明了為什麼取得美國飛機，變成了此時中美關係中最重要的一項目標了[110]。

1940年10月18日，蔣介石在和美國大使詹森的會談中，特別強調中國對於美國飛機需要之殷切。雖然中國也了解美國對華援助是會隨著時間而增加，但是時間卻正是最重要考量因素。由於中國預期在大戰來臨之際，緬甸路必會遭到封鎖或日本會威脅新加坡，因此希望在海運尚未切斷之前，能夠趕緊獲得大批戰鬥機。由於中國政府必須在今後2-3個月內獲得飛機以振奮國內人心，而此時才向美國飛機製造商下訂單顯然已經太遲。因此蔣介石希望在今後12個月內，中國政府能夠獲得美國援助英國飛機數量的十分之一，或甚至少到只有二十分之一，則中國就可以運用這些力量去打擊日本海軍，從而或許可以減低日本擴張野心，並幫助美國避免和日本發生正面衝突。蔣介石進一步說明，即便是美日之間的大戰無可避免，但是如果中國能夠獲得足夠飛機裝備，則美國海軍也很可能無需開到遠東地區作戰[111]。

兩日之後，蔣介石仍恐意猶未盡，再度致電宋子文，特別強調，「當七，八月間敵機來襲，我尚有少數飛機應戰，故民心未若今日之動搖。**唯今日我空（軍）消耗已盡，再無法起飛迎敵**，所以敵機敢在全國各地狂施濫炸，橫行無忌。此實使最近民眾轉側不安。尤以商民為甚，常轉相問曰：如美國再不援助我國，則我繼續犧牲果有何益乎？」[112]

這些話充分表露蔣介石之所以要求美國飛機孔急，並不是雄心勃勃地去建立強大空軍，而是希圖讓人民早日脫離每日遭受炸射而無力還擊的苦海。

此時幾個其他發展，也影響到中國對於美國飛機要求的態度。首先，羅

---

109 蔣介石致宋子文電，1940年10月7日，《革命文獻：抗戰時期：對美外交（3）軍事援助》，第32冊，頁41。

110 蔣介石致宋子文電，1940年7月10日，《戰時外交》，第一冊，頁413。

111 蔣介石與美國詹森大使談話記錄，1940年10月18日，《戰時外交》，第一冊，頁100-103；又見：蔣介石致胡適宋子文電，1940年10月21日，《胡適任駐美大使期間往來電稿》，頁79-80。

112 蔣介石致宋子文電，1940年10月20日，《戰時外交》，第一冊，頁103。

斯福總統 10 月 30 日在波士頓城的一場講演，使蔣介石大為震驚。在講演中，羅斯福提到英國在 1939 年向美國要求撥給 1 萬 4 千架飛機，1940 年又要求 1 萬 2 千架。和這些數字相比之下，中國的要求簡直如九牛之一毛。其次，蔣介石也為美國國務院的一封來電而大感不安。該電文聲稱美國政府無法同意中國政府要求從已經生產出廠的飛機中去購買它的所需（大概是因為這些飛機都已經被其他國家所預定），因此中國只可以儘快下訂單，在尚未生產的飛機中購買 200-300 架飛機。即便如此，國務院還是警告稱，由於世界其他國家（如英國）早已簽下訂單，因此美國製造商未必能夠滿足中國的需求[113]。

但是從蔣介石眼中來看，如果美國果真把中國抗戰當成是一場重要戰爭處理的話，那麼就沒有任何理由可以做為說詞稱美國居然無法提供 200-300 架如此小數量的飛機。出於這種思維，因此中國政府堅持它必須立即獲得 200-300 飛機，然後每年獲得 500-1,000 架戰鬥機的補充[114]。鑑於下訂單需要費時費事，因此中國重申它的願望，是從美國已經生產出廠的飛機中，或是在軍部服役的飛機中，抽取這個微小數量[115]。

蔣介石在 1940 年 11 月 1 日致電告訴宋子文說，自 1937 年 7 月分到 1940 年 10 月分，美國政府共發出飛機運華出境許可證為 279 架。而美國政府核准 1940 年度運華飛機的 115 架全數為教練機，而非戰鬥機。以致當中國受到日機進攻時，已無飛機可以升空迎戰。中國的要求是在 12 月底以前務必接濟

113 胡適致蔣介石電，1940 年 11 月 4 日，《戰時外交》，第一冊，頁 414-415；又見：胡適致外交部電，1940 年 11 月 6 日，《總統府檔案》，055/0645，國史館；又見：《戰時外交》，第一冊，頁 414-415；胡適致蔣介石電，1940 年 11 月 4 日，《蔣中正總統文物》，#002080106044006。

114 蔣介石致宋子文電，1940 年 10 月 27 日，《戰時外交》，第一冊，頁 413-414；蔣介石致宋子文電，1940 年 11 月 1 日，《戰時外交》，第一冊，頁 107-108。

115 蔣介石致宋子文電，1940 年 10 月 20 日，《戰時外交》，第一冊，頁 103；胡適致蔣介石電，1940 年 11 月 4 日，《戰時外交》，第一冊，頁 414-415；蔣介石致送子文電，1940 年 10 月 4 日，《戰時外交》，第一冊，頁 411。

飛機300架，而在1941年3月前運足500架[116]。

最後到了1940年11月分，蔣介石要求美國駐華大使詹孫向美國轉達一份四項重大要求的清單。它們包括：2-3億美元貸款；購買200-300架戰鬥機；邀請美國派遣軍事和經濟代表團訪問中國；中國提供境內空軍基地供美軍使用。這些都顯示中國對美國援助要求的顯著提升，同時也首度明確地說出究竟中國期望得到何種美國援助。這些要求的本質和範圍清楚地表示，中國政府希望美國取代蘇聯成為中國最重要的武器供應國，也和中國進一步發展為密切合作的軍事夥伴，去對付共同敵人。

正如在貸款談判事務上一樣，蔣介石對有關中國要求購買美國軍火武器一事，最初並沒有通知胡適，而是授權宋子文為政府唯一談判者[117]。更有進者，蔣介石也授權宋子文全權裁量，是否想邀請胡適參與軍火談判[118]。毫不奇怪地，宋子文決定從此之後，再也不允許胡適參與任何有關軍火的談判工作。至此，胡適大使在借款和軍購兩個最重要的外交事務領域裡，都完全被隔絕於外。諷刺的是，最初是胡適自主地宣布他作為大使不屑牽涉這兩個領域，最後演變卻成為他被動地受到排擠，不得過問這兩個領域。這絕非胡適當初所能預見的發展。

中國提出購買飛機要求之後，就不斷地遭到美方刁難。首先，美方認為蔣介石擔心海運中斷的危險是杞人憂天。美國大使詹森聲言，「日本或將進攻新加坡，此固為極可能之危機，惟恐未必立即發生。倘美國海軍留駐夏威夷，英國在歐仍為強國，日本不經嚴重考慮，決不敢輕易發動此項戰局。」[119]

其次，關於購買飛機的程序問題，美方所持立場則是，其國內生產設備

---

116 蔣介石致宋子文電，1940年11月1日，《蔣中正總統文物》，#002060100146001。

117 Telegrams by Ambassador Nelson Johnson, November 9, 11, 1940. Confidential U.S. State Department Central Files, *U.S.-China Relations, 1940-1949*, Reel 1. 又見：《總統蔣公大事長編初稿》，第4冊，頁595。

118 蔣介石致胡適電，1940年11月10日，《蔣總統籌筆拓影本》，4450.01-040, 14703；又見：《蔣介石日記》，1940年11月11日，日記寫道，「電子文，對交涉事，不必令適之參加。」

119 美國大使詹森與蔣介石談話記錄，1940年10月30日，《戰時外交》，第一冊，頁105。

已經無法接受中國這麼多飛機的訂單。根據胡適轉述，國務院把中國買不到飛機一事的責任完全推向中方，而其所持的理由是：中國政府不遵照美國規矩去向製造廠訂購飛機，而只是想買現成的飛機，純屬中國自身的失誤並且浪費了寶貴時光。所以中國當前急務是向廠商開出訂單購買飛機100-200架。雖然為時已遲，但是廠商至少可以允許中國政府插入少量訂單（比如說25架）[120]。有趣的是，胡適對於美方這番說詞照單全收，沒有做出一點努力去改變或抗議。國務院的話等於是聖旨，而他沒有看出美國政府或是軍方這種官僚呆板作風的可笑。其實美國的做法非不能也，是不為也。如果美國政府看重中國的空軍需要（數字小的可笑），就不致採用如此拙劣的遁詞，而居然還能贏得胡大使全心信服。怪不得國務院如此鍾愛胡大使。

面對美方的這些阻擾，宋子文的對策卻是另闢蹊徑。恰巧就在這個時節，宋子文得知美國海軍部長諾克斯（William Franklin "Frank" Knox）其實是美國內閣閣員中，最早關注中國軍事需要的人士。在11月分諾克斯部長發表了一番談話，其中主張美國應該向英國和中國提供援助，並且不應該和任何國家妥協。事實上，諾克斯主張，美國應該給予英國和中國同等數量的援助[121]。

蔣介石很可能是受到這些發展的鼓舞，因此在1940年11月分決定派遣毛邦初赴美支援宋子文的工作。毛邦初是中國空軍高級將領，又是蔣家親戚，了解飛機事宜，可以輔佐宋子文專業知識的不足。他行事積極果斷，而且是中國將官級軍人中少數懂英文的人才。毛邦初到任不久就和宋子文合作無間，主動和美國軍方領袖們聯絡，凡事直接向蔣介石通報，成為宋子文得力助手，共同爭取美國軍備援助。

當宋子文得知諾克斯部長計劃派遣下屬麥修（James M. McHugh或譯為麥區、麥克猷）少校，前赴重慶去實地考察中國軍火需求，以協助諾克斯向美國政府做出更務實的建議時，宋子文當即提醒蔣介石，麥修此行的重要性

---

120 胡適致蔣介石電，1940年11月4日，《蔣中正總統文物》，#002080106044006。
121 《翁文灝日記》，1940年11月16日。

和早先蔣介石要求美國派送赴華軍事代表團幾乎相等，因此必須給予高度重視。宋子文進一步指出，雖然麥修原本職務只是美國駐華大使館中的武官而已，但是他目前身分卻是海軍部長的親信，因此非常重要。宋子文建議蔣介石親自接待麥修，並且向後者坦陳中國最緊迫的軍事需求 [122]。

宋子文這種鍥而不捨地設法去影響美國決策，不久也使他想到去運用英國關係，以迂迴手法去達成目的。為此，宋子文試圖警告英國駐美大使稱，日本已經著手把華南日軍抽調到東南亞地區，準備在次年春天進犯新加坡。宋子文的動機顯然是想要說服英國大使，提升新加坡防務最有效方法之一就是幫助中國獲得大量飛機，以幫助中國地面部隊在中國戰區內進行有效反攻，這樣就會使日本無法從華南地區抽調部隊到南洋戰場去進行新一輪冒險。但是宋子文也猜測英國或許會擔心中國一旦成為空軍強國後，就可能威脅英國殖民帝國的地位，因此他再三強調，中國對於飛機的要求並非致力於長期性建立空軍大國，而只是在短期內幫助英美兩國綁住日本的地面部隊。宋子文向英國大使表示，如果中國能夠獲得500架飛機，則它不但可以收復廣州和武漢等地，並且還可以把一大批日本空軍綁在大陸，而使日本本土的防務顯得空虛。依照宋子文的盤算，他希望能夠說服英國大使去支持中國向美國政府要求獲得更多的戰鬥飛機。因為要不然的話，美國當時只同意在此後2-3個月內向中國提供約100架飛機而已 [123]。

宋子文這種靈活手段，一方面固然是出於個性使然，另一方面也是受到美國友好人士的敦促和建言而使然。比方說，任職財政部的楊氏（Philip Young）就曾經向宋子文建議稱，中國想要儘快獲得美國飛機，最有效方法莫過於直接求助於羅斯福總統。而宋子文隨即告訴蔣介石稱，美國聯邦各部門歷來總是運用各種行政法規作為藉口，來拖延中國的要求，而羅斯福則是美國政府中唯一可以打破這些陳規而立竿見影之人。因為在美國這樣民主國家

122　宋子文致蔣介石電，1940年11月15日，《特交檔案：外交》，第44冊，《美國軍事援助》，#48921。

123　宋子文致蔣介石電，1940年11月26日，《戰時外交》，第一冊，頁419。

內，只有總統才能決定隨時向中國提供飛機[124]。事實上，宋子文和蔣介石兩人在此後的抗戰期間，都對楊氏的忠告信奉不渝。任何時候當他們在和聯邦部門打交道遇到挫折時，他們就會一而再，再而三地直奔白宮求助於總統。

C. 摩根韜倡議派遣重轟炸機進駐中國

1940年12月初，宋子文又想出一個新方法去爭取美國飛機。由於英國對於購買美國飛機的要求是由財政部經手辦理，因此宋子文也依樣去找摩根韜部長去謀求解決之道。摩根韜重彈老調，宣稱美國飛機製造廠生產能力有限，無法為了中國而去增加500架飛機的生產量。但是他緊接著表示，假如中國願意向東京大阪等地實施轟炸的話，則他可以敦促羅斯福從撥給英國的空中堡壘（Flying Fortress, B-17）機群中，抽調一部分派赴中國戰場。B-17是當時美國最大型的長程重轟炸機。摩根韜樂觀地預測，羅斯福總統有七成機會批准這個方案[125]。

蔣介石不但對摩根韜倡議充滿熱情，而且還提出他自己的看法去聲援摩根韜的論點。根據蔣介石說法，中國抗戰和歐洲戰爭原本就無法分割，因此最合理的戰略就是盡一切努力趁早結束中日戰爭，穩定遠東局勢，然後再求在歐戰中找到徹底解決方案。根據蔣介石推理，遏止日本在太平洋地區的擴張行為，最有效的方法就是使它無法分身去實施南進政策。而根據中國此時軍事情報顯示，日本南進政策將會在1941年4月分付諸實行。因此，中國最好的辦法莫過於趁日本不備之際，向其本土實施空中奇襲。依據蔣介石估算，假如中國能夠獲得500架美國最新型飛機的話，則它就有把握捆綁住日本空軍的半數（1500架），使它們無法參與南進行動，或甚至迫使日本完全放棄南進政策。因此，早在中國違背自己願意接受美國「先歐後亞」（1942年）全球性戰略之前，蔣介石已經試圖著向美國兜售一個「亞洲優先」的戰略觀點。

124　宋子文致蔣介石電，1940年11月29日，《戰時外交》，第一冊，頁421。

125　宋子文致蔣介石電，1940年12月9日，《戰時外交》，第一冊，頁423。

　　至於中國究竟應該如何運用空軍力量一事，蔣介石向羅斯福提出保證，他除了使用美國飛機去保衛緬甸通道和中國各大城市之外，還要用空軍去支援陸軍地面作戰、攻擊日軍飛機場、轟炸日本本土飛機場和工業設施等等。而中國為了達成這些目的，必須盡快得到至少 500 架最新型美國飛機，其中包括有長程飛航能力的飛機，其性能必須超過日本飛機。

　　基於以上考慮，蔣介石提出了兩個最低要求：第一，總統本人需要介入，把美國飛機總生產量的 5-10% 撥交給中國使用，並且盡一切努力使得中國能夠在 3-4 個月內達到 500 架飛機。第二，美國向中國提供一定數量的空中堡壘，俾能轟炸日本本土。隨著時間進展，中美雙方的討論越來越具體化，摩根韜很快就成為美國政府內部最熱心派遣空中堡壘飛機赴華的人士。過了不久，蔣介石開始領會到，重轟炸機必須要有足夠的驅逐機護航，才不至受到日本戰鬥機攔截。蔣介石同時也主動承諾，中國將會在 1941 年 3 月前把內地飛機場跑道延長，以供重轟炸機起落之用 126。

　　不久之後，摩根韜透露美國計劃將會派送 12 架空中堡壘到中國，預計在次年（1941）2-3 月間對東京進行轟炸。他也同意空中堡壘需要驅逐機護航，但是又指出當前美國驅逐機的生產量非常有限 127。這些具體而細緻的討論，更增加了中國領袖們的信念，認為美國空軍支援必將付諸實行。在羅斯福總統的 1940 年 12 月 29 日的爐邊談話時，他首度明確提出，中國、英國和美國的命運休戚相關。這種表態當然更讓中國領袖們感到無限鼓舞。

　　羅斯福把中國抗戰不僅稱讚為一個偉大的衛國之戰，也是為了自由而戰。他進而宣布，美國已經準備要做世界上所有民主國家的兵工廠，然後聲稱美國將會對中國提供大規模軍事援助 128。事實上，羅斯福這些話讓中國領袖們興奮不已，並且使他們樂觀地相信 1941 年極可能是勝利來臨的一年 129。

126　蔣介石致宋子文電，1940 年 12 月 23 日，《戰時外交》，第一冊，頁 432。

127　毛邦初致蔣介石電，1940 年 12 月 25 日，《戰時外交》，第一冊，頁 432-433。

128　胡頌平編，《胡適之先生年譜長編初稿》，第 5 冊，頁 1713；又見：《總統蔣公大事長編初稿》，1940 年 12 月 29 日。

129　《王世杰日記》，1941 年 1 月 1 日。

不幸的是，在1941年元旦日，中國政府從摩根韜部長處得知，美國陸軍部和海軍部雙雙向政府建議取消空中堡壘派赴中國的計劃，理由是美國沒有足夠的驅逐機可以執行護航任務[130]。儘管此時宋子文已經趕忙和英國人達成協議，後者同意把他們在美國的飛機中預先抽調100架驅逐機給中國，而且其中的36架在三週內即可移交。但是這依然無法改變美國的決定[131]。摩根韜原始計劃的撤銷，使中國政府原本想急劇增加空軍實力的美夢，戛然終止。而摩根韜計劃此時居然被美國新聞界探悉而成為眾所周知之事，也讓蔣介石心中對於美國軍方不能保守秘密而蒙上了一層陰影[132]。

丙. 越南和緬甸通道的關閉

I. 中國領袖們不同的反應

中國對於6-7月間兩個交通要道關閉事件的反應可謂截然不同。當蔣介石首次聽到法德兩國停戰協議（6月底）規定，法國陸軍和海軍必須全面解除武裝時，他對法國的懦弱只是表示震驚和不齒，但也同情法國根本沒有和德國討價還價的力量[133]。出於這個理由，中國政府內心十分清楚，法國對來自日本的任何壓力也同樣無法抗拒。因此中國政府除了形式上做出抗議之外，並沒有採取更積極做法[134]。

但是中國對於英國關閉緬甸路的反應，則是極力試圖挽回局面。其實在1940年6月底中國政府已經預測這兩條通道可能出現問題，因此訓令胡適大

---

130 毛邦初致蔣介石電，1941年1月1日，《戰時外交》，第一冊，頁434。

131 宋子文致蔣介石電，1941年1月2日，《戰時外交》，第一冊，頁435；又見：英國大使卡爾致蔣介石函，1941年1月2日，《戰時外交》，第二冊，頁136-137。

132 「空中堡壘事美新聞洩露，可怪。」《蔣介石日記》，1940年12月30日。

133 《徐永昌將軍日記》，1940年6月24日。

134 蔣介石與法國大使談話記錄，1940年10月26日，《特交檔案：外交》，第74冊，《一般外交》，#49678。

使敦促美國對日本施行全面禁運，以表達美國對英法兩國的支持[135]。

事後看來，蔣介石當時對於遠東局勢發展還真是和歷史發展的軌跡高度吻合。蔣介石告訴胡適說，「倭如進占安南，則其糧倉與重要原料，已可解決大半。且安南如被其占領，則美若不事先積極表示，則其第二步必進占荷屬印度。此時美雖將制止為時無效，請以此意昭告美政府。」[136]

但是胡適並不同意蔣介石的分析，反而勸告蔣介石必須體諒美國的困境，而中國應該自求解決之道。胡適指出，依據他國務院友人（項貝克？）勸告，目前法國在安南不得不遷就日本，因此只能由中國駐安南當地官員進行私下疏通，而不可去麻煩美國。更何況，任何英美政府當前所執行的政策，都是在間接援助中國。言下之意，中國應該自我克制，不宜提出分外要求[137]。顯然地，胡適還是拿著國務院「友人」的雞毛當成是美國政府的令箭，堵住蔣介石之口，怎能不叫蔣介石為之氣結？偏巧這時正值宋子文抵美關頭，胡適還沒有摸清狀況，因此還天真地問道，「宋子文兄來美，本館應作何布置，乞電示。」而在蔣介石心中可能早就打定了主意，就是取胡適而代之。不旋踵，胡適也接到信息稱日本已經威脅英國政府不得允許中國軍用物資通過緬甸運往中國，又聞美國政府已經勸告英國政府不要向日本屈服[138]。但是胡適始終不曾主動提出對策，中國究竟應該採取何種行動去影響英美政府。

胡適顯然不能體諒6月上旬是重慶政府一個極為艱苦的時段。幾乎在10天之內，各種壓力鋪天蓋地而來，其中包括宜昌的淪陷，日本轟炸造成的重大傷亡，都市破壞和交通通訊的摧毀，以及義大利參戰。都迫使蔣介石不得不親自向史達林要求趕快把蘇聯早已答應提供的飛機運來中國[139]。

相形之下，蔣介石不久就從宋子文處得知，羅斯福總統和國務卿似乎都

135《王世杰日記》，1940年6月26日。

136 蔣介石致胡適電，1940年6月21日，《蔣中正總統文物》，#002020300028028。

137 胡適致蔣介石電，1940年6月23日，《蔣中正總統文物》，#002080106040004。

138 胡適致蔣介石電，1940年6月23日，《蔣中正總統文物》，#002090103003235。

139《蔣介石日記》，1940年6月10日。

已經認為英國關閉緬甸路乃是無可改變的趨勢，而居然還有些「美國朋友們」要求中國不要對英國過於苛責[140]。但是蔣介石卻決定不聽胡適和「美國朋友們」勸告，指示胡適和宋子文**務必盡其所能地去爭取美國支持，設法改變英國立場**[141]。胡適當即回電轉達美國國務院信息，勸告中國政府千萬「**不可因英國小讓步而灰心**」，無論如何必須公開聲明不顧任何困難也會繼續抗戰。至於美國國務院本身，則仍舊重彈老調，聲稱正在考慮有效聲援中國的辦法。但是依然拒不做出實質承諾[142]。

　　過不了幾天，胡適從英國駐美大使處得知的信息，就更讓重慶政府焦慮。原來英國政府在最近一段時期內，一直熱心於探尋促進中日議和之道。「據英大使所談，彼所謂和等於全盤屈服。包括承認汪偽組織。」依據胡適推測，英國政府或將以3個月為期，封閉滇緬路，考其動機不外有二：一是英國在再過3-4個月後又將進入濃霧季節，將迫使德軍降低其進攻力度，屆時就無需過分擔心日本在遠東所能施加的壓力。換言之，封鎖緬甸路是英國緩兵之計，中國政府應該予以理解，無需驚惶失措。二是美國政策將隨國內大選揭曉而益趨明朗化。因此英國的策略是「以三月為期，又聲言於此三月中，將拉攏中日談和，其用意或在暫時和緩遠東形勢。」這個局面導致胡適向重慶政府做出兩項建議。其一是對於英國政府這一連串充滿威脅的行動，胡適認為，「我方此時似可不必過分猜疑，謂為有意賣我。」其二是對於美國政府的意向，胡適鑑於美國政府一直聲稱它支持中國繼續抗戰而不願中日進行和談，因此他又主張「我國對美應有信心，不必因其遲緩即生失望。」[143]簡言之，兩者都是勸告重慶政府不要做出激烈反應。胡適也似乎同意美國的說法，緬甸路一事只是「小讓步」而已。胡適似乎完全沒有從中國抗戰情勢去考慮越南和緬甸的危機。或許他認為中國的對策早已經由他多次

---

140 宋子文致蔣介石電，1940年7月13日，《革命文獻拓影本》，第15冊，頁104。

141 《蔣介石日記》，1940年6月22日。

142 胡適致蔣介石電，1940年7月14日，《蔣中正總統文物》，#002080106041001；又見：胡適致陳布雷電，1940年7月13日，Soong Papers, Box 45, Folder 3.

143 胡適致蔣介石電，1940年7月16日，《蔣中正總統文物》，#002090103012345。

本完成此項交易的話，則中國只能把它視為「敵對行為」[152]。其實，這個立場來自蔣介石。因為他認為如果英日之間為白銀達成協議的話，則中國將視為英國參加日本對中國共同作戰，而中國也必將以牙還牙[153]。事後，英國駐華大使先是警告重慶的外交部長將以撤離重慶作為要挾，之後又親自拜訪蔣介石尋求轉機，但是蔣介石堅守中國政府立場絕不妥協[154]。

　　自從七七事變以來，英國政府曾先後多次向中國施加壓力去和日本進行和談，這些行為都使中國感到憤怒不已。1940年4月間英國又著手新一輪努力，由英國外相在倫敦向中國大使探詢，中國政府是否有意願和日本進行「直接」和談。郭泰祺大使不得不重申中國政府一貫立場，那就是，中國只願意在英美等國介入情況下（mediated）才願意在華盛頓（美國）或是布魯塞爾（比利時）和日本舉行和平談判[155]。換言之，中日和談必須要有國際參與和保證才能進行，中日之間無直接談判可能性。

　　英國在試圖拉攏美國合力向中國施壓接受和平的努力失敗之後，決定採取更直接的方式進行。7月中旬，英國外相直截了當地告訴郭泰祺大使說，中國必須向日本求和。英國在新加坡代理總督瓊斯（Jones）此時發表廣播演說，聲稱英日兩國正在進行合作，共同探討促進東亞和平的方案。因此，英國政府將避免一切延長亞洲戰事（指中國）的援助項目。而即使英日兩國政府不能達成合作協定，英國唯一敵人依然只有德國，不會傷害和日本感情[156]。他除了撇清一切有關緬甸路關閉的責任之外，竟然還提出威脅稱，如果中國拒絕向日本求和，則英國將無法保證雲南到緬甸通道得以通暢無阻。中國政府當即訓令郭泰祺大使斷然拒絕英國要求，並提出嚴正抗議[157]。

　　讀者對重慶政府此時所面臨的微妙處境，必須要有一個充分認識。因為

---

152 杭立武呈蔣介石報告，1940年4月14日，《戰時外交》，第二冊，頁109。

153 《蔣介石日記》，1940年4月14日。

154 《蔣介石日記》，1940年5月18日。

155 郭泰祺大使自倫敦致蔣介石電，1940年4月3日，《戰時外交》，第二冊，頁37。

156 《蔣介石日記》，1940年7月14日。

157 《王世杰日記》，1940年7月15日。

在中國政府之內，歷來有一小部分領袖們（如孔祥熙、王寵惠等）從來對於戰局抱持高度悲觀態度。現在英國的和平建議，正好呼應了他們想說而又不敢說出的內心話。然而對於那些歷來堅決主張抗戰的領袖們而言，則英國建議卻完全缺乏說服力，甚至被視為是一種出賣。對於後者而言，中國之所以致力於維護緬甸路通暢，正是因為中國想要獲得大量軍事器材去持續抗戰。假如中國被迫求和，則英國人即使承諾維持緬甸路通暢，則對中國又有何意義？

而對於某一些領袖們而言，在遭到英國人的背棄之後，他們仍然決心繼續抗戰，甚至願意去尋求極端的方案去達成目的，其中最極端的方案莫過於倡議和德國合作。7月初，當兩條通道的關閉看來勢不可免時，孫科已經開始提議向德國派遣特使去締結親密的中德關係，而且獲得相當多政治領袖的共鳴[158]。就在邱吉爾首相宣布關閉緬甸路當天，孫科再度主張中國應該立即召回駐英大使，宣布退出國際聯盟，然後和德國及蘇聯結成盟友。在次日召開的國防最高會議裡，孫科的言論又受到相當一部分出席者的聲援（包括張群和王寵惠），但是也遭到吳稚暉的反對[159]。

事實上，由於國際局勢在1940年4月後產生了巨大變化，因此那些主張和德國結成戰略夥伴的人士的言論就頗能引起人們共鳴。有一群學者甚至在昆明創辦了一份雜誌，名為《戰國策》，公然讚許德國的成就，而這種論調在當時知識分子圈中頗為流行[160]。即使是聲譽卓越的《大公報》，也在此時刊載了若干明顯親德和親蘇聯的文章[161]。

即便到了1940年尾，政府領袖們之中依然有人倡導聯德制日[162]。其中以朱家驊和齊峻的立場最為極端。依照朱家驊預測，蘇聯缺乏能力從事長期戰

---

158 錢昌照致宋子文電，1940年7月6日，Soong Papers, Box 39, Folder 28；又見：《王世杰日記》，1940年7月2日。

159 《王世杰日記》，1940年7月10、17、18日。

160 陳源致胡適函，1940年8月29日，中國社會科學院近代史研究所中華民國研究室編，《胡適任駐美大使期間往來電稿》，第2冊，頁481-482。

161 《王世杰日記》，1940年7月30日。

162 《王世杰日記》，1940年9月21日。

爭，因此必會戰敗。在那之後，德國或許會再度向中國建議尋求和平解決中日之爭，而中國應該珍惜與德國的感情。齊峻則認為許多德國領袖對中國存在好感。朱齊兩人明確主張中國應該倒向德國，放棄任何和西方國家親善的妄想[163]。

　　應該在此說明的是，這種親德言論的突然出現，並不代表這些人突然變成是法西斯主義本質的心儀者。他們所表達的，只是對西方國家對中國抗戰的漠然無視感到高度失望和傷痛。在他們眼中，西方國家對中國落井下石和背信棄義的行為，只能逼得中國走投無路。在這四面楚歌的環境下，一部分中國人為了找尋一條出路使抗戰得以繼續進行，只好把德國當成是最後的救命草。換言之，此時重慶政府部分領袖的言論和民間的親德表現，是被它們的仇英情緒所激發者，兩者關係密切。但是他們一個共同的原動力，就是急於想找出一條路，讓中國能夠獲得足夠武器，繼續對日抗戰。這股力量的背景是對於西方國家背棄的反擊，和對國際權謀的盤算，而不是對納粹主義或是希特勒在實質上的認同。這個認識至關重要。因此某些學者，特別是西方學者，把此時的公共輿論看成是接受法西斯主義，還需要做出更深刻細緻的研究和論證。

　　相對而言，當時重慶政府內也還有一群頭腦冷靜的人士，為這種反西方言論深感憂慮，認為他們所提倡者無異於自殺行為。比如說，王世杰就曾經擔心，如果政府高層人士的這種親德反英言論流傳到西方國家的話，則中國立即會喪失西方國家的同情和支持。為此，王世杰懇求蔣介石務必不可放棄中國的原則，而且應該提出警告，如果中國採取親德策略的話，必將自食惡果。他本人也懇求《大公報》總編輯張季鸞停止該報的親德言論，以防止中國失去美國的支持[164]。

　　在如此眾說紛紜局面下，蔣介石所採取的立場，則正好和他那些怒火填膺的幕僚們相反。他始終堅守的立場，就是美國才是中國最忠實的盟友，也

163《翁文灝日記》，1941年10月13日。
164《王世杰日記》，1940年7月9、10、30日。

是唯一可以給予中國最大程度幫助的國家。面對孫科等人的聯德主張時，蔣介石明白表示中國的親英親法外交立場不會改變，他對孫科的具體反駁是，德國海軍勢力根本無法進入太平洋地區協助中國，而美國和蘇聯的基本國策又是反日。只要中國堅持繼續抗戰，則美國的重整軍備政策終究會導致日本陷入劣勢[165]。

當蔣介石接到胡適大使的報告稱，美國政府某些官員們希望中國可以拒絕英國有關和平的建議，而且指出美國政府正在尋求援助中國的方法時，蔣介石立即發表聲明批評英國的態度[166]。無可置疑地，美國政府的信號可謂來得及時，加強了蔣介石拒絕和平和堅持抗戰的決心。他隨即向其他領袖們宣布，他反對從英國召回大使，也反對自國際聯盟退席。他也向他們透露，美國政府正在設法給予中國一項貸款，幫助中國向蘇聯或是美國購買武器，但是試圖取道海參崴運回中國，這樣就可以大幅減低英國關閉緬甸路所能造成的傷害[167]。

因此，儘管幕僚們被英國人的背棄而勾起萬丈怒火時，蔣介石依然決定把中國的命運和西方民主國家連接在一起。事實上，隨著緬甸路危機日益加深，蔣介石卻也下了更大決心，務必要完成中、英、美、蘇四國合作，作為是對付日本侵略最有效的方法。當然他這麼做，也給自己增加了極大的壓力，要去爭取到更多的美國財政和軍事援助，幫助他能夠向其他政治領袖們證明，他的決策是正確的。

至於宋子文在處理這次危機中的作風，則再度顯示他和胡適大使不同之處。在1940年7月分，當中國國際通道危機初露端倪之時，宋子文就急不得待地採取行動，試圖把它的傷害性減至最低。宋子文首先想到的就是和羅斯福商討是否可以避免緬甸的遙遠路線，而由中國「向美借款，向俄訂貨，由西北運華，成一三角方式。」[168]繼之他就去和蘇聯交涉，允許美國武器假道

165 錢昌照致宋子文電，1940年7月6日，Soong Papers, Box 39, Folder 28.

166《王世杰日記》，1940年7月16日。

167《王世杰日記》，1940年7月20日。

168 宋子文致蔣介石電，1940年7月2日，《戰時外交》，第一冊，頁94-95。

海參崴運往中國內陸[169]。雖然蘇聯的反應並不支持[170]，但是宋子文已經充分表現出他足智多謀的特色，因為此時離他抵達美國國門才不過僅僅幾天而已。

　　事情很快就變得明朗化，蔣介石不但需要依賴宋子文和美國人打交道，也需要他去安撫國內其他領袖們。如前所述，此時國內許多領袖們正為著國際通道關閉之事而對西方國家產生激烈仇恨，而宋子文此時提出的中美蘇三國通過海參崴運送武器的高招，使得蔣介石能夠提出一種方案去平息這些領袖們的怒火。緬甸路雖然最後不免關閉，但是宋子文維持和英國駐美大使之間的聯繫不斷，使他間接得知英國最關切的乃是歐戰局勢，因此只要美國能夠給予英國更多援助，則英國將不需顧忌日本而敢於重新開啟緬甸通道。一旦宋子文得知這個重要信息，他立即和美國政府官員們和新聞界人士密集接觸，敦促美國政府增加對英國的援助。不久之後，宋子文又從澳洲駐美公使處得知，英國實際希望美國能夠給予明確而具體的軍援和經援數字後，才願意重新開啟緬甸路時，他又直接要求羅斯福總統給予英國足夠的支持[171]。雖然我們無法確知宋子文的努力是否對美國同意租借50艘逾齡艦艇的這項決定產生過任何影響力（它的時機和緬甸路重開不謀而合），但是宋子文這種夙夜匪懈的辦事精神，對於蔣介石而言肯定是一個嶄新體驗，特別是胡適大使在這些高階層活動中，幾乎從未露面。

II. 危機的化解

　　令人感到頗具荒唐含義的是，緬甸路危機其實和英德兩國關係有著密切關聯。這個道理並不複雜。因為雖然兩國在歐洲正在進行一場生死搏鬥，但是它們在亞洲卻不約而同地追求同樣目標，那就是在不同時段裡試圖說服中國政府向日本求和，以保障它們各自的利益。英國在1940年初夏試圖壓迫中國接受和平，而德國則在幾個月後也試圖重新扮演仲裁人的角色。雖然德

---

169 宋子文致蔣介石電，1940年7月13日，《革命文獻拓影本》，第15冊，頁104。
170 宋子文致蔣介石電，1940年8月14日，《革命文獻拓影本》，第15冊，頁112。
171 宋子文致蔣介石電，1940年9月14日，《革命文獻拓影本》，第15冊，頁116。

國從1938年初調停中日戰爭遭到中方回絕之後就一直沒有採取進一步行動，但是現在看到中國對英國的怨憤，又重新燃起了它的奢望想趁虛而入。

在歐洲方面，到了1940年9月分，戰爭情況已經明朗化，德國原本指望迫使英國屈服的希望已經落空，因此它不得不面對要和英國進行長期作戰的局面。既然如此，希特勒自然就更希望獲得日本的合作，在遠東地區去壓迫英國殖民地。其結果是，德國、義大利和日本終於在1940年9月27日，簽訂了三國同盟條約[172]。

這些國際大變故的影響很快就顯示出來。邱吉爾在10月3日告訴郭泰祺大使稱，軸心國成立使得國際局勢大為明朗化，也使得美國孤立主義分子氣焰大受打擊。但是邱吉爾還是死不認錯地想要為英國關閉緬甸路一事提出粉飾。依照他的說法，假如當初英國沒有在緬甸路對日本讓步的話，則日本很可能早已對英國宣戰。而在英國做出讓步後的局勢，則大有利於英國的處境。因為它得到了美國50艘驅逐艦的支援，而美國政府也決定加緊對日本禁運，以阻遏日本對於越南和荷屬東印度群島的野心[173]。緬甸路關閉是英國的屈服，而受害者當然是中國，但是邱吉爾言外之意似乎是中國也無需抱怨。10月8日，邱吉爾在和日本協議的關閉期屆滿之時，宣布重新開啟緬甸路[174]。

III. 新一波的和談動向

緬甸路重啟對於中國而言當然是大喜訊，但是同時也增加了對德國的壓力，促使後者加緊外交攻勢，務必促成中國早日和日本締結和約。在10月底，中國社會上突然謠傳紛起，指稱德國正在極力促使中日兩國進行和談，而日本也樂意做出正面反應。還有謠言聲稱，日本新任駐蘇聯大使也將要求史達林調停中日戰爭。中國政府領袖們當然心知肚明，因為他們根本沒有向

172《顧維鈞回憶錄》，第4冊，頁459-460。

173《王世杰日記》，1940年9月10日。

174 郭泰祺大使自倫敦致蔣介石電，1940年10月4日，《戰時外交》，第二冊，頁118。

日本傳遞任何和談試探。依據他們的推測，這些謠言只能來自日本和德國方面的蓄意散布。有趣的是，當王世杰為了讓英美兩國安心，而建議中國政府應該發表一項嚴正聲明去否認這些謠傳時，蔣介石卻主張中國應該暫時保持緘默[175]。蔣介石此時的動機，很可能是想借此讓西方國家陷於某種程度的焦慮不安，而增加其對中國的重視。

其實重慶政府只是將此時和平活動的一小部分告知美國，原因是這些活動既然牽涉到其他國家（德、蘇），最終仍將被美國所得知，則重慶政府還不如坦然告知美國。相對而言，日本本身也經由更多渠道設法和重慶政府重啟探討和平的可能性，而重慶政府在拒絕接腔之餘，卻沒有把這些信息逐一向美國傳達。但是有趣的是，即便是中國政府如此控制信息，後來仍然被一部分美國人認為是中國政府故意捏造和談謠言來要挾美國，誤導美國擔心中國果真會和日本講和，而迫使它增加援華的數量。但是史料顯示，這些中國政府的所言不但都是事實，而且其內容遠遠超過它向美國所透露的數量。無奈美國某些官員和學者，都讓自己的想像力把史料做出違反史實的解讀。

具體而言，中日之間的和談風雲可以分為兩部分去理解，一部分是中日之間直接的接觸，一部分是假手外國斡旋。

A. 日本的主動

中日之間的接觸在1940年似乎又進入一個新的高潮期，多半是由日本官方或民間熱心人士發動。大約從7月開始，日本就利用各種渠道向重慶政府表達和意。當時大轟炸已經開始，也是緬甸路關閉之初，中國處於風雨飄搖之際，蔣介石認為日本人是在玩弄兩面手法，一則以威迫，一則以利誘，因此決定置之不理[176]。當時日方和重慶政府的接觸，似乎是透過張季鸞為轉達站，因此蔣介石還特別選在七七事變紀念日給張季鸞寫了一封信，囑其作

175《王世杰日記》，1940年10月27日。

176「對敵來探和，應暫置不理，以示不受轟炸之威脅。」《蔣介石日記》，1940年7月3日。
　　又：「敵方間接求和之心雖切，然其方法與政策仍毫無變更，可笑。」《蔣介石日記》，1940年7月6日。

為對日方回應必須表達的原則。其重點是：

> 甲. 談政策不談條件。乙. 談感情與利害而不談權利得失。丙. 對於中國人心之得失，應令特別注意蘇俄對華之宣言（放棄在華特權）。丁. 放棄北平至山海關駐兵權。戊. 漢口租界提前取消。己. 內河航權取消。庚. 青島與海南島完全交還。辛. 熱河先行交還。壬. 東三省問題，借用港口問題，東亞聯盟問題，待和平完全恢復撤兵完全實行後再談。癸. 天津與上海租界定期交還。子. 保障問題。丑. 撤兵手續，平綏路張家口與歸綏一帶必須在第一期撤完。[177]

即便是英國人此時雪上加霜地關閉了緬甸路，蔣介石仍然鬥志高昂地寫道，「余以四川為中心，尚有百萬基本軍隊，倭其奈我何？」[178]

7-8月間，蔣介石對於日本的政策獲得了進一步了解。首先是近衛內閣做了一個政策聲明，宣稱日本外交的最終目的，是建設大東亞新秩序，而求取中國事件之完全解決則是建設新秩序之第一步。希望能以日滿華三國團結作為基礎，去施行彈性方針[179]。依據蔣介石分析，日本海陸軍之間矛盾深刻，而近衛內閣左右為難，國內不滿情緒高漲，隨時有倒閣可能。所以才會如此急於引誘重慶政府談和[180]。而重慶政府的對策，當然是不落入日本圈套，反而是應該堅決拒絕，才能促使近衛內閣加速倒臺。

8月初，又有日本間諜名為「和知鷹二」者，透過希臘商人向重慶政府表達和意。蔣介石立即的反應是日本政府已經感到高度迫切感，而究其原由則是英美兩國最近採取了高姿態，使日本更急於結束中日戰爭[181]。與此同

---

177 《蔣介石日記》，1940年7月7日。
178 《蔣介石日記》，1940年7月18日。
179 《蔣介石日記》，1940年8月2日。
180 《蔣介石日記》，1940年7月25日。
181 英國剛剛拘捕了10名日本人，而美國則要求日本說明是否打算在安南駐兵。《蔣介石日記》，1940年8月10日。

時，日本又運用另外渠道向重慶政府接觸[182]。

日本這種看似饑不擇食的手法，不禁也增加了蔣介石的擔憂。在他看來，如果日本的求和是出於誠意，則其手法之拙劣簡直是蠢不可及。反之，如果日本只是玩弄詭計，則其對蔣介石堅定維護主權的立場缺乏了解到又令人擔憂。為了讓日本政府放棄這些妄念，蔣介石特別選在「八一三」紀念日，對日本做了一番不留餘地的譴責[183]。到了8月底，日本又改變宣傳策略，以即將承認汪精衛政權作為要挾，希望重慶政府能夠趕緊和日本簽訂合約，並且具體地以12月1日為最後期限。蔣介石的反應除了是指斥「此種欺騙手段可謂拙劣無比」之外，反而認為日本這種伎倆正能幫助重慶政府促進英美兩國政府接受蔣介石的合作方案[184]。到了此時，蔣介石拒絕和談的立場在重慶政府內部已經沒有反對聲音，但是在外省則仍然有雜音。比如說，9月初，「滇龍於九日有和平運動之擬議，可痛。」[185]

B. 外國的斡旋

至於假手外國斡旋和平的動作，則早在1940年7月分，重慶政府就得到消息稱日本在運動德國出面調解。中國政府當時還只能半信半疑[186]。到了1940年底，日本政府自己放出空氣，宣稱日方將在短期內承認汪精衛政府，又宣稱日方和重慶政府也將達成停戰協議，因此警告英美政府不要干涉中日和談過程。而就在此時，德國政府開始緊鑼密鼓地配合日本，推動中日和平。戈林元帥（Hermann Goring）首先在10月間要求中國接受對日和平。而

---

182 「敵閥又托胡鄂公，何世槙，張治平各人各別來求見通問，皆一概嚴拒，此時惟有持之以一也。」《蔣介石日記》，1940年8月13日。

183 《蔣介石日記》，1940年8月14日。

184 《蔣介石日記》，1940年9月1日，11月22日；宋子文本人安插在國內的情報人員也向宋氏密報，日本宣傳過去與國民政府進行和談接觸之說純屬子虛，見「七號」致宋子文電，1940年12月3日，Soong Papers, Box 39, Folder 28.

185 《蔣介石日記》，1940年9月25日。

186 《蔣介石日記》，1940年7月26日。

在此同時，日本松岡洋右外相又表示希望重慶政府能夠參加軸心國並與汪精衛合作[187]。

11月11日，德國外交部長里賓特洛普（Joachim von Ribbentrop，德國外交部長，1938-1945）終於忍不住，正式把德國想要調停中日戰爭的意願，告知中國駐德國大使陳介。里賓特洛普宣稱，歐洲戰爭最多拖到1941年春天必定會有一了斷，因此警告中國如果不趕緊向日本求和的話，則日本，義大利和德國就必然會承認汪精衛政府。里賓特洛普進一步預測，中國局勢將無可避免地持續惡化，使得英美兩國縱使承諾援助也將無法付諸實行。反之，如果中國和日本簽訂和約或甚至加入軸心國陣營的話，則德國願意提出保證，日本必定會履行和約[188]。蔣介石日記也證實，「德願保證中倭將來和平條件之履行。」[189]

由於德國傳遞此項信息的時機，正值蘇聯外交部長莫洛托夫訪問柏林之時，它也容易讓人產生一種印象，以為德國此項建議必定已得到蘇聯支持。用不著說，這個發展當然給中國政府突然增加了極大壓力，也給中國政府提供了一個極大的誘惑，那就是在即將來臨的全球性對抗之中，中國或許應該加入軸心國行列。

當陳介大使把里賓特洛普的信息向國內送呈時，王世杰立即看出德國的詭計，是圖謀離間中國和西方國家的關係，進而為日本的南進政策鋪路。因此他趕緊通知胡適大使，必須敦促美國趕緊採取行動給予中國支持[190]。與此同時，中國外交部副部長也在1940年11月19日向美國駐華大使詹森做了簡報，把里賓特洛普和陳介大使接觸的內容做了詳細說明。

還有一個重要事實需要在此說明的是，在英國決定重新開啟緬甸路之後，蔣介石得到的印象是，英美兩國似乎又打算回到原點，繼續對於中國的援助要求不予理睬。而此時蔣介石已經打定主意，不再接受英美兩國此種忽

187《蔣介石日記》，1940年10月9日。

188《戰時外交》，第一冊，頁114-115。

189《蔣介石日記》，1940年11月11、14、19、30日。

190《王世杰日記》，1940年11月15日。

視態度。為了向它們施加壓力，蔣介石向英國駐華大使卡爾提出警告稱，假如英美兩國在今後兩個月內依然不向中國提供實質援助的話（指軍事、政治和經濟援助），則中國將被迫「另謀出路」。當然這種模稜兩可的話本是氣憤之詞，但是也能讓聽者不敢掉以輕心。但是王世杰也曾經告誡蔣介石，後者這番話並不能產生預期效果，因為英國大使當然知道中國既不可能和日本談和，也不可能參加德國陣營。因此王世杰建議蔣介石在下次和美國大使會談時，千萬不可再說這種賭氣話，而應該把中國的軍事和經濟情況如實說出即可[191]。

　　然而蔣介石對於被忽視和被犧牲的怒氣，並不能如此容易平息，而里賓特洛普向陳介大使提出的和平建議又給了他一個難得的機會去一泄心中之憤。因此有趣的是，一方面德國到了這個時節還鍥而不捨地想促成中日和平談判，對中國不惜使盡威迫利誘功夫。而另一方面，蔣介石卻親自指示外交部副部長（徐謨）把里賓特洛普和陳介大使之間的談話，向美國政府全盤托出。蔣介石之所以這麼做或許自有他的動機。雖然緬甸路危機已經渡過，但是蔣介石心中依然感到極度憤懣，因為西方國家並沒有增加對中國的實質幫助。他很可能以為應該採用另外一種方法，去讓西方國家感到緊張才對。基本上，他想要讓美國人知道，他們絕不可以繼續對中國的援助要求無動於衷，因為德國正在加緊拉攏中國。

C. 緬甸路和對美關係

　　從整體觀之，越南和緬甸通道所產生的危機，是1940年下半年中國抗戰所面臨的最嚴重威脅。由於它們肇因於歐洲戰場上的劇烈變化，因此中國完全沒有能力阻止其發生。一旦危機爆發，中國只能盡其所能地使緬甸路運輸得以早日恢復。中方史料顯示，蔣介石訓令胡適和宋子文在美國去達成雙重任務：一是運用美國影響力去壓迫日本放棄占領越南的念頭，二是敦促美國給予英國足夠勇氣去抵制日本壓力。

191《王世杰日記》，1940年10月16日。

就第一個任務而言，它最終歸於失敗。因為儘管美國決定擴大其對日本的禁運，但是日本依然執意占領越南。在此或許可以做出一個歷史的註腳。1940年8月間，日本占領越南的事實已經無可扭轉。此時連胡適也終於承認，「安南事，貝當政府（Henri Philippe Petain）之決心賣我，似已無疑。」但是胡適卻在這個局勢無可救藥的時節提出了一個讓人匪夷所思的對策，那就是建議重慶政府趕緊派送幾位在法國學術界享受盛譽的中國學者（如王寵惠、翁文灝）前往河內，「懇切商討中越間共同禦侮之問題，或可尚有百一之挽救。」[192] 胡適在再三給重慶政府潑了大量冷水不要去麻煩美國政府或是責怪法國政府之後，竟然以神來之筆提出由重慶派出幾位手無寸鐵的文化人去扭轉乾坤，真是叫人啼笑皆非。怎能不讓蔣介石氣破肚皮？難怪當日本海陸軍在9月進入越南並與當地法國軍隊發生衝突時，重慶政府也只能默默地作出了炸毀中越邊境橋梁的準備工作[193]。

就第二個任務而言，當美國的支持最終導致英國在三個月後重開緬甸路時，它可謂是成功的。導致這個結局的因素是多方面的，胡適和宋子文各自也做出了他們的貢獻。總地來說，胡適基本上只是把蔣介石要求美國介入的信息，忠實地向美方傳遞，但是在私下卻認為它們純屬多此一舉。因此他內心是同情英美兩國的處境困難。與此成鮮明對照的是，宋子文卻超越了蔣介石的指令，爭取主動，多方面而又不厭其煩地和美國、蘇聯、英國，甚至澳洲的官員們，探討解決問題的方案。因此無論在精力的投入或思路及手段的靈活性而言，宋子文的表現均大大超過胡適。

但是嚴格地說，緬甸路重開仍然只是危機暫時消失而已。有兩個可能依然存在。一是英國可能在新情況下在外交上再度向日本屈服，二是日本可能直接進攻緬甸，進行軍事占領。事實上，雖然英國在10月上旬重開緬甸路，11月間蔣介石已經擔憂日本會悍然占領緬甸，切斷中國的生命線[194]。要

---

192 胡適致蔣介石電，1940年8月26日，《蔣中正總統文物》，#002090103014312。
193 重慶來電，1940年9月23日，Soong Papers, Box 39, Folder 29.
194 《蔣介石日記》，1940年10月9日，11月23日。

防止前者，中國政府當然會效法往例，要求美國斡旋。要防止後者，則中國必須讓英國在防務上感到安全，因此才有國際合作方案的提出。

丁. 中國爭取國際合作的努力：時機、動機和展望

I. 最初的嘗試

中國想經由國際合作途徑去抵抗日本侵略的念頭並非一時興起，而是經過長時間醞釀形成的。特別是當中國政府眼見自己國家利益被那些自詡為「中國友人」而實際上向日本壓力低頭時，更是感到痛切不已。儘管中國領袖們對於國際局勢的判斷力未必幼稚拙劣，但是由於國力不振，因此他們的行事彈性處處受到限制。在這整個過程中，中國領袖們一直試圖著尋求一套計劃，既可促進本國利益，又可顧及其他國家的利益。

在這個前提下，中國在 1939 年最初的構想，其實非常低調，那就是希望美國能夠在亞洲進行外交干預。這個構想隨後逐漸演變為要求成立一個較正式性的合作關係。1940 年初期，蔣介石再度訓令胡適去敦促羅斯福向英國和法國提供更多支持，鼓勵這兩個國家敢於對抗日本在亞洲擴張的壓力。此時重慶領袖們普遍認為，雖然英國在亞洲擁有許多軍事基地但卻缺乏軍事實力，相對而言，美國則有廣大兵員卻缺乏軍事基地，因此這兩個國家在亞洲結成盟邦乃是最合理有效的安排[195]。大概在 1940 年 7 月初，蔣介石開始思考設法促進英美兩國就遠東事務進行合作。根據蔣介石判斷，日本近衛內閣上任後必定會秉承軍人旨意，積極向南洋發展，矛頭指向荷印、澳洲和紐西蘭。因此只有美國主動和英國合作，才能為英國壯膽去遏制日本的野心[196]。到了 7 月底，蔣介石看到英日之間的摩擦似乎變得嚴重，但是「美國對倭避戰之勢益明，」而美俄共同攜手抵制日本或是英美在遠東進行軍事合作的可

---

195 翁文灝致胡適信函，1940 年 8 月 12 日，《胡適遺稿及秘藏書信》，第 32 冊，頁 349-350。
196 蔣介石致胡適、宋子文電，1940 年 7 月 18 日，《戰時外交》，第一冊，頁 95-96。

能性又都逐漸減少，他得到的結論是日本已經占了上風，並且將使中國的處境變得更為困難[197]。中國政府對於蘇聯意向的估計，則是來自中國駐蘇聯大使邵力子向政府提出報告。在7月中旬，邵大使認為蘇聯政府此時缺乏與美國就遠東事務進行合作的意願。唯一改善辦法是由美國主動向蘇聯作出具體友善措施（比如說，由美國取消對於蘇聯的禁運）。為此，蔣介石希望宋子文能夠就近敦促美國政府與蘇聯進行實質性會商[198]。但是他也知道成功希望極為渺茫。

　　然而不久之後，等到德國日本和義大利在越南和緬甸通道危機聲中簽訂了三國同盟條約之後（1940年9月27日），許多重慶領袖們越發相信國際局勢將加速對中國有利，因為軸心國之成立將使得中國和德國關係不再會模糊得招惹西方國家猜疑。因此，當蔣介石向政府領袖們說明三國條約對於中國前途的含義時，與會領袖們一致對於前景充滿樂觀心情。張群、王世杰和劉斐建議政府應該立即發表聲明譴責三個國家，召回大使，並盡全力和西方國家結成親密關係，去對抗日本在亞洲建立東亞新秩序的企圖。孔祥熙和徐謨建議中國應該立即要求英國重開緬甸路，而何應欽則推測日本甚至可能會趁美國備戰尚未完成之前，向美國宣戰。

　　在蔣介石內心中，他首先注意到同盟成立的倉促。根據他的信息，三國前後僅用了20天時間的商討即宣告成立。在他看來，這必然是由於日本少壯軍人急不得待的結果。他甚至嘲笑日本軍人的愚蠢，竟然妄圖運用德國力量說服中國政府終止抗戰[199]。

　　其次，他認為三國條約簽訂將促使中國的命運更緊密地和西方民主國家連接在一起，牢不可分。正如他所言，這種發展本來就是中國長期所期望而無法得到者，現在終於明朗化成為事實，因此抗戰最後勝利必然屬於中國[200]。但是蔣介石同時體會到，三國條約也可能使歐戰延長。為此，他認為

197《蔣介石日記》，1940年7月6、31日。

198 蔣介石致宋子文電，1940年7月22日，Soong Papers, Box 58, Folder 1.

199《蔣介石日記》，1940年9月30日。

200 Garver, *Chinese-Soviet Relations*, p. 112.

中國必須要有心理準備，再和日本進行三年戰鬥。因為中國也必須做最壞打算，那就是它和西方國家的通道可能完全被切斷，而日本和蘇聯之間也可能達成合作協議，甚至間接使國共之間關係轉向惡化[201]。

第三，針對三國同盟，蔣介石還很慎重地列出了今後中國外交的指導原則：1. 堅持抗戰，拒絕與日本談和；2. 向英美蘇聯爭取增加他們對中國的援助；3. 維持抗戰的獨立立場，無需投靠任何國際集團；4. 只要蘇聯願意，中國應該特別強調中蘇關係；5. 世界大戰決定於科學和技術。因此一旦蘇德之間發生戰爭時，則蘇聯必然與美國合作[202]。

儘管他的想法如此，蔣介石還是主張中國應該等到英國譴責日本之後，才譴責德國和義大利，以免上當受騙。與此同時，他心目中更重要的工作是敦促美國、英國和蘇聯接受和中國更密切合作的計劃[203]。總地來說，蔣介石認為，三國條約簽訂將會使美國更認真對待中國的抗日戰爭，並且願意給予中國更多援助[204]。

此時有一小群領袖們面對這個複雜的國際局勢，卻自有他們頗具慧眼的分析。其中以軍令部長徐永昌將軍最具代表性。徐永昌認為即使英國譴責了日本，中國對於譴責德國和義大利一事，仍應小心從事。他對於蘇聯、英國和美國加諸於中國的輕視和侮辱，歷來無法釋懷。依他的分析，中國之所以招致這些國家輕侮，其緣由就是因為它們認定中國絕不會和日本講和，因此胸有成竹而無需認真幫助中國。在他看來，中國爭取西方國家重視的方法，正應該是去增加它們的憂慮和不安，誤認中國可能跟日本言和而導致日本加強與西方國家抗衡的實力和決心。他更進一步指出，設若中國果真要鼓勵日本執行南進政策去挑釁西方國家，則中國最好方法就是停止激怒日本，並同時向德國虛予示好[205]。雖然徐永昌的建議並未遭到採納，它至少顯示當時的

---

201 《蔣介石日記》，1940年9月30日。
202 《蔣介石日記》，1940年9月30日。
203 《徐永昌將軍日記》，1940年9月26日。
204 蔣介石致宋子文電，1940年9月28日，《蔣總統籌筆拓影本》，4450.01-039，#14629。
205 《徐永昌將軍日記》，1940年9月28日。

確有一部分中國領袖們對於西方國家的輕視深感不滿，乃至不惜利用德國和義大利作為工具，去提醒西方國家應該更重視中國對於抵抗侵略戰爭所作出的貢獻。

　　一般而言，大部分重慶領袖對於美國在處理德國和日本問題時所採取的日趨嚴苛的態度，感到欣慰。他們同時也希望美國能夠主動去改善和蘇聯關係，並且共同聯合力量去遏止日本的擴張。至於緬甸地區，由於它可能遭受日本軍隊來自泰國的攻擊，因此中國政府認為最好的防禦方式乃是由中、英、美三國出面合作，建議這三個國家應該儘快指派參謀人員著手計劃工作[206]。

　　最後，中國領袖們還體察到，萬一美日之間發生衝突時，中國在很長的時間內可能都將無法獲得國外送來的軍事援助。因此它敦促美國務必趕緊運送一大批軍火前往中國，俾使中國在美日開戰之前有足夠軍火去支持繼續對日作戰[207]。

II. 對國際局勢的新評估

　　也就是在這個時節，蔣介石開始認真考慮美日之間開戰的可能性。根據中國駐美大使館武官的情報，美國海軍部曾經預測1941年初美日之間可能開戰，而美國政府最近又把85名軍官晉升為將官級，其目的就是為擴張陸軍做先期準備工作[208]。重慶領袖們同時也注意到，美國和日本兩國的高層領袖們在言辭上，似乎逐漸失去控制，肆意攻擊對方[209]。但是更重要的，是宋子文在1940年10月中旬呈交給蔣介石的報告，其中提到美國政府可能已經默認美日之間的戰爭將是無可避免。根據宋氏說法，美國之所以有這種態度，並非出於同情中國，而是受到世界其他地區情勢的轉變，逼使美國走向

206　翁文灝致胡適函，1940年10月19日，《胡適遺稿及秘藏書信》，第32冊，頁351-352。

207　翁文灝致胡適函，1940年10月15日，中國社會科學院近代史研究所中華民國研究室編，《胡適任駐美大使期間往來電稿》，第2冊，頁489-491。

208　《徐永昌將軍日記》，1940年10月9日。

209　《徐永昌將軍日記》，1940年10月6日。

戰爭之路[210]。

　　在如此瞬息萬變的世界局勢之下，蘇聯的動向再度成為中國領袖們最大的關心點。他們最憂慮的是，西方國家對蘇聯毫不掩飾的敵意，很可能會把蘇聯推進軸心國陣營。特別是法國戰敗（1940年6月）讓德國取得優勢地位，更對蘇聯造成重大壓迫。到了9月底，中國收到的情報顯示，日本已經直接向蘇聯提出建議雙方簽訂互不侵犯條約，其性質和1939年蘇德間的條約基本相同。用不著說，此一消息使中國政府大感不安。在此同時，日本新聞評論員也開始公然倡導日本和蘇聯應該簽訂一項協議，在亞洲地區劃分出各自的勢力範圍，並且由蘇聯承諾幫助日本結束中日戰爭[211]。幾乎在同一時段，中國從柏林方面傳來情報也顯示，日本和蘇聯之間在短期內將簽訂互不侵犯條約，並由蘇聯承諾不再向中國提供援助[212]。

　　這一連串發展也讓蔣介石去進行了自己的分析。依據他此時的想法，蘇聯的對華政策有幾種發展的可能性：1. 既然日方已經向蘇聯做出讓步，而且日軍銳氣已消，則蘇聯就無需繼續利用中國去鉗制日本。換言之，中國的戰略價值相對降低；2. 蘇聯可能會防止中國加入軸心國陣營而完成對蘇聯的包圍，因此在中國加緊扶植共黨勢力；3. 英美全神貫注地對付軸心國，也可能讓蘇聯有機可乘阻止中國加入英美陣營[213]。以上無論何種可能，顯然都對中國不利。

　　在10月底，更令人擔憂的消息還直接從蘇聯傳來。根據中國駐蘇聯大使邵力子報告，德國駐莫斯科的外交官向中國大使館傳遞了一項信息，宣稱德國和蘇聯共同希望看到中日和談及早實現。中國政府當然非常重視這個發展，尤其是因為它正值日本新任大使抵達莫斯科就任，而這位新大使所強調的政策，就是要增進蘇聯和日本間的親善關係[214]。

210　宋子文致蔣介石電，1940年10月14日，《戰時外交》，第一冊，頁99。

211　《徐永昌將軍日記》，1940年9月29日。

212　《王世杰日記》，1940年10月3日。

213　《蔣介石日記》，1940年10月6日。

214　《王世杰日記》，1940年10月25日。

　　總而言之，1940年中世界局勢中的兩大發展讓中國感到特別憂心忡忡。一是美日之間關係的惡化，二是蘇聯和軸心國之間關係的改善。對於中國而言，它所面臨的外交挑戰，是如何從美日關係惡化的過程中獲得最大好處，但是同時也要防止蘇聯不致和軸心國關係過分親密，或是至少把這種可能性對中國可能產生的傷害，減到最低程度。

III. 國際合作計劃的醞釀過程

　　中國對於這些國際挑戰的回應，是盡一切努力去促成一個國際性的對壘陣營，包括英國、美國，甚至蘇聯，加強彼此之間的合作。中國政府完全了解，要想讓這個膽大構想成為事實，首先必須說服美國接受任領導地位[215]。

　　至少從1940年9月分起，中國政府開始採取一個立場，認為要建立這樣一個國際性的對立團體完全有其可能性。9月底，中國政府又接到它的駐美武官報告稱，日本入侵越南的動機並不是為了孤立中國，而是為進攻新加坡和東南亞地區做準備工作，而美國也很可能因為抗議日本對越南的入侵，而斷絕美日外交關係。武官的報告還指出，美國可能在1941年向歐洲戰場派遣空軍和海軍部隊，參戰目的是首先打敗德國[216]。幾天之後，這個情報的正確性似乎又被日本證實。因為日本在上海方面傳出消息稱，如果美國執意幫助中國的話，則日本將視美國行為是蓄意挑戰[217]。

　　在1940年10-11月間，美日關係的發展使得一部分中國領袖們相信，美日之間爆發大戰完全有其可能性。10月初中國情報顯示，德國很可能勸說日本及時掌握它占領越南的優勢，趁勢向新加坡發動攻擊，而德國也可能已經想說服日本，趁美國大選尚未舉行之前，向西方國家進行總攻擊。這樣才能把日本的優勢發揮到極致。

215 翁文灝致胡適函，1940年10月15日，中國社會科學院近代史研究所中華民國研究室編，《胡適任駐美大使期間往來電稿》，第2冊，頁487-488。
216《徐永昌將軍日記》，1940年9月25日。
217《徐永昌將軍日記》，1940年9月29日。

　　蔣介石當時對這幾則情報給予了高度重視，因為他認為如果日本打算向英美等國發動攻擊的話，則它應該抓住機會儘早執行。原因是日本能夠掌握優勢的機會非常短暫，時間一拖長，則西方國家必會重新贏得上風。基於這層考慮，蔣介石訓令宋子文把中國政府的情報提供給英美兩國，並且敦促它們及早做出相應準備[218]。就在此時，中國政府接到英國一項要求，希望中國派遣部隊前往雲南緬甸邊境以防止日本出兵侵犯緬甸。但是英國這項要求也讓蔣介石得到一個印象，那就是中國方面有關軍事合作的提議，必然已經獲得英國政府默許。因此蔣介石當即接受了英國要求，並且派遣了部分軍隊進入該地區[219]。

　　蔣介石在10月初就接到詳細情報，聲稱日本進犯越南的目的乃是在和其他兩個軸心國盟邦施行全球性戰略：德國會協助西班牙進攻直布羅陀及北非，義大利進攻蘇伊士運河，而日本則以越南為跳板和泰國軍方取得聯繫後進攻新加坡與香港。由於蔣介石高度重視此項情報，因此囑咐宋子文警告英美兩國必須及早從事準備，甚至設法建立共同防禦協定。依照蔣介石判斷，日本必然感受壓力必須在一年內採取行動，否則其軍力就會落後於美國[220]。

　　他進一步囑咐宋子文直接和美國政府接觸，討論有關中美兩國就東南亞問題進行某種程度上的軍事合作，而且認為中國的努力必將對日本產生高度壓力[221]。反之，如果日本不執行南進政策，它也必將動用其軍隊加強攻擊中國。因此中國也需要充分準備，以為防範[222]。換言之，無論日本與英美關係是惡化抑是緩和，中國都可以從和英美合作中得到好處。

　　大約在10月下旬，蔣介石開始認為應該向英美兩國提出更具體的合作方案。他原本設想是首先向英國提出，然後再決定是否應該也向美國提出。在他認為，一旦中英美三國同意這個方案之後，也可能迫使蘇聯必須及早決

---

218 蔣介石致宋子文電，1940年10月2日，《蔣總統籌筆拓影本》，4450.01--039, #14632。
219 《徐永昌將軍日記》，1940年10月15日。
220 蔣介石致宋子文電，1940年10月3日，Soong Papers, Box 58, Folder 1.
221 《蔣介石日記》，1940年10月3、6、10、12日。
222 《蔣介石日記》，1940年10月4日。

定究竟是參加軸心國或是西方國家陣營[223]。

　　正是在這個大環境之下，蔣介石在1940年11月1日正式提出了一份文件，名稱是「中美英三國合作方案」，目的是共同協力對抗日本。中國要求英美兩國承諾遵守九國公約和門戶開放政策，作為遠東與太平洋地區維持和平穩定的準則，明確反對日本建立大東亞新秩序的野心。蔣介石建議三國簽訂一項承諾，如果其中任何一國遭受日本攻擊時，則中國陸軍全部參戰。他還建議英美兩國向中國提供2-3億美元貸款，維持中國幣制穩定，向中國提供500-1000架戰鬥機（並立即運送200-300架到中國），另外還要向中國提供軍事、經濟和運輸專家幫助中國抗戰。而中國的貢獻則是向英美兩國提供它境內全部的飛機場，和全部陸軍與英美軍隊在未來聯合作戰[224]。

　　值得注意的是，中國抗戰對於外交政策的運用，似乎向積極和明確的方向更向前邁了一大步。首先是原則問題。中方提出三個原則：1. 中國之獨立自由是遠東和平之基礎；2. 九國公約和門戶開放是建立中國獨立自主的法律依據；3. 反對日本建立大東亞新秩序[225]。

　　針對中國這一輪新發動的外交攻勢和倡導國際合作一事，蔣介石決定由宋子文完全負責推動和做為主要代言人，而把胡適冷落在一旁。這個做法顯示蔣介石到了此時對於胡適在推動國際合作的工作上，已經完全失望，因此不容許胡適繼續參與此事[226]。事實上，至少從8月分開始，蔣介石每隔一個月就會把注意力放在撤換胡適的適當時機這個問題上。他不但和宋子文先後商量過單獨撤換胡適而以顏惠慶和施肇基取代胡適的利弊[227]。到了11月底還

223《蔣介石日記》，1940年11月1日。

224 蔣介石致宋子文及胡適電，1940年11月1日，《戰時外交》，第一冊，頁107-108；又見：《總統蔣公大事長編初稿》，1940年11月9日。蔣介石對於這個方案寄以高度期望，因此親自手擬了一個文件，稱之為「中英美合作之原則與方案」，《蔣介石日記》，1940年11月1日。

225 蔣介石致宋子文、胡適電，1940年11月1日，《戰時外交》，第一冊，頁107-108。

226 蔣介石電宋子文，1940年11月10日，《蔣中正總統文物》，#0020103000400010。

227《蔣介石日記》，1940年8月7日，10月10、25日，11月13日。

更把撤換駐美大使和更換駐其他國家大使（法、德、英、美）放在一併考慮。由此就可以看出在蔣介石此時心中是如何對胡適的工作表現耿耿於懷了[228]。在12月上旬，蔣介石的立場更為明朗化。他致電宋子文討論國際合作問題時指出，既然英美兩國已有實質性軍事合作，則此時不宜提出中英美三國合作計劃。其原因是，「**胡大使在美不得力**，故中在正式提出方案以前，召其回國。然現在電召或調換，據中所得消息，彼或仍留美，不願奉召。故對此事處理當須研究至當，方能決定也。」[229]過不幾天，蔣介石又告知宋子文，他心中的理想大使繼任人是顧維鈞，但是徵求宋氏意見以何時發表為宜[230]。只是更換大使之事，到最後都沒有付諸實行。

　　但是蔣介石也關心到他的大膽建議可能在美國政壇上產生的後果，因此訓令宋子文只能在美國總統大選之後才向美國政府提出[231]。蔣介石之所以選擇這個時機，是因為他相信（11月間）美日之間的大戰很可能在短期內爆發，而日蘇之間的互不侵犯條約也即將簽訂[232]。而11月分德國政府對促進中日停戰所做的積極活動，也促使蔣介石決定把他對中英美合作消息傳遞給德國，借此打消德國的妄想。蔣介石這一連串舉動的主要動機，正是希望美國對於中國所提出的中英美合作方案，能夠做出更積極的回應[233]。

　　蔣介石在11月8日召集英美駐華大使舉行正式會談，提出「中英美三國合作方案」。它代表中國政府一個重大的外交努力。依照蔣介石當時的樂觀估計，美國政府大概有六成機會會接受他的合作方案[234]。豈知才過不了5天，宋子文就回電稱美國拒絕參加合作方案。美國對於中國建議回覆的理由，是重申其一貫立場，即美國政府受到其不結盟傳統的制約，因此不可能

228《蔣介石日記》，1940年11月30日，12月12日。

229 蔣介石致宋子文電，1940年12月14日，Soong Papers, box 58, folder 3.

230 蔣介石致宋子文電，1940年12月19日，Soong Papers, Box 58, Folder 3.

231 蔣介石致宋子文電，1940年11月9日，《戰時外交》，第一冊，頁111-112。

232《徐永昌將軍日記》，1940年11月16日。

233《蔣介石日記》，1940年11月19日。

234《蔣介石日記》，1940年11月8、23日。

與其他國家簽訂同盟條約，但是仍然樂於見到中英兩國能夠簽訂同盟條約。這不但使蔣介石大為失望，而且萬分感慨地寫道，「美國政府決不與人有一點事先諾言周轉之餘地，為可嘆耳。」[235] 但是蔣介石並未因此氣餒，反而在此後的幾星期中，分別在重慶和華盛頓兩地加緊努力去向英美兩國政府兜售他的合作方案。

首先在重慶，外交部次長徐謨和蔣介石分別約談了美國大使詹森（11月19-21日），向他通報德國外長里賓特洛普強烈催促中國和日本締結和平條約之事[236]。蔣介石想傳送給美方的信號顯然有多層用意：一方面他要讓美國知道某些國家（德國、日本）正在以優厚條件試圖勾引中國接受和平，而另一方面他又要讓美國知道，他已經拒絕了這些和平試探，因此希望美國能夠給予實質性的援助作為回報，例如說彼此能夠達成一系列軍事和經濟合作協議。

其次在華盛頓，宋子文向美國政府進言稱，美國能夠幫助中國的最好辦法，就是參加三國同盟，同時由英美兩國共同發表聲明，支持中國領土和行政權的完整性[237]。與此同時，蔣介石也擬就了一份備用方案尋求美方支持，即萬一美國仍然不願參加三國同盟時，則由中英兩國結成同盟國。但是這兩個方案均未能產生任何結果，因為美國堅持遵守其不結盟的外交傳統，而英國則不願在美國缺席情況下單獨和中國結盟[238]。

IV. 西方國家的相應不理

回顧1937年以來的歷史可以清楚看見，蔣介石一直在極力推動一個國際性的反日大同盟。他最初的願望只不過是想從其他國家獲取對中國援助，

---

235 《蔣介石日記》，1940年11月28、29日。

236 外交部副部長徐謨與美國大使詹森談話記錄，1940年11月19日，《戰時外交》，第一冊，頁114-115。

237 蔣介石致宋子文電，1940年11月21日，《戰時外交》，第一冊，頁119-120。

238 《戰時外交》，第一冊，頁5-6；又見：《總統蔣公大事長編初稿》，1940年11月21日。

形式不拘，數量也不計，更不在意美國是否參加其事。當中國政府這種冀求獲得國際正義的努力屢遭碰壁之後，它才開始認識到原來列強的行動多以美國態度為依歸。這個認識讓中國政府決定降低在國際聯盟或是九國公約組織中的努力，轉而集中精力去贏取美國對於國際合作體制的支持。當然，只要德國或是蘇聯持續向中國供應武器的話，則中國也仍然可以從容不迫地推行它的國際計劃。

然而當世界其他地區的發展威脅到中國的武器進口，而同時又增加了列強之間的衝突時（比如說，英國和蘇聯之間的矛盾），再加上1938-39年間由於歐戰爆發似乎迫在眉睫，使得歐洲列強在亞洲和遠東地區的利益受到日本壓迫時，中國政府也開始認識到美國的重要性正在急速提高。因為只有美國才能夠化解某些國家之間的猜忌，又能夠加強另外一些國家對抗日本的膽量，因此美國就成為是任何國際合作體系不可缺少的成員。中國原先的願望，是經由建立一個對抗性的國際組織，強迫日本放棄侵略中國和稱霸亞洲的野心。只有到了1940年底，中國才把這個設想逐漸變成具體建議，由中國、英國和美國結成一個國際合作關係，反抗日本領土擴張和侵略。

總結來說，儘管蔣介石極力想要促成國際反日大聯盟[239]，但是到了1940年底仍然沒有做出成果。原因之一，是英國人滿懷自信地認為，中國對英國的依賴遠遠超過英國對中國的需要。原因之二，是蘇聯遭受來自歐洲和亞洲兩方面壓力而不敢輕舉妄動。原因之三，是美國人對於遠東局勢尚未做出適當準備。因此，儘管中國不厭其煩地提醒西方國家應該及早阻遏日本把戰火伸入東南亞的企圖，但是西方國家卻是充耳不聞。諷刺的是，中國政府的設想卻需要等到日本偷襲珍珠港之後，才由日本替中國完全實現。而西方最後付出的代價，則是英法荷三國喪失了它們的海外帝國，而美國在太平洋的勢力則遭到大幅破壞。

在整個中國政府醞釀國際制日大聯盟計劃過程中，而且遠在西方國家對它給予任何重視之前，蔣介石一直是它的創導人和最熱心的推動者。蔣介石

---

239 蔣介石和拉鐵摩爾談話記錄，1941年7月31日，《戰時外交》，第一冊，頁730-732。

看到的是，唯有美國才有能力把其他列強團結在一起，結成一個大聯盟。有趣的是，在這整個過程中，胡適認為他自己只是一位配角而已。在認知層面上，胡適從來不贊同大聯盟的想法。比如說，胡適在蔣介石提出英美合作構想後的幾天之內，就唱出他的反調，「據適所觀察，美國在遠東，雖極願與他國合作，終因政策之束縛，不能與他國有政治上或軍事上之事先承諾，故屢次聲明美國在遠東保持其獨立之政策。」因為美國政府的立場早經各種渠道向中方表明，因此中方不宜喋喋不休[240]。

　　整體而言，胡適認為，中國應該採取的正道是等待國際局勢按照它自己的邏輯去演變，最終成為對中國有利，而不應該由中國去強求引導。他基本上接受美國人的觀點，認為蔣介石的建議不切實際，過於妄想，甚至可能荒誕不經，幼稚可笑。胡適對於英國人和法國人的品質的估計，一如他對美國人所具有的信心，認為他們都一定會講求國際誠信和道義。因此他完全不能相信英國人和法國人會犧牲中國利益去保護它們自身的利益。即便是在緬甸和越南通道關閉之後，胡適依然拒絕譴責英法兩國。他反而勸告蔣介石應該體諒英法兩國的處境，並尊重它們必定會運用時間去解決問題。雖然胡適從來沒有正面反對蔣介石推動國際結盟的構想，但是他明顯地缺乏興致和熱情。這就難怪蔣介石不久也看出胡適的冷漠態度，而決定依賴宋子文做為是中國在華盛頓唯一的全權代表。

　　與胡適恰好相反，宋子文當然不遺餘力地推動蔣介石的計劃。他對蔣介石的全球戰略思想從沒有表示任何保留，也一貫忠實而又勤奮地向美方傳達蔣介石的觀點。毫無疑問地，蔣介石也充分依賴宋子文在美國推動他的國際合作計劃。但是我們也必須注意到，宋子文所扮演的角色和此前頗有不同之處。本章之前所討論的問題，多半是牽涉中美雙邊問題（如貸款、軍售），而現在蔣介石所努力的範圍，則在不同階段還要擴大到英國，法國和蘇聯等國。因此情況更為複雜。

　　宋子文是一位能力高強的實務執行人，善於絞盡腦汁計謀多端地達成眼

---

240 胡適致蔣介石電，1940年7月24日，《戰時外交》，第一冊，頁97。

前的目標，但他並不是一位高瞻遠矚的戰略思想家，對於財經本行以外的事務，很少有成熟的見解遺留後世。由於蔣介石的構想牽涉到不同對象，因此中國在世界其他國家的使節們，也扮演了相當活躍的角色。還需要指出的是，蔣介石本人在重慶也直接主導了許多外交活動，包括和西方國家駐華大使們以及訪華的貴賓之間的互動關係。這也解釋了為什麼宋子文在這個領域裡的成就，雖然顯得扎實，但是比起他在其他領域中的表現，則成績並不耀眼。

戊. 蔣介石在1940年的感情世界

綜觀1940年一年中，雖然蔣介石和宋子文所組成的新團隊，已經積極努力求變，但是挫折感遠遠超過成就感。這就難怪蔣介石在私人感情上屢次發洩他對美國或是英美的怒氣和怨氣。他在心理上做了一個有趣的比較。他寫道，「美總統與其人民，一聞英法失敗，不惜接濟一切，其熱忱非言可喻。而對我國抗戰三年，人民苦痛，經濟困難，求其現金數千萬元借款救急，彼乃置若罔聞。**可知白人種族界限之嚴。惜乎倭寇同種相殘，至死不悟。如其果能以平等互助之精神與我華誠意合作，則東亞民族何至受白人如此之賤視哉？**」[241] 又說，「美國羅斯福對我呼聲要求其協助金融亦置之不理。若不自立自強，任何外交皆為空虛。」[242] 最後甚至說出了更悲觀的話，「尤人怨望非君子之道，對美俄只望其不加害於我而不助於敵，則足矣。」[243]

此時蔣介石看出來唯一的出路就是自我激勵，不放棄繼續抗戰，「應以自求自救為第一義也。」[244] 而對於西方國家則無需存任何幻想，因為它們根本不顧中國抗戰。「美俄對我之要求接濟皆澹然置之。英法對我提議在遠東合作，亦以『感謝』二字答之。若非自立自強，誰能助人？後人須記今日我

241 《蔣介石日記》，1940年6月6日。
242 《蔣介石日記》，1940年6月30日。
243 《蔣介石日記》，1940年6月6日。
244 《蔣介石日記》，1940年6月30日。

國之被列強輕侮之情狀，可不奮發圖強以求己乎？」[245] 又寫道，「艱難危急之際，唯有求其在己，力圖自立，乃能有得。若希望他人有助於我，則是妄人自輕耳。」[246]

即使列強和日本之間的關係惡化，也未必會給中國帶來利益。比如說他在6月分注意到羅斯福任命史汀生為陸軍部長一事，它表示美國對遠東可能採取更強硬態度。但是他同時警惕自己不要自作多情，因為羅斯福只是關心他本人總統大選的行情而不是關切中國。他抱怨羅斯福「惟勸我繼續抗戰，誠不知他人之生死者也。」[247] 他甚至懷疑羅斯福之所以鼓勵中國繼續抗戰，目的並不是給中國打氣，而只是幫助他自己能夠贏得下次總統大選而已[248]。

在這段時間裡，蔣介石也注意到西方國家和日本關係走向惡化的跡象，例如美國海軍艦隊大幅提高夏威夷軍力，英國奪得法國海軍的控制權，美國實行對日本汽油和廢鐵禁運，乃至英美兩國就大西洋海軍基地和艦艇交換的協議，都是對日本的當頭棒喝，但是這些發展對於中國抗戰所能帶來的好處，他並不感到興奮，總是採取一種淡然置之的態度，「亦於我有益」，或是「然於我之關係太晚矣。」[249]

過不了多久，他的怨氣又會上升而寫道，「美國上下皆自私圖利，毫無公義，對受難者專談豫佚之言，誠所謂對失意人談得意事，此種國家將來必為法國之續也。」[250] 才隔一日竟然預言美國必將失敗，「民主國家之所必敗者，以其專作損人利己，毫無公道之心。余所以敢斷英國速敗，而美亦必不能久安也。」[251]

當然更糟糕的是蔣介石有時怒氣高漲到不可控制地步，甚至把英美和其

245《蔣介石日記》，1940年6月4日。

246《蔣介石日記》，1940年6月5日。

247《蔣介石日記》，1940年6月30日。

248《蔣介石日記》，1940年7月5日。

249《蔣介石日記》，1940年7月6、27日，9月7日。

250《蔣介石日記》，1940年8月18日。

251《蔣介石日記》，1940年8月19日。

他列強當成是一丘之貉。比如說，他在7月分寫道，「倭之狂暴，俄之陰狠，英之奸獪，美之貪吝自私，國際之不可靠如此。今後世界惟以強權狡詐是尚，而信義公理掃地殆盡。吾惟以正義與公理為本，以上帝與人格是依，成敗存亡惟有聽之。」[252]

9月又寫道，「各國對華輕視，毫不動心援手，其狠毒有甚於倭寇者。」[253]這裡所指各國當然包括美國在內。10月分，他又採用了一些新字眼作為宣洩，「軸心國狂暴，蘇聯陰狠，英美吝嗇自私，皆不足為友，且亦不欲余為友，并皆謀為害於我，獨占中國。惟軸心三國之用意，則有輕重之不同。如明晰之，則倭當於我為敵意，意大利為無惡意，而德則出於無意，惟其本身計，不得不然。然余斷德至今對余尚無一定之惡意，故較為可諒耳。」蔣介石得出的結論是中國之計在「自立自強，不倚不求。」[254]

回顧1940年度春夏之前，蔣介石的外交注意力尚未放在美國，因此在日記裡極少見到感情強烈之詞，他對美國的行為有失望但是沒有譴責。但是中國政府在1940年初開始改變它對美國外交的戰略思路，集中力量全方位培植對美關係，卻在半年中處處碰壁。難怪蔣介石從高度期望跌進高度失望，才會在日記裡把怨憤盡情噴吐。也可能正是這種心情讓蔣介石在8月中旬曾經一度打算電召宋子文回國[255]。這表示他對美國的失望，而覺得宋子文在美國沒有繼續努力的價值？

1940年是抗戰艱辛的一年，其間經過了許多驚風駭浪。這個經歷或許可以從三個層次予以了解。

第一個層次是中日戰爭的和與戰的選擇。儘管有日本長期殘酷的空中轟炸，地面上繼續攻城掠地，派代表誘降，威脅承認汪精衛政權，和運用德國壓力迫中國就範，但是重慶政府一貫不予理睬。事實上，蔣介石在這個眾說紛紜的環境裡一直保持清醒頭腦，甚至還將心比心地從日本人角度審視中日

252《蔣介石日記》，1940年7月31日。
253《蔣介石日記》，1940年9月7日。
254《蔣介石日記》，1940年10月5日。
255《蔣介石日記》，1940年8月14日。

戰爭。正如他所寫，「對倭問題之研究。以其所犧牲，獲得占領與慘澹苦痛所經營（土地、物資、事業、勢力）之錦繡美麗之中華，如何能隨便輕易而放棄，而歸還於我耶？」[256]所以他認為日本能夠接受的任何和談的結局必然是中國喪權辱國，而這又正是中國所不能接受者。換言之，和談是死路一條。幸虧的是，蔣介石在抗戰問題上又是一位樂觀主義者。他在1940年底，依然斷然預測，「倭寇死癥，絕無挽救之道。」[257]誠可謂信心十足！

　　第二個層次是在瞬息萬變的世界大局中中國的應對之策究竟應該如何拿捏。當然，世界大局中最大的變化莫過於德國，義大利和日本結成軸心國同盟。蔣介石從一開始就密切關注這個發展。到了1940年底，他理出了一個明晰的思路，作為中國應對的指南。他寫道，「三國同盟以後，我對國際之政略與戰略之處置如下：甲. 中倭媾和為下策。以倭對華之野心與其最近對占領地區之交通工業等建設及其積極移民狀況，決非一紙和約所能令其履行與撤退。而且世界戰爭未了之前，何能使其瓊州島等沿海島嶼交還？即使我出任何代價，亦不可能也。若為保持西北與西南之根據地，則倭寇本已無力西侵，復何必與之媾和也。」「乙. 參加英美戰線為中策。如新嘉坡或昆明失陷，則我國戰線不能與英美聯繫，完全孤立，而一面又受俄國忌恨，更使之對我斷絕關係，甚至促令倭寇與中共協以謀我，此於我最不利之場合也。如果西南昆明與新嘉坡馬來印度無恙，仍與我國打成一片，則待美倭戰局開展以後，英美需要我陸軍對倭參戰，屆時如俄不阻礙，甚或俄亦在英美戰線上聯合參戰，則我自可相機參戰。否則，非至俄與倭對我逼迫過甚，則我仍不參戰也。」「丙. 對於倭寇為敵，而對英美，對德義（任何陣線）皆取中立政策，必待俄國態度表明，或其參加戰爭以後，我乃決定取捨。如此則對美，對德，對俄，均有進退自如之餘地，而且皆可由我自動決擇，以此中立自主，乃為目前惟一之上策也。」[258]

256《蔣介石日記》，1940年11月26日。

257《蔣介石日記》，1940年12月15日。

258《蔣介石日記》，1940年10月31日。

志，迫使其向日本求和，所以在看到重慶政府相應不理的情況下，只好加強攻擊力度。從7月下旬開始，每日從早到晚輪番進犯，每次出動飛機約為100-150架，有時甚至超過200架。不但人民無法正常作息，而且物資破壞極為嚴重[3]。

日本此時在上海放出和談空氣，脅迫重慶政府回應。但是豈知重慶政府不但拒絕回應日方和平攻勢，蔣介石反而火上澆油地借著「八一三」紀念日的機會，重申中國政府繼續抗戰的決心。這當然更激起日本怒火，在此後幾個月中擴大了轟炸的破壞面。8月底日本更出動225架飛機轟炸，並且專門尋找中國飛機予以擊毀，幸好並未發現中國飛機隱藏地點。但是由於日本空軍使用新型飛機加入攻擊，使老舊的中國空軍飛機完全無法招架。蔣介石當然擔憂大轟炸將會引起民心士氣的崩潰。他一方面認為以中國領土之遼闊，日本無論如何轟炸也難以把重要城市徹底摧毀。但是另一方面，當他看到中國人民都明瞭中國缺少飛機的苦衷，因此雖然每日遭受重大傷亡，但卻沒有怪罪政府不能提供保護。這使得蔣介石異常感動，在日記裡再三發誓一定要解救他們的痛苦，和設法度過本年難關[4]。

在此順便可以一提的是，蔣介石和家人也是大轟炸的直接受害人，甚至可能是日本選擇的特定目標。在8月29日的空襲中，蔣介石的防空設施被炸彈直接命中，他本人幾乎被殺，而離他僅三步之遙的兩位衛士則不幸身亡。宋美齡也遭到爆破波及[5]。宋美齡在轟炸中的參與救濟和救火工作已經有官方記載，無需在此贅述。但是蔣介石私下的一段記述倒是頗有引述價值。他寫道，「妻工作太猛，以致心神不安，腦痛目眩，繼之以背痛牙病，數癥併發。渝無良醫，亦不願遠離重慶，以被敵狂炸之中，如離渝他往，不能對人民，尤不願余獨居云。此三年來戰爭被炸之情形，其心身能持久不懈，實非其他金枝玉葉之身所能忍受，不能不使余銘感更切也。」[6]更遠一些在蔣介石

3 《蔣介石日記》，1941年7月31日，8月8-11日。

4 《蔣介石日記》，1941年8月16、31日，9月1、3-4日。

5 《蔣介石日記》，1941年8月29日。

6 《蔣介石日記》，1940年9月21日。

浙江家鄉的武嶺村在5月間受到日軍入侵，蔣母王氏的墳墓遭受肆意破壞，屍體被挖出暴露郊野。依照蔣氏推測，這必是日本提出警告以迫使其接受和談的訊號。但是蔣介石除了不予理會之外，且諭令部下不必為其個人家務事而對日本進行軍事行動，以示其不為所動。事後日軍見威迫無效，只好授意當地學校將蔣母遺體重新安葬[7]。

一如上年，重慶政府極力爭取外國飛機。但是蘇聯零零星星提供的戰鬥機過於老舊，根本不是日本空軍的對手。因此中國政府只好向美國請求准許購買飛機。在6月初，蔣介石本人又親自接待美國駐菲律賓的空軍訪華將領，要求援助飛機[8]。

但是到了6月中旬中國依然沒有收到美國飛機，這使得宋子文懊惱不已。根據宋子文從側面了解到，交貨延誤主要原因是英美兩國本身需求量已經超過美國的生產能力，但是他仍舊覺得中國應該提出有力的新說詞去刺激美國採取更積極行動。

為了達到此目的，宋子文向蔣介石建議採用新說法去打動美國政府。在此之前，中國採取的說詞是，中國如能獲得更多美國飛機，它就可以遏制日本侵略。但是既然這個說法未能達到效果，因此宋子文建議去改而向美方強調，中國士兵之所以屢遭失敗其原因並非中國士兵缺乏戰鬥意志，而是缺乏空中支援。宋子文建議重慶政府應擬就一份文件，詳列事實說明目前情況之緊急，並且設法運用政治途徑，勸說羅斯福總統儘快採取積極行動。宋子文認為只要中國推行這個方案，它或許就可能從英美兩國飛機配額中先撥取一部分交給中國使用。由於宋子文深信這個策略肯定能夠奏效，因此他要求蔣介石事先給他充分授權[9]。

一旦宋子文取得授權後，他立即向羅斯福和居里兩人提出說帖申述他的論點。宋子文的基本立場是，中國戰爭失利主要原因是缺乏空軍，因此日軍

---

7 《蔣介石日記》，1941年5月5-8日，9月20日。

8 《蔣介石日記》，1941年3月22日，6月6日。

9 宋子文致蔣介石電，1941年6月13日，《戰時外交》，第一冊，頁453。

可以肆無忌憚地對中國目標施行炸射，而中國卻無力還擊，導致士氣大受打擊。唯一解決辦法莫過於由美國向中國提供飛機。宋子文指出，中國要求的總數量不過是區區500架飛機而已，然而在空等了一年之後，它只得到100架驅逐機。由於宋子文探知英國早已獲得它全部要求的驅逐機數目，因此他也希望羅斯福能夠加速對中國提供飛機。宋子文還提醒羅斯福稱，有關轟炸機的問題尚未獲得解決，但他認為美國完全有能力向中國提供150架轟炸機。這個數字將會對中國戰局產生重大幫助，卻對歐洲戰局完全不致發生負面影響[10]。

事實上，中國對於飛機的焦慮與日俱增。到了1941年6月分，稍早先從蘇聯運來的140架飛機中，已有40架遭到擊毀。蘇聯飛機不是日本飛機敵手，已是不爭事實。此時中國空軍負責人周至柔唯一期望，就是美國政府能夠提供100架飛機交由美國志願空軍飛行員飛來中國參加中國空軍[11]。不幸的是，這個情況一直到珍珠港事變之日均未能得到滿意改善。

無論是否出於偶然或是慎重思考，這個500架飛機的數字在1940-41年間將會屢次被蔣介石引用，成為是他建立中國空軍的指標。到了1941年尾，蔣介石逐漸形成了一種更具體看法，認為日本陸軍部隊之所以能夠在地面戰爭中節節勝利，其中70-80%的原因必須歸功於日本空軍可以對地面部隊盡情支援，無需擔心受到中方反擊[12]。因此，此處討論的重點是，蔣介石之所以對空軍產生強烈興趣，其來由是多方面的，但是都是在國共關係尚未惡化之前，也早在美日開戰之前，根本沒有牽涉到指望用美國空軍去替中國贏得戰爭的荒唐想法。

同樣重要的是，蔣介石在1941年3月之前就想要獲得500架飛機，他當時的目的不僅是打擊日本在華空軍，而且想攻擊日本國內的空軍基地和工業基地。如前所述，這個構想的原始設計人本是美國政府，而摩根韜則是最熱

---

10 宋子文致蔣介石電，1941年7月1日，《戰時外交》，第一冊，頁458。

11 《徐永昌將軍日記》，1941年6月27日。

12 《徐永昌將軍日記》，1941年10月30日。

心的推動者。蔣介石之所以立即接受此項計劃，其原因是它比蔣介石自己原
先的構想更加大膽和富進取精神。然而，蔣介石很快就發現美國（摩根韜）
的計劃有一個致命疏失，那就是沒有考慮到這些巨大無比但是又速度緩慢的
轟炸機，必須要有驅逐機護航才能執行任務。假如中國每次只獲得50架飛
機甚至100-200架飛機，它就無法發動大規模持續攻擊行動。正好相反，如
此小數量的美國飛機只能激起日本空軍大規模反擊而將之摧毀。因此，中國
政府的指望並不是依靠50架飛機去保衛滇緬公路，而是獲得一個強大空軍
可以迎戰日本空軍。蔣介石同時表示，如果美國能夠承諾把大批飛機送到中
國，則中國承諾在西南偏遠省分建築更多飛機場供其使用，使之超越日本飛
機的攻擊航程之外[13]。

II. 日本的南進和北上政策

　　儘管蔣介石的國際合作方案在1940年屢遭挫折，但是他對於戰爭與國
際合作等問題的構思一直持續醞釀。從1941年初開始，中國政府幾乎每日
都會接到情報稱，日本正在積極準備實施南進政策。重慶政府也從日本消息
來源得知，日本在南進政策付諸實行之前，將會在中國境內發動攻擊，以求
縮短其在大陸的戰線，並且允許日軍投入東南亞新戰場[14]。隨著時間推進，蔣
介石對日本南進政策逐漸產生了更清晰的了解。依他推測，一旦日蘇之間簽
訂中立和友好條約時，日本就會將南進政策付諸實行。

　　為了抵制這個趨勢，中英兩國建立軍事合作的機制勢不可免。因此當英
國的鄧尼斯（Lancelot E. Dennys）將軍在1941年2月初訪問重慶時，蔣介石
再度催促他趕快就兩國軍事合作的實質問題開始商談[15]。但是英國的反應卻
是，這類軍事合作方案，必須等到日本果真攻擊新加坡之後才能付諸實施。
換言之，在此種事件發生之前，中英雙方無議可商。蔣介石當然對英國態度

---

13 蔣介石與McHugh談話記錄，1940年12月11日，《戰時外交》，第一冊，頁424-427。
14 《徐永昌將軍日記》，1941年1月20日，2月8日。
15 《王世杰日記》，1941年2月18日。

非常反感，因為它的含義是：中國因此而承擔了保衛新加坡的義務，而英國卻不願承擔保衛中國雲南的義務。而蔣介石的方案則是想把雲南和新加坡兩地的防務結合成一體，不論日本首先攻打雲南或是新加坡，中英兩國都應該立即啟動合作關係。蔣介石進一步指出，如果英國在日軍攻打昆明時拒絕派遣其空軍支援中國的話，那麼一旦日軍在昆明淪陷後轉而攻打新加坡時，由於中英兩國之間的交通線已被切斷，合作就根本無法實行。

　　基於這些考慮，蔣介石試圖讓英國相信，日軍攻打昆明和日軍攻打新加坡的意義其實相同，就是阻止中國軍隊馳援新加坡[16]。但是設若中國可以在事先得到英國空軍支援的話，則中國不但可以保衛雲南，而且還可以對在中國境內其他地區的日軍施加打擊，使它們無法抽身去攻擊新加坡，並因此而加強了英國在遠東地區的整體防務[17]。顯然地，蔣介石正在極力說服英國進行軍事合作，同時堅持雙方的責任應該有對等性，而不是由中國單方面承擔協助英國去保衛新加坡而已。

　　再說到美國，儘管當時美國國內報紙已經開始討論，假如日本果真推行南進政策的話，則美日之間可能發生衝突[18]。但是蔣介石卻並不作如是觀。他在1941年5月10日召見美國大使詹森時表示，他並不認為美國有必要和日本進行戰爭，但是他肯定希望美國能夠給予中國足夠的軍事援助，幫助中國單獨去對抗日本[19]。不久，當高斯（Clarence E. Gauss）被任命為美國新任駐華大使之後，蔣介石再度表達他的願望（6月24日），希望美國可以避免和日本作戰。他並提出警告稱，即使美國決定參戰也必須等到蘇聯參戰之後才付諸實行，千萬不可在蘇聯態度尚未明朗化之前貿然行動。蔣介石甚至向高斯建議，讓美國置身戰事之外的最佳策略，就是向蘇聯提供大量援助，使日本不得不把兵力留在北太平洋地區，而強迫它放棄南進企圖，也可以借此避

---

16 蔣介石致郭泰祺大使電，1941年4月17日，《戰時外交》，第二冊，頁157-158。

17 蔣介石致郭泰祺大使電，1941年3月25日，《戰時外交》，第二冊，頁151。

18《徐永昌將軍日記》，1941年2月20日。

19《王世杰日記》，1941年5月11日。

免美日之間的正面衝突[20]。

　　隨著時間推進，蔣介石越來越信任中國情報的正確，認為日本南進政策已是蓄勢待發。蔣介石也認為，最令日本擔心的，是美國有能力在太平洋地區大幅加強其海軍實力。因此假如日本再等待兩年才發動戰事的話，則它必將被美國擊敗。這一層考慮將迫使日本儘快在美國尚未完成其軍事準備前採取行動。一旦蔣介石獲得此項認識，而美國又對他的軍事合作建議充耳不聞時，蔣介石於是向王世杰發出訓令，中國應該盡一切努力發動宣傳攻勢，希望能夠經由慫恿日本向南方採取行動而提高美國的警覺[21]。當然，一旦日本政府下定決心之後，它根本無需中國的鼓勵就必定會採取行動。

　　在蔣介石的軍事合作構思中，蘇聯所占據的地位至關重要。儘管他相信日本早已做出南進決定，然而即便是在1941年7月裡，他依然企望日本可能會廢止它和蘇聯簽立的中立和友好條約（1941年4月13日簽訂），並向蘇聯發動攻擊。蔣介石歷來最大願望就是日蘇兩國能夠發生大戰，但是他的現實感也同時讓他了解，只要蘇聯在歐洲戰場上和德國的戰爭進行得不順利時，它就絕不敢去招惹日本[22]。儘管如此，日本南進政策的高度可能性，還是使得蔣介石忍不住去努力，試探蘇聯是否有意願和中國簽訂軍事協定。

　　基於這個動機，因此蔣介石訓示宋子文就近向羅斯福試探，美國對於中蘇簽訂協議可能採取何種態度，或是甚至美國是否願意加入一個中蘇英美四國的大型聯盟，以對抗軸心國陣營。如果不能達到這個目的，則美國是否願意支持一個中蘇英三國的軍事合作，而由美國作為簽字擔保國[23]？換言之，這是蔣介石首度把他原先的中英美三國合作的藍圖，擴大到包括蘇聯，甚至願意考慮改變合作成員（中英蘇），只要羅斯福願意保證支持該項合作安排。不出所料地，美國的回應是，無論是中英合作還是中蘇合作都應該對中

20 蔣介石與美國大使高斯談話記錄，1941年6月24日，《戰時外交》，第一冊，頁141-144。

21 《徐永昌將軍日記》，1941年7月5日。

22 蔣介石致宋子文電，1941年7月4日，《蔣總統籌筆拓影本》，4450.01-045, #14958。

23 蔣介石致宋子文電，1941年7月5日，《蔣總統籌筆拓影本》，4450.01-045, #14959。

年代大部分時間內，由於中國大量倚仗德國軍火和軍事工業產品，因此蔣介石特別委派親信程天放為駐德國大使，又委派學生桂永清擔任駐柏林武官。這個安排讓蔣介石能夠避開外交部，直接掌控他們在德國的活動。

然而即便是這兩個案例，也不完全是蔣介石個人外交的好例子，因為他依然需要倚仗許多其他中國官員們經手處理許多事務，而他也沒有做出任何努力去和史達林或是希特勒建立直接的單線接觸。蔣介石雖然能夠把中國外交部官員們隔離在信息圈子之外，但是他的代表們還是需要和德國和蘇聯的外交部打交道，因為這些中國代表們並無法直接求見希特勒或是史達林本人。

在1936-37年間，隨著中日之間爆發戰爭的危險日益增加，蔣介石也加緊派遣特別使節或是使節團到歐洲各國去爭取軍事、財政和外交支持，而這些使節一律是蔣介石最信任的人士（比如，蔣方震到德國，楊杰到蘇聯，孔祥熙到英國及其他歐洲國家等等）。但是即便是這些使節團，也依然需要和歐洲國家當地的政府渠道進行溝通，而無法直接達到它們的最高元首。

在不牽涉到中德或是中蘇關係時，蔣介石一般做法是聽任外交部擁有相當程度的自由裁量空間。如果遇有重大事件需要他親自關注時，他一般的做法是預先諮詢高層領袖們，然後做出決策。這些諮詢通常在蔣介石寓所舉行，會議氣氛非常自由，參與者可以暢所欲言，提出不同看法[32]。在中日戰爭爆發前幾週中，蔣介石還把諮詢範圍大幅擴大，邀請了大批學者、教育界人士、軍事領袖，甚至其他黨派的負責人進行磋商。這種會談方式使得其他政治領袖們（如汪精衛）的言論，在決策過程中發生了相當大的作用，而蔣介石本人則並不試圖把他對外交問題的觀點，強加於其他與會者之上。也說不定他此時心中還沒有許多經過深思熟慮的觀點。

II. 1937-40年間蔣介石處理外交問題的行為模式

這個戰前運作的模式在抗戰初期依然被遵守。在武漢淪陷之前，蔣介石

會，1995。）

32 多項實例載於《翁文灝日記》，1936年3月6、13日。

絕大部分精力花費在軍事問題上，並且用了許多時間到前線督戰，無暇顧及其他事務。由於中國政府此時的外交攻勢，主要集中在國際聯盟和布魯塞爾會議上，蔣介石個人的參與非常有限。主要原因是他對於國際組織事務並無深入了解，同時對於和列強交往的複雜性也掌握不足，難以做出正確判斷。在這段時間裡，蔣介石基本上聽任外交部去決定中國在這些國際組織裡需要採取的策略。舉例說，諸如中國在國際聯盟會議中究竟應該引用國聯公約的哪一個條款來作為中國的訴求根據？這一類事務，通常都是由內閣會議去決定，並且由外交部長王寵惠和行政院長孔祥熙去定奪。

中國駐外使節們也有機會為政府的外交政策做出重要貢獻。這些駐歐洲各國的使節們包括郭泰祺（英國）、顧維鈞（法國）、程天放和陳介（德國）、錢泰（比利時）、金問泗（荷蘭）、胡世澤（瑞士和國際聯盟）、蔣廷黻和楊杰（蘇聯），和劉文島（義大利）。他們雖然來自不同專業和社會背景，但是共同目標則是為中國爭取外交和物資支援，幫助中國持續抗戰[33]。從某一個意義上來說，這是中國近代外交史上的一個頗為值得稱道的時代，因為政府聚集了一批有才幹的人才，共同為國家利益而努力。其結果是，蔣介石本人只是參與了制訂外交政策中的一小部分，而給了外交部和駐外使節們廣大空間，去制訂許多重要決策。不管是和北洋時期或是清朝末年相比，這批人的成就都向前跨越了一大步。

在這些外交領域中，蔣介石在戰前最少予以關注的，可能就是中美關係這一塊。不論是蔣介石的公開講演或是個人文字記載裡，他對於中美關係似乎很少發表議論。即便到了1937-38年間，蔣介石和駐美大使王正廷之間，也甚少有書電來往，只是偶爾接到外交部的簡報，對於王正廷在美的行為略知梗概而已。

這種現象等到胡適被派赴美之後才略見改善。由於胡適的任命來自他好友王世杰的極力推崇，因此他們二人之間建立了一個新的溝通管道。王胡二人之間的私人信件來往，很快就在數量和頻率上超過了胡適和外交部長王寵

33《顧維鈞回憶錄》，第3冊，頁35。

揮個人外交的作用。

當然，蔣介石之所以逐漸趨向使用個人外交手段去拉近中美關係，在很大的程度上也是受到羅斯福言辭的鼓舞，因為羅斯福在許多場合裡，總是情不自禁地表達他對中國特殊深厚的感情[42]。固然，當羅斯福在做出這類表示時，他很可能只是興之所至地表達他個人美好的記憶而已，並不夾雜任何政治色彩，但是聽在中國人耳朵裡，它們的分量卻就大不一樣，因為中國人在文化上向來講究人情或是「關係」，因此就難免從羅斯福的話中聽到了（也可能是自作聰明的）許多弦外之音。更何況，中國領袖們到了1939年已經內心充滿疑懼，認為英國，法國、德國、義大利和蘇聯都是一丘之貉，可以毫不遲疑地犧牲中國利益去滿足它們的野心。而唯獨美國總統居然經常表露這些出自肺腑的善意和同情，這就當然讓他們感到分外溫馨。

有一點值得注意的是，當中國從美國接收到這些友好信息時，正是它遵循傳統外交方式和美國政府打交道而遭到處處碰壁之際。中國政府在和美國政府交往的過程中，屢屢因為美國政府中的權責不清，或是各部門之間的推諉責任和爭風吃醋，而弄得一事無成，並心灰意冷。聯邦政府中那些能夠嚴重影響中國利益的部門，比如國務院、財政部、陸軍部、海軍部，各有自己的立場，利害關係互相衝突，領袖貌合神離，而又缺乏協調合作的運作。從中國的角度來看，最有效能夠避免或超越這一切美國聯邦政府內部彼此掣肘的做法，就是直接往最高層求援，那就是白宮。

因此毫不奇怪地，中國最初構想或許是以為兩國元首之間的直接溝通，可以省卻聯邦政府各級行政單位的糾纏。但是中國領袖們此時其實並沒有演繹出一套周密計劃，去培養中美兩國領袖們間長期穩定的私人關係。他們當時顯然還以為，只要蔣介石偶爾給羅斯福寫一封私信，就可以引起對方特別重視。

---

42 外交部長王寵惠致蔣介石電，1938年11月21日，《戰時外交》，第一冊，頁81；又見：《顧維鈞回憶錄》，第3冊，頁522；又見：顏惠慶致蔣介石電，1939年11月3日，《戰時外交》，第一冊，頁89-90；又見：胡適致蔣介石電，1939年11月6日，《革命文獻拓影本，抗戰時期，第28冊，對美外交（1）一般交涉》，頁85。

　　這就解釋了為什麼傳信使者的身分，在最初並沒有被中國給予重視的緣故。但是中國政府也很快就從顏惠慶的經驗中學習到，這種沒有經過精心挑選的特使，其實是事倍功半，得不償失。再說到顏氏本人，他久已和美國政治環境脫節，不熟悉美國政治領袖們，也沒有能力去影響美國對中國抗戰的觀點，這些都是顏惠慶使命沒有做出成就的內在因素[43]。

　　事實顯示，顏惠慶和羅斯福短暫的會面，僅限於禮貌性拜訪。他除了面交蔣介石私人信函之外，沒有做出一件胡適大使無法完成的工作，也沒有進行機密性對談。換言之，他只不過是一位順路訪客，趁便登門親手遞交了一封蔣介石的私信。顏氏也沒有和美國政府其他官員們開闢新的溝通管道，沒有對中美關係產生任何長遠影響。這個經驗逐漸讓中國領袖們認識到，在蔣介石和羅斯福之間最好能夠指定一個更足以信賴的聯絡人。

丁. 宋子文推行「個人外交」的努力

　　宋子文使美使蔣介石和羅斯福關係發生了根本性改變。蔣介石在1940年6月14日致羅斯福信件中說明，國際局勢瞬息萬變，迫使他不得不設法和羅斯福總統之間建立一個直接溝通管道。為了達成這個目的，他決定派遣宋子文赴美作為個人代表，並且賦予後者全權和美國進行多方面談判。蔣介石推崇宋子文熟知中國內政情況和外交政策，又享有他本人（蔣介石）的絕對信任，因此敦請羅斯福和宋子文進行坦誠交談[44]。蔣介石的話說得再明白不過，那就是從今以後蔣介石不擬再依賴胡適大使作為他的代表去處理中美關係。顯然地，蔣介石並不只是想要做出人事安排而已，他還想要改變中美互動關係的模式。雖然胡適仍將留任大使職位，但是中國和美國的關係，從今以後將會由他的個人代表去處理。

---

43 《王世杰日記》，1939年12月22日；又見：周鯁生及錢端升信件，《王世杰日記》，1940年2月13。

44 蔣介石致羅斯福電，1940年6月14日，《戰時外交》，第一冊，頁274。

　　宋子文不但是帶著更大授權去和美國政府商談實質性事務，而且他還帶著新使命去推動個人外交（personal diplomacy）。宋子文在剛抵達華盛頓不久，就興奮地向蔣介石報告稱，他第一次會見羅斯福雖然還是由胡適大使陪同，但是立即感到和羅斯福的投緣。羅斯福表示「彼極願與文**兩人**詳談，故約文明午**兩人**午餐。」顯然沒有顧忌胡大使當時還在現場。而次日午餐不但立即進入實質性話題，而且總統表示，「希望文在美時**可常晤面**。」而對於兩人談話內容和兩人的互動關係，宋子文則更做了一個發人遐想的敘述，「再，昨今兩電，與總統秘密談話，敬乞嚴守秘密。如有洩漏，於總統在國內政治立場，及將來討論結果，均有影響。」[45]咋聽起來，總統與宋特使已經推心置腹了。

　　不久之後，他又向蔣介石報告稱，羅斯福對待他的態度猶如家人，彼此直呼其名，省卻虛偽客套。但是宋子文也記得趕緊向蔣介石保證，凡是事關中國國家利益時，他還是會向羅斯福力爭到底，絕不退讓，更不會為了顧全私人感情而妨害公務[46]。雖然宋子文的這番敘述或許有自我吹噓嫌疑，但是它基本屬實，同時也非常符合中方原本對私人外交功效的期待，那就是，既能隨時接近一個強國的最高元首，又能把中國利益向他作出最有效傾訴。

　　而羅斯福個人的行為表現，又繼續加強了中國人的信念，認為他是中國需要交往的唯一重要人物。在中國人眼中，最有力的證明，莫過於美國在1940年底處理對華貸款的方式。在此之前，摩根韜財政部長一直是美國官方最熱心推動對華貸款的高官，赫爾國務卿則始終持刁難態度，而羅斯福的角色則是在這兩位內閣官員之間來回協調。雖然羅斯福最後選擇支持摩根韜，但是他卻只肯給予中國少量貸款，杯水不足以救車薪。這種談判架構，已經不再能滿足中國的需求，特別是宋子文表明立場，他絕對不肯和陳光甫一般被動地事事順從美國的指揮。但是真正讓中國感到無限鼓舞的是，到了1940年11月底，美國決定給予中國大數額貸款的原動力，卻是來自羅斯福本人，

45　宋子文致蔣介石電，1940年7月1、2日，《戰時外交》，第一冊，頁93-95。

46　宋子文致蔣介石電，1942年6月26日，《戰時外交》，第三冊，頁166。

而摩根韜卻又突然神奇地找到方法，去克服以往美方振振有辭的行政限制（或藉口），改而去執行總統的命令，以致不讓赫爾有任何反對的機會。

　　隨著美日關係持續惡化，羅斯福也決定更積極地運用個人影響力，去排除中美外交關係上的阻礙。為此，羅斯福在白宮幕僚們協助下，首度親自過問對華政策。他雖然依賴財政部官員們去處理技術性細節，但是卻把國務院排除在外。在羅斯福直接干預下，美國政府不僅制訂了一個更嚴謹的計劃，去援助中國和增加援助經費，而且也開始對中國提出軍事和政治支援，幫助中國得以更有效地從事抗戰。羅斯福的這種積極參與，看在中國人眼裡，肯定大受鼓舞，同時也益發加強了後者的決心，此後必須繼續發揮個人外交的功能。

I. 宋子文新作風的一個實例——他和摩根韜的較勁

　　兩個發生在1941年4月分的案例，或許最能顯露出中美兩國官員互動中的戲劇性變化。當月中旬，摩根韜伴同胡適和宋子文兩人共同去拜訪羅斯福總統，因為後者要宣布他「協助中國」的新計劃，目的是顯示美國的堅定立場以鼓舞中國士氣[47]。在整個會面過程中，胡適除了表達感謝之外，基本上沉默無語，但是宋子文則抓住機會大做文章，敦請羅斯福從當時的租借法案（Lend-Lease）裡，提撥相當於總數十分之一的款項供中國運用[48]。這個場景很可能讓摩根韜感到意外和不快，因為在以往類似的場面裡，總是摩根韜唱主角，而中國官員則在一旁隨聲附和。但是當今宋子文顯然不懂場規，居然喧賓奪主了。

　　才隔不了幾天，宋子文在華盛頓公務生涯上所遭遇的最大危機，隨即爆發。到了此時，摩根韜顯然決定他已經無法繼續忍耐宋子文的無理取鬧和不

---

47 Transcript of phone conversation between Corcoran and Morgenthau, April 14, 1941, in *Morgenthau Diary*（*China*）, pp. 362-363.

48 Summary notes of conference at the White House, April 15, 1941, in *Morgenthau Diary*（*China*）, 364-365.

識抬舉，必須施以一記重擊。4月21日，胡適大使突然接到邀請赴摩根韜辦公室會面。他事先再也沒有想到摩根韜會在部長辦公室裡，召集了財政部一批高官[49]，在眾目睽睽之下對宋子文大張撻伐。而財政部還特意安排了一位速記員，在現場記錄下這整個戲劇化的歷史場面。

這次會議原本約定的議題，是5千萬美元的平準基金（Stabilization Fund）借款，但是摩根韜臨時改變話題，向宋子文做出一連串聲色俱厲的指控。他開宗明義地自誇為中國的摯友，對自己為中國所作的貢獻感到自豪。他進而宣稱歷來竭盡一切努力去幫助中國，有時甚至把向中國出售的美國產品的價格，壓低到比美國政府自己所付的採購價更低。他聲稱這些都是他的功勞，不容任何人抹殺。而令他感到最為不快的是，他指控宋子文以不當手段雇用了一批美國法律界人士去幫助中國獲得其所需的物品，甚至試圖對他（摩根韜）施加壓力[50]。

這次會議的氣氛明白顯示，美國政府中已經有某些掌權人士，對宋子文過去半年多的活動能力和手腕，感到高度不滿，乃至到了顧不得外交禮儀的程度。僅從摩根韜在會議前精心安排出席者的名單就可以看出，他早已打定主意，要一舉撕破宋子文的顏面，逼使後者做出選擇，要麼灰頭土臉地溜回重慶，要麼學會如何對美國官方溫順服從。也或許還有另外一個未經挑明的心理因素，那就是此時正值租借法案（Lend-Lease Act）剛剛通過，標誌中美關係將要進入新時代。如果摩根韜不及時打壓宋子文的氣焰和「越軌」行為，重新奪回主動權，則將會後患無窮。

這種場景正是胡適歷來最恐懼的事，因為它印證了他最怕在外國人面前失去了國格和自尊。胡適乍然受到這個粗暴場面的衝擊，其在內心卻毫不懷疑，肯定是宋子文在工作上犯了重大錯誤，才會惹起摩根韜如此震怒和不顧顏面。這也就說明了為什麼胡適在事後多次回顧這個事件時，都一直對宋子

---

49 Including Under-Secretary of Treasury Bell, Far Eastern Bureau Chief M. Hamilton of the State Department, Harry White, and H. Merle Cochran.

50 For a complete transcript of the meeting on April 21, 1941, see: *Morgenthau Diary*（*China*）, pp. 385-394.

文持批評態度[51]。在現場裡，胡適被美國人的憤怒指控感到震驚，以致在整個會面過程中都啞口無言。當然也不能完全排除另外一種解釋，那就是胡適也很可能由於看到宋子文的遭受撻伐，而在內心中忍不住產生一絲秘密快感。總而言之，他既沒有出面為宋子文申辯，也沒有設法打圓場，而只是一位不發一言的旁觀者，任由宋子文被對方宰割。

但是在這場宋子文和摩根韜的針鋒相對中，胡適的觀察和反應未必正確。因為基於幾個理由，事件很可能可以做出不同的解釋。

首先，這次事件是在一個大背景之下發生者。4月初，雖然美國示意要貸給中國平衡基金，但是蔣介石抱怨，「美國對我援助口惠而實不至。至今不僅無援華整個具體辦法，而且前貸五千萬美元之平衡基金……不肯……交我也。」[52]幾日之後，他召見美國大使，嚴厲批評摩根韜「不肯以平衡基金整數交付之小器行為。」並且說，「此時無論對俄對美，皆以不求不怯自主自強之態度表示之。蓋無須遷就也。」[53]既然摩根韜很可能已經得知蔣介石的強硬態度，而又無法直接反擊，因此宋子文當然變成是在華盛頓最好的靶子。更何況，摩根韜對於宋子文本人也有足夠的怨氣。

其次，摩根韜原本目的是要在這次會談上，無情地揭露宋子文行事手法，不但卑劣而且根本無效率。可是他並未達到目的。事實上，胡適一開始就被財政部來勢洶洶的陣仗嚇呆了，以致缺乏冷靜心情去仔細體察這次衝突中雙方的心理攻防戰。會議一開始時，摩摩根韜怒火填胸地指控宋子文多項罪狀，包括用金錢收買美國法律界人士為他效命，向白宮進行遊說，然後對財政部施加壓力向中國貸款等等。但是在整個對陣過程中，宋子文多次重複聲明，他並沒有雇用美籍人士就當前的借款事項（指平準基金）去和財政部進行過交涉。但是摩根韜或許由於精神過度亢進，根本沒有把宋子文的話聽進去，直到後來財政部官員Harry Dexter White主動證實，宋子文的確曾經

51《胡適的日記（手稿本）》，1941年4月21日；又見：何鳳山，《外交生涯四十年》（香港：香港中文大學，1990），頁119-22；又見：熊式輝，《海桑集》，第5a冊，頁18-19。

52《蔣介石日記》，1941年4月12日。

53《蔣介石日記》，1941年4月16日。

在事先向他和該部另外一位法律專家的官員（Edward Foley）諮詢，請問是否可以雇用美籍人士，因此完全沒有欺騙摩根韜的行為。一旦有了這個澄清，會談旋即結束，此時摩根韜改向宋子文道歉，承認他做出了錯誤的指控[54]。事實上，摩根韜本人也犯了記憶錯誤的毛病，因為當事人之一的Tom Corcoran曾經在電話中親口告知摩根韜稱，他（Corcoran）是在替宋子文工作。而摩根韜在聽到後回覆稱他可以接受此項安排，但是建議Corcoran去知會胡適大使[55]。

第三，宋子文的行徑其實和摩根韜稍早給胡適和陳光甫的建議，完全吻合。因為摩根韜曾經亟力勸告過這兩人務必更積極地游說聯邦政府有關部門，去推動借款事宜，但是此時他卻忘記自己先前說過的話。即便是在1940年1月初，財政部官員Harry White還曾代表摩根韜向陳光甫進言稱，雖然摩根韜本人不方便過度明顯地幫助中國，但是他希望中國人自己能夠多做遊說工作去幫助他們自己。當時摩根韜的傳話對於陳光甫來說是一個驚喜，因為陳光甫一直避免接近聯邦政府其他部門，為的就是恐怕得罪財政部，而現在他才得知原來財政部鼓勵他去這麼做[56]。事實上，摩根韜在1940年8月分裡，當財政部找不出方法去滿足中國貸款要求時，他也給了宋子文同樣的建議。而宋子文在短期內立即言聽計從，先後拜見了羅斯福總統、海陸軍部長、進出口銀行負責人Jesse Jones等，去請求他們支持借款[57]。無論摩根韜是在會前臨時火上心頭，或是果真患了失憶症，背後隱伏的原因都是出於一種疑懼，

---

54 When Morgenthau said that he never heard of the corporation that Soong hired the Americans to join, White said, "Well, if that fault lies with anybody, Mr. Secretary, it lies with your own staff and not with Dr. Soong. It is Mr. Foley and myself, because we knew it." To which Morgenthau replied, "Then you have done both Dr. Soong and me a disservice. I mean if Dr. Soong has gone to you and Mr. Foley, then I have got to hold him faultless." See: transcript of the meeting on April 21, 1941, *Morgenthau Diary*（*China*）, pp. 385-394.

55 See: Phone log, February 21, 1941, *Morgenthau Diary*（*China*）, pp. 352-353.

56 《光公使美日記》，1940年1月16日。

57 See: Memorandum of Conversation, Department of State, written by Stanley Hornbeck on August 15, 1940 meeting with Soong, Morgenthau and Hornbeck, in Hornbeck Papers, Box 52.

那就是害怕失去對華貸款事務主導人的地位。他或許更害怕自己無法掌控宋子文的行為，反而變成是宋子文「陰謀活動」的靶子。這種從主導變成是對手或是背叛受害人的疑神疑鬼滋味，肯定讓他無法承受。

第四，在宋子文在針鋒相對過程中堅守他的立場之後，摩根韜對宋子文的態度反而做了改善。諷刺的是，摩根韜此前在和陳光甫打交道時，在口頭上總是再三聲稱他是如何地器重和尊敬陳氏。但是令人想不到的卻是，在陳光甫心目中，他痛恨摩根韜的狂妄自大和居高臨下的施捨氣焰。但是陳光甫為了國家利益只好忍氣吞聲，讓自己的尊嚴一再遭受對方踐踏。事實上從「後見之明」觀之，陳氏這種愛國苦心的假設，很可能是完全錯誤的。因為從宋子文和摩根韜互動記錄來看，雖然摩根韜打心底絕不喜歡宋氏，但是他們此後還是維持著一個實事求是的合作關係。這種關係讓兩個國家後來達成了多項有實質的協議。宋子文和摩根韜共事的時間長度，超過陳光甫和摩根韜共事的時間。換言之，設若陳光甫當年沒有小心翼翼地遷就摩根韜，不知他是否也可以做出更精采的成績來？

中國對美外交作風改變，標誌著一個新時代的來臨。中國不再唯唯謹謹地依照美國人頒訂的行為準則辦事。上述的事件（宋子文對仗摩根韜）大概是近代史上第一次一位中國外交官面向一位美國領袖，雙目逼視而沒有做出絲毫退縮動作。事實上，一旦摩根韜發現原來他準備好的槍彈打不響時，他的語氣也立即軟化。在對仗開始時，摩根韜盛氣凌人地動用總統名義，堅持宋子文必須提出解釋。但是到會議結束前，他的語氣顯著變得輕柔和緩。他宣稱，「我希望中國在戰爭中獲得勝利。我個人在整個大局中所處的地位並不重要，重要的是大局的本身。我很抱歉剛剛發生了這場爭端。我真希望自己在事先多去了解一點實情，因為它對我而言是一件不愉快的事，而我也希望它沒有被提出來討論過。但是我很抱歉它還是被提出來討論了。所以讓我們雙方都將之忘記掉，並且從新開始。」宋子文簡短而又強硬的回答是，「好吧。」[58]

58　Transcript of the meeting on April 21, 1941, see: *Morgenthau Diary*（*China*）, pp. 385-394.

案援助。中國政府如何改變對美政策，可以從這幾件事情上看出端倪。本章將討論1-3項，而下一章將討論第4-5項。

I. 居里訪華

在宋子文多方設法和白宮搭上線，並在借此直接和羅斯福取得聯繫的過程中，宋子文從華府人際網打聽結果獲知，居里是白宮幕僚群中的青年才俊，專業訓練是經濟學，在參加白宮幕僚工作後不久就獲得羅斯福賞識。作為總統的行政助理，居里很快就成為羅斯福倚仗幫他解決各種內政和外交事務的得力助手。在羅斯福前面八年總統任期裡，居里也參與了制訂總統的財經政策。當宋子文最初和羅斯福提起希望總統能夠派遣一位個人代表訪問中國時，羅斯福當即提議居里，因為他相信居里將會是一位很稱職的私人聯絡人，對羅斯福今後和蔣介石增進彼此的了解，能夠做出貢獻[64]。

宋子文本人也欣賞居里的能力和他在政治圈中的能量[65]。1941年1月初，當宋子文向居里發出邀請訪問中國時，羅斯福當即指示居里接受邀請，並且說道，「我認為你去拜訪蔣介石，將會是一件非常有趣而又有價值的事——儘管他們此舉的目的，無非是想得到你的幫助而已。」[66]居里本人對於能夠訪華也感到非常興奮，更何況中國政府表示願意承擔一切費用。在此後幾週中，這個訪問計劃只是在蔣介石、宋子文、羅斯福和居里4人之間反覆磋商，既沒有向美國國務院通報，也沒有告知中國外交部。胡適大使則是到了晚期才被告知，用不著說，這些單位都為之深感羞惱。

在居里訪華之前，宋子文把居里在美國政府中的影響力，已經向蔣介石做了報告。根據宋子文在1941年1月底向蔣介石提供的政治情報稱，居里不但熟悉財經事務，而且熟悉美國政府援助英國的計劃和美國飛機生產情形。

---

64 宋子文致蔣介石電，1941年1月20日，《戰時外交》，第一冊，頁533。

65 見：宋子文向蔣介石提供有關居里的履歷表，《革命文獻拓影本，抗戰時期》，第33冊，《對美外交(4)居里兩度來華》，頁23-25。

66 FDR memo to Currie, January 11, 1941. Currie Papers, Box 5.

而近期羅斯福總統又指派他就遠東事務和聯邦政府重要閣員（如海軍部長、陸軍部長、財政部長以及國務卿）進行會商。宋氏推崇居里的政治見解和能力均遠在麥修少校之上，因此建議蔣介石加以禮遇[67]。

由於蔣介石把居里視為羅斯福的個人特使，因此提醒自己必須做出充分準備，絕對不能讓總統感到失望。出於這個原因，中國政府把居里訪問當成是一件重大外交事件來處理，特別組織了一個接待小組，由孔祥熙和顧夢餘分任正副主任，而且動員了多位內閣閣員陪同居里和他的夥伴，工業問題專家Emile Despres先生。可見中國政府接待的隆重[68]。事實上，蔣介石曾經一度希望宋子文也可以陪同居里一起在3月返回中國[69]。

依照中方籌畫，蔣介石和居里兩人之間討論重點是經濟、軍事和政治等大問題[70]。而孔祥熙和其他大批中央政府部長和副部長，則和居里商討財政、稅務、工業、商業和交通等各方面問題。如此大陣仗的安排在一般情形下，本應該是保留給來訪的國家級元首的規格，而現在中國向居里推出如此浩大陣營，顯然它最看重的是居里和羅斯福的關係非比尋常。結果是，居里訪華期間所接觸的中央政府領導人，超過了前此來華的任何一位外國領袖，而且有機會和他們進行深度談話。

在這些會談中，中方官員強烈表達希望美國能夠參與中國的戰後經濟重建工作，希望美國專家們能夠幫助中國擬定一套詳盡計劃協助中國未來的發展，強調中美兩國的共同利益是阻止日本掠奪中國資源。而想要達成這些目的最好途徑就是邀請美國參加中國未來的經濟建設工作。雖然胡適完全置身

---

67 宋子文致蔣介石電，1941年1月24日，《革命文獻拓影本，抗戰時期》，第33冊，《對美外交（4）居里兩度來華》，頁29。

68 蔣介石致宋子文電，1941年2月7日，Soong Papers, Box 58, Folder 5；又見：蔣介石致宋子文電，1941年1月6日，《革命文獻拓影本》，4450.01-042, #14792；《蔣介石日記》，1941年1月25日。

69 蔣介石致宋子文電，1941年2月7日，Soong Papers, Box 58, Folder 5.

70 《蔣介石日記》，1941年2月7、24日。

事外，但是經濟部長翁文灝忍不住依然請求胡適從旁說項[71]。更能表現中國官方意願的是其他官員和宋子文之間的書電來往。比如說，宋子文致翁文灝電，稱讚居里於行政機構甚明晰，因此請翁文灝務必向他詳細介紹中國財經狀況，並且聽取其寶貴意見[72]。宋子文又致電財政部徐堪部長稱，「熟悉國內金融財政情形，莫如我兄。今能供給居里充分材料，加以切實研究，或能達到數年來未定之大計方針，減少我兄痛苦。」[73]

居里通過這些接觸所得到的了解，不僅是中國抗戰當前的情況，而且是中國領袖們對於戰後中國的需要，和美國在中國和亞洲可能扮演的角色。通過這些長時間而又充滿深度的會談，中國領袖們向美國訪客提供了豐富而又具體的信息，可供美國政府去制訂一套新的對華政策。當然，美國政府必須先要有這樣的意願才行。若不然，就變成是言者諄諄聽者藐藐。

當然居里訪華的重頭戲是他和蔣介石以及他的一小群親信幕僚們的長時間會談。在居里訪華前後共18天（1941年2月8-26日）中，他和蔣介石共舉行了10次會談，總共時間長達25小時[74]。儘管他們的話題涵蓋極廣，但是有三個突出點。一是有關內政問題，他們談到了國共衝突、政治改革和土地政策。二是經濟問題，他們談到了糧食和貨幣、銀行、戰後重建和中國需要美國的經濟援助。三是戰爭問題，他們談到了前線戰局、緬甸路、建立空軍、組織美國飛行志願軍（American Volunteer Group）、派遣高階空軍將領訪華和美國武器運送來華（包括運輸機）問題[75]。

在他們最初幾場會談中，蔣介石想要把中美關係從傳統的模式轉換到個人外交模式的意圖就立即凸顯出來。蔣介石在1941年2月22日會談中首次向居里透露，他希望羅斯福能夠派送一位優秀的政治顧問和一位經濟顧問，

71 翁文灝致胡適電，1941年3月10日，梁錫華選注，《胡適秘藏書信選》，第1冊，頁187-190。

72 宋子文致翁文灝電，1941年1月25日，Soong Papers, Box 41, Folder 1.

73 宋子文致徐堪電，1941年2月14日，Soong Papers, Box 41, Folder 1.

74 有關各次會談記錄，請參見：《革命文獻拓影本，抗戰時期》，第33冊，頁44-121。

75 各次會談記錄，《革命文獻拓影本》，第33冊，《對美外交（4）居里兩度來華》，頁44-121。

參加蔣介石個人幕僚班底[76]。他在此後幾次會談中又進一步表示，他心目中理想的政治顧問是一位熟稔羅斯福個人意向的人，這樣就能夠成為總統和委員長之間理想的橋梁。而他對經濟顧問的要求則是兼顧中國當前的需要和制訂戰後重建計劃[77]。

　　從各種跡象都可以看出，居里和蔣介石討論問題的廣度和深度都充分顯示出個人外交的功能。

　　首先，從會談頻率可以看出，蔣介石非常重視和美國總統建立一條特殊的直接溝通管道，而居里在羅斯福親信中所居的地位又正好給了中方這種盤算最大成功的機率。

　　其次，兩人所討論的問題幾乎涵蓋了整個中國的內政和外交問題，包括最具敏感性的國共衝突問題。在此之前，沒有一位美國人或是外國人能夠有和居里同樣的機會，去探討蔣介石內心深處對於許多重要問題的看法。從雙方會談的記錄中可以看出，蔣介石在和其他外國人交往時從來沒有如此坦誠地說出過他心裡的話。這些會談記錄同時顯示，蔣介石在會談過程中表現出高度的誠意，而且也熱切希望他能夠通過居里而贏得美國總統的友誼。如眾所周知的，蔣介石向來缺乏親自處理外交事務的圓潤技巧。但是到了1941年，美國已經成為蔣介石唯一可以信賴而且又急於想拉近關係的西方國家。所以他也只好忘卻他在外國人面前的尷尬不安，而盡力為之了。現在留存下來的會談記錄很清楚地顯示，蔣介石的確以充滿誠意的態度把他的期望和憂慮向居里和盤托出。而蔣介石對於居里的態度也充滿信賴，認為「居里熱力與誠實可嘉，其對我貢獻經濟財政人員之意見，亦全出於至誠。」蔣介石在私下對於會談經過表示高度滿意，認為這是抗戰中一件「大事」[78]。

　　其實居里訪華的歷史意義還可以從另外一個角度去了解。本書幾章回顧從七七事變開始到1940年夏季，美國在中國外交視野中的重要性只是呈現

---

76 蔣介石與居里談話記錄，1941年2月22日，《戰時外交》，第一冊，頁579。

77 蔣介石與居里談話記錄，1941年2月26日，《戰時外交》，第一冊，頁591-595。

78《蔣介石日記》，1941年2月26、28日。

緩慢性進展，不時還會由於波折而進退失調。但是到了1940年6月宋子文赴美，它標誌美國在中國外交視野中已經朝向中央地位進行。這個政策意向上的選擇，在蔣介石11月30日致宋子文的長篇電文中，首度做了詳細的闡述。

蔣介石指出：由於中國西南各省天然資源蘊藏豐富，早已被日本覬覦，認為即使使用300年也開發不完。這也是日本侵略中國的主要動機之一。而中國本身也必須把未來的經濟建設和國防工業植根於四川、西康、雲南、貴州、廣東、湖南和江西等省分。等將來中日恢復和平之後，日本必定會不遺餘力地搜奪西南資源，而中國也必須未雨綢繆考慮如何自保。「所以我國戰後之經濟建設全賴美國。否則日本必先爭取。如此時中美對華西有一合作基礎，訂立條約，或即以我所提三萬萬美金為美國預付之資金亦可。如此則敵對華西之經濟，不敢再有所覬覦。但此時要有整個計劃與設計，故須先催其派經濟交通軍事顧問來華，切實進行也。希以此意轉告美當局，從速推動為要」[79]。換言之，中國希望和美國建立的關係不僅是貸款和軍火以應抗戰之急，而是在未來數十年乃至數百年，建立戰略夥伴關係。在政治、經濟、國防、交通等領域希望美國派遣專家代表團，或由中國政府聘請美國人為顧問，共同開發中國，充分依靠美國，並抵制日本[80]。在他此時的日記中，蔣介石說得更具體，「如美果能協助我抗戰勝利，則中國以後建立海空軍以及其海港皆可與美國訂立二十年共同使用之協定。以我國如欲建立海空軍，論人才，物力，與技術皆非此不可。**而且只有美國對華無侵略之野心，此為我後外交與軍事惟一之政策也。**」[81]

如此說來，中國政府在認知層次上，終於把美國看成是占據舞臺中央的唯一角色。而兩個月後，又訴諸行動，向美國總統特使居里正式提出，這在中國近代外交史上實在具有里程碑的重大意義。

有趣的是，既然有上述這些重要因素，加上蔣介石和居里的深度談話，

---

79 蔣介石致宋子文電，1940年11月30日，Soong Papers, Box 58, Folder 3.
80 蔣介石致宋子文和胡適電，1940年11月1日，《戰時外交》，第一冊，頁107-108。
81 《蔣介石日記》，1941年10月31日。

這麼多年來居然沒有受到中美關係史學者的重視，著實是一個令人納悶的現象。事實上，即便是當時美國政府內其他領袖們也沒有對蔣介石和居里談話的內容予以重視。因為居里在回到美國後曾經向羅斯福提出過一份詳盡報告，而居里本人又從中方獲得他與蔣介石會談全部詳細記錄的英文翻譯本。這些資料對於當時中國的內政、蔣介石對國際局勢的看法、蔣介石對中美關係發展的展望，以及其他諸多事務，都有大量而豐富的資訊和分析。在居里離華之前，許多部會因為接到蔣介石指示要以至誠對待，所以認真地搜集了大量政府資料向居里開誠布公，甚至多做了一份複本，請居里帶交宋子文，讓後者也能跟上國內形勢[82]。

　　蔣介石甚至允許居里與周恩來以及其他在重慶的共產黨人進行官方接觸，而這是他從來不曾允許其他外國人去做的事，包括英國和蘇聯大使在內。毫無疑問地，居里是第一位美國人能夠親自從蔣介石口中聽到他對於中國政治和軍事狀況的觀點，以及蔣介石對於一大堆國際問題的想法和感受。

　　至於居里是否能夠忠實而又詳盡地向羅斯福報告他在中國的所見所聞，和他的報告是否引起了美國政府其他決策者的重視，則又必須另當別論。鑑於當時美國政府內普遍對於中國事務的忽視，如果居里的中國之行的所見所聞未能引起足夠重視，而在美國外交政策上未能產生明顯影響，這也不算是一個不尋常的現象。

　　第三，居里和蔣介石深度會談所產生的一個副產品，則是向蔣夫人宋美齡提供了一個機會，開始在中美外交事務上顯露身手。居里和宋美齡顯然很投緣，很快就同意在兩國政府正常管道之外，建立一個特殊溝通管道，只限於他們兩人之間使用。在此後的歲月裡，這個特殊溝通管道很快就變成是蔣介石和白宮之間最重要的管道。也成為個人外交一個極致的實例。難怪蔣介石寫道，「內人協助之力收效甚大」[83]。

---

82 顧孟餘致宋子文電，1941年2月20日，Soong Papers, Box 39, Folder 28；錢昌照致宋子文電，1941年3月16日，Soong Papers, Box 39, Folder 28。

83 《蔣介石日記》，1941年3月7日。

　　居里和宋美齡的直接管道也為這種新外交作風提供了一個很好的例證。在居里訪華時和宋美齡達成協議，瞞著國務院建立了直接溝通管道，彼此還交換了專用的電報密碼本。此後，宋美齡開始向居里發送大量電報，署名為"SEGAC"，就各種有關中美關係的題目廣泛交換意見。而宋美齡除了向居里傳達蔣介石許多內心私密的想法之外，也對許多問題申述她本人的意見。

　　這些來自中方的電報，不但得到居里親自回應，也經常被送呈羅斯福過目，而羅斯福又把它們所涉及的問題送交軍部部長、國務卿、陸軍參謀長（馬歇爾）等人去辦理。事實證明，這種溝通程序遠較正常管道更為有效[88]。這個管道的絕對機密性，使得兩國最高領導人可以充分交換意見。一個具體的例子是，宋美齡在1941年5月12日發送了一封電報給居里，要求後者向羅斯福報告。內容是根據中國情報顯示，德國將會在6個星期內向蘇聯開戰。在蘇德戰爭果然如期爆發後，居里趕緊致電蔣介石（1941年6月25日）稱，羅斯福相信中國情報的可靠性，並且希望今後蔣介石會繼續向羅斯福提供有關日本動向和其他重要國際動態的情報[89]。

　　這些溝通管道之所以能夠維持，其原因就是中美雙方領袖們都一致希望依賴個人外交途徑去處理事務。在美國政府高官之中，摩根韜部長最常指責宋子文偏愛個人外交是屬於不當行為，希望予以禁止。但是諷刺的是，摩根韜本人卻正是個人外交的始作俑者，因為是他早先就向中國政府施加壓力，務必指派陳光甫為中國的貸款談判人，隨著又以私交而不是以公務處理方式和陳光甫進行談判。摩根韜之所以大聲叫嚷，只是因為在這新一輪的溝通模式裡，他被擠到局外而不再是核心人物。這種冷遇，讓他感到不是滋味。

　　就羅斯福本人而言，他似乎也非常喜愛派送個人代表去和世界他國領袖們進行接觸。他其實早在1938年，就已經派送了幾位特別代表去造訪不同國家。雖然這群總統特使們可能具有不同的專業訓練和政治傾向，但是他們

88　案例見：《戰時外交》，第一冊；又見：Currie letter to Mme. CKS, May 26, 1942. Currie Papers, Box 1.

89　兩份電報本文，見：《戰時外交》，第一冊，頁622-624。

的共同點是和總統本人有密切關係[90]。後來在世界大戰的年歲裡，他更是設法和美國最親密的盟邦保持特殊關係，最好的例子就是他本人和邱吉爾首相經常保持不拘形跡的聯繫，而又派遣霍普金斯（Harry Hopkins）去和史達林密談。羅斯福顯然能夠體會，他最好的方法就是首先運用私人的管道去和盟邦領袖們探討敏感問題，等到時機成熟時再把這些課題交給正常管道，由後者去達成政府間的官方協議。

羅斯福對於傳統外交部門工作人員缺乏信任，也不尊敬他們的專業能力，這是當時人盡皆知的事情。他對於國務院似乎特別反感，屢屢對之出言不恭。特別是他指責國務院官員辦事不力，走漏消息，和隨意施加壓力，都是讓羅斯福感到不滿之處。因此他非常願意依賴自己的親信去和外國元首們接觸。更何況，個人特使能夠探討的敏感話題，遠比政府官員們更具彈性，而且不致引起政治性攻擊。隨著美日緊張局勢在1940年底持續惡化，羅斯福也開始增加對白宮幕僚們的運用程度，對於美國外交政策進行更直接的個人操控[91]。毫無疑問地，宋子文原本就採取主動去試探在華盛頓推動個人外交的可能性究竟如何。因此，當美國領袖也顯示出對個人外交有著同樣興致時，中國人當然更是樂意配合以求獲得更多援助。

用不著說，這一切發展只能讓國務院官員們火冒三丈。為了及時阻遏這種情況繼續發展，國務院採用了幾種對策去讓中方能夠知難而退，它的做法有時不著痕跡，有時也頗為赤裸裸。在1941年4月，赫爾國務卿不得不親自出馬要求中國新任外交部長郭泰祺，在今後處理中美關係事務時，務必要經過正常管道，而赫爾本人也聲明國務院也將遵守同樣規矩。看在中國人眼裡，赫爾顯然對於蔣介石和羅斯福之間的直接溝通方式感到高度不滿[92]。赫爾向郭泰祺表達不滿之後不久，國務院又緊接著經由美國駐華大使高斯向中國政府提出警告，希望中國政府從此以後務必把所有向美國政府遞交的外交文

90　Schaller, *The U.S. Crusade in China*, p. 19.

91　Schaller, *The U.S. Crusade in China*, pp. 38, 47.

92　《顧維鈞回憶錄》，第3冊，頁269。

提醒蔣介石，他在 4 月間為了堵塞美國的批評，就曾經請求政府任命他為行政院「副院長」的名義，幫助他可以以官方身分在美國名正言順地運作，但是卻被蔣介石以不符體制而婉拒 96。

　　此時宋子文改用退而求其次的姿態，要求撤換胡適。宋子文聲稱，「如文僅負責辦理借貸事宜，外交上之關係尚淺。如兼顧國際特別工作，則非有外交使節，同心協力，不足以求事功。」因此他需要得力幫手，「惟冀有精明幹練之駐美使節，徹底合作，以便各事之順利進行。」並且提名施肇基為繼任人 97。宋子文還提出另外一個理由想要更換胡適，那就是蔣介石剛剛電告宋氏稱，此後所有與羅斯福總統之間的重要事務均由宋子文一人直接負責。這就使得宋子文更覺得有以施肇基取代胡適而成為他的得力幫手的必要性。宋子文私下致電李石曾說，「辦理特別外交，必須予我便利。萬一不蒙諒允，祇可株守本職，循分盡心而已。」98

　　宋子文除了親自寫信給蔣介石之外，還委託他的幾位親信去敲邊鼓和刺探軍情。比如說，宋子文曾致電李石曾，強調國際局勢變化太快，「外（我）國在美外交亟待調整，務乞催促委座早日裁定，俾利進行，毋任企盼。」並叮囑李氏千萬不可讓外交部長郭泰祺知情 99。宋子文又致電錢昌照，把過去幾個月和蔣介石就副院長，施肇基等事的交涉經過原原本本地告訴錢昌照。根據錢氏回報，李石曾隨即兩次和蔣介石談起宋子文和胡適事，但是蔣介石均不接腔。而錢昌照也觀察到，蔣介石似乎尚在與孔祥熙商討此事，但是沒有做出結論 100。事實上，蔣介石在日記中記載，他的確為了「駐美大使人選」

96 蔣介石告訴宋子文，他無法任命宋氏為行政院副院長，因為於法不合，而且有政治困難，但是徵求宋氏意見是否可以接受為經濟委員會委員長的任命。蔣介石致宋子文電，1941 年 5 月 7 日，Soong Papers, Box 58, Folder 8；又見：《蔣介石日記》，1941 年 5 月 1 日。

97 宋子文致蔣介石電，1941 年 7 月 6 日，Soong Papers, Box 58, Folder 10.

98 宋子文致李石曾電，1941 年 7 月 7 日，Soong Papers , Box 41, Folder 1.

99 宋子文致李石曾電，1941 年 7 月 5 日，Soong Papers, Box 41, Folder 1.

100 錢昌照致宋子文電，1941 年 7 月 4 日，Soong Papers, Box 45, Folder 4；宋子文致錢昌照電，1941 年 8 月 21 日，Soong Papers, Box 41, Folder 3.

事進行思索，但是沒有做出決定 101。

　　當然，就美國方面而言，宋子文無視於聯邦政府幾個重要部門的感受，其明目張膽程度也肯定惹起了對方的嫌惡，最後迫使居里也不得不介入。在 1941 年 11 月底，居里終於決定坦白告訴蔣介石，美國有些領袖們已經對中國政府只依賴宋子文這個管道向美國聯邦政府各部會傳遞外交文件的做法，感到無法接受，因為他們認為這種做法有違國際慣例 102。但是這項抱怨並沒有產生結果，因為中國政府根本就不相信居里的抱怨是出自內心的真實話。更何況，到了這個時節，中國政府已經無法走回頭路，重新恢復依賴正常管道去處理中美關係。重要原因之一，就是胡適大使本人已經完全被排除在中美外交實務之外。因此直到珍珠港事變發生之日為止，蔣介石和羅斯福之間的直接溝通管道其實從來沒有間斷過。

　　還有一件事證明中國政府對於發展個人外交變得食髓知味，那就是它還想更上層樓。因為在居里訪華 5 個月之後，蔣介石和宋子文開始籌劃邀請霍普金斯（Harry Hopkins）訪華 103。如眾所周知的，霍普金斯是羅斯福最親密信賴的智囊和文膽，在美國政界的能耐絕非居里所能望其項背。如果能夠使霍普金斯取代居里，則等於是在總統臥榻之側安置了一位更重量級的信使，個人外交的格局將會達到完滿境界。

II. 招募美國志願航空隊

　　在中國政府不斷敦促下，美國政府終於對中國空軍的緊迫需要予以回應。首先是在居里首度訪華時曾當面向蔣介石建議，由美國派遣高級空軍軍官來華考察。蔣介石甚感興趣，旋即囑宋子文在居里返抵美國後，盡速與其接洽 104。不久美國軍部在 3 月 29 日決定派遣一個調查團到中國實地考察中國

101《蔣介石日記》，1941 年 7 月 8 日。

102 居里致拉鐵摩爾電，1941 年 11 月 26 日，《戰時外交》，第一冊，頁 736。

103《蔣介石日記》，1941 年 7 月 26 日。

104 蔣介石致宋子文電，1941 年 3 月 5 日，Soong Papers, Box 58, Folder 6.

　　第三，該團建議美國政府派一定數量的人員赴華擔任教官、顧問和督察（instructors, advisors and supervisors），則任務的成功率將可大幅提高。

　　從這個空軍訪問團的報告中，我們可以得到幾個總體性的印象：

　　1. 美國軍官團以誠懇和認真的態度去了解中國空軍，既有切實坦白的批評，又提出建設性意見，對於中國的缺失毫不諱言。他們辦事認真，進行實地調查，廣泛接觸中國軍人，甚至親身體會日本轟炸的慘狀，所以言之有據，不是先帶著成見，到中國去挑選事例去證明自己的正確性。

　　2. 中國政府首次接待美國軍事團，自蔣介石以下，開誠布公，對中國的設施及作戰計劃，毫無保留地向美方提供。

　　3. 該團在20天實地考察的基礎上，具體建議美國政府向中國提供飛機、軍火器材、訓練，及派遣教官和顧問赴華。

　　4. 該團對中國政府空軍徵求美援的總評價是什麼？簡言之，中國政府向美國代表團提出的建軍要求是由美國提供500架飛機。在詳細審查中方計劃及多次交換意見之後，Clagget將軍向美國政府報告，「我們相信，假如中國獲得適當援助後，它大有可能實現它向本團提交的作戰計劃。」（報告第2頁。）而如上文所述，此時中美空軍領袖所共同認知的目標，是以500架飛機主動出擊，對日軍發動空中遊擊戰（air guerrilla warfare），而不是戰略性空戰（strategic air war）。聽起來非常務實。

　　附帶值得一提的一個觀察是，正如陳納德一般，Clagget和團員們並不熟悉中國事務，只是謹守專業知識，作出實事求是的持平判斷。我們還需要記得，這個美國空軍考察團是珍珠港事件前，美國軍方對中國抗戰的需要，作出的最仔細而全面的調查。在此之前，中國政府並沒有邀請德國或蘇聯專家做過類似的調查，在此之後，美國也再沒有如此大規模地對中國空軍做過同樣的檢查工作。因此，它對美國想要了解中國空軍的需求已經有充分的數據和品質的掌握，可以作為美國政府此後空軍援華的依據。不幸的是，該團的建議在此後歲月裡，卻因種種原因，完全被擱置。而美國政府，特別是陸軍首長，完全無視於自己已經掌握的了解，對於中國空軍的要求，反而做出了種種異想天開的推論和推諉。為了掩飾美國不願意向中國提供軍援，卻運

用其想像力責怪中方對空軍的要求不務實際，甚至荒誕不經，也真是令人感歎[106]。

　　大概中國政府在爭取美國軍援最積極的作為，就是試圖說服美國政府允許美國公民以個人身分參加中國的對日抗戰。有關這段歷史多年來已經累積了大量學術性和傳奇性的著作，在此無需贅述[107]。在本節範圍內，只擬對宋子文的參與略作交代。

　　美國志願航空隊構思的起源是早在1939年5月間，當時美國航空工業鉅子William D. Pawley（President, Central Aircraft Manufacturing Company）接受中國政府邀請訪問重慶，在一次與孔祥熙會談中，後者提出希望美國能夠組織一個外籍飛行員兵團（a Foreign Legion of American Volunteer Airman）到中國服務。他引用的先例是美國在第一次世界大戰期間，曾經派遣過一個名為Lafayette Escadrille的飛行員團隊赴法國作戰。Pawley聽後不但想幫助中國抗戰，也看出如果能夠運用中國戰場替美國訓練一批戰鬥飛行員，則有朝一日美日之間萬一發生戰事時，美國將能夠立即把他們派上用場。因此非常熱心。但是初期只限於Pawley和幾位美籍熱心人士彼此間的聯繫。

　　迨1940年6月宋子文到達美國，他立即和Pawley的公司取得聯絡，該項計劃進入緊鑼密鼓的籌備。初步設想是由該公司出面雇用350人[108]。陳納德本人也於1940年下半年赴華盛頓配合宋子文活動，而中國政府也再派毛邦初赴美協助[109]。至於在美國方面，則前後積極支持的人士包括居里，Tom

---

106　見：《劍拔弩張的盟友》一書中，史迪威將軍對中國空軍要求的駁斥理由。

107　請參考：Armstrong, Alan. *Preemptive Strike: The Secret Plan That Would Have Prevented the Attack on Pearl Harbor*. Guiford, Delaware: Lyons Press, 2006.// Ford, Daniel. *Flying Tigers: Claire Chennault and His American Volunteers, 1941-1942*. Washington D.C.: Harper Collins Smithsonian Books, 2007. // Chennault, Claire Lee. *Way of a Fighter*. New York; G.P.Putnam's Sons, 1949. // Schultz, Duane. *The Maverick War: Chennault and the Flying Tiger*. New York; St. Martin's Press, 1987. // Samson, Jack, *Chennault*. Hew York: Doubleday, 1987.

108　William D. Pawley. *Americans Valiant and Glorious*. 1945 copyright. No publisher. pp. 5-7. in Claire L. Chennault Papers, Box 1, Folider 14. Hoover Institution.

109　蔣介石致宋子文電，1940年10月12日，Soong Papers, Box 58, Folder 1.

順受，內心存在高度不滿。宋子文不但深度參加籌畫志願軍的大計方針，而且全力支援陳納德的強硬態度。

但是在CAMCO方面，它的主事人在9、10、11月間依然固我，把陳納德和宋子文的警告當成是耳邊風，逼得陳納德在11月不得不把話說得更露骨。

豈知事態發展並非如中方所願。首批10位飛行員抵達中國時，其中3位在報到當天即指控遭受欺騙，要求立即返回美國。而剩下的7位又完全不合格。其中有海軍出身的飛行員從來不曾掌握陸地起降技術，有一位飛行員甚至在一週之內接連摔壞了3架飛機。所以儘管他們決定留下，但是他們由於技術欠缺，使得訓練的過程及費用遠遠超過預期[115]。

這一切當然讓陳納德大為憤怒。他直言警告美國的招募者務必誠實待人，對於工作性質和責任，絕不可有任何隱瞞，以便雙方一旦簽訂雇用合同之後可以權責分明。他明白指控，CAMCO所有招徠信息每一項均屬蓄意誤導，因為中國所需要的美國飛行員，不但要攻擊轟炸機，也要與日本驅逐機進行空戰、夜間作戰，及出動攻擊敵人陸空目標。雖然陳納德願意在志願軍報到後施以適度訓練以提高其作戰能力，但是對於能力低落及缺乏勇氣的投效者，必須一律淘汰。最後陳納德毫不含糊地告訴CAMCO高層人士，他寧可承受招募不足的痛苦，也不願意對飛行員採取來者不拒的作法（"come one, come all"）[116]。在另外一封信中，他再度強調，他寧可只有數目不足但是稱職的飛行員，而不是手頭這群良莠不齊的大雜燴[117]。

陳納德的這些行為真是令人不勝感慨。CAMCO是當時美國的大商團，在飛機製造業中具有極大影響力。它旗下雇用的工作人員各有雄厚背景，而

---

115 Chennault letter to Central Aircraft Manufacturing Co., November 7, 1941, in CDS Papers, Box 50, Folder 6.

116 Chennault letter to Central Aircraft Manufacturing Co., November 7, 1941, in CDS Papers, Box 50, Folder 6.

117 Chennault letter to Captain Richard Aldworth, November 5, 1941, in Chennault Papers, Box 1, Folder 12.

且不少還具有比陳納德更高的軍階。既然彼此都是美國人，基於血濃於水的感情，對於替中國人打仗之事，大可以不必較真，更不需要因此而得罪自己的同胞。再加上陳納德與中國人非親非故，只需領薪水辦事即可。但是偏偏陳納德為人正派，做事認真，不但對空軍的專業知識獨具慧眼，而且有高尚的職業道德，鞠躬盡瘁，對CAMCO高層人員的劣行盡量揭發，絲毫不假辭色，甚至到了指名道姓地步[118]。同樣地，對於中方空軍官員沒有克盡厥職的，陳納德也是直言無忌[119]。難怪蔣介石、宋美齡、宋子文如此賞識和信賴陳氏，而中國軍民也對他普遍敬仰，因為他對抗戰的盡忠職守，完全可以和中國軍人相比。

　　志願軍即使決定留下來，他們所需經過的訓練也花費了陳納德極多精力，由於他們有相當一部分人來自海軍及陸戰隊的飛行隊，缺乏在陸地機場和陸上目標進行作戰的基本技術。更何況陳納德的戰術思想即使在美國當時陸軍裡，也被視為「異端」，更讓海軍出身的飛行員（特別是轟炸機飛行員）需要加倍操練才能掌握。

　　還有一點值得一提的是，美國志願軍初期在中國生活中遭遇到一些軍民關係的問題。

　　問題之一是志願軍個別成員的行為和軍風紀缺失。譬如說，有人經常在營房中酗酒，甚至在城市鬧區喝得酩酊大醉，亂開車，引起交通事故。也有人私帶中國女性回營房夜宿。更有人和中國人勾結利用志願軍貨車，企圖從緬甸走私商品進入中國內地發國難財。也有人私自允許美籍記者闖入軍事禁區進行採訪和攝影，然後在美國報紙張揚航空隊機密[120]。

---

118 他特別提出Captain Irvine和Captain Claiborne兩位海軍上校行為最為惡劣，必須給以懲戒。見：Chennault letter to Captain Richard Aldworth, CAMCO, November 5, 1941, in CDS Papers, Box 50, Folder 6.

119 一個最有代表性的例子，是他以嚴峻語調要求一位空軍錢上校把他的工作做好。見：Chennault letter to Colonel C. T. Chien, November 1, 1941, Chennault Papers, Box 1, Folder 12.

120 Letter from Major Lin Wen Kuei to Chennault, December 6, 1941, in Chennault Papers, Box 1, Folder 15.

何種方式補償英方的轉讓[127]。

　　為了考慮到日本空軍可能在這緊要關頭對緬甸路進行破壞，蔣介石不得不親自向羅斯福總統請求（10月底），加速將預定的飛機及軍火運往緬甸。而總統也親自承諾會加速（"hurried up"）執行。

　　但是說歸說，做歸做，幾週下來，軍部依然紋風不動。因此宋子文又只好在11月下旬向霍普金斯求援，希望趕快獲得這些武器[128]。

　　至於裝備方面，原本設想是成立三個飛行中隊。但是到了1941年11月分，才從英國政府手中得到100架Curtiss P-40Bs飛機。英國之所以如此爽快並非出於大方，而是因為該型號飛機性能過於老舊，無法在歐洲戰場對抗德國空軍，因此由美國允諾提供性能更好的P-40s型號作為替換。說到這批飛機的由來，真可謂歷經滄桑。早在歐洲爆發之後，歐洲的英、法、芬蘭、瑞典，都爭向美國訂購飛機，超過美國的產量。中國只好和英國達成協議，由英國將其配額下的100架P-40s飛機轉讓給中國。由代表中國政府的紐約世界貿易公司（UTC）與美國飛機製造廠商（Curtiss Aircraft Company）在1941年2月10日簽訂合同，以美金436萬元成交。這筆交易由財政部官員到場見證，因為購機費用是來自美國對華的貸款。這批飛機的麻煩是它們原始設計是採用英國規格，因此它們的機關槍和無線電等裝備都在美國工廠無法施工。而中國又希望統一口徑，讓全部裝備均是美國製造。為了修改這個美製機身和英製槍炮的怪物，中方又需要花費極大努力輾轉請求CAMCO公司予以協助，提供無線電（solenoid），機關槍，和其他零件。即使到了1941年11月下旬，宋子文還在和陳納德策劃如何從菲律賓獲得器材，同時又在和英國空軍代表討論是否可以把新加坡的Curtiss P-40讓給中國[129]。雖然在此之前陳納德已曾明白向居里表示，他只希望使用美國製造的軍用品，而不想用英國製造的軍用品[130]，但在情況緊迫時也沒有選擇餘地。到了11月下旬，當陳

127　Chennault cable to Soong, November 16, 1941, in Chennault Papers, Box 2, Folder 6.

128　Soong letter to Hopkins, November 13, 1941. CDS Papers, Box 8, Folder 12.

129　Soong letter to J. Alsop, November 17, 1941, in Chennault Papers, Box 2, Folder 9.

130　Chennault letter to Currie, October 6, 1941, in Chennault Papers, Box 2, Folder 26.

納德和新加坡英軍司令達成初步協議，由英國轉讓P-40給AVG時，英方的交換條件則是從馬尼拉得到美方武器。為此，宋子文又再度請求霍普金斯向菲律賓的MacArthur將軍去說項，以求完成此項交易[131]。因此一直要延至1941年11月下旬，這批飛機才在緬甸組裝完成後，交給中方，而中方又立即將之交給陳納德使用[132]。

P-40Bs飛機在緬甸卸載裝配完成後，立即開始訓練。成立第一中隊（Group），下屬3個分隊（Squadron），每個分隊實際能夠作戰的飛機大約20架以內。這個中隊後來由宋子文建議稱之為飛虎隊（Flying Tigers），取「如虎添翼」之意[133]。

但是飛虎隊要等到珍珠港事件之後才首度和日本空軍在緬甸上空作戰（12月20日），而且造成西方國家在珍珠港事變後一片慘敗聲中唯一振奮人心的勝利，飛虎隊從此聲名大噪。

太平洋戰爭爆發的前夕，美國空軍志願軍究竟處於何種境遇？

11月初，居里仍在努力送34名飛行員到緬甸仰光參加志願軍[134]。但是事實上由於飛機不足，零件缺乏，和訓練不足等問題，陳納德仍然擔心AVG無法在緬甸進入作戰狀態，因此建議把飛機遷往雲南基地[135]。

但是珍珠港事件的次日，蔣介石立即指示陳納德，AVG的主要任務是保護滇緬路[136]。根據這項指示，AVG在緬甸留下，從此開始其作戰活動，並且

131　Soong letter to Hopkins, November 21, 1941. CDS Papers, Box 8, Folder 12.

132　「美赴華志願軍成立經過」n.d., Soong Papers, Box 43, Folder 8；又該機的型號是Curtiss Wright Model 21驅逐機，每機單價$43,347美元，Chennault letter to E. P. Pawley of CAMCO, October 17, 1941，Chennault Papers, Box 1, Folder 12；關於零件的困難，見：Soong cable to Chennault, October 15, November 7, 1941; Chennault cable to Soong, December 4, 1941. All in CDS Papers, Box 40, Folder 5.

133　飛虎標誌圖案的設計系由Disney Studio提供，經宋子文首肯，陳納德同意後採納。見：Letter from R. C. Chen to Chennault, October 17, 1941, in Chennault Papers, Box 2, Folder 11.

134　Mme. CKS cable to Chennault, November 5, 1941, in Chennault Papers, Box 1, Folder 13.

135　Chennault cable to C. J. Chow, December 8, 1941. Chennault Papers, Box 2, Folder 4.

136　C. J. Chow cable to Chennault, December 9, 1941, in Chennault Papers, Box 2, Folder 4.

締結了光輝戰績。

　　1941年11月底，陳納德向蔣介石提出AVG報告時稱，當時約有40架P-40型驅逐機及55名飛行員可以從事作戰。但是在昆明的機場控管中心、電話和其他設備則尚需趕工[137]。然而即使在珍珠港事件爆發的當日，陳納德還氣急敗壞地告訴宋美齡稱，CAMCO原本承諾在其廠房（Loiwing）能夠對AVG的P-40機型提供維修的器材、工具、原料及熟練技術人員，但是此時卻宣稱均告缺如。逼得陳納德只好向宋美齡求助[138]。

　　整個AVG的組成還有兩個小插曲。其一是它的美方人事費用在中國國內可能引起了一些批評。這些人事費用包括薪水、戰績獎金、陣亡撫恤費、差旅費等，全部由CAMCO支付，總共為美金2,995,732元[139]。客觀言之，建立一支美國空軍戰鬥部隊只花了不到3百萬美元，似乎相當便宜。但是在當時外援短缺的情況下，宋子文仍然感到壓力而不得不加以解釋[140]。

　　其二是這批飛機原本應該交由中國空軍使用，但是宋子文擔心中國飛行員不熟悉飛機性能而造成失誤，會妨礙此後爭取美國飛機的機會，因此建議蔣介石將這批飛機交給陳納德運用[141]。而正是這個東拼西湊而訓練倉促的小股空軍力量，在太平洋戰爭一開始就被蔣介石派赴緬甸前線作戰，而且在同盟國在亞洲的海陸空軍被日本打得落花流水之際，贏得一場空中大勝仗。從此建立了飛虎隊和陳納德個人的聲譽。

　　至於宋美齡的參與則與宋子文頗不相同。她對空軍和飛機類型等實際操

137 Chennault report to CKS, November 24, 1941. Chennault Papers, Box 2, Folder 4；根據另外一項官方統計，從1941年4月到11月20日為止，CAMCO經手為AVG招募了109名飛行員、215名技工。他們全部派往緬甸，到11月20日才完成訓練。「美赴華志願軍成立經過」n.d., Soong Papers, Box 43, Folder 8.

138 Chennault letter to Mme. CKS, December 8, 1941, Chennault Papers, Box 1, Folder 13.

139 計算截止日為1942年7月4日AVG併入美國空軍建制。見：「美赴華志願軍成立經過」n.d., Soong Papers, Box 43, Folder 8.

140 宋氏的說詞是AVG未來的戰略重要性，和美國政府的重視。見：宋子文致蔣介石電，1941年11月22日，Soong Papers, Box 58, Folder 14.

141 宋子文致蔣介石電，1941年11月22日，Soong Papers, Box 58, Folder 14.

作問題，當然不可能細緻掌握。但她身在重慶，和航空委員會保持密切聯繫。因此可以就近為陳納德、蔣介石、周至柔、王叔銘等人的橋梁。如前所述，她還利用居里訪華期間，和他建立了特定的通訊管道[142]。

　　人手短缺一直是AVG經歷的嚴重困難。比如說，1941年11月初宋子文致陳納德的電報就顯示，後者從9月底就申請招募的10名驅逐機駕駛員，10名機務長（crew chiefs）及10名無線電操作員（radio operators）迄未到任。而陳納德還希望此後可以招募到20名驅逐機駕駛員，以及計劃成立一個轟炸機大隊需要82名軍官及若干技術士兵，均遭到美方耽誤。因此宋子文被迫請陳納德讓步，考慮讓轟炸機飛行員兼任領航員和轟炸手（navigator-bombardiers），而無線電操作員也兼任機槍手（combination radio gunners）。這樣或許可以讓AVG的第二大隊（轟炸）能夠早日實現[143]。

　　陳納德只好讓步，但是也希望美方選送的無線電員要有能力兼任機槍手。而且一再強調，選拔的人員一定要符合標準，以便在短期內能夠成立轟炸大隊[144]。哪知才沒過幾天，美方回覆表示招募轟炸機飛行員有困難，因此CAMCO建議提高他們的薪酬，或許在每次完成任務後都發放獎金，作為物資刺激[145]。

　　在遭遇到這一連串挫折之後，陳納德只好向中國空軍要求緊急調遣所有能夠充數的技工，取代他原本指望的美籍熟練人員，來支援他驅逐機大隊下的三個中隊。以便一旦飛機到達後可以立即派上用場[146]。當然，儘管這些中國空軍的技工到此為止還從不曾接觸過美製飛機，也就顧不得這許多了。

142　Chennault letter to General C. J. Chow, October 1, 1941, Chennault Papers, Box 1, Folder 13; also: Mme. CKS to Chennault, November 4, 1941, ibid.

143　Soong letter to Chennault, November 6, 1941, in Chennault Papers, Box 2, Folder 6.

144　Chennault letter to Soong, November 8, 1941, Chennault Papers, Box 2, Folder 6；轟炸大隊預計下分三個中隊（squadron），每隊32名飛行員，共96名飛行員外加其他配備人員。Ibid.

145　Soong letter to Chennault, November 15, 1941, Chennault Papers, Box 2, Folder 6.

146　Chennault letter to Colonel S. M. Wang, November 25, 1941, in Chennault Papers, Box 1, Folder 14.

II. 拉鐵摩爾的任命

任命一位美籍人士擔任蔣介石政治顧問，可說是在推進個人外交過程中的一個重要的努力。在事後回顧起來，它也提供了一個饒有趣味的實例，說明中國政府在珍珠港事件之前是如何努力地為中美關係注入新活力。有關這個想法的起源、中國人的指望、美國人的對應，都可以幫助我們進一步認識到這兩個文化的差異，終至造成了政治上的誤解。

在1940-41年間，中國對美政策中一個重要考量就是想要獲得一位美籍人士成為中國的高級顧問。中國方面的動機並不難理解，因為類似居里這種高規格的訪問只能偶爾為之，缺乏常規性。中美關係之間瞬息萬變的狀況以及人事的變遷，都很容易使短暫性的個人外交接觸（例如居里訪華之行）無法達到最大效應，也無法保證其穩定和持續性。蔣介石最希望實現的，是能夠和一位固定的美方人士保持長期關係，而這位人士能夠對中國事務和需求具備相當程度的了解，並將實況有效地向美國最高當局直接報告。更重要的是，這位人士必需享有總統高度的信任，讓他能夠促進中美兩位領導人之間的個人關係。

讀者或許記得，從20世紀開初，中國部分領導人就已經創了雇用外國顧問的先例，袁世凱如此，蔣介石本人亦複如此。因此，假如蔣介石的本意只是要一位「政治顧問」，而此人又必須是美國籍的話，則他大可以從美國社會徑自招募一位合格人士。但是他卻堅持此人必須由總統親自推薦，其含義是，這個人不但會才華出眾，而且是受到總統欽定的人物。只有這樣一位人士才能稱職地作為兩位領導人的橋樑。

蔣介石想要獲得美國顧問的計劃，其實早在宋子文剛剛抵達美國時，就已經私下屬意邀請美國前任駐法大使普立特（William C. Bullitt）擔任中國政府的「高等顧問」[147]。他首度向美國官方透露此項意向的對象則是1941年2月分訪華的居里。人選依然是普立特。因為在中國人眼中，普利特在華盛頓享

---

147 蔣介石致宋子文電，1940年7月12日，Soong Papers, Box 58, Folder 1.

有政治勢力，和摩根韜和羅斯福均有良好私交，具有成熟政治判斷力，嫻熟
外交事務，而且對中國歷來充滿好感，經常主動地替中國貢獻主意。換言
之，他是一位重量級的政治人物，是中國的忠實友人，而且在美國政壇具有
影響力[148]。假如這樣一位美國人能夠手持總統的尚方寶劍來到重慶，而宋子
文留守華盛頓，則羅斯福（普利特）和蔣介石（宋子文）之間就可以結成一
個堅固的小團體，可以凌駕於聯邦政府其他部會之上。事實上，在1940年
初，宋子文就曾經把蔣介石的意圖非正式地向普利特進行試探，但是由於普
利特當時尚有其他事務纏身，所以只得放棄[149]。

　　居里在接到蔣介石要求之後，除了立即向總統呈報之外，還建議後者趕
快接受。但是居里在傳達蔣介石請求時，卻稍微偏離了蔣介石的原意，因為
他自作主張地去提醒羅斯福稱，美國應該抓住這個絕佳機會，安插一位美國
人到蔣介石總司令部去擔任重要職位，這樣就可以就近催促中國政府進行全
面而徹底的改革。他甚至試圖去吊羅斯福的胃口，表示如果這位顧問能夠具
有正確的政治本能的話，則他甚至可能把美國的政治制度移植到中國，引導
蔣介石推行類似羅斯福所楬櫫的「新政」（New Deal）。但是居里並沒有詳
細說明的是，這位政治顧問到底能夠做什麼？他到底又能夠指望從白宮得到
何種程度的支持？居里的感覺是，只要能夠把一位美國人安插在蔣介石身
旁，就可以幫助國民黨脫胎換骨[150]。

　　用不著說，居里的說法對於羅斯福而言極為中聽，而且立即予以接受。
但是接下來的選拔過程偏偏又草率得驚人。當時霍普金斯大學（Johns
Hopkins University）校長鮑曼（Isaiah Bowman）是總統友人，拉鐵摩爾
（Owen Lattimore）是任職於該大學的教授。後者的名字就是由鮑曼校長向總
統提供而來的。在這個選拔過程中，美方沒有人認真地去考慮過蔣介石所提
出的要求，那就是，他希望入選者能夠具有如同普利特大使一般的個人品質

---

148 蔣介石與居里談話記錄，1940年2月22日，《戰時外交》，第一冊，頁579。

149 宋子文致蔣介石電，1940年（月分不詳）31日，《特交檔案：外交》，第24冊，《對美國外交》，#49184。

150 Schaller, *The U.S. Crusade in China*, p. 53.

他的政治顧問時，正值美國軍部宣布將派遣空軍將領訪問中國了解中國對飛機的需求。這兩個事件同時發生，讓蔣介石樂觀地認為是美國對中國重視之增加。因此中方也積極著手籌備拉鐵摩爾的工作範圍和內容[163]。

　　不論如何，局勢的急速轉變使得蔣介石不得不趕緊發布拉鐵摩爾任命，否則就大有危險會傷害到他和羅斯福之間的關係。這份擔憂不久之後就得到了證實。因為宋子文向蔣介石報告，羅斯福為了達到適當的宣傳效果，還親自修改了白宮宣布拉鐵摩爾任命公告的文字[164]。總統的這般投入，就更讓中方沒有退路了。

　　有趣的是，蔣介石決定採用以合同方式雇用拉鐵摩爾，並且以6個月為試用期。這個頗為奇特的雇用方式，也或許正是蔣介石為自己留下一條退路，萬一他發現拉鐵摩爾和總統並沒有交情的話，他可以用一個不露聲色的方式將其辭退，而不致損害總統的顏面。因為，如果蔣介石真是對拉鐵摩爾滿懷信心的話，他就不至於採取這種頗不尋常的「試用期」的規定，更何況試用期只有6個月，使拉鐵摩爾根本無法做出任何成績[165]。因此，蔣介石提出的合同只不過是維持面子，讓他無需拒絕羅斯福的推薦，而到時又有辦法可以擺脫一個政治上輕量級的美國人。不論如何，中美雙方遵照此前約定，拉鐵摩爾的年薪定為一萬美元，另外規定合同期滿後可以續約或是中止雇用關係[166]。

　　從白宮幕僚們的立場來看，一旦他們決定設立一個騙局，則他們就只好硬著頭皮堅持到底，即使把總統陷於窘境也無法回頭。兩個星期後，羅斯福果然依據幕僚們所定的劇本，寫信向蔣介石表達他對於拉鐵摩爾的任命感到欣慰。他讚賞拉鐵摩爾的才能，又聲稱後者的政治立場和羅斯福本人所持者

---

163 《蔣介石日記》，1941年5月31日，6月20日。

164 宋子文致蔣介石電，1941年6月23日，Soong Papers, Box 58, Folder 9.

165 《革命文獻拓影本》，第35冊，《對美外交(5)拉鐵摩爾顧問聘用經過》，頁2-3。

166 宋子文致蔣介石電，1941年6月4日，《抗戰時期》，第35冊，《對美外交(5)拉鐵摩爾顧問聘用經過》，頁15。

十分吻合。羅斯福同時期望蔣介石一定會重視拉鐵摩爾的建議[167]。兩天之內，居里又向蔣介石送出一封信，提醒蔣介石稱，拉鐵摩爾是總統本人親自推薦者，而拉氏不僅在學術上的成就廣受人知，又是熱心支持中國，而且羅斯福自己也十分器重拉鐵摩爾對於東方事務的了解，經常直接或是透過他的好友Bowman向拉鐵摩爾諮詢意見[168]。這就說明了為什麼在拉鐵摩爾抵達重慶之後，蔣介石也覺得不得不寫信給羅斯福，讚許拉鐵摩爾超凡的才能，而且承諾必將會重用拉氏的意見，因為「他（拉鐵摩爾）的政治立場和您（羅斯福）的基本相同。」[169]

　　以上敘述清楚地顯示，蔣介石掉進了白宮幕僚們所設計的騙局而不得不假裝糊塗地吞下一項人事安排，和他的初衷大相異趣。而另外一方面美國的作為也說明，白宮的幕僚們不把蔣介石竭誠的願望當做一回事，以致為了掩蓋起初的一個小謊到後來不得不扯下更大的謊言，甚至羅斯福本人也不惜被拖下水。

　　這個事件，對於我們想要了解珍珠港事變前個人外交在中美關係上的重要性，可以提供更多啟示。毫無疑問地，當蔣介石首次向居里提出要求時，他是經過深思熟慮把它當成是一件大事來處理。他並不只是想要雇用任何一位美國籍人士來向他提供政治建議。事實上，他很可能從來就不曾認為他需要一位外籍人士，來指導他如何去處理中國內政事務。但是他肯定想要一位和總統關係密切的美國人在他身旁說知心話。至於這位人士的職務名稱，究竟是他個人的政治顧問還是中國政府的顧問，則更需推敲了。再從時機而言，中國既然在1940年10月之後就把美國推到外交舞臺的中心位置，要全方位地推展中美關係，則這位顧問就更顯得重要了。

　　在另外一方面，美國人則顯然不能領會蔣介石如此認真處理此事的動機和程度，也說不定他們根本不放在心上。他們可能認真地認為，重慶政府當

---

167 羅斯福致蔣介石電，1941年6月23日，《戰時外交》，第一冊，頁728-729。

168 Currie letter to CKS, June 25, 1941, in Currie Papers, Box 1.

169 蔣介石致羅斯福電，1941年7月27日，《戰時外交》，第一冊，頁729。

徵求她的意見是否尚有需要充實改進之處[171]。這個過程的最後產品是拉鐵摩爾以自身名義向居里發信，但其內容卻是忠實地傳達了蔣介石的重點、憂慮和具體的要求。信中有些段落，幾乎一字不漏地重複了蔣介石的說法[172]。

　　從蔣氏夫婦立場來看，這種結果實在是好得難以想像。因為拉鐵摩爾似乎是完全願意按照蔣介石所定方法提供合作，並且在和羅斯福的信件中，直截了當地把蔣介石的話當成是他自己的話，講給總統去聽。由於蔣介石要求在拉鐵摩爾發出信件之前讓他有機會審核信稿，因此這就等於是讓蔣介石有全權去掌控信件內容。更理想的是，這封信不是蔣介石對羅斯福提出的直接請求，而是經由拉鐵摩爾的手筆，附加了拉鐵摩爾的個人信譽和判斷，因此更具分量。從蔣介石立場看來，這封信出自羅斯福本人派到中國的親信之手，就要遠比它出自蔣介石之手要來得更具說服力。再者，萬一羅斯福決定不採納信中要求，也不會傷害到蔣介石顏面，因為這些要求在技術上，只是拉鐵摩爾這個中間人的想法而已。不管如何，從中國人方面看來，這是和美國處理外交問題最理想的方式。果不其然，在此後的幾個月裡，這種方式很快就變成是中美關係中的標準作業方式，拉鐵摩爾完全配合蔣介石，把後者想要傳遞給美國的信息裝扮成是他自己的意見，用他自己的口氣向美國政府提出[173]。

　　在這種安排之下，我們很容易就理解，為什麼蔣介石在拉鐵摩爾甫到任之初，會對於他的工作感到如此滿意。就像宋美齡滿懷欣喜地告訴居里那樣，「說到拉鐵摩爾，請轉告總統，他完全（令我們）滿意。他對東方事務的了解，他的個性，和他急於想用盡一切方法提供服務，都讓他成為蔣委員長身邊一位價值非常寶貴的新人。他在很多方面的表現，都讓委員長和我認為和您十分相似。」[174]到了11月底，蔣夫人為了拉鐵摩爾的事再度致函居里

171　拉鐵摩爾致宋美齡函，1941年8月1日，《戰時外交》，第一冊，頁732-734。

172　Lattimore cable to Currie from Chungking, August 2, 1941, in Currie Papers, Box 5.

173　參閱拉鐵摩爾致居里函，1941年11月24、26日；1942年1月1日，《戰時外交》，第一冊，頁734-735、737-738。

174　Letter of Mme. CKS to Currie, November 5, 1941, in Currie Papers, Box 1.

稱，「他（拉鐵摩爾）和我們密切合作，而我也非常高興總統挑選了他。他讓別人和他共處時感到放鬆，在這個每天充滿緊張不安的環境裡，只有他這種個性的人，才真正讓我們感到自在。他對工作的熱忱和樂觀的神情，對我們也不啻是一劑補品。」[175]

只要中國人一日相信拉鐵摩爾能夠對總統產生影響力，則他們的這些讚譽之詞都是發自肺腑。但是無論遲早，蔣介石夫婦終究會發現原來拉鐵摩爾根本就不是被美國人吹捧而成的重量級政治人物。到目前為止，本書作者還未能找到任何原始史料可以精確地指出，這個令中國人傷心的發現，究竟是在何時發生。但是既然蔣介石在很早就曾經為拉鐵摩爾和羅斯福沒有交情而感到震驚來說，中國人方面大概先後必定也用了許多旁敲側擊的手法，去誘導拉鐵摩爾親口說出真相。在此或許可以提供一個旁證。在7月間，蔣介石就在日記裡寫了一段饒有趣味的觀察，「拉鐵摩爾顧問為一誠實之學者專家，**其於政治或非所長乎**。」[176]一個解讀的方法就是「誠實」的拉鐵摩爾把他的底細和與羅斯福的關係，可能和盤托出，而他又把自己的學識和見解說明之後，讓蔣介石得知「**政治非其所長**」，而無法加以運用。這就難怪在此後的4個月中，蔣介石和拉鐵摩爾見面的次數非常有限，而且交談內容也沒有加以任何記載，這就和蔣氏與其他重要人士談話的記載大有不同之處[177]。

無論如何，中國人的發現應該是在1941年底之前就已經產生，因為那時拉鐵摩爾的第一個雇用合同即將期滿，而蔣介石夫婦最終決定不予續約，也不拆穿這個騙局。其實，中國人避免直接通知拉鐵摩爾有關終止合同之事，而只是告訴他先回美國去等候進一步信息，因為他的才能在美國比較更能發揮。至於如何發揮，則中方並沒有說明。

中國人採取了他們自己文化上典型的處理手法，那就是不直接通知拉鐵摩爾不再需要他的服務。事實上，中方給了他一個充滿溫情的道別式，再三

175　Mme. CKS letter to Currie, November 29, 1941. in Currie Papers, Box 1.

176《蔣介石日記》，1941年7月20日。

177《蔣介石日記》，1941年7月29、31日，8月28日，11月1日。

推崇他的貢獻。在一封由拉鐵摩爾面呈給羅斯福的信函中，蔣介石宣稱拉鐵摩爾完全符合了中方的期望，不辜負羅斯福的推薦，而因此特別向羅斯福致謝。蔣介石在信的結尾時不忘把重點說出，「個人之間的接觸，的確能夠促進更親切的關係和相互間的了解。」[178]

　　但是這一次卻輪到美方去解讀蔣介石真實的感情了。居里在不久之後致電宋美齡稱，他很高興聽到蔣介石對拉鐵摩爾的讚譽。但是即使到了這個時刻，居里還是不放棄想要向蔣介石灌輸一個觀念，那就是拉鐵摩爾的確和羅斯福有良好的個人關係，而且居然還含糊其辭地表示，拉鐵摩爾很可能未來在白宮的影響力會增加[179]。

　　但是蔣介石打定了主意絕不讓自己上當兩次。儘管拉鐵摩爾表現出高度合作意願，但是蔣介石終於肯定他在白宮裡缺乏分量，因此他對蔣介石的價值一直就是一個假象。因為無論美國人如何認為拉鐵摩爾具有資格去給中國人出主意，蔣介石打從頭開始對於這個關係只有一個關心點，那就是和美國總統建立直接可靠而又有延續性的接觸。當蔣介石最後發覺拉鐵摩爾不能滿足此項指望時，他的實用價值就立即消失。

　　一個有趣的現象是，儘管拉鐵摩爾在中國服務為時短暫，但是西方學術界卻有人把它作為蔣介石和中國政府無法容納他和其他美國派送到中國的顧問專家們的一個證據，益發證明蔣介石和重慶政府領導者的心智閉塞和冥頑不靈。這個說法所持的理由是，諸如拉鐵摩爾之類的美國專家們，到了中國之後盡惹中國政府的討厭，因為他們要麼主張清除緬甸路上的貪污枉法，要麼建議稅收制度和經濟改革，盡是些中國政府不願聽的意見[180]。也或許是種族優越感的作祟，認為美國的大學教授理所當然地有資格勝任中國政府的導師。（珍珠港事件之後，美國軍方這種心態更為顯著。）不幸的是，這一類

178　蔣介石致羅斯福電，1942年1月12日，《戰時外交》，第一冊，頁738-739；also see same cable in Currie Papers, Box 3.

179　Currie letter to Mme. CKS, February 14, 1942. in Currie Papers, Box 1.

180　Schaller, *The U.S. Crusade in China*, p. 54.

分析經常忽略一個簡單事實，那就是國民政府在戰時不但熬過了大量的貪腐事件，也和許多地方實力派達成了和平共存的交易。至於當這一類分析引用拉鐵摩爾作為實例時，就更顯得文不對題。在中方史料裡，我們找不到任何證據，表示拉鐵摩爾曾經做出過重大的政治改革建議而觸怒了蔣介石。正好相反地，他們兩人之間合作愉快的理由極其簡單。拉鐵摩爾永遠只遵照蔣介石的囑咐去做他的工作，而很少對中國內政改革發表意見。然而從蔣介石角度去看，這並不能令他滿意，因為到了1941年底情況已經非常顯明，那就是蔣介石原本指望通過拉鐵摩爾而直達總統的外交策略，已經無路可走。但是蔣介石和宋子文兩個人，卻又都苦於無法扯下臉來明白地告訴拉鐵摩爾，他對中國已經沒有利用的價值。

假如中國人原本指望拉鐵摩爾本人會識相地為自己找下臺階的話，他們也註定會失望，因為拉鐵摩爾是美國人，從不會以這般中華文化方式處理事情。他在美國無所事事地空等了幾個月之後，終於在1942年5月3日給蔣介石寫信，要求中國政府澄清對他的未來究竟有何規劃。

拉鐵摩爾為了突出他本人對促進中國利益的重要性，特意透露他將於近期內和羅斯福會面，而且又著意強調他比其他美國人更有能力直接通達總統和聯邦各重要部會。更有進者，他提醒蔣介石稱，他身為美國公民，通曉美國國情，也容易和美國民眾溝通。因此他聲稱，「我表達意見的能力，無人可以倫比（包括其他美國人在內）。」在充分強調了他自己對中國政府的價值，並且聲稱他在華盛頓能夠替中國做的工作，遠超過他在重慶所能做的工作之後，他依然徵求蔣介石的意見，他是否應該回到中國去[181]？

拉鐵摩爾急於想為中國服務的心情，也讓他再度希望得到宋子文的鼎助。他在1942年10月初告訴宋子文稱，美國政府正打算委派他去主持遠東地區的宣傳工作，但是如果蔣介石依然願意請他擔任顧問的話，則他就會謝

181《戰時外交》，第一冊，頁744-745；Also see: Schaller, *The U.S. Crusade in China*, p. 54；
　　Currie letter to Welles, August 3, 1941, *FRUS*, 1941, vol. IV, p. 361.

國及蘇聯的關係。一直要等到中國與蘇聯德國的軍援和軍售關係發生危機，而中日之間的戰線漸趨穩定時，蔣介石才能轉移注意力去關心中美關係。

第三，蔣介石在之後又需要一段時間，才開始對現行的中美關係的處理方式，隨著更深入的了解而產生不滿。中國外交政策在孔祥熙和王寵惠主持之下，到了1938年初已經成為國內攻擊的目標，但是需要等到11月分才被50名國民參政會委員們集體簽署，公開予以譴責 [186]。

在這個背景下，蔣介石才逐漸掌控中美關係，最明顯的跡象，就是他此後向胡適大使直接發出指示電函的頻率越來越高。一旦蔣介石顯示這個新作風，外交部王寵惠在處理中美關係的角色，就變得越來越退縮。1941年4月間，國民黨召開的八中全會決定由郭泰祺取代王寵惠為新任外交部長 [187]。但是郭泰祺還沒有來得及進入情況就因為個人操守問題被新聞界大肆攻擊，最後黯然去職。所有這些事故使得中國政府外交政策的決策核心，在1939-40年間產生了劇烈變化。外交工作重心從外交部轉移到蔣介石和他委員長辦公室的幕僚們手中。

第四，隨著時間推進，蔣介石對於中國駐美外交人員的辦事能力也開始感到不滿，包括王正廷、胡適和陳光甫在內。因此，蔣介石所面臨的選擇是，要麼指令胡適和陳光甫加強他們的工作效率，向美國政府去爭取更多的援助，要麼改派一位新人去設法和白宮及羅斯福總統本人建立直接關係。蔣介石最後選擇了第二條路，決定派宋子文去擔當這個任務，因為宋氏並沒有胡適和陳光甫的包袱，而又有他們二人所不及的才幹。在這個意義上，宋子文赴美的使命大有助於改變中國的外交作風，放棄傳統之路，改走個人外交之路。

第五，在中國改變對美外交作風的同時，中國政府內部的決策過程和機制也在進行改變。重慶和華盛頓之間的溝通，主要是在蔣介石和宋子文之間，而駐美大使和外交部長，則每每發現他們對於中美關係上發生的重大事

186《王世杰日記》，1938年11月5日。
187《王世杰日記》，1941年4月2日。

務茫然無知。重大的決策經常由蔣介石和宋子文決定，也經常有委員長辦公室的幕僚們的參與（比如王世杰、陳布雷）。

　　因此，當我們把1937-41年間的中美關係做一個總檢討時，宋子文的赴美應該被視為是兩種截然不同外交作風的分水嶺。從1937年7月到1940年6月，幾乎沒有一位重要的美國領袖訪問過中國。美國在華事務由美國大使詹森（Nelson T. Johnson）在重慶處理，而中國在美事務則由王正廷和胡適兩位先後大使在華盛頓處理。蔣介石極少和美國駐華大使會談，即使會談也是短暫而刻板，缺乏實質內容。中國大使和羅斯福的會談也幾乎同樣地稀少，內容同樣缺乏實質。

　　宋子文一旦在1940年6月抵達美國之後，情形隨即大為改觀。中國政府改為採取更具個人色彩的方式去處理中美關係，而美方也出於本身的考量而做出相等的回應。在最初期間，宋子文只是以其無懈的精神去培養在美國的社會關係和私人關係，借此讓聯邦政府部會為他開方便之門。其結果是導致一批重要的美國領袖們訪問中國，而每次都是由宋子文擔任幕後推手。這些重要訪問包括：麥修（Major McHugh）於1940年11月的訪問重慶，居里（Lauchlin Currie）作為羅斯福總統個人代表第一次訪華（1941年2月），拉鐵摩爾（Owen Lattimore）出任為蔣介石政治顧問（1941年6月），美國空軍軍官團在1941年7月訪問中國，陳納德（Claire Chennault）在1941年8月組成美國志願航空隊（American Voluntary Group），然後是馬格魯特（John Magruder）將軍率領的美國陸軍代表團於1941年10月分赴華工作。以上這些活動在胡適任大使期間，從來沒有一件被列入計劃。

　　在策劃這些訪問節目的過程中，宋子文免不了得罪了一部分華盛頓的重要人物。比如說，當宋子文在1941年初安排居里的訪華活動時，中國政府原本還表示請居里做客，由中方承擔他全部費用[188]。卻意想不到此舉引起國務院高度不快。考其原由是國務院到了很晚才得知訪問計劃，而且還是居里在不經意之中透露出來的，這就讓國務院覺得大失顏面。胡適更是被蒙在鼓

---

[188]《胡適的日記（手稿本）》，1941年1月28日。

裡，因為他是從項貝克處才得知的，比國務院還更晚了一步。

　　類似情形在宋子文設法拉近中美兩國軍事關係時再度發生。1941年7月間，宋子文和美國參謀長聯席會接觸並且做出一個計劃，由美國派送一個高階層的軍事代表團去中國工作。正當參謀長聯席會在商量該代表團的性質和地位等問題而遭受到內部阻力時，宋子文卻在努力設法提高代表團的層次，希望美國派出軍官代表們的規模，人數和專業素養，都可以和1930年代德國軍事顧問團相匹配，或甚至超過之。正如宋子文向蔣介石提出的報告所言，他擔心此舉又會激怒國務院，但是依然決定勇往直前，因為他相信這樣做一定符合中國利益[189]。宋氏的努力最終造成美國在1941年10月分由馬格魯特將軍率領軍事代表團派往中國服務[190]。順便在此一提的是，宋氏在這方面的努力在珍珠港事件爆發之後也沒有停止，為拉攏中美關係做出了更多貢獻。

　　在此也需要指出的是，一旦宋子文成功地安排了美國有力人士相繼訪問中國之後，他就成功地把蔣介石從後者深居簡出的生活環境中拉出來，促使他不得不走上中美外交關係的第一線，直接和美國訪客們短兵相接。這個改變促使蔣介石去運用他個人的管道去接近美國總統，因而在中美關係的過程中扮演了一個越來越活躍的角色。很多跡象都顯示，蔣介石對於這個新的親身參與的角色，感到既新鮮又有趣，而且也越來越增加了他的信心可以把這個工作做好。這樣就從根本上改變了中美關係所涵蓋的話題和關係的本質。而這些改變的重要性，在珍珠港事件導致兩國終於變成是盟邦之後，變得格外顯著。事實上，蔣介石變得非常勇於直接掌握中美關係，最後甚至變成了中國的外交部長。

　　但是這個過程也讓蔣介石付出了相當代價。抗戰開始之後，由於各方面的重任從四方八面落到他的肩上，因此一人集權的趨勢日益鮮明。更由於他

---

189 宋子文致蔣介石電，1941年7月17、24日，《革命文獻拓影本》，第32冊《對美外交（3）軍事援助》，頁109、115。

190 《革命文獻拓影本》，第32冊《對美外交（3）軍事援助》，頁140-141。

主戰立場最強硬，就如同其他官員所言，一切都唯他是從。在1937-1940年間，蔣介石同時要處理黨政軍三方面事務，因此在私底下已經承認力不從心。他寫道，「對於全盤戰局，自信確有把握，故此心泰然，毫無疑慮。**惟對於行政與軍政之改革及人事之安置，尤其是經濟建設，茫無頭緒，反加憂懼惶惑，時現不克勝任之象。**」[191] 所以不時會在日記中希望孫中山和陳英士仍在世間，可以在黨政事務上為他分憂，讓他能夠專注軍事問題。

豈知到了1940年以後，他的責任反而加重。外交事務逐漸占據極多精力。除了要和胡適大使就外交事務不斷地親自進行學術和哲理性質的筆戰之外，還有接見外賓，不僅是美國總統特使如居里者，還包括英美蘇聯大使、麥修少校、馬格魯特將軍等等。到了此一階段，許多給羅斯福總統的信件也是由他親筆擬稿。因此經常在日記中怒氣衝天破口大罵。有一次外交部長王寵惠就因為做了一件讓蔣介石不順心的事，被認為是無能，而被狠狠地臭罵一頓。然後蔣介石又後悔自己缺乏修養[192]。這種境況在蔣介石戰事生活中屢屢發生。

再如前章所述，美日密談的緊鑼密鼓階段，蔣介石連接幾日未曾入眠，密切注視時局發展，以致弄得肝火大旺。在珍珠港事變之日，他對於外交部效率不滿達到了極點。正如他在日記中寫道，「外交部之不得力，郭泰祺之無常識，與其官僚成性，毫無活氣，區區說帖擬稿至五小時，尚雜亂不清，令人為之腦痛氣悶，此為從來所未有者也。」[193] 這短短幾句話生動地描述了一個景象：蔣介石顯然親自處理外交事務，交代外交部去草擬一個說帖，但是等了五個小時，得到的仍然是一個雜亂無章的文件，無法採用，這當然只好逼著他親自動手改寫，或是交付給委員長辦公室的幕僚去另擬。難怪他會氣得「腦痛」。不幸的是，這種情況到了太平洋戰爭期間只會變本加厲。蔣介石幾乎取代了重慶政府的外交部。

191《蔣介石日記》，1940年3月2日。
192《蔣介石日記》，1941年2月25日。
193《蔣介石日記》，1941年12月8日。

　　某些西方學者經常詬病中國的個人外交，不尊重美國聯邦的體系，打亂了他們行政行事準則。中國人不知輕重，不懂規矩等等，都能言之成理。但是他們卻忘記了，最會運用個人外交的領袖莫過邱吉爾首相，經常和羅斯福會面、寫信。許多邱吉爾和羅斯福經由個人接觸而做出的決定，聯邦高級官員甚至要到事後才知道，然後趕緊照辦。所以檢驗個人外交的標準，並不是它是否在原則上有問題，而是誰從事個人外交？英國是有價值的友邦，所以可以。中國是弱小國家，當然由美國定調如何交往。這是中國必須吞下的現實苦水。強國定調，弱國順從，歷來如此。

庚. 個人外交過程中的一個特殊案例

　　中國在轉變為著重個人外交的過程中，產生了一個有趣的副產品，那就是它為宋美齡提供了一個絕佳的舞臺，成為外交工作領域中的一個極為重要的角色。這個過程無論在中國近代史或是世界其他國家裡，均屬絕無僅有。雖然宋美齡的外交才華，要等到珍珠港事變之後才廣為世人所重視，但是她躋身中國外交事務則早已發生。

　　事實上即使在1940年初，蔣介石已經不得不依賴宋美齡參與外交事務，以致即使是當她還逗留在香港治病期間，蔣介石已經數度緊急致電，促她趕緊返回重慶[194]。麥修少校在1940年底訪問重慶，讓宋美齡得以扮演一個更活躍的角色，去培養在中國而又具有影響力的美國人的交情。在隨後的年歲裡，宋美齡繼續和麥修保持直線聯繫並就國際事務交換意見[195]。

　　真正讓宋美齡外交才華大放光彩的機會，是1941年2月間居里的訪華之行。居里之行建立了一個新模式：宋美齡不但列席蔣介石和居里的會談中充任口譯，而且越來越頻繁地參加實質性商討，最後成為貨真價實的全程參與

---

194 蔣介石致宋美齡電，1940年3月24日，敦促後者趕緊自香港返回重慶以便商議重大外交與財經問題。《蔣總統家書：致夫人》，第3冊，#389。其他有關資料，請參閱：《領袖特交檔案整編資料》，第290冊，#290027, 290029, 290036, 290037。

195 請參閱：McHugh's letter to Mme. CKS of May 9, 1941. CDS Papers, Box 50, Folder 5.

人。除了她的流暢語言能力和社交風度之外，她對於美國文化和心理的熟悉，和細膩的觀察力，都讓她在這些以男性為主談論政治和戰爭的場合中，顯得分外突出。她也敢於毫不遲疑地時而抓住主動權，對於談論的方向和進度都敢於控制。事實上，她的外交技巧的嫻熟程度，很快就讓她和蔣介石組成了一個有效的團隊。他們的目標一致，但是各人表現出不同的姿態。等到她和居里建立了私下溝通管道時，她在中美外交過程的涉入程度，就變得更深入，因為雙方都大量使用這個管道互通信息和傳達向對方的要求。

用不了多久，宋美齡就在所有的蔣介石與來訪的美國要人或是美國大使之間的秘密會談中成為一位全程參與者，也經常兼任口譯工作。除此之外，會議通常只會有一、兩位速記員在場記錄會議，但是外交部則根本無人可以出席[196]。

在拉鐵摩爾成為政治顧問後，幾乎所有他和蔣介石之間的商議，都要通過宋美齡傳達，而後者也可以向拉鐵摩爾提出她本人的指示。事實上，拉鐵摩爾和宋美齡之間的商議和通信，可能並不少於他和蔣介石之間的來往。因為雙方都有默契，那就是宋美齡的發言代表蔣介石。隨後，當美軍代表團訪問重慶時，宋美齡是蔣介石和馬格魯特將軍全程會談中的重要人物[197]。

宋美齡對於陳納德和美國志願空軍援華工作的推展，也做出了幕前和幕後的貢獻。如眾所周知，蔣介石夫婦最初賞識陳納德的空中作戰才華，是來自雙方的直接接觸，與美國政府毫不相干。而他們合作初期也是把重點放在建立中國自己的空軍。即便是在1937-39年間，宋美齡對於中國政府內部建立空軍的事宜，就已經成為陳納德倚仗的幫手。到了1940-1941年間，重慶政府開始積極爭取美國支持建立中國空軍時，宋美齡的角色才明顯轉變為國

---

196 蔣介石、宋美齡與美國大使詹森會談記錄，1941年4月16日，《革命文獻拓影本，抗戰時期》，第28冊，《對美外交（1）一般交涉》，頁185-192；蔣介石與美國大使高斯會談記錄，1941年6月24日，《革命文獻拓影本，抗戰時期》，第28冊，《對美外交（1）一般交涉》，頁212-215。

197 蔣介石與馬格魯特會談記錄，1941年10月27日，《革命文獻拓影本，抗戰時期》，第32冊，《對美外交（3）軍事援助》，頁142-151。

對，因此羅斯福對中國的承諾是一個重要的發展。

其次，宋子文在法案醞釀期間還成功地安排居里訪問中國。居里原本與中國毫無淵源。但經過宋子文精心安排他訪華之後，便被總統倚為處理中國事務的得力助手。而居里在1941年2月訪華期間，已經開始關注軍火援華事務。他曾以中國的需要為基礎擬就一份清單，盡量利用中國政府當時可以動用的2千萬美元貸款去購買美國產品。依據居里估計，中國陸軍使用的輕武器，最多只能支持到1941年9月即將損耗殆盡，而重武器則更是歷來缺乏。如果中國能夠獲得製造武器所需的原料，則它的兵工設備大致可以滿足中國陸軍步兵70%輕型武器的需求，其中包括每年生產10萬枝步槍。除此之外，中國軍隊還需要從國外進口一萬枝機關槍，2千門迫擊炮（trench mortars）和其他各式火炮，才能面對日軍勉強進行「防衛戰」。如果要進一步發動攻擊戰，則必須更多進口的火炮。

居里返美後，正值租借法案立法程序接近尾聲，立即被總統指定為白宮處理中國租借法案事務的專門負責人，定期向總統匯報。雖然居里上述的這些構想後來並未能付諸實施，但是它們首度讓中美兩國領袖們對於中國軍火需求的數量和類型，形成了一些初步概念，也成為此後兩國軍方領導人談判的最初基礎。不久之後，中國政府便開始派遣軍事專業人員赴美推動美國武器援華的事務[1]。

以上的背景說明了為何一旦美國租借法案成立，中國政府便可以立即提出要求援助的項目清單。

第三，宋子文在租借法案通過後7週內還組成了一個新的單位，稱之為中國國防供應公司[2]，而且延攬到羅斯福總統的母舅，Frederic Adrian Delano，出任公司董事會董事和特別顧問。宋子文的這些動作無疑地把對美國聯邦政府的上層領導們的聯絡工作，都做了相當程度的安排，但是對於中下層主持

1　"Memorandum re Chinese Lend-Lease," n.d.（about end of 1941）, in China Defense Supplies Papers（hereafter as CDS Papers）Box 40, Folder 5.

2　China Defense Supplies, Inc., 1941年5月1日。

實務的官員，則缺乏門路進行培養，而後者主要集中在軍部，特別是陸軍部門。這個情況將會在此後造成各種意想不到的困難。

1941年3月11日，租借法案（Lend-Lease Act）正式成為法律，總統隨即宣布共有34個國家符合反侵略的定義，而中國也順利成為其中一國。此項法案之所以成為中美軍事關係的分水嶺，是因為在此之前，中國政府努力的目標只是說服美國同意出售飛機一項武器而已。而租借法案實施之後，中國便可以依法要求美國提供各式各樣的武器裝備。蔣介石立刻指派宋子文代表中國，和美國談判一切有關軍備的事務[3]。而胡適大使則沒有被安排擔負任何責任。

II. 租借法案的內容和組織

扼要言之，租借法案的目的，是授權總統將國會通過的撥款，去支付國防器材和勞務的費用，以租、借、銷售等方式，把它們的所有權轉讓給反抗侵略的國家。租借法案的具體內容和功能大致可以分為兩大部分：

第一部分為物資。它包括軍用物資（槍炮火藥、飛機、戰車）、糧食、醫療藥品、生產工具、金屬礦產等等。占租借法案總預算的80%以上。

第二部分為勞務。它包括陸海空的運輸工具（飛機、船隻、汽車），和運輸設備（機場、碼頭、公路、鐵路）。約占總撥款的20%以下。

毫無疑問地，法案撥款的原始目的是幫助遠隔重洋的英國能夠經由大規模海空運輸而直接得到美國支援。但是對於中國而言，一直到珍珠港事變為止，中國的需求相當有限，又只有緬甸路一條通道可供運輸，更何況後者還控制在英國人手中。嚴格地說，緬甸只是美國和英國之間的通道而已，其通往中國的物資部分只是間接借境，在規模上微不足道。

3　蔣介石致宋子文電，1941年5月2日，《戰時外交》，第一冊，頁451。

III. 租借法案的總格局

A. 撥款數量

　　大致而言，國會在太平洋戰爭爆發前，一共進行兩次撥款（appropria-tion），總金額約 500 億美元（USD50,244,650,000）[4]。

　　法案規定至 1943 年 6 月底為止。租借法案支出案內容：

第一次　　7,000,000,000 美元

第二次　　5,985,000,000 美元

第三次　　5,425,000,000 美元（與本書範圍無關）

　　再加上其他支出案內適用於租借之部分，總計 62,944,650,000 美元。

　　在此之外，國會還把等值於 1,300,000,000 美元的陸海軍物資撥交給受惠國[5]。

　　在以上美國國會通過指定作為租借的款項總數約 630 億元之中，中國所提各租借預算案總計約 25 億元，僅占 4%[6]。

　　當初美國國會在 1941 年 3 月 27 日通過租借法案時，也授權可以運用的經費為美金 7,000,000,000 元。這些經費在 1941 年 7 月中旬已經完成分配，而中國得到的「分配額」則是：

1. 武器彈藥：47,876,181 美元

2. 飛機：50,000,000 美元

3. 國防工業：0 美元

4. 農工商品：50,000,000 美元（包括 15,000,000 美元的鐵路建築器材）

5. 其他

4　"A Short History of China Defense Supplies," 28 pages, China Defense Supplies Papers, Box 7, Folder 8.

5　"Coordination of liaison activities," a report by CDS, in a memorandum written by R. W. Bonnevalle, to the CDS Board Members, may 26, 1941. In CDS Papers, box 1, folder 5.

6　「借款事務總報告」宋子文呈，日期不詳，pp. 38-39. Soong Papers, Box 54, Folder 8.

總共為230,000,000美元

除此之外，在上述美國還付給25個國家相當於1,300,000,000美元的武器彈藥中，中國的「分配額」則是25,103,100美元（或總數的1.9%）。

不久之後，中國政府又接到美國政府通知，總統正準備向國會提出第二次租借法案撥款，要求中國提供其在1941年12月31日以前所需要物資的申請數量。由於時間短促使中國政府不及準備，所以宋子文只能提出一個1,500,000,000美元概數的申請書，包括以下幾個大項：

1. 武器彈藥：296,865,000美元

2. 飛機：676,450,000美元

3. 軍用汽車：167,200,000美元

4. 國防工業設備：25,100,000美元

5. 農工商品：191,700,000美元

6. 其他

在經過審核後，美國政府決定中國在1941年底的第二次租借法案經費為600,000,000美元，並且向國會做出以下的分配：

1. 武器彈藥：179,128,500美元

2. 飛機：201,000,000美元

3. 軍用汽車：76,020,000美元

4. 國防工業設備：6,000,000美元

5. 農工商品（Agricultural, industrial, commercial products）：75,000,000美元

6. 其他

換言之，美國政府在1941年8月分已經決定由租借法案第一次和第二次向中國提供的軍事援助和其他各項援助的分配總數為855,103,100美元[7]。而在第二次分配中，美方批准的數字是中方申請的40%。

7　江杓報告，1941年8月25日，「報告」，1941年8月25日，Soong Papers, Box 58, Folder 11. 有關其他的估計，請參考：Arthur N. Young, *China and the Helping Hand*（Cambridge, Harvard University Press, 1963），p. 350.

　　但是以上所列舉的這些數字最多只有參考價值，而不能代表美國援華的內涵。因為有太多因素可以使其失去意義。首先，隨著時間推移，美元的價值不斷改變。由於武器彈藥的價格完全由美國單方決定，其間可以有極大差距。美國甚至在把同樣武器（比如說：飛機）轉讓給不同國家時，可以定出不同的價格，其間有極大的自由裁量空間。其次，即使是在國會宣布「分配額」和特定武器立項批價之後，它們仍然可能遭遇各種波折甚至取消。因此，本章在評估租借法案對中國援助的貢獻時，儘量以移交到中國政府手中的實物為準。換言之，不論紙面上的撥款數字有多大，凡是美方沒有移交給中國的武器彈藥，都只是一場空歡喜，沒有對中國抗戰產生實質幫助。

B. 美方的組織

　　為了推動租借法案，美國政府設置一系列的責任單位，首先成立了統籌全局的租借法案行政總署（Lend-Lease Administration）。

　　在白宮內部，原本就有一個行政單位名稱為預算局（Bureau of the Budget），專司預算工作。繼之又設立一個最直接負責租借法案的新單位，名稱是 "Division of Defense Aid Reports"，負責人是James H. Burns少將，而在該單位裡負責和中國保持經常聯繫的首席聯絡官，則是 Philip Young。該單位的主要職責是統攬租借法案受惠國的政府與美國政府各個經手部門之間的聯繫工作，幫助租借法案的推展。世界各國為了獲得租借法案援助，首先必須向這個單位提出初步申請物資，然後由該單位把案件分發到聯邦政府其他相關部門進行細部作業。

　　至於總統個人，則指派霍普金斯（Harry Hopkins）統籌管理租借法案，而其中有關中國的部分則交由居里負責。由於後者必須隨時向總統匯報中國租借法案申請事項的進展，因此使得居里在早期扮演了穿針引線的角色，是總統和 "Division of Defense Aid Reports" 之間一切有關中國事務的總聯絡官[8]。

8　"Coordination of liaison activities," a report by CDS, in a memorandum written by R. W. Bonnevalle, to the CDS Board Members, May 26, 1941. In CDS Papers, Box 1, Folder 5.

而居里為了履行其職責，又向聯邦政府各單位（軍部、財政部等等）發出通知，要求它們把處理有關中國援助的全部重要來往公文都做成複件，送交他的辦公室歸檔和轉呈總統。而中方也主動配合這個規定，CDS 每天在下班前把當天全部有關租借法案與美方來往的公文，一律做成複製本送交居里辦公室[9]。換言之，所有中國政府和美國政府各個部門之間有關租借法案的交涉和執行進度，理論上完全在居里和白宮的掌握之中。

聯邦政府在處理租借法案時，與中國發生重要關係的單位則包括：

1. 戰時生產局（War Production Board）
2. 國務院（State Department）：下屬單位 Division of Controls
3. 財政部（Treasury Department）：下屬單位 the Procurement Division
4. 軍部（War Department）
5. 聯合航空委員會（The Joint Aeronautical Committee）
6. 海洋委員會（The Maritime Commission）[10]

由於許多租借法案受惠國的要求都與軍火有關，所以軍部成為最重要的對口單位，它內部特別設立了一個專門機構，名為 Defense Aid Division，配備聯絡官和各受惠國政府聯絡。軍部下屬還有其他部門（如作戰部 Operations、空軍部 Air Corps、軍火部 Ordnance）也都指派了專門人員負責與受惠國保持聯繫。

就處理中國事務而言，儘管軍部內部負責中國租借法案事務的官員隨時間有所變更，但是在法案通過之初，它的基層組織和成員大致如下：

1. 軍火武器組（Ordnance）：准將 1 人（G. M. Barnes）
2. 後勤事務組（Quartermaster Corps）：中校 3 人、文職 1 人

9　Bulletin #4, "Administrative Regulations," n.d. but probably shortly after Lend Lease came into effect in 1941, in CDS Papers, Box 1, Folder 5. Also: "Coordination of liaison activities," a report by CDS, in a memorandum written by R. W. Bonnevalle, to the CDS Board Members, May 26, 1941. In CDS Papers, Box 1, Folder 5.

10　"Information concerning China Defense Supplies, Inc.–not for publication" June 1, 1941. CDS Papers, Box 1, Folder 5.

    3. 通訊兵種組（Signal Corps）：中校1人、少校2人

    4. 工兵組（Engineers）：中校1人、少校2人

    5. 化學作戰組（Chemical Warfare）：中校1人

    6. 軍醫組（Surgeon General's Office）：中校1人[11]

    從以上名單可以看出，美國軍部配置處理中國租借法案事務的人員數量既少（總共13人），官階也在中層以下（最高官階是准將1人），而且可能是兼職，而非專職。儘管他們的專業知識應該符合美軍水平，但是對中國事務和中日戰爭想必非常陌生，因此判斷力可能並不嚴實。而偏偏中國對於租借法案的申請，有80%都是和軍火武器有關。

    在這些處理實際事務的人員之上，還有一個委員會，名稱是"China Defense Aid Requirements Committee"，它是在軍部的"Defense Aid Division"之下的一個委員會。其功能是處理中國政府軍火武器申請的全面性具體問題。比如說，審核各項申請案件所需要物資的類型、數量和使用者。該委員會成員共有6人。代表中方出席的是宋子文和Corcoran，代表軍部的有4人，而主席則由軍部指定一位中校級軍官（A. W. Waldron）擔任[12]。讀者幾乎立即可以看出，這個委員會雖然是中美雙方的高層協調單位，但是其組成缺乏對等性：也就是說，中方的兩位重量級代表（少數），在開會時必需向美方4位（絕對多數）中低層軍官，去解說中國政府需求某些特定軍火的理由，請求後者惠予接受，然後呈報軍部領導加以定奪。軍部對中國的這種待遇，和它對英法蘇聯的待遇，肯定存在天差地別。

---

11 "Officers Representing the Several Arms and Services of the Defense Aid Requirements Committee" of the War Department, n.d. but most likely the people CDS worked with after the Lend-Lease act went into effect in mid-1941. In CDS Papers, Box 1, Folder 5.

12 "Coordination of liaison activities," a report by CDS, in a memorandum written by R. W. Bonnevalle, to the CDS Board Members, May 26, 1941. In CDS Papers, Box 1, Folder 5.

乙. 中國政府如何應對租借法案

I. 中國國防供應公司（China Defense Supplies, Inc.，簡稱CDS）：成立，組織，和運作

A. 成立及內部組織

如前所言，中國政府一旦得知租借法案動態之後，立即著手籌畫因應之道。其成果就是成立中國國防供應公司，並在Delaware州註冊，成為中國政府在美國的官方代表，負責處理法案中一切器材物資的取得、生產、運輸和移交工作（procurement, production, shipment, and reception of L-L supplies）[13]。1941年5月24日，中國駐美大使館更以公文正式照會美國國務院，證明中國國防供應公司是中國政府就美國租借法案事務的官方代表。由於當時「中立法」依然有效，所以美國國務院還需要特別做出一個行政裁決，肯定美國物資借境緬甸運往中國並不違反中立法條款。從此美國中立法幾年來帶給中國的困擾，立時煙消雲散。也可以視為意外的驚喜[14]。

公司成立時的董事會有5位董事：

T. V. Soong：Chairman of the Board of Directors

Frederic A. Delano：Director and Honorary Counselor

David M. Corcoran：Director and President

Harry B. Price：Director and Treasurer

Lawrence Morris：Director and Vice President

公司主要幹部（officers）則是：

Ludwik Rajchman：Assistant to the Chairman of the Board

---

13 "Coordination of liaison activities," a report by CDS, in a memorandum written by R. W. Bonnevalle, to the CDS Board Members, May 26, 1941. In CDS Papers, Box 1, Folder 5.

14 "A Short History of China Defense Supplies" 28 pages, CDS Papers, Box 7, Folder 8.

James J. Cook：Assistant Treasurer

Richard W. Bonnevalle：Secretary[15]

從上列組織表可以看出，其中最重要的人物是宋子文（Soong）、Delano, Corcoran, Price, and Morris，因為他們有權代表公司向美國政府提出武器的申請書，而其中只有Corcoran一人從CDS支領薪水，年薪為$12,500，而宋子文和Delano則不從CDS支薪[16]。

CDS下設6個技術專業小組（technical committees），目的是和軍部的委員會成為對口單位（aviation, ordnance, engineering, motor transport, signal corps, and miscellaneous supplies），和它們保持順暢聯繫，就中國政府所提的申請項目向美方提供說明和理由，和回應軍部對於技術性項目的質疑（譬如說：武器的種類、口徑、功效等等）。

中美雙方這種在技術層次上的溝通，基本上並沒有重大阻礙，但是間或也會產生一些問題。CDS職員在法案開始後最初幾個月的磨合期，就累積了一肚子怨氣。比如說，有一部分美軍基層人員會質疑中國申請項目的認真程度，或是中方人員是否有能力操作這些先進的美式裝備？而事實上，有部分美方質疑是基於對中國缺乏了解，或是道聽途說，反而顯示出美國社會對中國的無知和偏見。

但是儘管如此，中方人員的處境是求人者嘴軟，需要對每一件器材詳盡說明其用途。比如說，中方在申請兵工廠器材時，多半同時包括發電機。當美方質疑中方胡亂加碼時，CDS的第一線人員便必需向美方解釋，中國許多

---

15 見：Letter from D.M. Corcoran, president of CDS to the Secretary of State, May 27, 1941. CDS Papers, Box 43, Folder 14. Ludwik Rajchman是一位有爭議性的人物，他原本是以短期商務事由獲得美國入境簽證，但是由於行為囂張，招致國務院不滿並且一度打算驅逐出境。即使參加CDS工作後，國務院也不承認他是中國政府官員，拒絕授予外交人員身分。為了拉氏居留權，宋子文還曾經請求普立特大使幫忙。見：Soong letter to Bullitt, October 23, 1940, Soong Papers, Box 1, Folder 13; William S. Youngman, Jr. memo to Rajchman, July 16, 1942, in CDS Papers, Box 8, Folder 26.

16 See: Undated minutes of a CDS meeting, probably in May 1941. CDS, Box 6, Folder 7.

地區沒有商業電力供應，因此兵工廠必需自備發電設備。又比如說，當美方拒絕提供某些武器和兵工廠設備時，其所持理由經常是猜測中方不懂得如何操作這些先進器材。每當中方人員在面對這些質疑時，又不敢直言中國軍隊在戰前早已見識過德國的先進設備，深恐會傷到美方人員的自尊心。這種本可以基於互相了解、尊重和信任基礎而三言兩語就解決的問題，卻需要大費周章才能澄清。

幸運的是，總體而言，雙方都是行家論兵，容易達成共識。依照慣例，凡是CDS提出的要求，都會在事先經由這些基層技術性接觸中取得美國軍部的首肯後，才由CDS正式向軍部立項申請（requisition）。換言之，等到一個項目或是武器出現在美國軍部批准提供的名單上（allocation）時，它（們）必然已經通過美方在技術層次上的檢驗。否則中方既不願也不敢貿然提出，以免碰壁[17]。同樣地，如果牽涉的項目是非軍事性的（比如汽油、潤滑油、原料、汽車等等），則CDS還需要通過財政部"Procurement Division"的初步協商和同意後，才會提出正式申請立項[18]。綜上所言，依照中國政府作業的慣例，大凡在向美方提出租借法案申請項目之前，在行政流程上，都會和美國政府所指定的國防和軍方單位進行前期溝通，由雙方技術專家及聯絡員就項目內容進行審查和協商。只有在獲得認可後，才向美方正式提交。

更細緻地說，租借法案大致經過下列幾個步驟：

1. CDS首先從中國國內相關單位搜集需要的器材，然後經過CDS內部專家篩選，綜合擬成初步申請清單。

2. 由CDS專業人員及聯絡官就各個項目，與美國政府相對應的技術人員及採購員（procurement officers）逐一進行縝密細緻協商，對於中方所要求的項目是否切合實際，其需求的迫切度，和美國是否製造或有庫存等實際問題予以審查，並且尋求共識。

17 "Coordination of liaison activities," a report by CDS, in a memorandum written by R. W. Bonnevalle, to the CDS Board Members, May 26, 1941. In CDS Papers, Box 1, Folder 5.

18 "Coordination of liaison activities," a report by CDS, in a memorandum written by R. W. Bonnevalle, to the CDS Board Members, May 26, 1941. In CDS Papers, Box 1, Folder 5.

　　3. 中方只有在與美方基層人員就項目的數量、規格及美方是否有庫存等因素達到共識後，才會將該項目或器材由CDS上級向美方提出正式申請。接下來就是等待預算審批（expenditure approval）等相關手續之完成。美方的預算對於中方能夠申請何種武器有決定性影響，因為如果美方批准的預算額度低，或是武器定價高，則中方就必需減少其申請的數量。這些數據的彈性完全由美方掌控。

　　4. 在提出申請後，CDS的委員會或聯絡官與美方相關單位繼續保持聯繫，追蹤清單項目的完成度。若有急需項目，中方就會向美方提出特別要求或催促，其對象從租借法案行政總署、軍部的Defense Aid Division、白宮的居里、霍普金斯、陸軍部長史汀生，乃至羅斯福總統本人，層層去求援，抱怨，或是施加壓力。

　　5. 美方批准後才能取得正式配額（allocation approval）和詳列武器的類型、數量、交貨日期後，CDS繼續密切關注和敦促美方準時如數交貨。

　　6. CDS在取得美方物資後，完成所有權轉讓手續，再去與美國相關單位（海關署）安排驗收、報關、裝箱、爭取艙位或噸位，由輪船載運離開美國港口。實際的運輸工作由美國海運委員會（Maritime Commission）負責處理。

　　7. 貨物抵達中國（或緬甸仰光）港口，移交給中國政府，才算是完成其任務。剩下來的任務是取得緬甸的英國殖民政府的批准和協助，將物資沿滇緬兩地之間的河運、公路和鐵路，運進中國境內，由中國政府相關單位驗收後，交給中國政府進行細部分配。到了這個階段，美國的租借法案物資才真正開始對中國抗戰做出貢獻。

　　以上這些步驟從租借法案一開始，就被中美雙方政府所採用。是處理租借法案物資援華的標準作業程序[19]。在此過程中如果遇到重大波折，則由董事

---

[19]　"A Short History of China Defense Supplies" 28 pages, China Defense Supplies Papers, Box 7, Folder 8. 又見："Coordination of liaison activities," a report by CDS, in a memorandum written by R. W. Bonnevalle, to the CDS Board Members, May 26, 1941. In CDS Papers, Box 1, Folder 5；又見：「借款事務總報告」宋子文呈，日期不詳，pp. 7-13. Soong Papers, Box 54, Folder 7；

（包括宋子文）出面疏通。

B. CDS的申請項目如何產生？

以上是從美方角度了解租借法案申請的過程。然則從中方角度出發，則過程又是如何？

首先，所有有關武器、彈藥、裝備和其他器材物資的要求，主要都是由中國政府從所屬各部門搜集資料。既然武器是占中國申請經費的80%以上，在此不妨以武器為例。

無論中國陸軍任何單位（及作戰部隊）需要武器器材，首先都呈交重慶軍政部綜合辦理，一律經過兵工署俞大維署長審核後，挑選其中一部分送往CDS處理。而俞大維在中國學術界歷來廣受尊重（美國哈佛大學和德國柏林大學博士），學術本行又與兵工武器有關，為人正直，行事嚴謹。無論在私人操守和公德兩方面都是戰時中國的一流人才，在兵工武器事務上極受蔣介石倚重。因此凡是經過他審核然後送往CDS的武器清單，應該是務實而且誠實可信。而事實上，中國政府在1940年向美國提出的武器採購清單和後來轉變為1941年向美國申請的租借法案清單，都是出自俞大維之手[20]。

至於中國空軍方面，由於幾乎根本缺乏實力，因此完全指望由美國提供援助，其機種、型號、數量、配備等等大抵由陳納德協助航空委員會的主要幹部（周至柔、王叔銘、毛邦初）草擬，經提交給蔣介石夫婦定案後，再轉交CDS。因此，中國陸軍和空軍雖然同樣申請租借法案援助，但是中國政府內部作業過程是遵循兩條不同的路線。這些需求到了美國之後交給宋子文和CDS匯合一併辦理。

一般而言，CDS專業委員會的技術人員包括中國政府派遣，在美國民間雇用的華裔人士，和美籍專家。在所有委員會之中，最重要的兩個，一是武

又見："A Short History of China Defense Supplies" n.d. but probably prepared around May 1942. pp.11-16, China Defense Supplies Papers, Box 7, Folder 8.

20　蔣介石致宋子文電，1940年7月8日，Soong Papers, Box 58, Folder 1；又見：蔣介石致宋子文電，1940年7月10日，Soong Papers, Box 58, Folder 1.

器委員會（從中國派來8人。僱用2位美國人作為聯絡官），一是空軍委員會
（共11人，多數由中國航空委員會委派。僱用技術顧問美籍1人，聯絡官美
籍2人）。這兩個委員會的負責人都是少將階級，而且都是中國政府精挑細
選的幹員（陸軍江杓和空軍沈德燮），而其他委員會主持人則軍階為校官或
是文職人員。[21]

　　至於中方選拔人員的素質，則宋子文對於空軍組的成員甚感滿意，因為
除了沈德燮的專業素養被宋氏高度賞識之外，先後還有陳納德和毛邦初參
與。所以足供與美方交涉。陸軍方面，江杓當然是專業優秀，但是宋子文還
特別要求重慶政府多多選派熟悉美國和歐洲國家軍火兵工專業的軍官到美服
務[22]。除此之外，宋子文此時也高度不滿中國駐美大使館武官的無能，貪污和
有辱國格，於是主動敦促優秀軍官朱世民出任使館武官，以便提高大使館和
CDS之間的合作[23]。這樣就更能增進與美方交涉的效率。

　　概言之，CDS的華籍軍官都是中國陸空軍能夠選拔出來的最佳人員。他
們對美軍的體制和裝備的專業知識很可能不及美方人員，但是卻是中國軍方
能夠派遣的最佳專業和熟知英語的人員。即以三位主要人物為例，朱世明曾
就讀麻省理工學院（MIT）和維吉尼亞軍事學院（VMI，Virgina Military
Institute），又獲得哥倫比亞大學（Columbia University）博士學位。沈德燮
是早期國民政府建立空軍時的一位重要參與者，抗戰初期又被任命負責在蘭
州軍區接收蘇聯飛機。江杓留學德國並且獲得德國工程師資格，回國後擔任
兵工廠廠長，大學教授，由兵工署俞大維選派赴美。他們的學歷比起對口的
美軍人員大約有過之而無不及，而他們對於本國國情和軍隊的知識則肯定遠
遠超過美軍人員。這種落差在國際交流中，本是正常現象。如果雙方能夠以
誠意和互相尊重進行溝通，則合作的空間應該很大。如果缺乏誠意和尊重，
則合作遠景必然黯淡。

---

21 "Coordination of liaison activities," a report by CDS, in a memorandum written by R. W.
　　Bonnevalle, to the CDS Board Members, may 26, 1941. In CDS Papers, Box 1, Folder 5.
22 蔣介石致宋子文電，及宋子文回電，1941年1月10日，Soong Papers, Box 58, Folder 4.
23 宋子文致朱世明電，1941年3月18日，Soong Papers, Box 41, Folder 1.

II. 中國提案的作業程序，與美方基層的協調，以及雙方人員的互動

　　CDS公司的某些組織細節，在過去學術討論中很少受到注意，但是對讀者了解中美雙方的合作關係可能會有幫助，因此本章將會使用一些篇幅加以說明。

　　或許從一個小案例可以幫助讀者們從側面探窺CDS在向美國政府提交之前，它是如何對重慶政府送來的申請進行審核工作。此處所提案例是在1941年5月7日CDS舉行的一次內部會議，討論中國政府送來的飛機無線電設備和公路器材的需求清單。該會議共有10人參加，包括宋子文、江杓、沈德燮將軍和陳納德等。由宋子文親自主持會議，並指示與會人員在向美方提出申請單之前，「務必準備完善的申請書，對於美方可能提出有關無線電器材的問題，必需有系統地準備解答。」（"to draw up a program so that all questions regarding radio equipment could be systematically tackled and solved"）。會議記錄顯示，會議的過程嚴肅，高度專業性，而且徹底認真[24]。如果這個案例能夠代表CDS處事作風的話，則頗為可圈可點。

　　美國軍部參與對華租借法案工作的Boatner上校，曾經向宋子文建議應該邀請軍部選派軍官，直接參加CDS各個技術組的實際工作。每個CDS的技術組都應該有一位美國軍方的事務官員和幾位技術專家協助工作。宋子文隨即向CDS傳達了一個內部文件，認為中美雙方聯絡員只是每隔若干時間進行短暫會商，的確不能達到充分溝通的效果，因此主張CDS應該認真考慮接受Boatner的建議，邀請軍部官員直接到CDS辦公室和CDS技術人員當面溝通[25]。雖然目前作者未能找到資料顯示Boatner的建議是否被採納，但是宋子文的管理作風和對於增加中美雙方技術人員溝通的重視，由此可見。

　　CDS也定出與美方聯絡的分工原則：

　　1. 凡是屬普通性質者，由該公司美籍人員負責。

24　Minutes of meeting in Dr. T. V. Soong's office at 6 P.M., May 6, 1941. CDS papers, Box 6, Folder 7.

25　Soong memo to CDS internal staff, n.d., CDS Papers, Box 1, Folder 5.

2. 凡是屬專業性質者，由技術處華人負責。

3. 凡是關於大計方針者，或特別重要事件，則由宋子文主持。而宋子文接觸美方對象則包括羅斯福總統、華萊士（Henry Wallace）副總統、軍部史汀生部長、海軍部諾克斯部長財政部摩根韜部長、居里、霍普金斯等等[26]。值得注意的是，在這段期間，中方資料甚少提到宋子文和陸軍參謀總長馬歇爾將軍有互動關係，而馬歇爾對於軍火的分配卻掌握決定性的權力。

換言之，CDS的專業人員和美方軍部的專業人員會就中方的申請物資進行初步（試探性）討論。等到雙方達成共識後（坦白說，就是等到美方人員同意中方申請物資的合理性之後），才由CDS以公文正式提出，以免碰釘子[27]。經過軍部基層專業人員認可的中方申請項目和數量，當然還要經過其上級審核、刪減，才能定案。再換句話說，幾乎所有中方申請的項目都是美國軍方業務性官員認為是合情合理的要求。等到軍部最後批准這些項目時，則更是表明軍部上下各級專業人員都已經認可它們的合理性，代表美國政府承諾提供。因為凡是美方不同意的項目或數量，則根本不可得到批准並且不會出現在美方向中方做出的承諾之中。這個背景了解對於本章後文的討論至為重要。

本書之所以不厭其煩地敘述這些細節，是因為在過去中美關係的歷史著作裡，多年來有許多廣被學者和民間引用的說詞，指責租借法案執行過程中遭遇的困難，過錯全在中國。本書作者完全沒有想為任何一方護短或是平反的興趣，但是忠於事實是所有學者的基本價值，因此本章的目的就是要說明中美雙方的基層工作人員溝通的過程。事實上，大量中方資料顯示，CDS對於美國基層的對口人員，不但沒有怨言，而且讚譽有加。特別是軍部Defense Aid Division的一位上校（Colonel Taylor），熱心合作，即使無法接受中方的申請項目，也坦然直言，而其他工作人員的同情心、寬厚與諒解，

26「借款事務總報告」宋子文呈，日期未標明，pp. 13-14. Soong Papers, Box 54, Folder 7.

27 "Coordination of liaison activities," a report by CDS, in a memorandum written by R. W. Bonnevalle, to the CDS Board Members, may 26, 1941. In CDS Papers, Box 1, Folder 5.

也都讓中方感動不已[28]。簡言之，中美雙方在武器問題上出現的衝突和互責，多半來自高層政務官員。

丙. 中國對陸軍武器的要求

然則中國對於租借法案的要求究竟是什麼？

本節的討論範圍只限於陸軍武器，空軍武器將在另外一節加以討論。

I. 要求的理由

中方提出要求的理由大致有兩個：繼續抗戰、改革和建立新軍。

首先，中國陸軍的裝備武器，原本就與侵華日軍相差極大，日本是世界級強國，而中國只是亞洲地區的落後國家。難怪純從科技觀點出發，日本軍事領袖在戰前預言可以在幾個月內擊敗中國，並非自我陶醉的夢囈，而是更符合實際的理性判斷。更何況中國政府花費十年功夫辛苦建立的新式陸軍，被政府毅然投注在淞滬一次戰役，導致傷亡殆盡之後，更使日軍相信勝利指日可待。而中國政府從1938到1940年之所以能夠繼續「苦撐」，除了民族主義情緒高漲可以承受超乎常理的苦痛之外，還有兩個理性思考：一是指望日本經濟的儲備力耗盡而引起民眾反戰厭戰心理蔓延，二是經由不斷努力去尋找新的武器供應來源。1941年租借法案成立，對於中國政府而言，不啻是絕處逢生，當然希望藉此補足過去的損耗，改進裝備，冀能和日軍平等交戰，以國軍自己的力量去阻擋後者肆無忌憚的凌辱。而後者的實現還寄託在一個較少受到學術界注意的理由上，那就是重建新軍。

A. 30個陸軍師整軍計劃

中國政府向美國提出的武器要求，並不是零零碎碎地東拉西扯，能拿就

---

28 "Memorandum re Chinese Lend-Lease," n.d.（about end of 1941）, p. 5,in CDS Papers，Box 40, Folder 5.

也不肯虛心學習，史迪威甚至聲稱不知道30個師觀念從何而來[31]。而過去幾十年某些學術著作也鍥而不捨地誇耀美國軍方的「真知灼見」，也只能令人啼笑皆非。

B. 中國政府對租借法案的具體要求

早在1940年中期，當美國借款漸露曙光之時，中國政府就已經指示兵工署署長俞大維著手整理國軍對軍火的需求量。俞大維的第一份購貨單是假設有1千萬美元貸款，則首要軍火應該是1萬挺輕機關槍，和3萬萬發彈藥。第二份購貨單是假設有2千萬美元貸款，其主要項目包括：步槍、戰車防禦炮和山砲。至於數量多寡則須視美國廠商的貨品價格而定[32]。

到了1940年年底，重慶政府指示宋子文設法向美國購買的急需武器，依然是步兵最基本的武器，其中特別強調的武器是「各種高射槍炮」、輕機關槍和步槍，必須趕緊獲得[33]。

1. 第一次提案

進入1941年之後，租借法案實施僅僅3週，中方便（1941年3月31日）向美方提出第一次申請，其執行期間到1941年10月27日為止。換言之，是預估在今後7個月之內所需的武器。而此時CDS公司則尚需在1個月後才能正式立案。由此可見中國政府行動之迅速，而其內容則涵蓋了過去一年多以來中國政府一直期盼從美國得到軍事物資援助的最大數量。它的大項包括：

---

31 "30 Division Plan," WD Radio No. 75, August 29, 1942. Stilwell Papers, Box 9, File 99; Radiogram from AMMDEL NEW DELHI to AMMISCA CHUNGKING, September 9, 1942, Stilwell Papers, Box 15, Folder 176.

32 蔣介石致宋子文電，1940年7月10日，Soong Papers, Box 58, Folder 1.

33 這些武器的細節包括：一萬挺7.9mm輕機關槍；3萬萬發7.9口徑子彈；120門75mm山砲和每門炮配置3千發炮彈，120門高射機關炮和每門炮配置3千發炮彈。見：蔣介石致宋子文電，1940年12月27日，Soong Papers, Box 58, Folder 3. 又見：蔣介石致宋子文電，1940年11月14日，Soong Papers, Box 58, Folder 3.

陸軍、空軍、兵工廠、通訊器材和運輸、滇緬路建設和後勤等6大範圍。

其中陸軍方面，中國政府緊急需要的是：

1. 7.9mm口徑輕機槍一萬5千挺，及5萬萬發子彈

2. 75mm口徑pack howitzers及炮彈

3. 山砲480門，每門2,000發炮彈

4. .50口徑高射機關槍1,000挺，每挺5,000發子彈

5. 37mm口徑戰車防禦炮360門，每門炮彈1,500發

6. 中型和輕型戰車，及載重汽車[34]

至於兵工廠需要，則包括：各種鋼鐵金屬、化學藥品、炸藥，及廠房生產工具[35]。

1941年5月24日，宋子文向蔣介石報告，第二次軍售貸款剛剛受到美方批准，其中重要武器包括：

1. 600門山炮及120萬發炮彈

2. 144門75cm大炮及144,000發炮彈

3. 360輛戰車及武器配備

4. 1,000輛輕型卡車

總共價值4千9百萬美元[36]。

以上這個清單從中方看來有特別的意義，因為儘管中方從1940年就開始向美國提出購買軍用品，但是美方只願出售原料和非作戰用品（大卡車）。宋子文電報所稱的突破，使得蔣介石在日記中寫道，「至此始得安心。」[37]諷刺的是，他完全無法預見未來的艱辛。

---

34 蔣介石致宋子文電，1941年3月30日，Soong Papers, Box 58, Folder 6.

35 A Short History of China Defense Supplies" 28 pages, CDS Papers, Box 7, Folder 8.

36 宋子文致蔣介石電，1941年5月24日，Soong Papers, Box 58, Folder 9; "A Short History of China Defense Supplies" n.d. but probably prepared around May 1942. p. 27, 28pages, China Defense Supplies Papers, Box 7, Folder 8.

37 《蔣介石日記》，1941年5月26日。

2. 第二次提案

中方在1941年10月28日向美方提出租借法案的第二次申請，執行期間預計到1942年1月14日完成，執行期間是2個半月。它基本上是重述第一次提案的要項，提出了具體的預算金額，共為美金327,529,365元。大項是：軍火（約37%）、飛機（約41%）、運輸器材（約15%）、通訊器材和醫藥（約7%）。（第三次提案則是在1942年1月15日提出，此時太平洋戰爭已經爆發，不在本書討論範圍之內。但是其總金額為美金1,379,579,067元。）

就具體的武器而言，CDS在1941年10月28日提出第二次提案，它基本上是修正第一次提案的內容，有增有減。其重要內容包括：

1. 榴彈炮（105mm howitzers; 75mm pack howitzers）

2. 反戰車炮（37mm anti-tank guns）

3. 機關槍（Bren Machine Guns，caliber .303）

4. .38左輪手槍

5. 3英寸高射炮及彈藥。[38]

如果我們總體回顧中國對美援陸軍武器要求的內涵，便可以看出：它在租借法案生效後申請援助的陸軍制式武器，約有16項。而其中被中國政府列為最急需的5項武器分別是：

1. 輕機關槍

2. 7.92mm步機槍子彈

3. 榴彈炮（pack howitzers）

4. .50高射（防空）機關槍

5. 37mm反戰車炮。[39]

---

38 "A Short History of China Defense Supplies" n.d. but probably prepared around May 1942. p. 27, 28 pages, CDS Papers, Box 7, Folder 8.

39 "Memorandum re Chinese Lend-Lease," n.d.（about end of 1941）, in China Defense Supplies Papers（CDS Papers）Box 40, Folder 5. 由中國政府內部和CDS之間的電文來往，和中國向美國軍部提供的武器清單中可以看出，中國最想要美國提供者共有16種武器，它們是：105mm howitzer; 155mm howitzer; 75mm howitzers; 40mm Bofors a.a. guns; 37mm a.a. guns; Bren light

從以上資料可以看出，不但16項全是步兵武器，而且最緊迫需要的5項之中，前三者是步兵作戰的最基本武器和彈藥。中國軍隊如果繼續抗戰，就絕對不可缺乏這些武器和彈藥。高射機關槍炮是對付日本飛機炸射的最後防衛手段，而反戰車炮也只是中國士兵在肉身阻擋不了日軍戰車攻勢後，在中近距離予以打擊的最後一絲希望[40]。

在此需要特別指出的是，中國政府無論在第一次或是第二次租借法案提出的申請中，除了為應付當時戰況的急需消耗品之外，最基本的出發點都是以裝備30個陸軍師（450,000士兵）的編制為前提。根據中國政府估算，這30個步兵師最低限度的火炮裝備需要是：

1. 7.92口徑槍彈（ammunition）：500,000,000 發
2. 75 mm 口徑 pack howitzers：10個團共350門
3. 75 mm 口徑 field howitzers：20個營共240門
4. .50 口徑防空機關槍（anti-aircraft guns）：1,360挺防衛重要據點
5. 37 mm 口徑反戰車炮（anti-tank guns）：20個營共720門
6. 155 mm 榴彈炮（howitzers）：10個團共360門
7. 105 mm 榴彈炮：10個團共360門
8. 3.7口徑高射炮（anti-aircraft guns）：180門配置給5個團

以及必需附帶的裝備和彈藥。[41]

再依照中方估算，上述清單所列器材在美國只足夠裝備10個步兵師，但

---

machine guns; anti-tank rifles; .45 sub-machine guns; .38 revolvers; .32 revolvers; .30 machine guns; Cartridges for bren guns; Cartridges for sub-machine guns; Artillery ammunition, bombs; Spot items; 3.7in a.a.guns and ammo. See: "List of Commitments before December 31, 1941 taken from the War Department original Photostat copy at the meeting on August 15, 1941, attended by Dr. Soong, Colonel Taylor, Colonel MacMorland, etc." in Soong papers, Box 58, Folder 11.

40 "Memorandum re Chinese Lend-Lease," n.d.（about end of 1941）, p. 2, in CDS Papers, Box 40, Folder 5.

41 Memorandum on Ordnance, n.p. but probably written in late 1941, CDS Papers，Box 14, Folder 15. 又見："Memorandum Re Chinese Lend-Lease Program", p. 1, n.d.（probably end of 1941）, CDS Papers, Box 40, Folder 5.

　　第二件是宋子文本人在1941年10月24日向羅斯福總統提交的備忘錄，列舉中方當時實際收到武器彈藥的項目和數量，包括下列要點：

　　1. 中方要求.50口徑高射機關槍1360挺，美方實際交貨只有100挺，美方決定撥交（allocations）185挺並且承諾在1941年底交貨185挺，但是中方希望立即可以獲得750挺。

　　2. 37mm反戰車炮，中方要求720門，美方實際交貨為0門，美國決定撥交240門，但是只承諾在1941年底之前交貨60門，但是中方希望立即可以獲得300門。

　　3. 75mm榴彈炮，中方要求600門，美方實際交貨僅44門，美方決定撥交598門，並承諾在1941年底前交貨178門，中方希望立即獲得300門。

　　4. M3輕型戰車（3噸），中方要求120輛，美方實際交貨0輛，美方決定撥交0輛，美方承諾在1941年底前撥交0輛，中方卻希望立即獲得120輛。

　　5. .90口徑高射機關炮，中方要求96門，美方實際交貨0門，承諾0門，而中方希望至少立即獲得24門。

　　6. 中方還要求800噸火藥，俾使中國兵工廠可以自行生產輕型武器的彈藥。

　　宋子文提出備忘錄的目的，正是挑明軍部的不作為，因此只好把美國軍援的實際情況向總統直接匯報，希望總統能夠親自出面指示軍部儘快滿足中國政府這些微小數量的需求[44]。值得一提的是，宋子文在向羅斯福抱怨美方撥交武器失信時，不但向羅斯福提出逐項說明，而且羅斯福還當場做了筆記，並叮囑霍普金斯趕緊將這些武器送交中國[45]。但是軍方不為所動。

　　還值得一提的是，中國第一次租借法案的申請項目絕大部分是美國產

44 Soong Memorandum to FDR, October 24, 1941. In CDS Papers, Box 15, Folder 2. 在此項備忘錄中宋子文還提到飛機部分。他告訴總統：1. 中方要求驅逐機350架，實際交貨僅100架（P-40s），美方決定撥交269架，承諾在1941年底前交貨83架，中方希望立即得到的是186架。2. 中方要求轟炸機150架，實際交貨為0架，美方決定撥交66架，承諾在1941年底前交貨24架，而中方希望立即得到的是125架。

45 宋子文致蔣介石電，1941年10月31日，Soong Papers, Box 58, Folder 13.

品，小部分則由加拿大提供，但是兩國的表現截然不同。來自加拿大的武器
有兩項，一是1,750挺Bren機關槍，二是50門兩磅重火炮（2-pounder
guns）。兩者都全數而準時地移交給中國，毫無短缺拖延。但是當加拿大又
承諾提供20門高射炮（Bofors anti-aircraft guns）給中國時，卻在半途被美國
軍方攔截挪作他用[46]。

如果換一個方法計算，則美國第一次和第二次租借法案的總預算大約是
$164,000,000，其中中國分配到的部分大約是$7,450,000 or 4.5%。再其中器
材武器部分從美國接收和運出的部分占租借法案的2.9%而已。再從其實際
運到緬甸仰光港口的部分則只占2.1%而已[47]。

難怪中方對這兩次申請的成果做了一個非常嚴峻的批評，「中國申請的
大部分重要項目，（美國政府）要麼從來沒有予以撥交，要麼只撥交極少一
部分，乃致絲毫不能發生作用。」作為自七七事變至珍珠港事變全程中國從
美國接受到的軍火援助而言，這真是一個令人如醍醐灌頂的總評價[48]。

依據中國政府估算，到太平洋戰爭爆發為止，美國租借法案軍火實際送
到中國手中的，最多只能裝備3個中國陸軍師。如果依照美軍標準，則只夠
裝備一個師而已。這就是美國在珍珠港事變前對中國陸軍全部的支援[49]。而這

46　"Memorandum re Chinese Lend-Lease," n.d.（about end of 1941）, p. 5, in CDS Papers，Box 40,
　　Folder 5.

47　"Memorandum Re Chinese Lend-Lease Program," p. 4, n.d.（probably end of 1941）, CDS Papers,
　　Box 40, Folder 5.

48　"Most of the important items required by the Chinese have either not been delivered or have been
　　delivered in such small qnaitities as to be virtually useless."見："Memorandum re Chinese Lend-
　　Lease," n.d.（about end of 1941）, p. 2, in CDS Papers，Box 40, Folder 5；依照另外一個換算
　　法，中國在珍珠港事件之前從美國獲得的全部武器彈藥大約是7百萬元美元的數目。或是：
　　第一次和第二次租借法案撥款的總數為164,000,000美元。而中國所得只是7,450,000美元，
　　約為總數的4.5%而已。見："Memorandum re Chinese Lend-Lease," n.d.（about end of 1941）,
　　p. 5, in CDS Papers，Box 40, Folder 5.）。

49　"Memorandum Re Chinese Lend-Lease Program," p. 2, n.d.（probably end of 1941）, CDS Papers,
　　Box 40, Folder 5. 又見："Memorandum re Chinese Lend-Lease," n.d.（about end of 1941）, p. 2,
　　in CDS Papers，Box 40, Folder 5.

些武器在零零碎碎到達中國後，立即在戰場上消耗殆盡，中國政府想倚仗租借法案裝備訓練30個陸軍師的計劃也全盤落空。

丁. 中美差距的外在原因

　　讀者們當然會想要進一步了解：美國租借法案的目標和中國實質收穫之間的這種懸殊差距，究竟是何種原因所造成？

　　其實，即便是在法案施行之初，中國方面就已經有了心理準備，知道美方對於中國政府所提出的申請清單，絕不會全額照收。中方的了解，包括美國本身的壓力和國際的競爭兩方面：

I. 美方本身的壓力

　　中國政府深知，美國本身的確有許多客觀因素，使它無法迅速滿足中國對租借法案物資的全部需求。

　　首先，美國由一個和平時期的生產環境轉變成為備戰狀態，由消費工業轉變為國防工業，無論是在廠房設備上，或是勞工人員的技能和心態上，都需要一個適應過程。在租借法案生效前夕，美國國內生產設備只有15%從事國防生產。然後不得不急劇提升，但是依然趕不上需求，特別是飛機、大炮、無線電、醫藥、彈藥的生產，尤其緊張。也就是出於這個原因，所以中國政府最早期最能夠獲得美國慷慨撥交的物資，反而是來自美國原本和平時期的生產線，比如軍用大卡車和鐵路鋼軌等，都可以立即從庫存中提取，等於是在刺激美國的消費，使得美國底特律的汽車工業成為最早的受惠者。

　　其次，即便是軍火武器已經生產出廠後，分配依然趕不上需求速度，因為美國本身此時也正在卯盡全力地擴充和裝備海陸空三軍。美國陸軍自20餘萬常備軍急速擴充，而海軍也需要大量物資去建立兩洋海軍，加緊太平洋各地的防務。它們的需求當然得到最高優先的分配。

　　第三，美國的貨運輪船數量有限，在航程途中損失率高，因此即便有物

資，也難以分配到輪船貨艙和噸位去運輸，再加上中國所依賴的緬甸港口和滇緬路的交通瓶頸，更是增加困難。

以上這些因素，都是宋子文曾經設身處地地為美國設想，也要求中國政府予以理解的[50]。

II. 國際競爭

租借法案一開始，三十幾個符合規定的國家立即要求美國施以援手。特別是英國和蘇聯，不但情況緊急，國際地位重要，而且戰鬥力強，又正遭受德國摧殘，到了危急存亡之秋，當然是美國優先援助的對象。

宋子文從一開始就警告蔣介石稱，租借法案既創造了新機會，也製造了新衝突。許多國家都將會成為中國爭取租借法案物資分配時的勁敵，而這些國家為了促進和租借法案總署的合作，也會成立專責機構代表政府行事。

宋子文特別對於英國在美國政府內外的活動能力，既是警惕又是羨慕，並且給予高度關注。為了了解英國人如何在華盛頓發揮他們能量，還特別去搜集有關「英國供應委員會」（The British Supply Council in North America）的資料。因而得知，該機構是代表英國全權處理一切和美國政府有關的租借法案事務。該機構最上層是一個9人的委員會，下屬6個"missions"，每個mission都有獨立自主的運作權，它們又分別代表英國國內重要內閣的部會（如外交部、海軍部、空軍部、糧食部等等）[51]。

更引人注意的是，僅僅英國一國當時已經派有700多名工作人員常駐華盛頓，專門為爭取美國物資而努力。這些英國人不但包括專家，對各種武器具有高度專業知識，因此可以把英國對於武器的要求說得頭頭是道，而且還有專職公關人員，和對口的美國政府單位進行聯繫，使得美方的批准手續得以快速通過。因為它的成員中包括一大批才幹出眾的人士，語言文化又和地主國一致，因此占盡優勢。可以想像，美方僅僅是為了應對英國這麼多能說

---

50 「借款事務總報告」宋子文呈，日期不詳，pp. 1-7. Soong Papers, Box 54, Folder 7.

51 Letter from Arthus B. Purvis to Soong, May 15, 1941. CDS Papers, Box 35, Folder 1.

善道手腕靈活的人員，漫天過海式的爭取租借法案物資，軍部和其他各部會都必須出動大批人員，保持經常性接觸，難怪英國能夠獲得法案支配範圍內最大數量的物資援助[52]。

　　英國供應委員會的案例，顯然為宋子文組織中國國防供應公司，提供了重要啟示。面對如此勁敵，宋子文當然也必須雇用少數有能力的美國人，去幫助中國爭取利益。宋子文這麼做似乎完全合情合理，也是職責所在。但是這卻使摩根韜氣憤難平，因為在過去三年裡，他已經為中國人立下了一些行為規矩和限制，基本上是由美國人隨心施捨，由中國人感恩敬納。而現在居然有中國人膽敢不遵守這個規矩。當然他無法控制的是，宋子文遠比胡適和陳光甫要難纏得多。

　　其實在相形之下，中國在華盛頓的工作人員遠遠無法望英國人的項背。依據CDS在1941年6月初的編制表，全部職員共58人，其中還包括秘書、打字員、信差、電話接線生，門房等等。有趣的是，在美籍職員中有14人為女性，恐怕是最早實行男女工作機會平等的單位。但是在當時白人男性主宰的華盛頓政治圈中，又顯然是一個弱勢單位。在這全部職員中，有28人為中國公民（多半來自重慶）。CDS董事會和其他具有領導地位者約有33人，其中17位為中國公民。換言之，最多只有16位美國籍人士可以幫助CDS在美國政府和社會中推展工作[53]。再依CDS在1941年8月分向美國國務院申報的為外國單位工作的全部人員為37人，他們包括董事、軍官和文職雇員。其中有4名華裔、32名美國公民、1名波蘭人（Rajchman）[54]。雖然宋子文曾經要求蔣介石從國內增派多名軍事專家赴美支援，但是中國軍方缺少熟稔英文的軍官，成為最大阻礙[55]。

52　宋子文致蔣介石電，1941年3月30日，《戰時外交》，第一冊，頁445-446。

53　"Office Personnel as of June 10, 1941," Soong Papers, Box 11, Folder 4. 所謂中國籍領導人包括宋子文、施肇基、朱世明、沈德燮、江杓3位將軍，6-7位校級軍官，及幾位文職人員。

54　Letter from Lawrence Morris, CDS to Liu Chieh, counsellor of the Chinese Emassy, August 6, 1941. CDS Papers, Box 13, Folder 4.

55　宋子文致蔣介石電，1941年3月30日，《戰時外交》，第一冊，頁445-446。

　　宋子文既得不到大批國內軍事專家協助去和美國政府保持廣泛聯絡，只好延攬了幾位在華盛頓政商界具有活動能力的美籍人士，成為中國國防供應公司（China Defense Supplies）成員。一旦完成這個安排，宋子文就很安心地向蔣介石報告稱，從今以後凡是牽涉到美國對華援助事務時，他都將能在總統身邊找到有力人士協助，務使美國援華政策得以產生實質性效果[56]。

　　還有一點值得注意的是，CDS和其他國家駐美單位不相同之處，就是沒有設立專責的公共關係部門，也不向外界定期發布新聞稿。它的公共關係只是依賴個別董事在美國政商界的人際關係。依據CDS內部文件顯示，他們能夠接觸的對象包括：聯邦政府各部門，幾家著名報紙雜誌（*The New York Times, The New York Herald Tribune, The Washington Post, Time Magazine, Life Magazine, Fortune Magazine, Asia Magazine, the United States News*）、其他新聞媒體和知名人士；和一部分民間團體。總共列名的個人或單位約在30-40個左右[57]。這大概就是宋子文經手的公共關係工作的總和，也是後來被美國學者大事渲染的中國遊說團（China Lobby）的雛形（當然宋美齡還有其他南方和教會的關係）。但是比起當時的英國遊說團誠可謂小巫見大巫了。正由於人手如此短缺，所以CDS的董事和非專業人員必須經常客串聯絡員，和美方財政部或軍部的專業人員直接打交道[58]。

　　也正是由於這種活動能量懸殊的對比，使得中國政府也願意承認有些其他國家的確占據到了租借法案分配的優先權，雖然心有未甘，但也只能接受美方決定授予較少額的援助數量。

　　然而，中美之間的問題遠遠超過上述的範圍。因為美方不僅是向中國提供極少量的援助，而且還振振有辭地評判中方的缺失。

---

56 宋子文致蔣介石電，1941年4月15日，《戰時外交》，第一冊，頁447-448。

57 "A Short History of China Defense Supplies" n.d. but probably prepared around may 1942. pp. 17-18, CDS Papers, Box 7, Folder 8.

58 "Coordination of liaison activities," a report by CDS, in a memorandum written by R. W. Bonnevalle, to the CDS Board Members, may 26, 1941. In CDS Papers, Box 1, Folder 5.

III. 中美雙方互責的內在原因

　　即便是在珍珠港事件之前，美國軍方對於中國政府所申請的軍事援助項目，就已經逐漸形成一些看法和說法。等到兩國在太平洋戰爭中成為盟友之後，這些看法和說法益形露骨，而在戰後則被軍方歷史學家將之定調，成為後世英文著作廣為採用的標準敘述。其要點是：中國政府在申請租借法案物資時，表現其無知無能、獅子大張口、不切實際、一味沉迷於先進和複雜的武器系統。由於美方無法接受中國的無理要求，而使來往商議審核的程序曠日費時，導致物資分配工作受到嚴重干擾。美國軍方抱怨稱，中國政府想要獲得的武器經常缺乏具體資料，或是美國兵工廠根本不生產的類型，或是根據美國軍方判斷根本不適合在中國戰場使用。美國軍方特別嘲弄的對象，是中方盲目要求美方提供美國並不生產的7.92mm口徑步機槍和子彈，又完全罔顧中國缺乏能夠載重的路基和橋梁，好高騖遠地要求戰車和大炮[59]。除了這些技術層次的指責之外，軍方還做出政治分析，判斷中國政府缺乏抗日鬥志，只是指望取得美製武器後加以囤積，然後在美日衝突中坐享其成。

　　檢視上述這些論點多年來之所以廣為流傳，其主要原因就是學者們在論述軍火一事時，完全依賴美國軍方資料，而沒有對軍方處理事務的過程和所涉武器的類型，進行獨立審核思考，更不屑參考（或不能閱讀）中方資料。最突出的例子就是批評中國政府只是意圖囤積武器而缺乏作戰意願，此說首先是由美軍代表團（AMMISCA）一位校級軍官Sliney中校所提出，旋即由團長馬格魯特將軍轉述報告軍部上級。但是按照這位軍官本人敘述的搜證過程，他只是和幾位中國軍官交談之後，加上自己的觀察，就對中國政府的抗戰意圖做出如此全面性的判斷。而此時該團卻剛剛抵達中國不足一個月（11月），尚未展開工作，該軍官本人初次身臨異國，不懂中文，對中國派系複雜的軍隊情況既未進行實地考查，也沒有和政軍領導人進行接觸，更無緣對蔣介石察言觀行，但卻對中國領導人內心深處最不可告人的陰謀詭計，已經瞭如指

59 See: Charles Romanus and Riley Sunderland, *Stilwell's Mission to China*（Washington, D. C., Office of the Chief of Military History, Department of the Army, 1953）, pp. 14-17.

掌，真是充分表現出美國某些軍人的政治智慧和對中國事務的「洞若觀火」[60]。

我們今日重新審視當年的中美關係，就會發現問題的複雜程度，遠遠超過前此的歷史論述，因此本書擬從兩個角度來進行分析。

A. 程序層面

首先從程序而言，基於本章前文已經詳細介紹中國政府經過的重慶俞大維署長和華盛頓的CDS專業委員會所做的前期準備工作，和他們與美方軍部專業人員的互動情況，因此可以推理，凡是經過美國軍方宣布接受的中國申請清單而且列為撥交的項目，就是已經經過美方嚴格檢驗認可的項目。而美方在中國原先申請的數量上，經過七折八扣後所批准承諾的數量，更是美國認為合情合理的（最低限度）數據。所以即使是完全依照美國軍方的說法，也可以看出，問題的出現不在於中國的要求不合理和不務實，而在於美方改變（反悔）了自己的承諾。換言之，即使中方曾經提出過不合理不務實的項目，也早已被軍部主辦人員在審核過程中予以排除，不能進入立項撥款的階段。等到軍部上級既做了承諾又不能兌現時，其原因就不是技術問題，而是決策問題，或是政治問題了。

考其原因，不外下列數端：

1. 美方在批准項目後長期拖延不採取作為，中方如若詢問也不予理睬。如果中方在下次申請時再度提出，則美方又可指責中方犯了重複申請的過錯。比如說：105mm榴彈炮（howitzers）、90mm高射炮、7.92mm子彈，中國都曾經多次申請，但是卻因為其他國家或美國本身的需求有更高的優先權而遭到擱置。而7.92mm子彈，則美國軍部一直要等到1941年底才通知中國，它可能會去訂購能夠生產7.92mm口徑子彈的工作母機。但是是否會實行與何時實行，則尚待進一步考慮[61]。

---

60 Romanus and Sunderland, *Stilwell's Mission*, pp. 43-44; also William G. Grieve, *The American Military Mission to China, 1941-1942*（Jefferson, N.C., McFarland & Company, 2014）, p. 25.

61 "Memorandum re Chinese Lend-Lease," n.d.（about end of 1941）, p. 2, in CDS Papers，Box 40, Folder 5.

2. 軍方在宣布履行承諾的過程中，經常單方改變數量或類型，或中途延期，或改送到其他國家，或全盤取消承諾。而且不向中方提供任何解釋。其次，中國政府也可能被通知，雖然美國的確擁有某些武器，但是有更緊迫用途，因此不能撥交給中國使用，或甚至在撥交後又收回或停運。比如說：13噸戰車、噪音探測器、探照燈、望遠鏡、槍炮測距器等，都在已經公布啟運時間表之後，又被取消。而另外有些中國緊迫需求的武器，美國軍部也承諾提供，但是毫無例外地，每一件都被大幅度減少數量，或是延遲撥交時間。比如說：榴彈炮（pack howitzers, field howitzers）、高射機關槍（0.50 caliber anti-aircraft guns）、反戰車炮（37mm anti-tank guns）、裝甲偵察車（armored scout cars）和戰車（Marmon-Harrington tanks）[62]。

3. 同樣普遍的情況，是美國軍方內部各單位缺乏協調，以致多次在大炮移交後卻發現忘記運送炮彈，或是送了炮彈而忘記大炮，使大炮形同廢物[63]。

難怪在面對這些困難時，CDS其實提出了非常清楚而簡單的解決方法。其要點是：

1. 請美方批准中國申請的最低要求（minimum requirements）的武器和彈藥數量，幫助中國軍隊繼續抗戰；

2. 將中國的最低要求與其他國家的要求授予同等優先權；

3. 在美國全部生產量上，對中國的申請劃出一定的分配比例；

4. 把這個比例的數量在承諾的時限內撥交到中國軍隊手中使用。萬一遇有特殊情況使得美方必須把向中國承諾的武器改送到其他國家時，應該在事先與中國協商[64]。儘管中方這些要求看似合情合理，但美方相應不理。

---

62 "Memorandum re Chinese Lend-Lease," n.d.（about end of 1941), p. 3, in CDS Papers，Box 40, Folder 5.

63 "A Report To Members of United States Congress On Lend-Lease To China" prepared by major general P. Kiang, CDS, dated May 13, 1942, pp. 1-4. In CDS Box 40, Folder 5.

64 "A Report to Members of the United State Congress on Lend-Lease to China," prepared by Major General P. Kiang, chairman , Ordnance Department, CDS, May 13, 1942. p. 7. In CDS Papers, Box 40, Folder 5.

B. 實質層面

我們還可以從另外一個角度來對美方的批評進行思考，那就是：中國申請的武器彈藥項目，是否果真不切實際和好高騖遠？我們不妨在此對中方申請的武器彈藥的性質和數量，進行更細部而理性的檢查。

前文曾經提到過中國政府在第一次和第二次租借法案申請中突出的16種武器彈藥，其中特別強調的是步機槍彈藥、防空高射機關槍炮和榴彈炮。它們是中國最急迫所需和最大宗申請的軍火，值得我們深入了解。

1. 7.92mm 口徑武器彈藥的案例

中國對租借法案武器最大的要求項目是7.92mm步槍機槍彈藥，它立即被美國軍方予以拒絕，而後世學者們更是屢屢引用此案例，嘲笑中國政府完全無視於美國根本不生產該口徑槍彈的事實，胡亂要求，足見中國政府的無能和無知。

然則，中國政府究竟為何提出該項要求？美國又究竟是否有能力提供協助？

如前所言，7.92mm步機槍是自20世紀初期以來，所有中國的中央軍隊和地方軍隊普遍使用的制式武器。全部中國數百萬士兵每日依靠它去對日作戰。除非美國能夠提供數百萬支新式步槍（0.30）和機槍（0.50）全面性重新裝備中國軍隊，否則中國抗日戰爭必須每天消耗7.92槍彈約在200,000-2,500,000發子彈之間（依照中國政府就1939-1940的實際作戰經驗）。既然美國要以租借法案支援中國抵抗國際侵略，而又是中國武器唯一的支援國家，因此向美國要求該項彈藥，毫不奇怪。與「無能無知」完全不相干。

更為務實的問題應該是：美國軍方究竟是否有能力向中國提供7.92口徑彈藥？可以想像的解決方法似乎有兩種：一是由美國兵工廠製造後運往中國，二是幫助中國兵工廠就地製造。

就美國製造而言，它沒有現成的產品，的確是事實。它不能製造，則只是藉口，掩飾其缺乏援助中國的意願。因為任何小口徑彈藥，只不過是工作

母機不同而已。如眾人所知，槍彈的生產並不複雜，它的4個組成部分分別是彈頭、火藥、金屬彈殼和點火引信。把這4種材料放進不同尺寸的工作母機，就可以出產不同口徑的彈藥。以美國兵工業的發達，幾乎不需克服任何技術難關，即可建立大規模的生產線[65]。

回顧租借法案剛剛實施，蔣介石就急不得待地致電宋子文（1941年4月），說明7.9mm機關槍和子彈是中國戰場上最迫切需要的軍火。正因為中國明知美國當時並不生產該口徑的彈藥，所以中國政府特意指示俞大維領導的兵工署，把製造該項軍火所必需的全部圖紙和規格準備妥當，以備隨時向美國軍方提供，務必請求美國政府儘快採取行動[66]。宋子文經過幾個月努力仍舊未能取得軍方回應，只好退而求其次，希望美方提供生產原料，由中國在自己國內生產[67]。但是直到1941年底，儘管中國三番五次急迫請求提供5-6億發槍彈，但是未能獲得任何回應。而美國之所以相應不理，非不能也，是不為也。而且還要借此奚落中國軍方不諳美國國情[68]。

第二種方式是由美方協助中國政府，在中國內地生產7.92 mm槍彈。正因為該口徑的步機槍早已是中國陸軍的制式武器，所以國內兵工廠對於生產都能駕輕就熟。只是由於歷經4年的破壞，所以中國兵工廠的設備器材只能滿足中國軍隊一半的需求。這也是中國需要美國5-6億發槍彈應急的原因[69]。

中國政府兵工部門曾經做出估算，如果要達到每月生產66,000,000發槍彈目標，則中國兵工廠需要約3725噸原料（炸藥、彈體、工具鋼、鋅、特製潤滑劑、鋼板等等）。如果能夠從美國多獲得4200噸原料，則中國兵工廠

---

65 "Chinese Ordnance Requirements Summary" n.d. but probably written at end of 1941 or early 1942, CDS Papers, Box 8, Folder 12.

66 蔣介石致宋子文電，1941年4月19日，Soong Papers, Box 58, Folder 7.

67 宋子文致蔣介石電，1941年9月8日，Soong Papers, Box 58, Folder 12.

68 "Chinese Ordnance Requirements Summary" n.d. but probably written at end of 1941 or early 1942, CDS Papers, Box 8, Folder 12.

69 Memorandum from H. Wang to Soong "Re: 7.92 mm Rifle cartridges," October, 13, 1941; in CDS Box 21, Folder 1. 又見："Status of Chinese Ordnance Requirements and Deliveries," dated March 23, 1942, in CDS Papers, Box 50, Folder 3.

還可以生產輕型迫擊炮和炮彈[70]。

　　1941年中國後方大約尚有20間兵工廠。有一個受過技術訓練的工人群，可以生產各種小型武器和彈藥。但是由於缺乏原料和生產母機老舊破損，因此無法發揮潛能。CDS在其物資申請項目中，曾經特別要求美國提供90,000噸原料供中國兵工廠使用。並且向美方提出估計，在得到這些原料之後的一年之內，中國兵工廠希望能夠生產的武器大致如下：

105mm 榴彈炮（howitzers）	60門
75mm howitzers	120門
37mm 高射炮	240門
20mm guns	480門
7.9mm 輕重機關槍	14,400挺
120mm 迫擊炮（trench mortar）	1,200門
82mm 迫擊炮（trench mortar）	6,000門
60mm 迫擊炮（trench mortar）	7,200門
轟炸機炸彈	6,000公噸
各式榴彈炮炮彈	600,000發
迫擊炮炮彈	4,200,000發
7.9mm 槍彈	600,000,000發
手榴彈	1,200,000枚
防毒面具	200,000套

　　以上這些武器和器材都是中國抗戰的急需品。美國軍方既可以選擇在美國生產後運往中國，又可以向中國提供兵工原料，由中國自行生產。但是美國軍方最後的選擇是兩者均不理睬。一直要等到太平洋戰爭爆發的4個月後（1942年4月分），美國軍部才終於關心中國戰場的起伏，開始在美國生產7.92口徑彈藥。

---

70 Memorandum from CDS to Currie, "Status of Arsenal Material Problem for China," April 1, 1942. In CDS Papers, Box 50, Folder 2. 又見：Memorandum on Materials for Chinese Arsenals, from General P. Kiang to Corcoran, August 5, 1941. In CDS Papers, Box 21, Folder 8.

2. 其他武器的案例

中國政府所要求的其他武器的命運也同樣令人深思：

1. 75 mm榴彈炮（pack howitzers）：中國申請360門，美方撥交20門，並且沒有進一步安排後繼的撥交計劃。此項武器非常適用於中國山區地形戰場。在1941年7月22日，軍部曾經承諾從7月分起撥交57門，但是7、8月均無動靜。到了9月6日，軍部改稱在9月撥交20門，以後逐月增加，到1942年1月預計會增加到每個月撥交50門，如此則到1942年6月就可以完成360門的目標。但是到1941年11月為止，中國總共只收到20門。其他全無音信。

2. .50口徑高射機關槍：此項武器是整個中國戰場抵抗日本空軍炸射最重要的防禦手段。中國申請1,360挺，但是實際撥交285挺。依照美方在1941年7月22日所定的日程表，批准了中國全部申請的數量，並且承諾自7月開始撥交100挺然後逐月增加，並且承諾在1942年4月完成全部撥交目標。但是在1941年9月6日，軍部單方宣布新的日程表，在9月分撥交285挺，其他則仍然依照原先計劃完成。但是9月11日又突然取消全部承諾。為此蔣介石趕緊親自向羅斯福求援，其結果是美國在10、11、12三個月內一共撥交了285挺，但是拒絕對未來做任何承諾。不幸的是，當這批武器在太平洋戰爭爆發時剛運抵仰光港口時，立即被當地英軍沒收據為己有，蔣介石又不得不致電邱吉爾求援，而英國在三個星期後才允許中國政府取回。

3. 37 mm反戰車炮：中方申請360門，美方撥交60門，並且沒有進一步決定。根據中國政府說法，這種武器是反制日軍戰車最有效的武器。但是軍部在1941年單方將之減少為240門，而到了年底卻只移交60門。軍部而且在口頭上通知中國政府，未來送貨的希望渺茫。

4. 75 mm榴彈炮（field howitzers）：中方申請240門，美方撥交77門。美方原先承諾在1942年1月分以前將240門炮全部撥交，但是實際只撥交77門，軍部同時單方取消了剩餘的167門計劃[71]。

---

71 Memorandum on Ordnance, n.p. but probably written in late 1941, pp. 2-3, CDS Papers, Box 14, Folder 15.

5. 衝鋒槍（Tompson sub-machine guns）：中方要求22,000挺，運到12,000挺，承諾後續運送10,000挺。這是在全部第一次租借法案中中方申請的武器項目中，唯一被美方全部接受的中方要求，但是它也是中方武器要求中，品質最差的一項，即使在中國戰場，也只適用於遊擊隊作戰。而且是由加拿大製造。（難怪美方不予刁難。）[72]

以上這些資料顯示，中方依照租借法案提出的大批物資，其中再三強調的16項武器，並不是標新立異的先進武器，而是最基本的步兵槍炮和防空槍炮。但是即使針對這些基本武器，美國軍方或則不批准，或則在批准過程中大打折扣，更常見的是承諾之後不兌現，或是中途改變決定，或是交貨日期嚴重落後，或是不了了之，以致對中國戰場幾乎不能產生有意義的幫助。這些數據也讓美國軍部歷來對於中國武器要求的批評顯得軟弱無力。因為歸根結柢，美國不肯給的不是先進的武器，而是制式武器，如果連步槍、機槍和子彈都不願意給，實在很難令人信服美國軍方，為了洗刷自己責任而諉過於中國的說詞。

這個現象也幫助我們更容易理解，為什麼蔣介石和宋子文屢次感到必須繞開軍部，而直接向總統求助。從軍部立場看，他們當然最喜歡和胡適大使這類的中國官員打交道，因為他尊重美國聯邦體制，不做越級的接觸或求援。如此則一切主動權都操在軍部手中，他們願意給什麼，給多少，什麼時候給，什麼時候改變主意等等，完全自主定奪，不受中國的干擾和壓力，甚至不許中國政府質疑。也正是在如此嚴峻情況下，胡適所謂的「苦撐待變」的負面含義，才暴露無遺。換言之，美國人有自己的想法和做法，中國只能照單全收地苦撐到底。但是人們不禁會產生一種疑懼，萬一國際和美國的「變」，導致了類似第一次大戰戰後和會上列強出賣中國的結局的話，那麼中國怎麼辦？如此說來，蔣介石授意不讓胡適過問軍援事務，也許確有先見之明，雖然無法從根本層次改變美國軍方的冷漠，但是至少為中國的「苦撐」

---

72 "Memorandum re Chinese Lend-Lease," n.d.（about end of 1941）, p. 5, in CDS Papers, Box 40, Folder 5.

增加了些微心理能量和物質支援，為國際局勢的「變」從消極的「等待」轉換成積極的爭取。

IV. 其他幾個常被美方詬病的問題

A. 中國申請的武器不適用於中國戰場

　　戰時美國軍方對中國申請武器的另外一個批評是，中方領導人要求戰車，足見其對於戰場實戰缺乏認識，原因是該項武器過重，中國的橋梁和道路無法承載，等於廢物。其實仔細檢查中國的申請清單即可發現，中國所要求的不是歐洲和北非戰場交戰雙方所使用的巨型戰車，動輒數十噸，而只是3噸或7噸的輕型戰車，比軍用大卡車重量略大而已。

　　更何況美方說法，已被中國戰場以往3-4年的實例屢屢否定，因為日軍在華作戰大量部署戰車及大炮，使得中方傳統由泥土堆積而成的防禦工事，完全無法承受其攻擊力。這個現象使得中國政府也希望取得相等的武器，與日軍公平搏鬥。

　　再從外國戰場經驗觀之，德軍在南斯拉夫山地作戰使用同類武器，和1944-45年美國軍方本身在第二次緬甸戰役中大量配置同類武器等實例，都足見美國軍部此種說法只是遁詞，或是暴露自身的無知而已。

　　事實上，如前所言，如果這些武器最初在中美雙方技術人員的會商中沒有通過美國審核，則中方自然沒有機會將之列入正式申請項目。而一旦通過軍部審核並且得到配額，然後又轉變成為指責中方的理由，則它說明的是軍部高層人員在政治上的不願給，而不是基層人員在專業檢驗時認為無法過關而不應給。只是高層人員不願意坦承自己的變卦，只好轉移焦點，將缺失歸於中方。而後世學者不察實況，也對美軍官方說詞照單全收。中國是弱國，在此充分承受了「拿人手軟」的苦果。而美國作為強國，是施捨方，對於諉過於他人，當然也是它特權的一部分[73]。

---

73 證諸美國軍方1942年初處理熊式輝和中國軍事代表團一事，就可知這種對待中國的事例並

B. 中國囤積武器之嫌

美國軍方對中國更負面的指責，是中國有預謀地囤積武器。換言之，國民政府的如意算盤是儘量取得美國武器，但是下定決心不用於抵抗日軍。

1941年初，當中國政府要求美國對中國今後18個月武器需求做出一次性批准時，羅斯福卻表示他雖然願意破例對中國的飛機要求盡力滿足，但是對於其他武器則必須逐步審核辦理，無法做一次性承諾[74]。中國要求大批輸入武器的意願在此後逐漸在軍部引起疑竇，認為中國政府處心積慮就是想要從美國大撈一筆。也在心理上形成嚴重的抗拒感。

其實，中美兩國各自採取的立場都並不難了解。

從中國方面來說，重慶政府之所以一次性地提出了此後18個月的武器需求，主要理由有二。一是，這是測試美國誠意的最好方法。因為在過去兩年來蘇聯供應中國抗戰武器最大的困難，就是其不可靠性。不管是空軍或是陸軍武器，其數量之多寡、性能之優劣、交貨之急緩完全視蘇聯政府當時意向而定，而蘇聯政府的意向又受多種因素影響，包括蘇聯和德國在歐洲戰場上的較勁，蘇日關係的緊張或鬆弛，蘇聯對於中國內政的盤算和干預等等。以致演變到蔣介石雖然屢次請求蘇聯履行承諾，到最後仍不免失去耐心，向蘇聯政府表示絕不哀求。這也正是中國政府之所以改向美國購買武器的主要原因之一，18個月可說是從痛苦經驗中吸取的教訓。有了18個月的庫存武器，就比較能夠應付國際上的不測風雲。

但是想不到，同樣的事實在不同的觀點下就可能導致完全相反的分析。一旦美國部分軍人無視於中國從七七事變以來就持續獨力抗戰的艱苦記錄，大膽推測國民政府其實內心不願打仗，而蔣介石要求美方儘快提供武器，就正好印證了他們推測的正確性：那就是，中國人只想欺騙美國，趕緊騙取大量武器到手，予以秘密囤積作為他日進行內戰的資本。

二是，中國的抗戰歷程一直被兩個因素所困擾。一個是國際大勢的瞬息

不少見。見：齊錫生，《劍拔弩張的盟友》，第二章。

74　羅斯福致蔣介石電，1941年5月3日，《戰時外交》，第一冊，頁621。

萬變，高度不穩定。另一個是武器出產國隨時改變它們的國策（先有德國，後有蘇聯）。因此中國的對策就是在驚風駭浪的國際局勢下，可以儲存足夠的武器彈藥應付本身抗戰需要，而且貯存量越快越好，越早越好，越多越好，以防國際局勢發生突變（例如：英國關閉緬甸路）而使中國措手不及。更令中國擔心的是供應國（例如德國）不時把武器當成是脅迫中國向日本妥協求和的條件，而全然無視於二者之間根本性的矛盾。歸根結柢而言，中國政府之所以求購武器孔急乃是為了繼續抗戰。如果必須被迫談和，則又何必買武器？

換言之，中國政府最理性的盤算是，無論國際局勢如何逆轉，中國抗戰都可以持續進行。因此，儲存18個月武器已經成為國家軍事計劃中不可或缺的一部分。如果沒有這項保證，則中國領袖們將永遠處於焦慮之中，今日不知明日能否有米舉炊，而且可能導致軍隊在作戰過程中，為了節省彈藥而益趨保守，過分保存實力而喪失攻擊性。

史料顯示，重慶政府對於西方國家武器是否能夠順利運送到中國的擔憂，並非是故意做給美國人看的一種姿態，而是發自內心的恐懼。1940年夏季英國突然宣布關閉緬甸通路已經是一個強烈警訊。即便是緬甸路在1940年底恢復運輸之後也未稍減。10月間，蔣介石由於擔憂日本可能進攻雲南，所以派遣何應欽和林蔚到雲南籌畫防務[75]。與此同時，他又開始關注從西康建造一條新公路到印度的Sadiya以遠離日軍轟炸破壞，並且指示駐英大使郭泰祺協同宋子文向英國交涉，在印度召集勞工，由美國提供機械，儘快施工[76]。1941年1月日本勢力進入越南，更讓蔣介石相信它必定會進攻雲南[77]。因此中國必須未雨綢繆，為緬甸通道可能切斷預作準備。用不著說，預作準備包括兩個對策，一是另闢新通道，二是及早得到充足武器，藉以增加抗戰的安全係數。不久之後，他甚至更為悲觀地說，「若照倭對泰越與瓊明之動作而

---

75 《蔣介石日記》，1941年10月27日。

76 宋子文致郭泰祺電，1940年10月日期不詳（15日？），Soong Papers, Box 41, Folder 1.

77 《蔣介石日記》，1941年1月9日，2月20日。

論，勢非美倭決戰不可。**則余不願美國加入戰爭之期望恐成泡影耳。**」[78]如果蔣介石這則日記果然誠實，則他此時的期望，並不是把美國拉進戰爭，而是正好與某些美方人士的推測相反，他希望美國可以避免戰爭。

根據蔣介石私下所表達者，在1941年有幾種因素增加了重慶政府對於緬甸路安全的擔憂。一是英美和日本之間關係可能惡化。二是日本可能執行南進政策。兩者無論何者發生，都足以直接威脅到緬甸通路的安全，因此中國數度要求英美兩國共同提出路線通暢保證[79]。重慶政府也曾經試圖和英國直接交涉，並在1941年初數度企圖說服英國協商中英防務合作事宜，但都遭到英國人冷淡對待。

到了1941年春末夏初，蔣介石更趨向認定日本必定會執行其南進政策。他對國際局勢做了一個宏觀性的預測，寫道，「**而倭之南進，與德之攻俄，以及美之參戰者，是皆已成定局。如無特殊變化，則此三者必於最近期內實現，可無疑也。**」[80]適值此時，日本又沒收了中國在越南海防市庫存的物資。這一連串發展都迫使重慶政府在7月間開始定出時間表，首先是緊急疏散在緬甸的庫存物資，其次是由蔣介石在8月初指示部下儘快著手從西康省開關一條通往印度的新公路的測量工作[81]。

在這種情況下，中國政府唯一能夠傾訴其內心恐懼的對象是美國，豈知美國某些軍人自作聰明地以為中國人在玩弄障眼法，只是一味想騙取武器。因為純從美國立場著想，則軍方寧願中方只提出短程申請，讓美方可以在優先滿足西方國家在歐洲戰場中的需求之後，從容將剩餘物資酌量撥交中國，並且在此期間內還可以對中方使用美式武器的效率加以檢查，同時維持美方最大限度的自主性和討價還價的空間。雙方此種心態差距，在此後的軍事合作過程中，不免產生了長期性惡果。中方開始懷疑美國承諾的誠意，而美方卻認為中方的意圖根本不是抗日，而只是囤積大量武器留作他日消滅國內政

78《蔣介石日記》，1941年2月24日。

79《蔣介石日記》，1941年2月20日，8月7日。

80《蔣介石日記》，1941年5月13日。

81《蔣介石日記》，1941年5月27日，7月5、22、27、31日，8月2日。

敵。

　　後來的發展顯示，即使美國政府已經承諾提供的武器系統，也不能如期運到中國。在這種情況下，中國政府當即做出了一些相應措施。比如說，蔣介石向美國大使詹森（1941 年 5 月 10 日）表示，如果美國能夠提供中國足夠武器的話，則中國可以獨力對付日本侵略而幫助美國避免美日之間的戰爭[82]。顯然地，蔣介石試圖以美國本身的國家利益作為訴求點，去打動美國準時向中國提供軍火。但是美國軍方不為所動。不幸的是，上述蔣介石在 5 月所做的 3 個宏觀性的預測，居然在此後半年內相繼應驗。

C. 瑣碎性質的批評

　　當美國軍方批評中方要求的軍事器材不合理時，還會引用一些具體的實物作為例子。比如說，最近一本英文著作所列舉的證據就包括大量的「重複和不切實際的器材和原料」：軍毯、防毒面具、棉花、銅製和鐵製通訊電話線[83]。

　　如本章前文所述，雖然中方不斷大聲疾呼的重要項目是飛機、大炮、步機槍、彈藥等等，但是以中國軍隊處境之艱苦，它完全可以用得上美國願意慷慨解囊的一切物資。針對以上的例子而言，中國不是產棉大國，但是數以百萬計的士兵中，的確有相當數目衣不蔽體或冬著夏衣，完全可以受惠於美國軍毯和棉花。日軍使用毒氣作戰造成中國軍隊傷亡慘重，肯定歡迎配備美式防毒面具。而金屬通訊線則更是所有軍事單位不可或缺的基本通訊器材。以上器材，均非中方本身有能力充分供應國軍者，那麼向美方要求此類器材，不解有何「不切實際」之處？

　　重讀此類批判不免讓人產生兩種感觸。第一是它的津津樂道。學者在戰後 70 年重新檢討這個問題時，居然仍然只能重彈老調，提不出新史料和分析，誠為憾事。更何況，該著作所引的權威史料來自美國駐華軍事代表團一

---

82 《王世杰日記》，1941 年 5 月 11 日。

83 Grieve, p. 107.

位低級軍官（Russell 少校）。其目光所見只是仰光港口，對戰爭全局缺乏宏觀思考，而且尚未到過中國戰場，就滿懷自信地將某些物品定性為「不切實際的器材和原料」，令人覺得學術似乎停頓在原地不動。簡言之，如果這些器材原料可以運到中國境內，則對抗戰肯定會有相當貢獻。第二是它的避重就輕。美援的瓶頸在緬甸，世所共知，而美國雖然在緬甸有極大的外交和軍事談判實力，卻明令馬格魯特不可涉入。回觀美國此時對英國的協助，在史學界屢屢得到稱讚，因為它在運輸過程中遭受德國潛艇重大打擊而堅定不移完成任務。但是在討論緬甸運輸時，卻撇清干系，諉過他人。這種做法也真是對歷史真相的虧欠。

V. 中國對飛機的要求

　　本章前文對於軍火的討論，重點是中國陸軍的需求和美方的回應。鑑於中國對於空軍的需求性質極不相同，因此必須在以下篇幅加以分別處理。

　　首先需要指出的是，飛機是中國對美國武器最早感到興趣而且是唯一的項目。早在1939年，重慶政府就想以美國飛機取代蘇聯飛機，而宋子文派赴美國的主要使命之一，也是爭取美國製造的飛機。因此他在抵達美國後不久，就不斷接到蔣介石指示。先是在7月分，蔣介石要求羅斯福將原本規劃撥交給法國的飛機的10%轉撥給中國[84]。兩個月後，他又致電宋子文稱，「如美國果有意與我合作，則我所望其接濟之武器**惟飛機而已**。而主要之接濟仍在經濟與金融，以安我抗戰之民心與軍心，使能持久抗戰，為惟一要求，此外無任何要求也」[85] 相對而言，陸軍軍火武器反而是後來在新環境下的衍生物。

　　在此還應該指出的是，蔣介石雖然此時已經希望建立中國空軍的力量，但其動機並非如同某些批評者所形容的那麼單純幼稚。多年來某些西方人士對於蔣介石熱心建立空軍力量的批評，大致有兩個說法。一個說法是推測蔣

84　蔣介石致宋子文電，1940年7月12日，Soong Papers, Box 58, Folder 1.

85　蔣介石致宋子文電，1940年9月18日，Soong Papers, Box 58, Folder 1.

以千計的飛機去保衛像英國這麼一個領土狹小的國家。其正當性從未引起任何美國軍事領袖質疑。更不曾有美方將領指責過英國妄圖以美國飛機打敗德國。但是儘管中國領土數十倍於英國，而中國又只要求數百架飛機保家衛國，卻被美方批評者指責為貪得無厭，這個邏輯實在值得細究。

此時還有另外一個更貼近中國的實例，對蔣介石產生了重大影響，那就是蘇聯和日本在西伯利亞邊境地區上的衝突，而蘇聯紅軍在1939年成功地擊退了日軍的挑釁。根據蔣介石獲得的情報，這項戰果得力於蘇聯在遠東地區動員了500架飛機，在半個月內摧毀了600架日本飛機，阻遏日本空中攻勢，然後協同陸軍在地面戰鬥中，得以獲取勝利。在一封致羅斯福電文中，蔣介石表示他也希望同樣情形能夠在抗日戰爭中發生[87]。

A. 飛機與租借法案

在租借法案的範疇下，中國對於飛機的申請，則是另外一本複雜的帳。就美方而言，一般軍火完全由陸軍決定，但是飛機則需要經過陸軍、海軍和陸軍航空隊的協調才能做出決定[88]。

讀者或許希望了解幾個基本的問題：

1. 中國要求美國提供多少飛機？
2. 中國需要飛機的理由是什麼？
3. 中國就飛機申請事項和美國互動的經驗如何？

1. 中國要求美國提供多少飛機？

這個問題的答案比較清楚。中國政府在文件上提過的最高的理想數字是1,000架飛機，但是趕緊聲明最初階段只要求500架飛機。其中包括350架驅

---

[87] 蔣介石致羅斯福電，1940年12月13日，《戰時外交》，第一冊，頁427-429。

[88] "Coordination of liaison activities," a report by CDS, in a memorandum written by R. W. Bonnevalle, to the CDS Board Members, May 26, 1941. In CDS Papers, Box 1, Folder 5.

逐機和150架轟炸機[89]。如同本章前文所述，這個數量早在1939-40年間就已經納入中國政府的長程計劃，繼之在第一次租借法案時又成為正式申請，並且在珍珠港事件前甚至太平洋戰爭爆發之後，都維持不變[90]。

　　第二次租借法案申請只是希望能夠保證500架飛機的作戰狀態，能夠有足夠的補給，維持這個500架數字。中方甚至指出，這個數字低於美國航空工業一個星期的生產量[91]。

2. 中國需要飛機的理由是什麼？

　　中國政府除了希望有空軍可以升空保衛城市人民和工商業設備之外，再三強調的是它可以更有效地持續抗戰，其論點大約可以綜合為下列幾點：

　　首先，中國陸軍需要空中支援地面作戰。由於中國地面部隊完全沒有空軍支援，而日本空軍可以對它們肆意炸射，因此是國軍屢屢敗退的主要原因之一。比如說，1940年夏季，蔣介石致電宋子文稱，「每次（戰役）我軍之所以不能得到最後勝利，完全在我空軍數量對日不及百一之故也。」[92] 1941年，蔣介石又電告宋子文稱，「入夏以來，敵機肆虐更甚，任意轟炸，我軍民無法抬頭反擊，中條山失利，原因即在飛機缺乏。」[93]如果有了美國飛機，就可以扭轉此種戰場上的絕對劣勢，甚至幫助國軍反守為攻。這種信息在中國政府內部文件中不斷出現[94]。而且這些說法的時機，和中國政府希望重建

89　宋子文致蔣介石電，1941年6月13日，Soong Papers, Box 58, Folder 9.

90　"A Short History of China Defense Supplies" 28pages, China Defense Supplies Papers, Box 7, Folder 8. 具體言之，第一次租借法案申請包括：250架戰鬥機，其中100架P-40戰鬥機、150架轟炸機、訓練機及運輸機若干；每個月補充額：戰鬥機25%、轟炸機15%。另外相關的武器彈藥（機槍、炸彈）、照相儀器、探照燈、無線電通訊設備、防空高射機關槍及炮。

91　"A Short History of China Defense Supplies" n.d. but probably prepared around may 1942. p. 27, 28 pages, CDS Papers, Box 7, Folder 8.

92　蔣介石致宋子文電，1940年7月12日，Soong Papers, Box 58, Folder 1.

93　蔣介石致宋子文電，1941年7月1日，Soong Papers, Box 58, Folder 10.

94　"Memorandum re Chinese Lend-Lease," n.d.（about end of 1941）, p. 7, in CDS Papers，Box 40, Folder 5.

方合作，亦無成果[99]。

　　如果美方對於驅逐機只是持曖昧態度，對於轟炸機則是絕口不提[100]。到了1941年6月間，宋子文不得不向居里求助，但是「居里亦謂智窮力竭，無計可施。」[101]儘管宋子文不斷向美方提出轟炸機要求，但是美方拒絕考慮所提的說法，就是英美兩國本身的需要必須優先滿足。因此到了1941年6月中旬，宋子文只好向蔣介石提議，超越軍部而向總統直接求援，「歷舉事實，率直密告，進以危言，曉以利害，以政治方法促動總統之決心，或可於英美需要之中，抽讓若干。」並請求蔣介石明白指示是否可以採取這個途徑[102]。到了9月分，宋子文更進一步認為，如果要想讓租借法案達成更好效果，則中美雙方必須在心態上做出一個根本性調整。他向蔣介石建議，「**美國現在供給我方物資，似出乎情義居多。以後應使其更加明瞭，中國之抗戰在國際上有莫大之關係。尤其中美兩國之間，利害與共，不可分離。供給我軍械，係為我達到一種任務，非關於情面交誼，否則我永久處於請求之地位，焉得謂之平等合作？**」[103]換言之，出於情義，則施捨與否，全權操在美方手中。出於互利，則中方可以理直氣壯地要求公平待遇。

　　然而儘管蔣介石相信中國所要求的150架轟炸機絕不可能影響歐洲戰局，但是美國的不願幫助，使得中國也只好求助於英國邱吉爾首相，希望後者能夠轉讓部分轟炸機給中國。即使宋子文也承認「此亦無可奈何之中，作萬一之想。」[104]鑑於蔣介石歷來與英國有隔閡，卻需要低聲下氣去請求邱吉爾高抬貴手，也可見中國的需求何等迫切。當然，問題的核心並不是英國，而是美國軍方不願提供飛機。

99　外交部來電，1940年8月7日，Soong Papers, Box 39, Folder 29. 又見：蔣介石致宋子文電，1940年8月15日，10月27日，Soong Papers, Box 58, Folder 1.

100　宋子文致蔣介石電，1941年7月1日，Soong Papers, Box 58, Folder 10.

101　宋子文致蔣介石電，1941年6月13日，Soong Papers, Box 58, Folder 9.

102　宋子文致蔣介石電，1941年6月13日，Soong Papers, Box 58, Folder 9.

103　宋子文致蔣介石電，1941年9月18日，Soong Papers, Box 58, Folder 12.

104　宋子文致蔣介石電，1941年7月2日，Soong Papers, Box 58, Folder 10.

在整個轟炸機申請過程中的一個異數，是空中堡壘型（Flying Fortress）轟炸機。它原本不在中國政府的申請項目之列，而是由美方主動提出，並且急不得待地要求中國政府務必在一個月內完成機場建設供該機進駐。中方當然喜出望外，當即保證在1941年3月前建成可供該型轟炸機起降的機場。但是中方也善意提醒美國，空中堡壘機型必需要有足夠的驅逐機護航，否則易被敵機擊落[105]。這就使美方重新思考，最後不了了之。這個案例也顯示美方決策搖擺不定，起初十萬火急，不久銷聲匿跡。而美國軍方在處理這個粗糙和輕率的戰略決策時的淡化，相對於它處理中國陸軍武器申請單項武器時的熱諷冷嘲，只能責怪中國是弱國，如果想他國高抬貴手，就必須忍氣吞聲。

轟炸機在1941年9月分又有新發展，因為陳納德突然向宋美齡報告好消息稱，美國將撥交33架Lockheed轟炸機和33架DB-7 Douglas轟炸機，而且他建議將Lockheed撥交給AVG，而將DB-7撥交給中國空軍[106]。不久證明，這又只是一場空歡喜，因為一直到珍珠港事件發生為止，中國始終沒有收到過一架轟炸機。

就飛機申請的大局而言，在1941年8月中旬似乎出現轉機。經過宋子文親自到軍部交涉，軍部做出承諾，在1941年12月31日之前向中國交貨的數量將會是：

1. 中型轟炸機（Medium bombers）：100架
2. 驅逐機（Pursuits）：1000架
3. 運輸機 Transports：100架
4. 高級教練機 Advanced trainers：200架
5. 初級教練機 Basic trainers：300架
6. 雜項 Spot items

根據美國軍部這個比較完整的文件可以看出，它承諾在1941年年底之

---

105 蔣介石致宋子文電，1940年12月23日，Soong Papers, Box 58, Folder 3.

106 Chennault memorandum to Mme. Chiang Kai-shek, September 1, 1941. Chennault Papers, Box 1, Folder 13.

這種言論把太平洋戰爭爆發前（1939-41）後（1941-45）兩個時段混為一談，完全無視於中國政府早在美國參戰前兩年（1939）就要求500架飛機的事實，而更早（1937-39）還有更大量的蘇聯飛機。如果今後還有學者鍾情此論，能夠向讀者做出的最好貢獻就是提出有力的新證據，而不是引用幾位美軍將領的自作聰明。否則這種說法只能凸顯美方官員的嚴重誤判和無知。

2. 中方資料對於這500架飛機究竟要達到何種目的，曾經向美方提供過明確的答案：（1）有效地阻止日本對中國大後方城市的濫炸；（2）打擊日本陸軍在華高度依賴的水運補給系統；（3）以空中炸射支持中國地面部隊作戰，希冀扭轉戰場劣勢，幫助中國陸軍進行反攻；（4）攻擊日本本土工商業基地，打擊日本海軍，使日本人知難而退，脫離中國戰場。

3. 美國軍方從租借法案一開始就缺乏意願協助中國建立空軍，對於中國提出的申請，盡量降低批准的數字。一旦批准後又隨意縮減，改撥他國，延誤運輸，甚至乾脆全盤取消。英文史書對這些美方缺失和背信盡量淡化，而是選擇把焦點放在批評中國空軍建軍構思的不切實際。美方明確的結論是，錯誤都在中方。

4. 中國從1939-1940年對美國飛機產生遐想以來，經過將近兩年的努力，所得微薄。直到1941年11-12月間，才取得不足100架驅逐機交給陳納德的AVG使用，全部投入緬甸保衛戰。而整個中國廣大戰場的地面作戰中，在珍珠港事件前，沒有美國飛機的蹤影。比起蘇聯空軍1938-1939年間的貢獻，相差極大。

戊. 派遣軍事代表團赴華

太平洋戰爭前中美軍事關係還有一個發展需要予以關注，那就是美國軍事代表團（American Military Mission to China，簡稱AMMISCA）的派遣。它不但和租借法案有關，而且也和宋子文的外交作風有關，因此需要進一步說明。

I. 美國決定派遣軍事代表團

　　由於中美雙方對於租借法案的重點和運作程序這麼早就產生了根本性歧見，因此兩國同時意識到它們必須儘早達成協議。宋子文和美國陸軍和海軍幕僚們幾經談判之後，後者很快就向羅斯福總統建議，美國應該儘快派遣軍事代表團去中國，對中國陸軍的需要進行實地考察，並向總統提出報告。到了1941年7月底，美國陸軍和海軍決定代表團應該由馬格魯特將軍（John Magruder）擔任團長。而馬格魯特本人之前也曾經在美國駐北京大使館任職武官。

　　從美國軍方觀點來看，它很願意派送一個代表團赴華。一部分原因是它對於把武器從美國本土送往中國費時過長而感到不滿，更何況一旦武器抵達中國之後，它無法知道它們究竟被分配到那些作戰單位和運用的效果究竟如何。另外一部分原因是馬歇爾將軍（George C. Marshall，陸軍參謀長）和陸軍部對於現行租借法案作業程序也深感不滿。因為在原有情況下，這些物資其實是由居里（Currie）和宋子文共同協商，這當然讓軍方感到有被喧賓奪主之嫌，而且在執行上不斷產生摩擦。軍方慣用的手法就是不作為，讓白宮─CDS的共識不了了之。但是軍方還是希望通過成立美國駐華軍事代表團（American Military Mission to China, AMMISCA），就可以讓馬歇爾名正言順地建立軍方權威，完全掌控援華物資的申請和批准手續[111]。

　　中方史料顯示，宋子文很可能在尚未得到政府授權之前，就獨自開始和美國軍方進行商談派遣代表團赴華事宜，因為當蔣介石首次聽到有關這個代表團消息時，他的反應並不積極[112]。反而是宋子文認為派遣代表團象徵著中美軍事合作里程碑上的重大突破，因此極力推動。宋子文告訴蔣介石稱，這些美國軍官們可以作為蔣介石在軍事各方面的顧問，其功能就和從前德國軍事顧問團一模一樣[113]。換言之，它就可以和30師的訓練計劃相配合。8月7

111　Schaller, *The U.S. Crusade in China*, p. 57.

112　蔣介石致宋子文電，1941年7月27日，《戰時外交》，第一冊，頁461-462。

113　宋子文致蔣介石電，1941年7月22日，《戰時外交》，第一冊，頁459-460。

日，宋子文寫信給羅斯福，轉達蔣介石希望邀請美國派遣軍事代表團赴華之事，羅斯福在8月20日回覆同意派遣，並且透露史汀生部長已經指示馬格魯特將軍著手組團[114]。從各種跡象顯示，宋子文此時的專注點，是希望代表團在軍事合作上能夠產生的實質效果，而不是願意放棄他本人對租借法案的影響力。

　　不幸的是，代表團一事不久就遭到國務院反對，因為後者沒有在事先受到陸軍部和海軍部的諮詢。國務院所持的立場是，擔心代表團可能會激怒日本，因此建議取消代表團，而僅僅增加美國駐華大使館武官處職員的編制，以求達到同樣效果。若是換成胡適大使，他肯定不願意牽入這種美國政府內部的紛爭之中，但是宋子文卻有著完全不同的個性。儘管他對事態的演變感到失望，但是他不惜旗幟鮮明地支持軍方立場，甚至建議蔣介石直接求助於羅斯福，堅持必須派遣代表團赴華，即便是得罪國務院也在所不惜[115]。換言之，宋子文剛在4月分冒犯了財政部，又在7月分冒犯了國務院，這標誌著中國政府駐美官員的行為已經和胡適陳光甫時代大不相同，更敢於伸張中國自己的觀點。

　　更有進者，宋子文在代表團醞釀過程中參與美國聯邦政府內部行政和人事糾葛的程度就變得更深，因為代表團概念的來源很可能是美國政軍兩個部門間爭風吃醋的產品。根據陳納德所得的情報，它最初的構想來自一位名為梅耶（Mayer）的陸軍上校，而其動機則是不滿海軍少校麥修在中國事務中所占據的特殊地位，和他與居里所發展出來的親密關係。梅耶上校因此向軍部建議應該建立自己的管道去控制租借法案物資，以免落入局外人之手。事實上，自從居里成為中美關係中的活躍分子，又替總統處理軍購和軍援事務以來，很快就招致職業軍人的不滿。這就難怪居里從中國訪問回國後所提出的建議，隨即被軍部諷嘲為「文人之見」，無足重視。所以一旦有人（Mayer）

114　Soong letter to FDR, August 7, 1941, FDR letter to Soong, August 20, 1941, in CDS Papers, Box 43, Folder 5.

115　宋子文致蔣介石電，1941年7月24日，《戰時外交》，第一冊，頁460-461。

提出代表團建議時（或者甚至是軍部授意），軍部立即積極回應，把軍購軍援主動權從居里手中奪回。而最終被任命為代表團團長的馬格魯特准將，則既是梅耶上校的朋友又是麥修少校的連襟，是雙方都能接受的人選[116]。

在這整個充滿權力鬥爭的複雜詭異局面裡，宋子文的處境當然也隨之複雜化。一方面他展望美國對華武器輸送會因為代表團之成立而大幅增加。另外一方面居里在白宮的能耐和善意依然必須維持，但是又因為軍部和居里之間的關係僵硬，使宋子文必須小心從事，不可開罪任何一方。正如宋子文向陳納德所說的一樣，他完全了解軍部和居里之間的仇視，又深知代表團在軍部內的高度影響力，因此建議陳納德儘量和雙方合作，「我們不關心也不參與他們之間的內部政治」，同時要求陳納德轉告宋美齡也必須小心從事為要[117]。這些都是胡適、陳光甫小心翼翼避開的地雷陣，而宋子文則必須在地雷陣內一步一步地避開觸發地雷的災難，但是又談何容易？中國政府駐美官員的角色的確產生了巨大改變。

1941年8月26日，美國政府終於宣布將派遣一個軍事代表團赴華，由馬格魯特任團長。10月27日蔣介石在重慶首度接見馬格魯特將軍。雖然蔣介石此時心中仍有疑問，不知代表團將能提供何種援助，但是美國政府的決定總算是給了中國多一重保證，那就是美國為了促進和中國的軍事合作，已經不顧日本的反應如何了[118]。

事實上，打從代表團開始籌備之際，它的性質和職權就引起了相當程度的混淆。考其原由就是兩國缺乏充足溝通，各有各的想法和解讀。在現有中美雙方檔案中，找不到足夠的文件證實雙方在事先曾經有過磋商和說明。而

---

116 Chennault letter to Madame Chiang Kai-shek, October 28, 1941. Claire L. Chennault Papers, Box 1, Folder 13；宋子文致蔣介石電，1941年7月23日，Soong Papers, Box 58, Folder 10.

117 原文是："We are not concerned with and should not be involved in their domestic politics. Feel you should pass this advice to Mme. Chiang Kai-shek." R. C. Chen, Representative of China Defense Supplies, Inc. cable to Chennault, on behalf of Chairman, Dr. T. V. Soong from Washington, October 25, 1941. Claire L. Chennault Papers, Box 2, Folder 9.

118 《總統蔣公大事長編初稿》，第4冊，頁716。

美國軍方雖然是派遣單位，也沒有向中方充分說明該團的性質和職權。大概軍方領袖認為這是美國政府內部的事務，派遣本身又是對中方的施捨，因此無需向中方多費口舌。這就讓中方只能陷於猜測臆度。

宋子文在9月4日致電蔣介石，報告美國軍事代表團將分三批在9月16、26、30日抵達中國。其中25名軍官和14名士官將常駐重慶，其他成員則會派往各地[119]。但是即便到了這個時刻，蔣介石仍然以為中方可以用合同方式雇用該團成員，顯然他以為中方和美國軍事顧問團的關係，可以採用此前中方和德國軍事顧問團的模式同樣，可以用契約聘請方式處理，然後協助中方推行它自己的軍事計劃。為此宋子文不得不趕緊澄清，美國顧問團乃是由總統派遣，由軍部付費的美國政府單位，其功能是執行有關租借法案和其他貸款的責任。所以建議蔣介石暫時觀察該團執行任務的成效，稍後再決定是否想由中國政府聘用其為中方的顧問團[120]。

幾天之後，宋子文再度致電澄清稱，美國總統在派遣軍事代表團時，曾經向國會報告，該團的任務是：1.「視察貸借案運用情形」和2.「備中國咨詢」。性質大致和美國派遣到英國的代表團一致。但是宋子文的電文中又加了一句意義含混的話，那就是該團在華工作「當然應受鈞座之指揮」，並且說江杓將軍會隨團到重慶向蔣介石做詳盡的報告[121]。至於江杓將軍向蔣介石當面報告的內容如何，則本書作者尚無法找到有關史料。

然而就在這個關頭，宋子文似乎也有把美國代表團看成是德國顧問團的趨勢。因為在9月18日，他緊接著向蔣介石提出一個長篇建議，主旨是：1.中方需要整編和訓練30個陸軍師（300,000-400,000名士兵）；2.詳列這個整編計劃所需的武器配備；3.一旦整編完成後，中國軍隊將發動何種攻勢，俾使中國軍隊可以單獨抗戰驅除侵略的日軍。宋子文強調，此項計劃務必「規劃周詳，切實可行。」在中方寫好此項計劃書之後，應該立即邀請馬格魯特

119　宋子文致蔣介石電，1941年9月4日，Soong papers, Box 58, Folder 12.

120　宋子文致蔣介石電，1941年9月9日，Soong Papers, Box 58, Folder 12.

121　宋子文致蔣介石電，1941年9月12日，Soong Papers, Box 58, Folder 12.

將軍參與實現，並由宋子文在華盛頓向美國政府提出配套的武器裝備申請。宋子文並且要求蔣介石指派2位高階軍事領袖到美國協助推行此項計劃[122]。由於宋氏本非軍事專家，歷來對於軍隊、武器，都甚少發表個人的「創見」。尤其在蔣介石面前，更不敢夸夸而言。因此他電文中所提的這些建議，最可能的是他們之間此前已經討論過多次的對美工作腹案。而此時宋子文只是提醒蔣介石，付諸實行的時機已經到來。但是用不了多久，蔣介石將會發現，代表團根本無權也無意觸碰如此龐大的問題。

II. 代表團的成就

　　然則，代表團究竟為中國抗戰做了何種貢獻？答案或許可以分為三部分：A. 顧問參謀事務，「備中國諮詢」；B. 緬甸路運輸改進；C. 增加租借法案施行效率。

A. 顧問參謀業務

　　從馬格魯特到達重慶開始，就上演了一場悲喜劇。從中方觀點，由於宋子文認為「美國軍事顧問團」是一個重要的外交里程碑，必須加以高度重視，因此決定指定中國陸軍駐美國的最高將領江杓少將親自陪同到重慶[123]。宋子文同時又請求蔣介石委派黃仁霖負責接待代表團的大小適宜[124]。以示隆重。

　　打從代表團在10月9日抵達重慶開始，蔣介石個人就對它給予高度關注。他和馬格魯特個人進行多次長時間深度談話。把他對於中國軍務、抗戰、日軍動向和國際局勢的看法，向馬格魯特詳細提出[125]。這和蔣介石此前對德國軍事顧問的推心置腹如出一轍，只是更為真切，因為美國武器更為重要。

---

122 宋子文致蔣介石電，1941年9月18日，Soong Papers, Box 58, Folder 12.

123 宋子文致蔣介石電，1941年9月4日，Soong Papers, Box 58, Folder 11.

124 宋子文致蔣介石電，1941年9月4日，Soong Papers, Box 58, Folder 12.

125《蔣介石日記》，1941年8月19日，10月9、27、31日，11月18日。宋子文致蔣介石電，1941年10月31日，Soong Papers, Box 58, Folder 13.

　　但是中方所不知的是，馬格魯特根本沒有資格和中方進行此類討論。

　　馬格魯特最初得到軍部的授權，可以和中國政府商談的範圍只限於訓練和後勤，絕不可涉及實質性政策問題（staff talks）。但是他心中盤算，假如他不向中方透露這個底細，則中國政府還會誤以為他的地位重要而對他益發尊重。因此蔣介石天真地不斷和馬格魯特商談政策性事務，除了想聆聽他的高見之外，還想獲得他的大力鼎助[126]。面對蔣介石「天真的」重視，馬格魯特只能裝模作樣，將計就計。

　　更糟糕的是，馬格魯特上任才不過一個月，他本人在美國軍部內的地位和影響力就加速下滑。馬歇爾將軍在公開場合不假辭色地指點他的缺點。軍部隨之把馬格魯特剔除在有關中美兩國間的軍事事務的信息網之外，不讓他知情。而到了11月15日，軍部參謀總長助理L. T. Gerow准將更對馬格魯特下達申斥，命令後者不可再與中國官方討論政策性事務。而自此之後，馬格魯特向軍部送呈的報告，也逐漸不受重視[127]。但是對於這一切發展，中方完全被蒙在鼓裡。難怪中方30師整編計劃完全無法得到美方回應。

C. 改善緬甸路運輸效率

　　本書前文多處提及，遠在馬格魯特代表團抵華之前，中國政府就已經在本身能力所及的範圍內，試圖改善緬甸路效率及運輸量。雖然它在緬甸境內獲得英國政府批准設立若干行政機構，但是由於主權和地方行政權均在英國殖民官員手中，因此必須看英國人臉色行事。其中最讓中國政府氣憤的是，歷來中國政府的物資，包括美國租借法案援助物資在內，凡是借道緬甸者，都要向當地殖民地政府繳付進口稅（仰光）或過境稅，稅率為物資價格的1%。殖民地政府所持的態度是把中國看成是商業貨品進口商，因此課稅視為當然。而看在中國人眼裡，等於是「變相封鎖」，完全是一種乘人之危的

126　Grieve, p. 179.

127　Grieve, pp. 166, 184, 186, 187.

壓榨[128]。幾經交涉，英國才宣布在1941年9月3日之後取消該稅。但是仍舊裝模作樣地通知中國政府稱，英國政府此後將會自己以相等金額補償緬甸地方政府。因為此項改革係由英國駐新加坡官員Cooper所倡議，所以宋子文還特別建議蔣介石應該親自致函Cooper道謝[129]。

除課稅外，英國和緬甸官員還進行各種敲詐和欺壓。比如限制中國對緬甸鐵路（仰光到臘戌）的使用量。當美軍事代表團最初開始在緬甸執行任務時，在緬甸北部公路上的運輸量擁擠不堪。由於仰光是所有美國租借法案援華物資的必經之地，因此造成倉庫嚴重短缺，起重機及其他卸載器械經常故障，加上後勤管理混亂，逼使大量物資堆積露天，遭受風吹雨打和大量失竊。而英緬政府也故意限制或刁難中國租用倉庫，其目的就是盡量拖延中國物資滯留在緬甸的時間，為當地政府製造機會，把中國物資據為己用。至於其他形式的壓榨，貪污、扣留、中飽、盜竊走私和行政無能，都增加了緬甸政府把中國物資當成是肥羊肉的機會[130]。

中國政府駐緬甸的官員當然也顯示大量缺失。國民政府在抗戰前從未曾處理過如此龐大的運輸工作，無論是對道路路面及交通工具（卡車）的維修、調配、保養，或是廠房倉庫的安全措施，其規模之大和分工之複雜，遠非一個以農立國的政府所曾經見識過的，許多官員可能根本沒有進過中國沿海的大城市見過現代化的場面。更不必說他們必須摸索和承受在英國人鼻息下運作的艱苦。除了不熟悉運輸業務之外，部分中國官員的貪污、中飽、偷竊、走私等行為，肯定與英緬官員不相上下。這些缺失看在重慶政府眼中，早已心急如焚。

早在1941年春，蔣介石就已經指示宋子文儘快敦促美國政府派遣交通專家來華協助[131]。不久之後，宋子文從白宮霍普金斯處得知，有一位交通運

---

128 《蔣介石日記》，1941年3月17日，7月27日，8月17日。

129 宋子文致蔣介石電，1941年9月8日，Soong Papers, Box 58, Folder 12.

130 美國軍事代表團初抵緬甸工作時，從臘戌到昆明的運輸量每月約為15,000噸。Grieve, pp. 104-106, 127-128.

131 《蔣介石日記》，1941年1月11日。

輸專家，名為安斯坦（Daniel G. Arnstein）。宋子文立即與之聯絡，不到兩
週，便成功地聘請到安斯丹等3位美籍運輸專家赴重慶，並且叮囑貝淞孫予
以高規格接待，並安排和蔣介石見面[132]。行動極為迅速。

　　經過一個多月的實地調查，安斯丹等人在8月初完成對於滇緬路的視察
回到重慶。他們提出了一個16頁的報告，並在口頭上直接向蔣介石做了5小
時的報告，詳細訴說他們對中方人員在緬甸主持運輸工作的各種缺失的嚴厲
批評和改進方案。蔣介石除了對他們的批評極力讚賞認可之外，甚至即席邀
請安斯坦著手組織一個民間公司去接管緬甸路運輸，推行他的改革方案，並
且建議該公司可以向每輛通過的卡車收取管理費作為管理報酬[133]。雖然安斯
坦婉拒了中方的邀請，但是因為此時中方仍然高度樂觀地指望美國將給予中
國9億美元的租借法案物資，因此急於改善緬甸的運輸通暢率，以免美國政
府以緬甸運輸為藉口而降低對華的援助量。為此，宋子文催促蔣介石務必親
自關心此項問題，並且指派專人到緬甸去提高運輸效能[134]。9月初，宋子文又
得知美國財政專家楊氏（Arthur Young）熟知緬甸路情況，當時又在重慶，
因此再度敦促蔣介石與之詳談，甚至建議蔣介石向楊氏索取他對緬甸路的調
查報告，將之翻譯成中文後仔細閱讀[135]。

　　就在這個關節點上，美國軍事代表團的一部分成員已經抵達緬甸並且開
始積極工作，而其中最認真而努力的成員是名叫James Wilson的上尉軍官，
他在安斯坦的調查基礎上，採取了許多立竿見影的措施。在公路管理和運輸
器材維修等眾多事務上，做出相當成績[136]。宋子文在得知Wilson的工作成績
後，立即加以高度重視，而且又建議蔣介石去諮詢馬格魯特，是否有法可以

---

132 宋子文致蔣介石電，1941年6月3日，Soong Papers, Box 58, Folder 9；宋子文致俞飛鵬電，
　　1941年6月16日，Soong Papers, Box41, Folder 2；宋子文致貝淞孫電，1941年6月16日。
　　同上註。

133 Grieve, pp. 89-95.

134 宋子文致蔣介石電，1941年8月8、21日，Soong Papers, Box, 58, Folder 11.

135 宋子文致蔣介石電，1941年9月4日，Soong Papers, Box 58, Folder 12.

136 工作細節請參閱：Grieve, pp. 96-99。

幫助 Wilson 趕緊從美國陸軍辦理退休手續，然後由中國政府委派其專責治理緬甸路[137]。由這些動作可知，中國本身由於其落後的農村社會背景，許多官員完全缺乏管理和調配成百上千輛運輸工具（車、船、火車、碼頭）的能力，因此非常願意邀請美國專家協助，甚至授權主持，可惜均未能實現。

　　有趣的是，當馬格魯特本人也逐漸深入了解租借法案物資在緬甸路上所遭遇到的困難而向軍部呈報時，軍部卻在 10 月間向他發出指令，不許介入當地情況[138]。從大局來看，中國政府在緬甸最缺乏影響力，凡事只能仰仗英國殖民政府鼻息。美國最有影響力，因為英國在歐洲戰場的補給，極度依靠美國租借法案。但是軍部在緬甸卻採取不聞不問，禁止馬格魯特主動排解困難，反而津津樂道地數說中國在緬甸的無效和無能。這個景象不禁讓人想起宋子文此前對蔣介石的警告，那就是美國很可能利用租借法案物資無法順利通過緬甸境內作為藉口，振振有辭地減少美國的援助。同時還可以把責任全盤歸於中方。如果果然如此的話，則宋子文還真是對美國軍方領導人的心態，有了深一層的了解。但是總地來說，代表團對於履行其第二個任務，改進緬甸路運輸，還真是認真進入情況，投入了幾位有能力的幹部，做出了一些具體有效的方案。可惜在珍珠港事件之前，沒有足夠時間做出顯著成果。一部分是馬格魯特受到軍部明確指示不可在緬甸牽涉太深。另一部分則是一旦太平洋戰爭爆發之後，史迪威將軍雖然被授予全權指揮美軍，但是對於 Wilson 等人的分析和建議卻完全沒有興趣[139]。

D. 增加租借法案施行效率

　　中國政府對代表團最大的期望就是協助爭取更多的租借法案物資，和增加它的兌現率和速度。這也是蔣介石多次和馬格魯特談話的用意。而馬格魯

---

137 宋子文致蔣介石電，1941 年 9 月 30 日，Soong Papers, Box 58, Folder 12. 馬格魯特個人對中國政府駐仰光的辦事處的批評是缺乏領導、單位之間各自為政、不敢做決定、貪污、腐敗。但是對於美國在緬甸工作人員的缺失和美國軍部的不作為，卻不置一詞。Grieve, p. 108.

138 Grieve, p. 126.

139 Grieve, pp. 96-99.

特也認為代表團的主要任務是幫助中國獲得更多的美國軍事援助，並且提高其使用的效率[140]。

打從一開始陳納德就探知，軍部成立軍事代表團的目的是排擠居里，希望把租借法案的控制權拿過來，而不是為了增加援華的數量而任命馬格魯特。因此陳納德還向宋子文請教，遇到這種微妙人際關係，他應該如何處理[141]。有意思的是，陳納德是一位美國人，居然需要就教於宋子文如何去應付其他的美國同袍和同僚，也可見他個性的單純耿直。

儘管有這些顧慮，陳納德決定還是向馬格魯特直話直說。他不假辭色地向馬格魯特抱怨，美國在援華時經常的缺點是在小錢小事上斤斤計較，乃至忘了大局，反而造成更大浪費，誠可謂得不償失。換言之，他希望馬格魯特能夠幫助中國得到更多美援飛機、零件和人員[142]。但是當馬格魯特向軍部轉達陳納德的請求並且建議軍部給予最高優先考慮時，軍部卻不顧總統曾經親自下達的命令，對馬格魯特不予理睬。在有關飛機援華方面，最大的阻力來自阿諾（Arnold）將軍，因為他認為自己的責任只是加強美國空軍，而且也認為陳納德是個神經病（"a crackpot"）[143]。不值一顧。

至於陸軍武器方面，馬格魯特初到中國時，也曾經想扮演一個積極角色。宋子文在10月底就通過「不正規手段」取得馬格魯特一份呈報給軍部部長的「秘密報告」，它的內容可以幫助我們了解馬格魯特和軍部的關係，和他想要達到的目的。該項報告和本節討論課題相關之處，有幾個有趣的重點值得讀者們注意：

首先，馬格魯特是想要替中國爭取一些武器。他開宗明義地指出，中國軍隊必須要有大炮才能實行反攻。即使為了維持作戰，也非常需要兵工廠原料、槍支彈藥、機關槍、步兵使用的火炮、反戰車炮和榴彈砲。雖然馬格魯特才剛剛到達中國，但是他的武器清單已經和中國政府自己的清單基本相

140　Grieve, p. 179.

141　Chennault cable to Soong, October 22, 1941. Chennault Papers, Box 2, Folder 6.

142　Chennault cable to Soong, October 22, 1941, Chennault Papers, Box 2, Folder 6. Grieve, p.159.

143　Grieve, p. 162.

同，都是步兵作戰所需的基本武器。但是這個清單很可能會引起軍部上司的不快，因為它正是他們所不願向中國提供的。

其次，馬格魯特也急於想把租借法案援助的大權抓到自己手中。所以他向軍部部長建議「以後供給中國軍械之質量程序等等，均請憑其（指馬格魯特本人）逕電軍部核辦。居里及中國駐美京機關（指中國國防供應公司和宋子文）要求過奢，可置之不聞。」其奪權之心切，油然紙上。反過來說，如果馬格魯特果真能夠為中國爭取到他自己所認可的武器，則中國政府很可能會歡迎他成功地取代居里和宋子文。

其三，他建議美國政府今後在與英國及蘇聯發表共同聲明時，可以附帶提到中國。如此則既可提高中國士氣，又屬惠而不費[144]。

宋子文除了再三提醒蔣介石千萬不可洩漏這份文件已經落入中方之手外，還指出美國涉及援華的事務，其實是許多派系在互相競爭，包括馬格魯特、居里和軍部內部其他意見團體。彼此不能合作。因此他建議蔣介石，凡是有關中國申請美援事項，仍舊依照過去程序行事，「蓋代表團僅備咨詢及從旁協助」。宋子文特別向蔣介石解釋英美關係，指出雖然美國也有駐英軍事代表團，但是無權過問英國對租借法案物資的申請。這個任務是由英國駐美代表（The British Council）直接向美方提出。換言之，按照英國模式，則美國援華部分也應該由CDS和美國政府在華盛頓直接溝通[145]。無需假手馬格魯特。在此，宋子文顯然是想維護他個人的影響力。

事實證明，宋子文是過慮了。因為最基本的因素在於軍部馬歇爾將軍和其他領導，一致看輕中國抗戰對於美國利益的重要性。他們認為如果美方有多餘資源，應該優先投入菲律賓，和東南亞的英屬及荷屬殖民地，而不是浪擲在中國戰場[146]。因此，雖然軍部為了應付總統和打擊居里而派遣了代表團

---

144 宋子文個人對馬格魯特報告的反應是，報告沒有包括幾項主要武器，如戰車、高射機關槍、75mm和150mm榴彈砲（howitzers?）、野戰炮。當然宋子文對馬格魯特急於抓權也大為不滿。見：宋子文致蔣介石電，1941年10月27日，Soong Papers, Box 58, Folder 13.

145 宋子文致蔣介石電，1941年10月27日，Soong Papers, Box 58, Folder 13.

146 Grieve, p. 185.

赴華，但是卻明白告訴馬格魯特他不但無權與中方商談政策，也無權掌控租借法案物資。一旦我們了解美國軍方內部的這些隱情，就比較能夠了解，為什麼在珍珠港事件發生不久之後，馬格魯特就急不得待地想要遊說蔣介石任命他為中美聯合空軍的領導[147]。因為如此一來，他才能夠突破在軍部內遭受輕視的困境，挾中方的任命，反過來逼迫美方承認事實。

綜上所述，美國軍事代表團的訪華，固然是宋子文個人外交的另外一個里程碑，但是它除了在緬甸做出部分成績之外，基本上對於租借法案和中美軍事合作並沒有做出重大貢獻。

己. 太平洋戰爭前租借法案軍火援助的總檢討

回顧中國在抗戰初期四年的對外軍事關係上，經歷了一些極為有趣的轉變和強烈對比。在德國援華時期，軍事顧問團團員一律以私人身分個別受僱於中國政府，簽署僱用合同。他們竭盡其能地為中國服務，謹守職業道德，受到廣大中國將士一致讚揚。另外一方面，德國政府則以商業方式向中國出售軍火，依照國際市場價格收取費用。接下來蘇聯援華期間，蘇聯政府提供巨額貸款，其空軍飛機及飛行員又大量投入中國戰場。然而中國政府要求蘇聯提供的陸軍建軍20師的裝備和訓練則從未兌現，導致軍火和訓練的脫節。但是蘇聯政府從來不曾企圖干涉或控制中國軍隊，其在華作戰的軍人一如德國顧問的作風，從不涉足中國內政或軍政，也不居高臨下地嘲弄中國人。一個值得注意的特徵是，他們的政府和中國政府的關係時好時壞，最後甚至決裂。但是德俄軍人在華協助作戰，表現高度職業風範和效率，深得中國軍人一致的讚佩。

到了美國成為軍事援助主要來源時期，截至珍珠港事變為止，其政府在名義上慷慨相助，但在實質上並未兌現。中國政府所要求的30師裝備和訓練指標，不但完全被忽視，反而被美國軍方大模大樣地把這個指標據為自己

---

147 齊錫生，《劍拔弩張的盟友》，第三章。

的創見，進而指責中國政府不知建軍練軍的重要性，需要美國人的耐心開導才能了解，建立一支短小精幹的國防軍隊對抗戰是何等重要。

更關鍵的是，美國軍方從開頭便沒有意願提供裝備，反而認為中國國內所存的軍火已經足夠抗日，只需重新集中進行「再分配」即可提高戰力。因此中國真正缺乏的是領導人才和行政效率，而這正是美國可以充分提供的資源。這就說明了為什麼美國軍方會在珍珠港事件發生之後，當即雄心勃勃地想要取得中國軍隊的指揮權。既然它認定30師的建軍計劃的創見來自美國，當然只有在美軍將領的開導下才能予以實現。這對於國民政府而言，甚至對於整個20世紀的中國而言，都是一個從未遇見過的挑戰。而美國此種心態，在珍珠港事變後幾個星期之內，便即將表露無遺[148]。

其實中國政府對租借法案的設想非常簡單，那就是希望美方不要把軍援計劃切割成為個別的武器，然後一項一項支離破碎地分隔處理。中國領袖希望美國能夠為軍援定出一個大方向和長程目標。他們要求美國軍方在幾個層次上進行宏觀思考：中國政府建立30師新軍（包括訓練）需要何種基本武器裝備？建立60個師又需要什麼？武器之間如何配套？武器類型決定之後，數量各需多少？何時應該運到？一旦擬出一套通盤計劃，中美兩國才能依照計劃進行建軍和檢查進度[149]。

不幸的是，在美國陷入太平洋戰爭之前，軍部根本沒有興趣對中國問題進行如此宏觀而又縝密的長程思考，也可能沒有足夠的專業人才和智慧去從事這項工作。儘管羅斯福決定中國是世界抵抗侵略陣營的一份子，有權接受租借法案支援，但是軍方領袖們對中國的戰略價值缺乏認識和興趣，因此他們只想從單一武器著手，逐項瑣碎地討價還價，等到軍方把重要物資依照它自己的優先順序分配完畢後，才把最後一丁點剩餘品撥交給中國以虛應故事。美方這個心態和中國政府的期望完全是南轅北轍。事實上，即使在珍珠

---

148 見：齊錫生，《劍拔弩張的盟友》。

149 "Memorandum re Chinese Lend-Lease," n.d.（about end of 1941), p. 6, in CDS Papers，Box 40, Folder 5.

港事變發生之後，軍部同樣地不願為中國戰場的需求去做出整體檢查和籌劃。而當少數美國將領不能揣摩上級的心意，居然主張以同情態度去應對中國的要求時，就只能惹起軍部領袖的勃然大怒[150]。中國抗戰的悲哀是，如果不是宋子文去力爭，就連這一丁點援助也不會得到。

中美兩國就軍援事務所產生的困難，雖然1940-1941年間已經存在，但是要等到太平洋戰爭爆發後，才充分表面化。大致而言，美國軍方在戰時流行的說法而戰後又普遍被學術界接受的歷史論述，是植根於1940-1941年代。其要點是：美國從一開始就正確而熱心地要幫助中國重整軍隊，提高其戰力，以求能夠更有效地抵抗日本。尤其是史迪威將軍更是一心一意地想幫助中國，但是卻受到中方在軍事上無知的，在政治上結黨營私的，和在知識上頑固守舊的蔣介石政權的百般阻擾，因此美國縱然是竭誠幫助中國，而戰時的國民政府卻並不想積極抗日，是一個扶不起的「阿斗」。

事實上，史迪威的確熱衷於訓練軍隊，也發展出一套相當有效的做法。他同時也認同以30師為精簡中國陸軍的目標，並以此廣為宣傳。但是史迪威居然不知道（或不承認）30師這個觀念實際上來自1940-1941年的中國政府，卻把它據為自己的創見。當美國軍方以訛傳訛地把他譽為創始人時，史迪威依然拿出當之無愧的態度，難怪若干後世學者也津津樂道地讚許史迪威對中國整改軍事的宏觀氣度。照常理說，史迪威曾在中國擔任美國駐華武官多年，在職責上對於德國顧問的計劃和執行都應該相當熟悉才對。但是更有趣的是，美國軍方在珍珠港事件之前對於中國的軍火需求反應冷漠，但是一旦中國成為盟友時，其首先想到的具體措施，就是掌握中國軍隊的指揮權。

或許最能衡量租借法案對華武器援助成果的案例，發生在1942年3-5月。當時日軍開始威脅緬甸，企圖徹底切斷租借法案物資通往中國的必經之路。所以中國政府必須盡全力保衛緬甸。而史迪威將軍剛到中國就任的第一天，就要求全權指揮中國部隊。在為時兩個月的戰鬥中，中國政府投入的兵力共約10萬士兵，是當時國民政府統御下僅存的作戰能力最強和裝備最完

---

150 齊錫生，《劍拔弩張的盟友》，第二章。

善的部隊。而一旦戰鬥開始，中國政府也竭盡一切國內資源支援緬甸前線軍隊。當時外界普遍認為，這必然是一支接受大量美軍裝備的勁旅，而美方也不予否認。

但在緬甸戰敗之後，當時在華盛頓任職中國國防供應公司主管軍火部門的江杓少將，在極度氣憤心情下以CDS名義向美國國會全體議員們草擬了一封公開信，說明美國援助的苛刻和吝嗇。其中一段寫道，

> 在緬甸戰役進行中，大多數人們都認為，中國軍隊在戰場上使用的大量武器彈藥，必然是來自美國租借法案。只有少數實際處理過租借法案事務的人士才會知道，此說完全違背事實。因為除了12門75mm榴彈炮（pack howitzers）和20門75mm野戰炮（field howitzers）以及6400發炮彈之外，租借法案對於中國士兵的裝備沒有做出任何貢獻。因為中國士兵的裝備在事實上或是來自國內生產，或是從外國購買而來。假如史迪威將軍本人願意做出誠實報告，則我們相信美國的廣大民眾和政府高級官員們都會大吃一驚，因為他們歷來都受到了蒙蔽而不了解真相，**而從事蒙蔽者正是那些受到政府信托（執行租借法案）而又濫用職權的人士。**（p. 5）

江將軍還意猶未盡地直白，「我們（指中國政府派到CDS工作的軍官們）來到美國已經有一年時間。但是我們無法再保持緘默，因為事實的真相是，自從抗戰開始以來，中國在過去一年來從我們的朋友——美國——方面得到的幫助，還不如我們在同樣時段內從我們敵人——德國——方面得到的幫助。」（p. 6.）[151]出自中國政府主持租借法案事務的最高級軍火武器主管的筆下，這委實是個令人震驚的抱怨。

---

151 "A Report to Members of the United State Congress on Lend-Lease to China," prepared by Major General P. Kiang, chairman , Ordnance Department, CDS, May 13, 1942. In CDS Papers, Box 40, Folder 5.

當然，由於江杓將軍是陸軍軍火部門的負責人，他沒有指出，同樣的例子也發生在空軍。前文所述美國軍部的冷漠處理，逼使中國政府最終不得不向英國求助轉讓驅逐機，而英國此時則同意將手中舊式的P-40轉讓給中國，而從美國軍部獲得新型的P-40作為補償。就這樣，英國空軍樂意脫手的舊式驅逐機，終於幫助陳納德的飛虎隊得以倉促成軍。

即便是在珍珠港事件爆發前10天，CDS仍舊在向美國空軍參謀長Spaatz將軍求助。它委婉指出，雖然100架Curtiss驅逐機是來自英國空軍的轉讓而且已經運到，但是另外33架Lockheed Hudsons和33架Douglas轟炸機依然需要從英國移交給中國，卻全無音訊，因此懇請Spaatz予以協助[152]。

但是到珍珠港事件之日為止，中國依然沒有直接獲得美國的驅逐機，更不必說轟炸機了。根據中方資料顯示，在第一次租借法案中國政府申請的飛機和器材中，只有7%實際抵達中國，而其中一半還是汽油[153]。而根據另外一份中方統計，美方實際運送出口到中國的租借貨品總計不過1億3千萬元，僅占美國全部租借預算千分之2[154]。

A. 中美兩國在租借法案產生歧見的隱形原因

本章前文除了敘述中美兩國執行租借法案的過程之外，對於雙方所遭遇的困難也試圖從運作層次上提供一些解釋。但是美國軍部在運作層次上還有一個不便明言，但又無所不在的隱形因素，那就是差別待遇。

美國軍部工作人員和英國數以百計的駐美工作人員之間，每日保持密切溝通。英國官員不但可以充分知悉美方決議的細節和所持理由，而且還有機會和美方進行討論和爭辯以維護其本國利益。美國軍部工作人員，自基層的尉官到中層的校官，對於他們本國的軍火生產狀況和本部的分配決定及日程

---

152 Letter from R. W. Bonnevalle, Secretary of CDS to General Carl Spaatz, Chief of the Air Staff, War Dept. Novembeer 25, 1941. CDS, Box 13, Folder 11.

153 "Memorandum re Chinese Lend-Lease," n.d.（about end of 1941）, pp. 8-9, in CDS Papers，Box 40, Folder 5.

154 「借款事務總報告」宋子文呈，日期不詳，pp. 38-39. Soong Papers, Box 54, Folder 8.

表，都有一定程度的了解，可以在各階層的會商中向英方透露實情，幫助後者做出及時的對應行動。但是軍部對中方人員卻是不透露一絲風聲，不進行磋商，只是把決定通知中方，然後又隨時隨意改變計劃，取消承諾。不向中方提供任何解釋，卻希望中方馴服聽從。這種切斷溝通的作風，使得中方不但無法執行任何整訓軍隊的長程計劃，就連籌劃一個特定戰役，或是年度作戰計劃，也無法肯定屆時是否有足夠武器彈藥進行戰鬥。而美國軍方卻又抓住中方這些無作為，作為它無法信任中國的口實[155]。雙方關係演變成為惡性循環。

　　美國對中國的差別待遇，似乎有不同方式的表現。即使在珍珠港事變之前，羅斯福總統對中國的態度也表現得最為友善和平等。軍方，特別是陸軍部，則似乎最露骨。這或許正是引起了總統警覺的原因，所以才會三番五次地告誡下屬們，千萬不可以用對付非洲酋長的傲慢態度去對待中國領袖。但是言者諄諄聽者藐藐，他並不能改變軍部某些領導人根深柢固的觀念。

　　一個典型的案例發生在1941年11月6日，可以幫助讀者體會當時的互動關係。當時是珍珠港事件爆發前一個月，宋子文致函軍部史汀生部長稱，中國急迫需要幾種武器。首先是3英寸高射炮，用以保護緬甸境內橋梁不致遭受日本空軍炸毀而切斷中國的生命線。他主動表示中國願意接受美軍已經落伍除役的高射槍炮去應急。其次是750挺.50口徑的高射機關槍以保衛中國境內的飛機場。再次是13噸的戰車和75mm榴彈炮（howitzers）。他都懇請美方盡速撥交。6天之後，史汀生部長回覆了一封冷冰冰的短信，寫道，「（b）13噸輕型戰車。很遺憾沒有輕型戰車可以運到中國。（c）75 mm榴彈炮。我們會考慮目前在菲律賓的2.95英寸榴彈炮，稍後將會通知你。（d）3英寸高射炮。高射炮的補給（不足），讓我們無法把（老舊型號的）高射炮退役。我們自己最大的需要已經超過現有的補給量。（e）.50口徑高射機關槍。除了已經向中國承諾的285挺之外，無法增加。」儘管蔣介石為了這些

---

155 "Memorandum Re Chinese First and Second Lend-Lease Program," February 12, 1942, CDS Papers, Box 21, Folder 1.

武器曾經親自致電羅斯福求援，但是軍部史汀生部長依然置之不理[156]。儘管史汀生態度冷漠和惜言如金，但是至少還有回信。在更多情況下，中國的要求經常是石沉大海。

美國軍方態度的形成至少是受三個因素的影響。

首先是國際大勢。英國和蘇聯是當前抵抗納粹侵略的主要戰鬥力，當然要予以優先重視。日本只是未來可能的次要敵國，可以予以遲緩對待。

第二是國力。中國無論在作戰能力或是行政效率上，都無法和西歐國家相提並論，因此無法贏得美方同樣的尊重。

這兩個都屬於客觀因素，美國軍部對中國的忽視和輕視，反而應該激起中國人自己的反思，為何國力薄弱，需要向他國求援？在國際上，施捨援助的國家趾高氣揚持「財」傲物，而受施捨的國家打躬作揖低聲下氣，本來就是多見不怪的現象。但是也不免激發另外一個問題：英國也是求援國，何以美國軍部卻不會擺出頤指氣使的姿態？這就牽涉到種族認同和優越感的問題。

C. 優越感的作祟

在以往處理中美關係的英文學術著作中，「種族歧視」這個尷尬因素，一直被學者們著意掩蓋或淡化。但是無可否認地，即便是在珍珠港事變前的中美關係中，美國軍部領導的種族優越感也是一個無所不在的因素。如前文所述，美國軍部在處理英國對租借法案的要求時，會盡量滿足其需求，對於

156　"(b) 13 Ton Light Tank. It is regretted that no light tanks are available for shipment to China. (c) 75 MM Howitzer. The 2.95 Howitzers in the Philippines are under consideration and I will advise you further. (d) Three Inch Anti-Aircraft Gun. The supply of anti-aircraft guns is not sufficient to permit discarding any guns we now have. Our own maximum needs are in excess of any available supply…(e) Caliber .50 Anti-Aircraft Guns. It is not possible to supply more of these guns to China other than the remainder of the 285 now scheduled for delivery to China…" 見：Soong letter to Henry L. Stimson, Secretary of War, November 6, 1941; Stimson letter to Soong, November 12, 1941. CDS Papers, Box 49, Folder 2.

英國所遭受到的戰爭痛苦會感同身受，使英國成為租借法案撥款和軍事物資援助最大的受惠國。即使在美國無法滿足英國需求時，也會以誠懇態度向英國解釋原委，並請求諒解。

但是對中國而言，則不但其申請量得到的滿足額極低，而且美國軍方的態度是不接觸、不解釋、不容質疑和沒有商量餘地，中國只能吞下去。胡適大使以其高度的修養，對於這種待遇可以安之若素。但是宋子文卻大叫大喊，甚至去多方運用關係，最後還養成「壞習慣」直接找羅斯福總統喊冤叫屈。這一切當然讓軍部領袖們大動肝火，認為他如此不守本分，有失大體，做了一些美國人心目中認為謙卑成性的東方人所不該做的舉動，甚至層層上綱，指責他藐視美國的憲政體制。

如果我們把這些美國軍方行為，放在美國當時的大環境中去檢視，也許並不奇怪。因為此時的美國主流社會，仍然把黑人視為次等人種，在法律上加以歧視，即使允許他們參軍報國，也不許他們和白種人在同一單位並肩作戰，因為擔心黑人的「愚蠢無能」作為戰友會威脅白人士兵的生命安全，因此在部隊裡必須進行分離。而華人也只不過比黑人略勝半籌的人種，依然是全世界唯一不許移民美國的民族，排外法（Exclusion Act, 1882-1943）依然是國家法律，"Chinaman" 依然是社會大眾對中國人習慣性的輕蔑稱呼。有趣的是，美國主流派的學者們又對種族問題感到難以啟齒，所以只好避而不談，或者在中美關係發生衝突時，無條件地接受美國軍方的說詞而把全部責任推向中方。這種做法都讓廣大讀者群不能透視歷史真相。對於真正想了解中美關係都是一層障礙，必須予以移除。

種族歧視在抗戰時期中美軍事關係史上，無論是珍珠港事件之前或是之後，都曾經扮演過重要而又難以量化的作用，是一個無法躲避的因素，也是在歷史敘述和分析層次上必須正視和直言的一個角度。對這個因素避而不談，只能扭曲很多歷史事件的敘述。從中美關係（或是國際關係）長遠發展而言，美國軍部領袖們有濃厚的種族歧視是他們的缺失，因為他們可能在無意中直接損傷到美國自身的國家利益，這是美國歷史學者需要深切自我反省的課題。中國作為抗戰時期遭受歧視的對象，當然受害程度更深切。但是作

為一個民族，中國似乎也不可以一味以受害人身分和道德制高點去指責美國人患有種族歧視的缺失，而需要反躬自問，為何近現代中國在世人眼中的地位，竟會這般低下？

　　然而「種族歧視」畢竟一直是近代中美關係中的一股暗流，兩國關係的順暢和摩擦都和它有千絲萬縷的牽連。特別是美國軍方領導人的成長背景、職業經歷、心理狀態和文化素養更是值得後世學者用抽絲剝繭的方式去探討。真實的歷史只有在不逃避，不躲閃，有憑有據，有話直說的條件下，才能得到持平的展示。

第九章

最後的衝刺——
中國政府在珍珠港事件中的努力

　　中國抗日戰爭在獨立「苦撐」了53個月之後，國際局勢突然在一夕之間山搖地動。這個「變」究竟是皇天不負苦心人的「待變」結果？還是中國人努力不懈爭取的「求變」的成果？而在這個千鈞一髮的關頭，中國領袖們究竟是手足無措地聽天由命，還是卯盡全力地試圖去扭轉乾坤？本章的目的就是想運用現有的史料，對這些歷來頗具爭議的課題提出一些新看法。

甲. 山雨欲來風滿樓

　　隨著美國在1940年後逐漸成為中國外交政策的重點，美日關係也隨之成為中國政府最關切的問題。因此如果我們想要了解此時的中國外交政策動向的話，就必須去了解中國領袖們如何去分析美日關係，以及他們如何努力去阻止這兩個國家達成妥協。

I. 1941年春夏季的發展

　　1941年新春開始時，胡適對於未來充滿樂觀。他在1月10日向蔣介石提出了一個長篇大論的分析，檢討美國近期外交政策的重大轉變。他特別稱讚羅斯福是在耐心等待了整整三年半時間之後，才透露他對侵略者的反感，而

且也只有他新進贏得的總統大選，才讓他敢於透露充實軍備的新政策。對於胡適而言，最明顯的結論就是中國的「苦撐」終於得到了正面回報[1]。

　　但是胡適對世界大局的這種大而化之的分析，有時並不被其他重慶領袖們所認同，因為他們認為許多具體偶發事件對世局的影響力，並不亞於大趨勢。事實證明，儘管美國在對日本的心態上有所改變，但是它在1941年仍然不能向其他國家提供大量援助，因為它自身的軍事實力仍然低落。因此，羅斯福不得不試圖和日本進行談判，希冀找到可以消弭雙方衝突的方法，或是至少延遲衝突的時間，以便加強自身的軍備。毫無疑問地，此時的日本人也在探索他們自己的方法，去修補和美國的關係。

　　到了1941年中期，中國領袖們開始警惕到有關美日和解的謠傳。在夏季，當日本空軍對重慶及其他重要城市恢復大規模轟炸時，中國領袖們非常憤怒地發現原來美國仍然在向日本輸出大量汽油，供日本侵華飛機使用[2]。換言之，羅斯福政策的「變」並沒有改善中國抗戰的環境。

　　更糟糕的是到了5月底，美國國務卿居然要求胡適向重慶傳遞一個試探，請問中國是否願意和平解決中日爭端。國務卿赫爾親自向胡適透露，日本政府官員曾經表示願意終止和中國作戰，並逐漸從軸心國陣營退出，條件是美國必須減少對日本所施加的壓力[3]。用不著說，這一切的發展足夠讓中國擔心，美國對中國抗戰的支持度可能將會倒退。

　　美國在1941年7月26日凍結了日本在美資產，和禁止日本船隻通過巴拿馬運河，從而打擊了日本和西方國家的正常貿易。不過這些動作也只是部分地減少了中國的擔憂。到了8月初羅斯福又宣布全面禁止石油運往日本[4]。由於美國採取這些措施的主要動機，並不是以中國抗戰為主題，而是表達對日本在遠東地區所施行政策的不滿，因此中國領袖們也察覺到，這些摩擦將迫使美日雙方都會去尋求根本解決方法，而不管結果如何都將會對中國的利

1　胡適致蔣介石電，1941年1月10日，《戰時外交》，第一冊，頁127-128。

2　《王世杰日記》，1941年6月14日。

3　《王世杰日記》，1941年6月28日。

4　《王世杰日記》，1941年8月2日。

益產生嚴重影響，吉凶卻難以預測。證諸蔣介石這段時候的心境，則他對英美的作為必定會保持高度警惕。在此可以摘錄他日記中的幾段話作為佐證。

比如說，他在4月分寫道，「美國始終想與倭寇妥協。白人皆視黃人為玩具，可痛。以美國對英之熱忱，與其對華之比較，豈啻血濃於水而已。」[5]

兩個月後又單挑美國作為批評對象，他寫道，「美國對我之不注重，較對法國猶不如也。此血濃於水之理，白人任何政治家皆必認同乎。」[6]到了8月分，則更進一步寫道，「近對英美行動態度，自私自利，不知我國抗戰之困苦與犧牲之大，漫不在意，無論其對荷印與蘇俄，則明白保證，不許倭寇侵犯，而獨對我國則始終不提一語，而且所謂貸借案或合作，皆無一毫誠意，總之利用我之犧牲以謀其安全而已。思之憤慨。」[7]

至9月初，蔣介石已經想到被出賣的可能性。但是他認為無須過慮，因為「無論國家與個人，如不能自信自強，而未有不為人賤視賣弄者。我本非依賴他人之武力或感情，望其為我報復犧牲，而我惟自信道義與精神（此處字跡不清）以主義自強為基礎，而對各國之外交，不過乃為之勢，其佐其外之聲援而已。彼之賣與不賣，與我無與也。」[8]

而自救自立之道的一個重要部分，就是提高警覺，所以說，「我之抗戰自始即不存依賴外國之心，惟對各國與日本間之矛盾則充分利用而已。」[9]此後幾個月美日之間關係的發展正好讓蔣介石把他自己的話派上了用場。

II. 1941年秋季的警訊

到了1941年9月初，中國政府對於美日兩國可能達成妥協的恐懼益形增高。此時胡適提供的情報是，他在9月5日曾經從國務卿談話中得知，日本

5　《蔣介石日記》，1941年5月20日。
6　《蔣介石日記》，1941年6月16日。
7　《蔣介石日記》，1941年8月11日。
8　《蔣介石日記》，1941年9月1日。
9　《蔣介石日記》，1941年4月25日。

大使（野村吉三郎）最近屢次向美國政府暗中表示稱，松岡洋右外長其實不能代表多數人的意願，因此如果英美兩國能對日本採取和緩態度時，則日本也有脫離軸心國的可能性。而國務卿雖然聲明這只是日本單方面的表示，但是同時又說道民主國也的確需要時間充實其軍備[10]。聽在中國人耳朵裡美方的潛臺詞是：美國政府也基於自身理由將需要和日本進行妥協，或至少虛與委蛇。僅僅這個信息就足夠讓重慶領袖們大感恐慌了。

在幾天之內，拉鐵摩爾也警告中國稱，助理國務卿威爾斯（Welles）和國務院某些官員歷來主張對日本妥協，因此中國務必密切關注即將舉行的美日雙邊談判。拉鐵摩爾的警告使得蔣介石趕緊向美國進言，千萬不可放鬆對日本的經濟制裁，因為中國的堅持抗戰加上美國的禁運，雙管齊下已經造成日軍戰鬥力量顯著衰退[11]。經濟部長翁文灝也給胡適發信，請他盡一切努力去阻止美日修好[12]。

在中國政府高度關切的氣氛下，宋子文當然不會缺席。他在接連多日密集地向總統貼身親信和陸海軍部高層人士打聽美日協商情況之後，向蔣介石提出他的結論稱：一方面，他認為美國總統和人民不致犧牲中國利益，而另一方面日本又不可能輕易中止對華戰爭。因此美日之間衝突沒有簽約解決之可能，美日戰爭最終或許無法避免。然而即使美國在根本國策上不致出賣中國，但是在短期內藉口權宜之計，做出危害中國利益的可能性，則不容忽視。因為美國政府內頗有一部分人士認為，既然日本天皇親自掌握軍權，則美日之間暫時尚有緩衝機會，這將使未來美日之間增加談判空間。依照宋子文情報，今後局勢大致發展的方向是，日本承諾不對東南亞地區（越南、新加坡）和西伯利亞進犯，而交換條件則是美國政府解除經濟制裁和恢復美日經濟關係。但是對於中國問題，則雙方都打算避而不談。雖然這個發展對中國顯然不利，宋氏也認為「在此間反對兩國協商，恐無效果。」但是宋氏也

---

10 胡適致蔣介石電，1941年9月5日，《蔣中正總統文物》，#002080103007016。

11 拉鐵摩爾與王世杰談話，見：《王世杰日記》，1941年9月9日。

12 翁文灝致胡適函，1941年9月22日，中國社會科學院近代史研究所中華民國研究室編，《胡適任駐美大使期間往來電稿》，第2冊，頁530-532。

看到美日協商前途可能充滿變數，比如說，蘇聯在歐洲的戰事挫敗，或是日本軍人在一旦得知協商內容後，也可能會不顧天皇威信而堅決反對[13]。

但是這些變數都無法令中國感到安心，因為在整個1941年下半年裡，蔣介石和中國領袖們所最擔心的，就是美日兩國談判最終可能導致美國犧牲中國利益，而其所持的理由則是如何做才會讓英美兩國取得更多時間去鞏固自身的防務。偏偏在此期間，中國政府得到的信息時常讓它難以捉摸。比如說，羅斯福總統在1941年10月31日和宋子文談話中，他一方面對於日本妄想恢復美日經濟關係嗤之以鼻，聲稱中日問題未能得到圓滿解決之前，就談不到其他問題。但是另外一方面他又透露信息，原來日本政府非常急切要安排羅斯福與近衛文麿首相能夠在海上會面。而羅斯福也承認，美國的這種拖延策略，也讓菲律賓的炮臺和空軍防務得以大幅加強[14]。

換言之，美國政府此時的策略還是要和日本維持談判，而不是斷絕談判。但是從中國立場而言，只要美日兩國持續談判，中國的利益就可能變成交換籌碼而遭到犧牲。中國駐美使館的劉鍇公使就曾經指出，儘管美國努力製造的形象是它想借談判來換取時間，讓美國的軍備工作做得更完善，但是實際上美國很可能打心底就想和日本達成真正妥協[15]。

在如此混亂的局面裡，蔣介石只能運用一切可能的管道，去向美國人表達他的憂慮，並且儘量設法阻止美國和日本達成秘密交易。他向羅斯福抱怨說，美國人從來沒有認真對待中國人對於日本南進政策的警告，因為美國人誤以為中國的警告，只不過是想要挑撥美日衝突的詭計而已。蔣介石也抱怨，在德國進攻蘇聯之後，中國在美國的全球戰略體系中，已經淪為無足輕重地位，而他個人也強烈懷疑美國國務院有些官員內心是主張能夠向日本做出讓步[16]。

與此同時，蔣介石也努力地試圖警告美國政府，美日和解可能造成的災

13　宋子文致蔣介石電，1941年9月16日，《蔣中正總統文物》，#002080103007017。

14　宋子文致蔣介石電，1941年11月3日，《蔣中正總統文物》，#002080103007017。

15　劉鍇與顧維鈞大使談話記錄，1943年5月下旬，《顧維鈞回憶錄》，第5冊，頁333。

16　Owen Lattimore, *China Memoirs* (Tokyo: University of Tokyo Press, 1990), pp. 158-159.

難性後果。他在1941年11月25日，分別致電美國軍部和國務院，強調局勢的嚴重性。他指出，假如美國政府放鬆禁運政策或是解凍日本資產的話，或是這類傳聞在民間流傳開來的話，則中國人民將會一致認為中國已經成了美國的犧牲品。中國的民心士氣將會崩潰，全亞洲人民也將會對民主感到絕望，中國軍隊將會瓦解，而日本將會隨心所欲地完成它征服中國的計劃。中國抗戰的總崩潰在全世界將會是一個大災難[17]。

　　除了擔心美日關係的大局之外，中國政府更具體的憂慮是中國西南各省的防務。在中國政府所得到的情報中，美國對日本最具體的要求，似乎著重在日本承諾不採取南進或是北進戰略，但是對於中國戰場則沒有採取明確立場。而從中國立場而言，它歷來指望的就是蘇聯和日本之間能夠發生戰爭。美國要日本停止北進政策，對於中國而言已經是一個令人失望的發展。如果美國進一步也要求日本停止南進政策的話，則對於英國、美國和荷蘭的屬地固然可以換得暫時安全，但是此時中國最擔心的乃是越南局勢。由於法國在歐戰挫敗使得它完全無力抗拒日軍入侵越南，而越南正是日軍攻擊中國西南各省最好的通道。依照重慶判斷，日軍攻滇既可以由越北直接指向昆明，又可以由越入桂而攻滇。由於後一條路所經地形比較開闊，便利日軍使用大批機械化部隊作為前鋒。無論如何，雲南的防守都會直接影響到抗戰大局，因為當時賴以保衛滇緬路的空軍是陳納德所指揮的美國志願飛行隊。因此萬一雲南失守，就會立即切斷中國和英美國家軍火進口的唯一通道，也會使西南門戶大開，動搖整個抗戰的軍事情勢和民心士氣[18]。正是出於這層急迫考慮，所以重慶政府此時特別努力希望美國能夠出面，促成英國和中國達成協議，同意英國空軍協助中國共同防守雲南[19]。

　　在對付日本進攻西南省分的可能性上，中美之間表現出非常不同的反應。在中國方面，蔣介石從1941年7月分，就計劃派遣中央軍第5軍第6軍

17　Soong to Stimson, November 25, 1941, *FRUS*, 1941, vol. IV, pp. 660-661.

18　宋子文致蔣介石電，1941年11月10日，《蔣中正總統文物》，#002020300032079。

19　蔣介石致胡適電，1941年11月11日，《蔣中正總統文物》，#002010300046028。

進入雲南加強西南防務。但是為了緩和與龍雲關係，耐心等待，到了11月底，終於完成中央軍入滇的部署[20]。馬格魯特剛剛抵達重慶，蔣介石立即表達對於日本進攻雲南的擔憂。希望馬格魯特可以轉達他希望英美提高警覺，預作部署。並且希望美國可以把駐防菲律賓的空軍協助中國和加緊對中國的飛機運送[21]。但是當幾天之後宋子文與羅斯福長談時，後者卻不為所動。羅斯福表示，依美國軍方判斷，雲南的多山地形和落後的交通設備，將使進攻極為困難。即使日軍動員4個師團兵力也未必可以達到目的，更不必說妄圖長久控制滇緬地區。當宋子文指出日軍有組織裝備和空中優勢，可以仿效德軍在南斯拉夫的勝利戰果時，羅斯福則稱中國已經單獨抗戰4年，即使失去緬甸路，也可以繼續堅持作戰1-2年。很明顯地，雲南本地的防守無法說動美國軍方予以協助。談話到了此時，宋子文只好改變策略，指出如果雲南緬甸失守，則不但中國民心士氣會受到極大打擊而且其軍隊也會因為缺乏武器而無法作戰。其結果就是讓日本可以從中國戰場抽出100萬士兵去實現其北上或南下的攻擊[22]。鑑於這番深度談話是在10月底舉行，而且歷時45分鐘，它是否在羅斯福心目中留下任何漣漪，（特別是日軍北上南下的風險），以致間接地影響到美國在11月和日本談判的心態與盤算，至今尚無史料可以幫助我們理出頭緒。但是宋氏的努力卻是非常明顯。

回顧美國政府在9月中旬曾經正式向中國政府承諾，如果美日談判中牽涉到中國利益時，必定會在事先與中國商議，而且只要日本的侵略行為一日不停止，則美國必定不會取消其經濟制裁措施[23]。但是在整個11月上旬和中旬，美國政府一直絕口不向中國政府透露它和日本談判的內容，最多只是閃爍其詞言不及要。

宋子文是在11月中旬，才初次向蔣介石報告美日密談之事，「**據某要人密告此次敵使來栖三郎來美，攜有根本讓步條件，惟與中日事無直接關係。**

---

20 《蔣介石日記》，1941年7月26日，11月30日。

21 《蔣介石日記》，1941年10月27日。

22 宋子文致蔣介石電，1941年10月31日，Soong Papers, Box 58, Folder 13.

23 《蔣介石日記》，1941年9月15日。

其內容不願見告。並謂似非如外間臆測無成功希望，等語。」[24]。依照宋子文本人的解讀，日本似乎要以承諾不進攻西伯利亞，來換取美國對於禁運的讓步。而如果美國拒絕讓步，則日本就可能攻擊緬甸。既然如此，而美國又曾經再三強調日軍沒有能力可以進攻緬甸，則宋子文的對策就是趁機加緊向美國要求運送武器和飛機，防範於未然。綜言之，當宋子文首度聽到美日談判的消息後，並沒有特別警惕，也沒有十萬火急地建議蔣介石高調抗議，只是把它看成是一個機會，催促美方加速向中國提供武器。

　　此時還有兩件事幫助我們增加對美日談判的了解。一件事是胡適大使選擇在此時又離開華盛頓去外地演講，以致宋子文與之無法聯繫[25]。當然宋子文打小報告的目的是指責胡適，但是後者外出演講也表示在他心目中這並非是美日關係特別緊張的關頭。

　　另外一件事是霍普金斯因病住院，宋子文趁機拜訪並進行詳談，雙方對談的首要話題當然是美日談判。霍氏向宋子文透露，美國海軍躍躍欲試希望早日和日本開戰，而陸軍則認為美德之間戰爭不可避免，因此不願在太平洋引起軍事衝突。而日本政府也充分了解美國內部不同的觀點，因此來栖使節的任務是來達成一個交易。「（霍氏）又云，日代表僅希望商談恢復美日經濟關係，以不侵犯海參崴西伯利亞為交換條件，而對中日戰事不願討論。但美方以為，捨解決中日問題，日本無其他代價可以供（貢）獻。故談判最後預料日方必請美方調停。」換言之，依霍氏觀之，日方代表如果在當前美日談判中只談西伯利亞而不願觸及中日戰爭問題，則日方根本沒有籌碼可以要求美方讓步。因此霍氏推測日方必將接受談判失敗，而改為要求美國調停中日戰爭。既然霍氏親口說出美方如此保護中國利益，則中國就無需過分擔憂美日談判了。

　　然而想不到的是，霍氏卻扯出另外一個話題，那就是「滿洲國」。霍氏推

24　宋子文致蔣介石電，1941年11月14日，Soong Papers, Box 58, Folder 14；宋子文致蔣介石電，1941年11月14日，《蔣中正總統文物》，#0020801030007017。

25　宋子文致蔣介石電，1941年11月15日，Soong Papers, Box 58, Folder 14.

測，日本既然不能改變美國對中國的支持，就可能改而要求美國承認「滿洲國」作為一個小讓步。宋子文當即回應，「文答，美如承認偽滿是違背基本之既定國策。且中國如此重大犧牲，惟絕不能置三千五百萬於日本奴役之下。」

因此有趣的是，當初美日談判進入緊鑼密鼓之時，霍普金斯給宋子文的信息是美國一定會保護中國的利益，因此無需擔心，但是「滿洲國」卻是一個充滿危險的問題。因為除了霍普金斯之外，宋子文也從其他美國政要處聽到了許多令人不安的言辭。比如說，國會參議院外交委員會的主席就被謠傳曾經表示，美國可以堅持日軍必須驅離中國境外，但是對於「滿洲國」卻無法採取同樣立場去拒絕和日本妥協。

然而最令人不安的訊息是來自魯斯（Henry Luce）。魯斯是美國新聞界鉅子，態度絕對對中國友好，毋庸置疑。在談到美日談判時，魯斯向宋子文保證，美國政府或是民意絕對無法接受日本飛機用美國汽油去殺害中國人民。因此日本代表如果堅持美日會談不包括中日問題，而仍然希望恢復美日經濟關係正常化，則是會談註定失敗。但是「滿洲國」問題卻是性質大不相同。換言之，美國人民可以接受日本從中國的侵占土地上全盤撤出，以交換美國承認「滿洲國」，因為他們多數認為中日兩國對於滿洲地區的主權伸張都各有理由。

以上這些來自美方權威人士的信息就讓宋子文大為緊張，立即敦促蔣介石把後者在「九一八」紀念會的宣告趕緊翻譯成英文，強調滿洲（東三省）和中國不可分割的關係，「此時惟有不惜耗資，在此（指美國）擴大宣傳，對於將來最後之和平條件，必有莫大之裨益。」[26]

綜合以上宋子文在11月中旬所獲得的信息讓他得到的印象是，美國政府和人民一定不會和日本在談判中出賣中國利益，這一點中方無需擔憂。而在另外一方面，宋子文稍早也做了一個預測，那就是美日關係並不是那麼緊張，因此在1941年度裡，雙方不致開戰[27]。如此說來，當前的談判大概也不

---

26 宋子文致蔣介石電，1941年11月21日，Soong Papers, Box 58, Folder 14.

27 宋子文致宋子安電，1941年10月17日，Soong Papers, Box 45, Folder 2.

至於改變現狀。

　　倒是可能從美日談判中可能衍生出來的「滿洲國」問題，卻值得中國密切關注，及早行動。這或許就讓中國政府產生一些錯覺又分了心，耽誤了幾天寶貴時光。

　　而在這個時段裡，美方依然躲躲閃閃，一些支離片段的傳言，只能讓中國領袖們不知如何反應。胡適自外地演講返回華盛頓之後，雖然數度與國務卿見面，也沒有獲得任何確切信息[28]。

　　蔣介石個人對美日談判的認知也頗為有趣。大致而言，他在得知來栖三郎趕往美國一事顯得並不特別操心。他相信日本使節雖然必定會另提妥協條件，但是只要日本對統治中國之野心不肯放棄，則美國必定不能容忍。因為美國政府也一定能夠清楚認識到，如果任由日本統治中國，即等於獨霸太平洋，無異驅逐美國於太平洋之外。除此之外，蔣介石還對當時局勢有幾個誤解。

　　第一個誤解是他過分信任美國政府提供的情報，以為後者在菲律賓的防務確實已秘密完成十分之九。既然菲律賓作為美國在遠東反制日本最大之根據地已經鞏固，則美國絕無退讓之必要。何況此時中國政府又接到美國海陸兩部部長向中國密告（當然是透過宋子文），宣稱12月10日美方的遠東備戰即可全部完成，屆時就可以對日本作最堅強之表示。陸長史汀生更表示，一定會支持滇緬路的安全。因為根據美方的密告，日本對於這些發展尚且被蒙在鼓裡，所以難怪蔣介石會認為日本實在不知天高地厚而愚不可及。

　　其次是此時美國參議院通過了中立法，而政府又宣布從天津撤退海軍陸戰隊和自上海撤僑。蔣介石認為美國的決心既定，則這些強硬姿態必定會壓住日本的氣焰迫使後者軟化。這就解釋何以當他得知羅斯福曾經和來栖見面時，並沒有產生特別警惕。而在得知來栖和赫爾國務卿舉行秘密談判時，也視為「**此無足為奇**」。

　　第三個誤解是蔣介石認為日本可能在短期內（他估計大約在12月初）

28　胡適致外交部，1941年11月20日《蔣中正總統文物》，#002080103007018。

會轉而進攻蘇聯[29]。日蘇開戰是蔣介石夢魂所繫的大事，僅僅是在此前5個月中，就兩度以為爆發在即。一次是在7月初，蔣介石認定日本在短期內將會攻打蘇聯[30]。才不過一個月，他又認為日本已經完成集結向蘇聯進攻的兵力，只是德軍在歐洲戰場與紅軍膠著已逾40日尚無突破，使得日軍暫時按兵不動[31]。類似如此的誤判，此前已經多次發生，此後還會發生多次。日蘇戰爭的想法並不荒唐，但是屢屢事與願違。

乙. 危機終於來臨

在這個局勢曖昧而且謠言紛起的美日談判過程中，中國要等到11月22日才得到一些確切信息。該日早晨，國務卿赫爾終於先召見了英國、澳洲、荷蘭三國大使到國務院聽取簡報至下午1時。隨後又請胡適大使參加散會前最後約30分鐘的商談。根據當時記錄，應該是美國先向西方三國做了充分而詳盡的解說，並商討了太平洋海上防務形勢之後，才邀請中國大使進場，至1時35分散會。但是在此之前，4位外長彼此交了什麼「底」，胡適並不知道。胡適的到會是為了進行與中國有關的實質討論？抑是虛晃一招，唬弄外界以為中方充分參與會議，增加美方未來妥協的合法性？這也只有幾位美國最高領袖心裡有數。

無論如何，一旦胡適大使入場，在這後小半段的會談中，5位使節們就幾個重要問題交換了意見。美國國務卿開宗明義地指出，西方國家在遠東的防務仍然單薄，因此需要爭取一段時間才能得到有效的提升。而要達成此目的，又必須和日本達成妥協。問題是：做出何種讓步，和期望達成何種效果？

依照美國政府分析，中國當前最擔心的是日本從越南進犯雲南，而西方國家則恐懼日軍進犯緬甸和泰國。因此美國提出一個設想，是否可以要求日

29《蔣介石日記》，1941年11月8、9、10、15、18、19日。

30《蔣介石日記》，1941年7月1日。

31《蔣介石日記》，1941年8月1日。

本撤退在越南全境的軍隊，或是最多只准許留守3000人，並承諾不向其他新方向進攻，以換取美國政府同意暫時性地放鬆經濟封鎖？他徵求各位大使發表意見，如果這樣做是否可以暫時解除中國西南地區的危急，並允許西方國家趁機增強在遠東的海空軍實力？

英國大使的回應比較片面，他支持美國此時去和日本妥協，但是提醒美國經濟封鎖放鬆的程度，千萬不可使日軍作戰能力得到增加。

胡適大使的回應則更為全面。

首先，他從赫爾處得到了一個澄清，那就是美國只打算要求日本不攻打雲南，但是不打算要求日本不攻打中國其他地區。胡適當即指出，日本既然承諾不「南進」也不「北進」，則必乘此機會全力「西進」進攻中國，這樣就會使中國成為美日妥協最大的犧牲品。

其次，關於美國放鬆經濟封鎖的程度問題，經濟封鎖是美國當下最有效的外交武器，施行4個月以來，造成日本重大打擊。但是仍未發揮最大效應，因此不可輕易放棄，否則只能助長日軍侵略氣焰。雖然赫爾立即解說美日之間並未達成協議，因為日本的要求是美方解除凍結的資金使其可以購買糧油等產品，而美方則希望繼續維持出口管理特許之辦法，但是胡適仍不感安心。

最後還有一點讓胡適感到不安的是，雖然赫爾聲稱擬議日本從越南全境撤軍，但是胡適從其他渠道得到的信息，則是日本的原提案只是從越南南部撤退而已，換言之並不影響日軍在越南北部的活動[32]。無論如何，中國政府終於從美國方面得知美日談判的梗概，而胡適也在現場把中國政府的立場做出了正確反應。

用不著說，這次會議對於中國的衝擊可謂巨大無比。這個衝擊可以從幾方面去了解。

第一，這是美國首度正式向中國傳達美日談判內容。假如中國可以相信美國政府沒有玩弄兩面手法，對西方三國和對中國各說一套的話，則雖然赫

---

32 胡適致蔣介石電，1941年11月22日，《蔣中正總統文物》，#002060100158022。

爾依然語帶隱晦，但是談判的輪廓已然凸顯。

第二，胡適由於置身現場，所以對美國說詞的重要性可能還來不及充分掌握，但是重慶領袖們可以從容咀嚼電文中的每一個字背後的含義，因此所產生的危機感更為敏銳。

第三，胡適作為知識分子對於美日談判的軍事意義未必能夠深切了解。但是蔣介石作為軍事領袖，對於中國西南地區防務之單薄，和國內其他地區的脆弱性，他內心必然非常清楚，而其中細節既不宜讓胡適知道，更不能讓美國和日本知道。

第四，會議的過程是西方外交官從早晨開始已經密商數小時之後才邀請胡適入席，國務院所表現的這種對待東方和西方國家「親疏有別」的形勢，已經極為明顯。鑑於中國到此時為止掌握美國政治情報最權威的人士早已是宋子文，而現在報告此項最珍貴情報的來源卻是胡適，這難免讓蔣介石擔心，是否胡適還有其他的信息既沒有看明白，又沒有說透徹？

蔣介石個人在看到胡適報告後的感受，相當有趣。一方面他感到欣慰的是胡適終於被邀請參加了國務卿召集的中英澳荷四國使節在國務院會商對日本談話問題。胡適雖然在最後才受邀進入會場，「然此為太平洋聯合對倭陣線第一次公開之形式。我國至此脫離孤立之危。然而回憶十年來之苦鬥，與軍民之犧牲慘烈情況，不禁慄懼係之。」

但是胡適來電的內容，則讓蔣介石把 11 月初以來聽到美日談判時，那份氣定神閒和信心滿滿的態度，一掃而空。繼之而起的不但是感到大事不妙，而且是大為光火，理由是美國只商議日本撤退駐越南軍隊之大部，保證不南進不攻滇，而由美國放鬆經濟封鎖事，「其對中國撤兵問題毫不提及。**乃可知美國仍對倭妥協而犧牲中國甚矣。**國際無道義，痛憤盎極。余復電嚴斥美國之虛妄，尚冀其不變政策，不絲毫放鬆經濟封鎖也。」[33] 讀者立即可以看出在此關鍵時刻，中國政府的最高領袖和駐外使節之間在對於緊急事態的認知和反應已經產生嚴重脫節。胡適大使在現場雍容有度的應對，和蔣介石

33《蔣介石日記》，1941 年 11 月 24 日。

的「痛憤盍極」之間，真是有天差地別。這當然會影響到他們二人此後一週
的互動和互信。

　　無可置疑地，中國政府最感憂慮的是美國解除對日本經濟制裁的可能
性，及其對中國抗戰可能引起後果的嚴重性。因此希望在美日密談尚未終結
之前，儘量多獲取情報，俾向美國提出警告，同時本身儘快做出相應措施。
因此，蔣介石在11月24日趕忙致電胡適，囑咐他務必轉告赫爾：「**此次美日
談判，如果在中國侵略之日軍撤退問題沒有得到根本解決以前，而美國對日
經濟封鎖政策無論有任何一點之放鬆或改變，則中國抗戰必立見崩潰。**以後
美國即使有任何援助均屬虛妄。中國亦決不能再望友邦之援助。從此國際信
義與人類道德亦不可復問矣。」[34]

　　蔣介石的反應究竟有多麼強烈？根據外交部長郭泰祺向胡適透露，「**介
公閱兄來電後，反感頗烈。**認為美方對中國問題不圖解決，仍擬對敵姑息犧
牲我國。」這段話把蔣介石的心情描述得頗為正確。因此郭泰祺告訴胡適
稱，「吾人對任何凡足以增加我國抗戰之困難，或加強敵人對我侵略之力量
之辦法，必堅決反對。務請轉告國務卿。」[35]郭泰祺所說的「反感頗烈」的另
外一部分是蔣介石對於胡適的反感，正是由於胡適沒有在現場處理周全，因
此蔣介石才需要親自出馬。

　　豈知一波未平，一波又起。就在24日當天下午4時，國務卿再度約見
中、英、澳、荷四國使節報告最新發展。美方此時方才承認，原來日本是在
11月18日開始提議雙方著手討論一個臨時過渡辦法，並且在20日提出說
帖。美國政府對該說帖內容最初反應是它違反美國基本原則，因此無法接
受。但過不了幾天，美國政府感到國際局勢惡化速度太快，因此自己提出一
個臨時過渡性（a transitional period）方案交付日方代表。美國方案包含幾個
重點：1. 美日兩國承諾沒有疆土野心。2. 美日兩國承諾不得從其軍備區域向
亞洲之東南、東北、或北太平洋、南太平洋作進攻或進攻之威脅。3. 日本承

---

34 蔣介石致胡適電，1941年11月24日，《蔣中正總統文物》，#002060100158024。

35 郭泰祺致胡適電，1941年11月24日，《蔣中正總統文物》，#002080103007018。

諾撤退越南南部之軍隊，並不再補充。而將越南全境之軍隊限制在2萬5千名士兵之內。4. 美國承諾稍微變通其凍結資產及出口貿易限制之條例。日本貨物可以輸美，而美國食物、棉花、醫藥、油類也可以輸日。美國政府承諾向英國、澳洲、荷蘭政府要求採取類似辦法。5. 此項臨時過渡辦法有效期間為3個月。

即便是身處現場的胡適也立即看出，美國方案內容對於中國產生了更不利的後果：1. 美國只是要求日本不可向東南亞、東北亞、北太平洋和南太平洋地區發動攻擊，唯獨對於中國戰場卻刻意保持沉默，等於是給日本加緊侵略中國開了綠燈。2. 美國原先曾經要求日本在越南駐軍不可超過3000人，而現在居然允許增加到2萬5千人，等於是縱容日本進犯中國雲南省。儘管美國軍方宣稱日軍缺乏足夠兵力攻打雲南，但是中國無法相信美方判斷的正確性和其讓步的動機為何。至於提出3個月過渡期，則是美國軍方（海陸軍參謀部）認為它們需要這段時間才能加強軍備。而美方也提出準備在這3個月中加速向中國運送武器。只是這個承諾完全無法得到中國政府信任。因為它只要回顧過去記錄，就知道美國從來沒有履行過向中國運送武器的承諾。

更令重慶領袖們擔憂的一段話是胡適電文的第七條，「對於中日戰爭，美政府之根本政策只期望中日兩國將來所有任何討論或解決方案，均需基於和平，法律，秩序，公道之基本原則。」[36]根據外交部長郭泰祺指出，「介公對『只期望』三字尤感不滿。」因為該條那麼多的空洞外交辭令也無法掩飾一個赤裸裸的事實，那就是美國政府面對日本侵華現狀，只有「期望」，而沒有行動，甚至可能根本沒有方案。它只是玩了一道文字障眼法騙取中國政府的粗心大意，對於美國向日本提出的方案予以接受而已。因此，難怪郭泰祺也致電胡適，要求後者再度向赫爾要求澄清[37]。

至於胡適個人對整個美日密談的大趨勢也感到無能為力。他在報告結尾處寫道，「以上辦法，大似去年英國滇緬路停運一事。其用意為換得三個月

---

36 胡適致蔣介石電，1941年11月24日，《蔣中正總統文物》，#002080103007021。

37 郭泰祺致胡適電，1941年11月26日，《蔣中正總統文物》，#002080103007021。

之準備時間，其主張聞出於海陸軍參謀首長，外長。**此舉似亦有其苦心，恐不易阻止。**」[38]換言之，胡適的立場是，既然美國人如此決定，則中國也無能為力去加以阻止。

但是蔣介石的反應則大相易趣，他進入精神高度緊張狀態，「為美國有放鬆對倭經濟之意，乃匯集全神，致胡宋各電，要求美國立即宣布其不妥協態度。」[39]

如果讀者回憶1940年英國滇緬路停運給中國所帶來的危機感，就不難想像中國政府絕不致就此罷休。因此儘管赫爾國務卿在25日夜間又約見胡適，囑後者轉達美國對中國的誠意，3個月方案只是緩兵之計，絕不會出賣中國利益，並請求蔣介石信賴羅斯福總統和赫爾國務卿，消除疑慮[40]。但是蔣介石此時已經無法相信這類空話。更何況，日本在華的宣傳工具此時也已經全面開動，宣稱美日會談已經達成秘密協定，重點是美國承諾不插手中日戰爭，換取日本承諾不南進。雙方解除資金凍結，恢復商務關係。這個宣傳攻勢在中國立即造成了強烈震撼，全國人心惶惑，軍事經濟為之動搖，使得抗戰面臨崩潰之虞[41]。

到了此時，中國政府的應對立場也逐漸明朗化，那就是，「**請美政府即時宣明與日本決不妥協之態度。並聲明如日在華侵略軍隊之撤退問題未得根本解決以前，則美對日之經濟封鎖與凍結資金之一貫政策決不有絲毫之放鬆**，如此日本必能轉變其威脅態度。」值得順便指出的是，根據中國政府判斷，即便是日本不願意改變其威脅姿態，但也絕不敢與美國開釁，因此它所能做出的極限也不過是停止交涉而已。換言之，中國政府也做出了一個嚴重誤判，那就是日本絕不敢主動攻擊美國，而珍珠港模式的攻擊行為則更從來

---

38 胡適致蔣介石電，1941年11月24日，《蔣中正總統文物》，#002080103007021。

39 《蔣介石日記》，1941年11月25日。

40 胡適致蔣介石電，1941年11月25日，《蔣中正總統文物》，#002080103007021。

41 事實上，外交部長郭泰祺另外一封電報中向胡適透露，華北某領袖恐將會立即呼應日本，並採取和平行動。郭泰祺致胡適電，1941年11月27日，《蔣中正總統文物》，#002080103007021。

沒有出現在中國人腦海中[42]。

丙. 中國開始全方位處理危機

　　雖然以上這幾封電文來往都是發生在蔣介石和胡適之間，但是蔣氏絕對不會把宋子文這顆重要的外交棋子擱置不用，更何況胡適的灰色態度更增加了宋子文的重要性。因此，蔣介石在11月25日電促宋子文投入工作，「總使美政府能迅速明白表示其對日本決不妥協之態度關係重大。務請協力以赴之。」[43]因此中方外交檔案顯示，宋子文最遲在11月25日就參加了中國政府的對美外交攻勢。而宋子文也果真不負蔣介石信託，在收到蔣介石電報的當天，就委託羅斯福總統的親信幕僚把蔣介石的立場向總統轉達，而宋子文在次日（26日）就受到總統接見，前後會談約1小時，胡適也被邀共赴白宮。宋子文從白宮辭出後立即發電報向蔣介石報告，而這封電報的內容，不但扭轉了中國政府對於當前局勢的判讀，也徹底改變了它在此後幾個關鍵性日子裡的外交策略，因此值得仔細研讀。

　　首先，宋子文向胡適射了一支冷箭，直指胡適向政府所提供的情報，或是來源不夠權威或是曲解美方意圖，因此誤導了中國政府。他寫道，「適之兩電，頗有美國原則已定，事在必行之意，故不能再事商量。但總統云，向來主張美方之提議，事先向各關係友邦徵求同意，再向日本提出。」[44]

　　宋子文這段話有何含義？1. 他指出胡適的灰色結論根本缺乏事實根據，沒有盡到一個外交官的職責。尤其是在關係中國國家命運這麼重大的問題上，輕率做出事情無法挽救的分析，實在離譜。2. 即使胡適所報屬實，也證明他沒有盡到最大責任去保護中國利益，因為總統所言和赫爾所言，無論是語調上，內容上，或是程序上，都有重大差別。胡適沒有盤根究柢，就遽然

42 蔣介石致胡適電，1941年11月25日，《蔣中正總統文物》，#002080103007017。

43 蔣介石致宋子文電，1941年11月25日，《蔣中正總統文物》，#002010300046034。

44 宋子文致蔣介石電，1941年11月26日，《蔣中正總統文物》，#002080103007027。

向政府提出報告和判斷，顯然有怠職之嫌。而在宋氏電文之外，還可以看出一個新的端倪。那就是，美國總統才是政策最終決定人。即便是赫爾當初向四國使節的簡報內容完全正確，也不表示那是美國政府的最後立場，因為羅斯福可以隨時加以改變，而且中國使節們在和美國交往過程中理應早就察覺到總統有否決權，而且他事實上也經常有否決他部下決定的往例，而這也就給中國以可乘之機。果真如此的話，則在關係中國命運如此巨大的關鍵時刻，胡適不去在總統身上下功夫，反而俯首接受國務卿的說法而勸說重慶政府接受，實在難以理解。

說來說去，在過去幾度為了數目有限的借款過程中，中國使節都知道去向總統下功夫。何以在這一次卻會如此自我設限俯首接受失敗？因為從中國利益著想，一旦打開白宮和總統這扇大門之後，中方的外交攻勢就得以展開，而且其彈性也突然會大幅提升。當然更可怕的結論是，如果羅斯福果真在說實話，則赫爾邀約使節們會商的目的，應該是先聽取後者的意見然後再向日本提出。但是赫爾卻違反總統制訂政策的程序指示，誤導使節們認為美國立場已經不可變更。

英、澳、荷三國使節可以欣然接受美國的簡報，因為他們有信心知道本身的利益必然已經受到美國充分保護。唯獨中國利益被摒棄於局外。國務院只是用了外交辭令去魚目混珠，實際上是把中國交給日本任由其宰割。如此看來，重慶領袖們對美日談判的大局，倒還是看得清楚的。

宋子文電文接下來展示的外交能量，也使重慶政府大開眼界。在上述的白宮會面時，羅斯福顯然還想辯說美日妥協旨在保護滇緬路，宋子文立即反駁此說不通，並且當場表示，中國寧可因為抵抗而犧牲，但是絕不能接受因為美日妥協之侮辱而崩潰。「總統無詞可答，態度似露窘促。」[45]用不著說，胡適作為一個旁觀者，也一定為宋子文「魯莽」的行為羞愧得無地自容[46]。

接下來是宋子文把對胡適的批評盡情鋪陳開來。重點是：1.「適之過信

45　宋子文致蔣介石電，1941年11月26日，《蔣中正總統文物》，002080103007027。

46　宋子文致蔣介石電，1941年11月26日，《蔣中正總統文物》，002080103007027。

國務部，以為霍爾之方案為循守美國已定之政策，不可變更。故不願在原則上力爭，僅斤斤於駐越北日軍多寡之問題，舍本逐末，何濟於事？」2.「適之對於美政府權要，素少接洽。僅與英澳各使約略商談，真相不明，幾致貽誤事機。」宋子文的結論是：「當此千鈞一髮之際，適之不能勝任，似可危慮耳。」[47]

宋子文這位外交鬥士一旦發動，就卯足全力向前衝刺。就在同一天，他「極力聯絡各方反對妥協」，當晚他又安排了和財政部長摩根韜共進晚餐，席間也引出摩根韜對赫爾的不滿，和對妥協方案的反對。這一切當然使國務院大為光火[48]。

簡言之，蔣介石在25日授權宋子文插手美日妥協談判事務，讓中國政府的外交出現了契機。宋子文26日電文是給中國外交打開了一個嶄新的局面。此後數日中國政府發動的外交攻勢，是挽救中國命運的轉振點。宋子文一夕之間把外交主動權索取到手，還把自己的汗馬功勞讓重慶政府牢牢地在他的功勞簿上記上一大筆，而這也符合宋子文做人做事的作風。

讀者或許不禁好奇，胡適對於這個總統會談的報告如何處理？因為這不但可以看出胡宋二人對於事實敘述部分是否有出入，而且可以去追究重慶政府對於外交事務的情報到底是否足夠正確到做出有效的對應之策？這一點對於了解當時中美關係極為重要。

幸運的是，胡適對於該次白宮會談也向重慶政府提呈了一份報告。比較之下，胡宋二人報告在內容上的差異真是發人深思。

首先，胡適也敘述了羅斯福對於滇緬路安全的辯解，但是對於宋子文的反詰則隻字不提。這或許出於胡適個性淳厚，不屑在同事背後說他的壞話。但是在如此重要的外交對話場合裡，每一句話和每一個表情與語氣，都可能有極重要的參考價值，更何況是出自總統之口？因此胡適的惜言很可能妨礙了重慶政府思考下一步如何向總統回應的策略，這將會是政府外交考量上一

---

47 宋子文致蔣介石電，1941年11月26日，《蔣中正總統文物》，002080103007027。
48 宋子文致蔣介石電，1941年11月26日，《蔣中正總統文物》，002080103007027。

個重大損失。胡適電文中卻還有另外一句重要的話，那就是，羅斯福稱他的本意是欲先求得中、英、荷、澳「四國大致同意，然後與彼方開談，此案至今未提出。」換言之，胡適既然在當場而沒有提出反對就可以視為默認，若不是事後蔣介石和宋子文趕緊提出反對的話，則美國政府就可能把妥協方案提交給日方了。因為羅斯福也向宋胡二人表達「聞蔣先生對此事頗有誤會，甚感焦急，請代為解釋云云。」所以蔣宋的反對，果然引起了美方反響。「此案至今未提出」一語道破了胡適的「不作為」和蔣宋二人的「作為」，造成了天差地別的歷史發展。

其次，胡適電報稱，「總統云，外長辦法只陷於（限於）局部的臨時救濟，其中確信不能顧到全部中日戰爭。」羅斯福的這番招認，只是因為蔣宋的進逼才從他口中逼出，若是依照胡適的處理方式行事的話，則中方根本拿不到這個話柄，也不能在感情和道義上讓美方感到內疚。（因為依照西方人思維方式，既然中國自己都沒有為保護本國利益而發言，則美國還有什麼責任？）[49]

但是蔣介石在私下的態度，則在日記中做了更盡情的宣洩。他寫道，「接閱美國所擬對倭放鬆妥協之條件，痛憤之至。何美國愚懦至此。從此可知帝國資本主義者，惟有損人利己，毫無信義可言。昔以為美國當不至此，故對美始終信仰其非英可比，今而後知世界道德之墮廢，求己以外，再無可信之所謂與國友邦也。然而本來如此，乃余自癡，信人太過，何怪他人？」[50]

總地來說，中國外交領袖們處理美日妥協談判的態度明顯有了重大分歧。蔣宋二人立場大致相同，但是駐美大使胡適和外交部長郭泰祺則各有不同。概略言之，胡適認為美國的權宜之計合情合理，出於務實。中國只好配合，最多在枝節上略作修正（日本在越南駐軍數量）。郭泰祺卻忠實地傳達蔣介石的意旨，要求胡適做出更多的努力。然而他自己對美國方案的分析卻十分有趣。在實質上，他的立場靠近胡適，認為赫爾的過渡辦法在實際上

49 胡適致蔣介石電，1941年11月26日，《蔣中正總統文物》，#002080103007029。
50 《蔣介石日記》，1941年11月26日。

「並無大害」，卻在政治上和心理上可能產生嚴重後果。因此胡適應該加倍努力去扭轉美國態度[51]。但是郭泰祺的這種分析立即讓宋子文感到擔心，趕緊致電蔣介石指出郭泰祺「對美日談判態度似不如鈞座堅決」，因此希望蔣介石就近監督郭泰祺以後和美方人員談話時，切「不可與鈞意稍有出入。」[52]

　　大致說來，到了11月27日，宋子文（及胡適）再度與羅斯福會談之後，中國政府的理解是：1. 美方尚未提出臨時過渡辦法。2. 美方在沒有得到四國同意之前，將不會和日本開始正式談判。3. 如果日本遽行向南方增兵則談判即可決裂，而戰爭或將不可避免[53]。

　　精力充沛而又消息靈通的宋子文，在28日又向蔣介石提供了一大堆重要情報。其最重要者大概有以下幾項：

　　第一，從美方運作的日程表而言，美政府的過渡辦法原本是依照總統的構想在11月24日擬定。但是日本政府代表表示需在26日前達成協議，後來又延期到29日。因此前後最關鍵時刻不過4-5天而已。

　　第二，赫爾國務卿本來是想拖延時間，但是國務院內部的緩和派（以遠東司長漢密爾頓Maxwell M. Hamilton為首）急於與日本妥協，犧牲中國利益也在所不惜。向赫爾施加壓力，使其不得不順從緩和派主張。

　　第三，若非中國政府從25日起開始表達反對，而又向各方人士表達堅決立場，則過渡辦法可能在25-26日會交給日方。

　　第四，美國政界有力人士在得知中國的反對意見之後，也各自向總統進言。但是總統仍欲再次試探，因此在26日下午再度召見胡適與宋子文。試探失敗之後，總統就指示國務卿放棄過渡辦法。

　　至於日本使節們原本對於過渡辦法之商定，持高度樂觀態度。最後終於失望離美[54]。

　　這一切改變，中國方面自認是蔣介石堅決反對的功勞，因為只有在中方

51 郭泰祺致胡適電，1941年11月27日，《蔣中正總統文物》，#002080103007021。

52 宋子文致蔣介石電，1941年11月28日，《蔣中正總統文物》，#002080103007028。

53 宋子文致蔣介石電，1941年11月27日，《蔣中正總統文物》，#002080103007030。

54 宋子文致蔣介石電，1941年11月28日，《蔣中正總統文物》，#002080103007028。

提出激烈反對之後，才能得到羅斯福個人的干預，並且改變了美國政府原先的策略。當然蔣介石是冒了一個大險，因為他事先並無能力預測美方是否接受他的建議，也無法知道是否會引起美方的不快而狠心徹底出賣中國利益。事實上，宋美齡和拉鐵摩爾都非常擔心重慶政府的回函會冒犯美國。但是蔣介石要他們放心，而最後美國在回覆日本的文件中包含了中方的立場。令蔣介石感到非常滿意[55]。這個教訓對於中國此後處理對美關係將會產生長期性的影響。

當美日談判塵埃落定時，美國駐華大使終於在11月29日把赫爾在26日向日本提出的說帖內容轉交給郭泰祺外交部長。如眾所周知的，美方在這份說帖中所提出的條件和承諾的讓步，都遠非日本政府所能接受者。因為美國的新立場是要求日本在整個亞洲地區停止一切侵略活動，和亞洲所有國家簽訂互不侵犯條約，承認重慶政府為中國唯一合法政府，並撤銷被占領區內各種不合法的政治組織。而日本所獲得的將是美日訂立新商約，取消封存資金平準兌匯。毫不誇張地說，它等於是要日本放棄多年來在亞洲辛苦經營所累積的侵略成果[56]。難怪日本無法接受。戰爭的契機由此開啟。

丁. 中國政府處理危機的評價

有了以上中文資料作為歷史重建的素材，我們就可以對於史學界流行多年的看法進行再評估。

在英文著作中，美國著名史學家畢爾德（Charles A. Beard）在討論這段歷史時，把大部分功勞都歸給胡適，認為胡適具有熟知東方和西方文化的優勢，又是知名的自由主義者，而羅斯福主政時期美國又崇尚自由主義。因此中國政府的官員們在胡適領導下，得以完成任務[57]。近來也有其他研究胡適的

---

55 《蔣介石日記》，1941年11月27日。

56 「廿六日美國務卿對日代表所提的說帖」中文翻譯本，《蔣中正總統文物》，#002080103007030。

57 Charles A. Beard, *President Roosevelt and the Coming of the War 1941*（New Haven, Conn., Yale University Press, 1948）, pp. 514-515.

專家指出，當時英國、澳洲和荷蘭的外交官對於美國的立場都沒有持異議，唯獨胡適極力反對，最終導致美國放棄原來打算妥協的決定。總地來說，這些歷史敘述都認為胡適在美日談判破裂的過程中，扮演了重要角色，最後引發了太平洋戰爭[58]。

回顧到了11月底，當美日談判進入關鍵時刻時，中國的外交活動也隨著變為顯著頻繁。從11月22日到26日之間，美國國務卿赫爾數度提出不同建議，試圖打破僵局和日本達成某種程度的協議。但是就像赫爾事後所抱怨的一樣，他提出的和解方案，立即引起「中國外交官和某些特定人士」（"Chinese diplomats and special agents"）的堅決反對，而中國的立場又獲得若干美國有力人士的呼應。但是赫爾所說的這些「中國外交官和某些特定人士」，究竟指的是何人？

首先，胡適在和戰問題上一直信守鮮明的反對和平的立場，這一點絕無疑問。但是要把1941年底導致美日談判破裂的功勞歸諸於胡適身上，則有張冠李戴之嫌。因為其他歷史資料並不能支持這個結論。中方史料顯示，蔣介石在此時至少動用了三位人士的努力，去阻止美國和日本達成妥協。他們分別是胡適、拉鐵摩爾和宋子文。而他們三個人的貢獻又大不相同。

I. 胡適的角色

依據國務卿赫爾的記載，他曾經把他將要向日本提出的妥協方案（Modus Vivendi）在事先向胡適、英國大使和荷蘭與澳洲公使做了詳盡的簡報[59]。赫爾向胡適解釋美國軍方需要有2-3個月時間去備戰，而美國政府也想要在歷史上留下證據，證明它的確盡了一切努力去挽救和平[60]。妥協方案內容在本節上文已經敘述過，在此不擬重複。我們此處關切的是胡適的反應。根據赫爾記載，胡適在聽取了美方解釋之後，「顯得有些不安」（"was

58 耿雲志，〈胡適與抗戰〉，張憲文編，《民國檔案與民國史學術討論會論文集》，頁799。
59 *The Memoirs of Cordell Hull*（New York: The Macmillan Company, 1948），pp. 1072-1073.
60 胡適致外交部電，1941年11月24日，《戰時外交》，第一冊，頁149-151。

somewhat disturbed"），但是並沒有表示嚴重關切。胡適不安的理由是美國提案中指明日本在中南半島的駐軍不得超過25,000人，這樣就使得日本無法占領滇緬路。雖然胡適沒有能夠從赫爾那裡取得一個承諾，去保證這個妥協方案可以防止日本在今後3個月內不致對中國本土發動攻擊，但是胡適並沒有刨根究柢。他反而只是提出一個技術細節上的修正，希望能夠把日本在中南半島上准許維持的兵力，從25,000人減少到5,000人[61]。

　　赫爾關於胡適在聽到美方提出的妥協方案簡報後所表達的溫和反應的記載，也被胡適本人向重慶政府所提出的報告所佐證[62]。因為胡適並沒有建議中國政府向美國提出強烈抗議。和以往在英國關閉緬甸路事件一樣，英美兩國都慣於把它們向日本讓步，形容成是只不過是為期3個月的「暫時安排」（temporary arrangement）而已，而胡適也認為應該信任英美兩國的說詞。

　　但是胡適對於美國說詞的信賴，立即遭到重慶領袖們的質疑。外交部長郭泰祺向蔣介石進言，中國絕不可以接受美國的這種「過渡時期辦法」的說法，因為它們會大大地減弱中國的戰鬥力量[63]。蔣介石採納郭泰祺進言，訓令胡適再度轉告赫爾國務卿稱，假如美國在沒有和日本就侵略中國的一切根本問題達成協議之前，就貿然放鬆對日本禁運和經濟制裁的話，則中國抗戰就可能崩潰，並使得今後美國對華援助變得毫無意義。事實上，蔣介石指示胡適直言告訴赫爾，中國將無法繼續信任美國援華的承諾[64]。

　　11月25日，蔣介石再度致函叮囑胡適和宋子文務必警告赫爾國務卿稱，日本已經發動宣傳攻勢，謠傳美日之間已經達成秘密交易，其內容是美國承諾不干涉中國戰爭，而日本承諾不採取南進政策作為交換條件。日本宣傳同時指稱，美國已經同意解凍日本在美國的資產。蔣介石提出警告，日本宣傳已經在中國民間引起震動，直接危害到軍心、民氣和經濟狀況。因此蔣

---

61 胡適致外交部電，1941年11月24日，《戰時外交》，第一冊，頁149-151；*The Memoirs of Cordell Hull*, pp. 1073-1074.

62 胡適致外交部電，1941年11月24日，《戰時外交》，第一冊，頁149-151。

63 外交部長郭泰祺致蔣介石備忘錄，1941年11月24日，《戰時外交》，第一冊，頁147。

64 蔣介石致胡適電，1941年11月24日，《戰時外交》，第一冊，頁149。

介石急迫需要美國提出保證，在日本從中國撤兵之前，絕不會和日本達成如謠傳所指的協議。蔣介石進一步警告，如果美國提出的只是模稜兩可的澄清時，則中國抗戰可能受到致命打擊，但是如果美國能夠表示堅定立場的話，則最壞結局只不過是美日之間的談判暫時中止而已[65]。蔣介石很顯然地認識到，當此美日談判進入關鍵時刻之際，中國政府必須向美國施加最大壓力才能免於災難。

多年來，我們對於胡適在珍珠港事件前後扮演的角色，泰半來自美國人和胡適的中國友人們的評價，但是對於蔣介石的態度則一無所知。所幸的是，隨著蔣介石日記公開，學者們可以有機會一窺他內心的感受。在珍珠港事件前一日，蔣介石在日記中寫了這麼一段話，「胡適、郭泰祺、陳光甫等毫無志氣，不知責任，更無國家觀念，唯以私利權位為謀。對於此等政客奸商官僚不道非人之所為，時起忿憤。不可抑止，豈不自我小乎哉。」正在他人以為胡適對於衛護國家利益有功之際，蔣介石這番疾言厲色的指責，還把郭泰祺和陳光甫拉進來，可見他的評價是絕對的負面[66]。但是蔣介石既然是胡適的頂頭上司，他的評價當然有重大參考價值。

蔣介石的惡感和胡適本人在太平洋戰爭開始後從外交戰線全面退縮之事，當然是互為因果，最後也導致胡適在 1942 年 8-9 月間的去職。即便如此，蔣介石對於胡適的外交生涯依然不能釋懷。因此在當年 10 月 17 日的日記中，忍不住寫了下面這麼一段話，「胡適乃今日文士名流之典型，而其患得患失之結果，不惜藉外國之勢力以自固其地位，甚至損害國家威信而亦不顧。彼使美四年，除為其個人謀得名譽博士十餘位以外，對於國家與戰事毫無貢獻，甚至不肯說話，恐獲罪於美國，而外間總謂美國不敢與倭妥協，終至決裂者是其之功，則此次廢除不平等條約以前，如其尚未撤換，則其功更大，而政府令撤更為難矣。文人名流之為國乃如此而已。」[67]

---

65 蔣介石致胡適及宋子文電，1941 年 11 月 25 日，《蔣總統籌筆拓影本》，4450.01-046, #15039。

66《蔣介石日記》，1941 年 12 月 7 日。

67《蔣介石日記》，1942 年 10 月 17 日。

　　以上這一段評判和感歎，大概非常準確地表明了蔣介石個人對於胡適使美全部外交生涯的總結。他對於珍珠港事件的發生沒有給胡適絲毫功勞，對於胡適和美國人的關係，以及他在美國的活動，做了露骨的評判。當中國的元首如此評價駐美大使時，胡適最終只能走人。

II. 拉鐵摩爾的角色

　　蔣介石如果要想向美方施加壓力的話，他的最佳幫手不可能是胡適，而必須是別人。從蔣介石的立場而言，拉鐵摩爾及時地成為中美雙方政府溝通的橋梁，因為拉鐵摩爾充分願意扮演這個角色，把蔣介石想要向美方表達的意見當成是他自己的意見，向美方表達。拉鐵摩爾在 11 月 24 日致函居里，要求後者儘快把胡適和赫爾此前會談向羅斯福總統提出詳盡報告。拉鐵摩爾向居里透露，他從未見到過蔣介石的精神狀態處於如此緊繃地步。他同時提出警告稱，假如美國此時放鬆對日經濟制裁或是解凍日本資產，則只能增加日本在中國的軍事優勢。即便是美國向日本做出讓步的謠言，也將會動搖中國對美國的信賴，造成遠比英國關閉滇緬路更大的惡果。拉鐵摩爾最後指出，雖然蔣介石到目前為止依然對羅斯福充滿信心，但是一旦中國對美國的信賴發生動搖，則即使是蔣介石也將無法控制未來的局面[68]。

　　不久之後，當蔣介石得知美日談判內容時，他更是氣憤填膺。蔣介石向拉鐵摩爾率直指出，美方只不過在外交文件裡使用了一些溫和而不留把柄的辭藻，但是它們無法隱藏美國的無情無義和背信棄義。蔣介石坦白承認，當中國抗戰進入第五個年度時，它所遭遇的困難必然會增加，而美國打算對日本做出的讓步，也必然會使日本成為更強大的敵人。根據蔣介石推測，假如美國果然放鬆了對日本的經濟制裁，則中國國內的失敗主義分子，必將趁機極力鼓吹對日求和。拉鐵摩爾隨即在 11 月 26 日再度致函居里，向他報告蔣介石的這些反應。

---

68 拉鐵摩爾致居里電，1941 年 11 月 24 日，《戰時外交》，第一冊，頁 734。

更令人不安的是拉鐵摩爾挑明了中國可能在內部發生動亂而導致崩潰的可能性。他告訴居里稱，民間有謠傳稱山西省主席和某些軍事將領們對戰爭態度發生動搖，考其原因就是受了日本人宣傳，認為美國最終必將走上和日本妥協一途。拉鐵摩爾警告居里稱，假如美國還希望中國繼續抗戰的話，則它必須提出有力的手段去制止謠言，使民眾不至於誤以為民主國家最後必定會犧牲中國而和日本進行交易[69]。

拉鐵摩爾前後幾封長篇大論的信函的確令人深思，因為它們的收件人雖然是居里，但是實際的讀信人必定是美國總統。拉鐵摩爾在信中所列論點，基本上和中國政府經由胡適和宋子文向美國傳達的論點大致相符，有些地方的遣詞用字甚至跡近雷同。因此我們或許可以做一個假設，那就是拉鐵摩爾並非運用他的獨立思考和判斷去向美國政府提出報告，而是如實地傳達蔣介石的論點，再順便加上一些個人的觀察而寫成。

從這個意義上來說，拉鐵摩爾其實已經被吸納成為中國對美外交攻勢的一顆棋子，但並不是核心人物。很可能在美日談判危機爆發之前，蔣介石就已經打算把拉鐵摩爾派（打發？）回美國，因此初步擬定了一些項目希望拉氏回到美國後可以和美方進行討論。它們包括：東北問題、財經問題、中美之間長期軍事和經濟合作問題、對蘇聯和日本政策問題、對付中共和國內民主問題等等[70]。美日秘密談判只是一個偶發事件，拉氏正好派上了用場，卻非他的重頭戲。而蔣介石交付給拉氏的任務的廣度和深度，也遠遠超過後者的政治能耐。因此把拉氏派回美國，也很可能是蔣介石打發他離開重慶最不露痕跡的手法。

III. 宋子文的角色

當然最後必須說到宋子文。胡適和拉鐵摩爾的功用是以溫和而又有分寸的方式，向美國官員們傳達中國的反對意見，但是這卻絕非宋子文的作風。

---

69 拉鐵摩爾致居里電，1941年11月26日，《戰時外交》，第一冊，頁735。

70《蔣介石日記》，1941年11月29日。

當他首次得知美方正在和日本代表們進行秘密談判時，他立即恫嚇要在公開
場合予以揭露與譴責。宋子文打心底就不相信赫爾所謂「過渡性安排」的說
法，而是把赫爾視為是一個和平分子（pacifist），一心一意就想和日本達成協
議。他也相信所有政治人物都害怕公共輿論的力量，而公共輿論則正是他可
以善加運用的武器，是阻止美日達成協議的最佳手段。宋子文也認識到他必
須孤軍奮戰，不可能從胡適大使處獲得任何支援[71]。因此雙方沒有合作基礎。

　　事實上在此關鍵時段，中國的外交陣營內部已經存在嚴重分歧。一方面
是宋子文和蔣介石，而另外一方面是胡適大使。雖然蔣介石依然運用胡適和
赫爾保持直接聯繫，但是他更依賴宋子文去向美國政治界有力人士進行活
動，爭取他們的支持。而宋子文也有他自己的行事作風。

　　首先，他毫不掩飾地想要打擊胡適在這場外交戰鬥中的地位。在致蔣介
石的電文中，他三番五次地評判胡適大使的失誤。宋子文對胡適做事作風和
效率的不滿，如前文所述，早在宋子文甫到美國即已開始。此後他不時向蔣
介石和其他親信們經常宣洩，也不斷要求政府撤換其大使職務，甚至數度推
薦過繼任人，但是都未能成為事實。宋氏的不滿到了1941年似乎更為明
顯。一方面是在蔣介石周邊營造了一些不利於胡適的氣氛。另一方面則是針
對胡適在美日談判關鍵時刻的「失誤」，直言撻伐。

　　就前者而言，有些有趣的例子。比如說，在9月間，當宋子文「**聞此間
有人**」主張美國應該優先將武器支援蘇聯時，他趕忙去向史汀生部長請求，
千萬不可將撥給中國的武器改送蘇聯[72]。雖然宋子文已經得知「此間有人」乃
是胡適大使，但是此時還是決定用隱晦方式點到為止。

　　到了11月上旬，宋子文的耐心大概消磨殆盡，開始改為指名道姓。美
日密談即將開始之前，他致電蔣介石稱，「適之最近在畢次堡對記者宣稱，
美國應先以飛機軍火供給蘇聯。中國已抗戰四年餘，雖無新式武器亦可支持
云云。昨史汀生談話中，曾暗示此語。居里亦引以為異，並謂中國步驟未能

---

71 宋子文和顧維鈞談話記錄，1942年11月，《顧維鈞回憶錄》，第5冊，頁113。

72 宋子文致蔣介石電，1941年9月25日，Soong Papers, Box 58, Folder 12.

一致，願助中國之友人，實感困難，等語。」[73]

　　三天之後，宋子文又向蔣介石報告稱，胡適和總統有約，將會談到貸款和軍售事宜，但是宋氏擔心胡適不熟悉這些業務，所以特意為他準備了一份書面材料，讓他和總統交談時不致出錯[74]。這個看似平鋪直敘的電報，其用意可能就是讓蔣介石知道，胡大使是如何地不稱職。11月25日，當中國對美外交進入最緊張關頭，宋子文又向蔣介石報告稱，後者給胡適的電報，經過了一整天尚未完成譯碼工作[75]。換言之，胡適工作效率之低，完全缺乏危機意識。宋子文所舉的這些事例應該都是事實，但是在電文中再三地提出，肯定也是連番冷箭。

　　11月26日，當蔣介石依然囑咐宋子文就近去和胡適共同設法作出最有效的方法，去阻止美國向日本妥協時[76]，宋子文的批評就更為露骨。宋子文回電寫道，「**適之**對於美政府權要，素少接洽，僅與英澳各使，約略商談，真相不明，幾致貽誤事機。」又寫道，「惟當此千鈞一髮之際，**適之**不能勝任，殊可危慮耳。」[77]

　　宋子文最後的措施就是抬出美國政府重量級領袖來「借刀殺人」。他首先向蔣介石報告他和海軍部長諾克斯的長談（11月25日）。諾克斯宣稱胡大使沒有從國務卿赫爾處得知美日談判的真相。而赫爾聲稱海陸軍參謀長要求3個月的備戰期，也並沒有正確地反映海陸軍部的主張[78]。

　　宋氏最後的殺手鐧是羅斯福總統本人對胡適的微詞。11月26日宋子文致電蔣介石，報告他和羅斯福總統會面的經過。鑑於蔣介石在之前曾經致電總統警告美國不可以犧牲中國利益去達成美日妥協，羅斯福明言那是蔣介石受到胡適大使11月22、24兩日電報所造成的誤解，因為胡適向蔣介石報告

---

73 宋子文致蔣介石電，1941年11月7日，Soong Papers, Box 58, Folder 14.

74 宋子文致蔣介石電，1941年11月10日，Soong Papers, Box 58, Folder 14.

75 宋子文致蔣介石電，1941年11月25日，Soong Papers, Box 58, Folder 14.

76 蔣介石致宋子文電，1941年11月26日，Soong Papers, Box 58, Folder 14.

77 宋子文致蔣介石電，1941年11月26日，Soong Papers, Box 58, Folder 14.

78 宋子文致蔣介石電，1941年11月25日，Soong Papers, Box 58, Folder 14.

他和赫爾國務卿會談的經過，引導蔣介石做出錯誤結論。

　　總統的澄清包含幾個重點：1. 胡大使的電報錯誤地向國內報告，赫爾在與四國大使會談時曾經宣布美國已經做出決定不可更改，會談的目的只是事先在禮貌上通知友邦或許修正部分細節而已。而事實上總統宣稱，美國政府歷來的習慣，都要先行向友邦提出它的初步方案，在聽取友邦意見之後才做出決定。換言之，胡適當時認為大局已定是他對現場的誤讀，把赫爾的試探性發言當成是美國政策決定的宣示。難怪宋子文緊追不捨地寫道，「適之過信國務部，以為霍尔（爾）之方案，為循守美國已定之政策，不可變更，故不願在原則上力爭。僅斤斤於駐越北日軍之問題，捨本逐末。何濟於事？此次若能挽回犧牲中國之厄運，實由鈞座義正詞嚴之一電。」就這樣在字裡行間，宋子文成功地給蔣介石戴了一頂高帽子，指出是由於後者當機立斷地親自出馬，才適時糾正了胡適的嚴重誤國。2. 總統還指出，日本在與美國談判的同時，從山東把30,000士兵向南方調動。僅僅是這個動作就暴露日方缺乏談判誠意，使得美方無法繼續談判。（也就是說，美國並不是因為受到中國抗議，才改變策略。而是因為日方既然已經調動兵力，則美方就無法相信日方繼續談判的誠意。）3. 雖然赫爾國務卿再三強調美國必須妥協的理由，是軍方需要3個月備戰，但是宋子文注意到，總統在整個會談過程中，對於這個因素卻一字未提。（顯然又是胡適會錯了赫爾之意，誤把雞毛當令箭）。宋子文在羅列了這許多不利於胡適的論點之後，也為自己留了一條退路，聲稱他無法確知總統是在講真心話，或是在尋找遁詞。無論如何，宋子文在談話結束前向總統表示，「中國毋寧因抵抗攻擊而犧牲，不願因日美妥協之故而崩潰。」而羅斯福的回應則是「總統無詞可答，態度似露窘促。」[79]

　　在這神經緊繃的10天左右時段裡，宋子文動員了他在華盛頓培養的一切關係，除了拜訪總統、霍普金斯和居里之外，還請Corcoran傳話，向魯斯和紐約時報發行人探詢美國民意的反應，和海軍部長諾克斯，陸軍部長史汀生，和財政部長摩根韜進行長談，既去爭取他們的支持，也從他們口中得到

---

79 宋子文致蔣介石電，1941年11月26日，Soong Papers, Box 58, Folder 14.

許多寶貴情報，幫助中國做出及時而又切實果斷的危機處理。其中特別是和諾克斯及摩根韜的談話，極為重要。

11月25日，宋子文拜訪海軍部長諾克斯，致送蔣介石的電文。宋氏向部長轉述了胡適被召到國務院聽取赫爾簡報的經過，並且提出警告稱，如果赫爾的妥協方案果然實現，則中國士氣必定遭受致命打擊而使抗戰全盤瓦解。諾克斯立即反應了幾個重點：首先，他透露赫爾並沒有推心置腹地對待胡大使。因為美方所提條件之一，就是要日本退出軸心國。既然日本才剛剛簽訂軸心國條約，當然無法滿足美方要求。因此密談將會失敗。其次，諾克斯不同意赫爾利用美國軍方要求三個月備戰期的說法，來支持美日妥協的必要性。諾克斯反駁稱，任何軍隊都會希望有更多時間進行備戰，永無止境。但是事實上，美國軍方自認為備戰程度已經達到令人滿意境地，足夠應付日本挑釁，而無需被迫做出讓步。第三，諾克斯認為赫爾年事已高，身心羸弱，缺乏鬥志，因此中方對他的言行無需過慮。諾克斯指出，美方的談判態度其實非常強硬，不但不會接受日方妥協，而且日方如果接受美方條件，則其內閣也將會在24小時內垮台。因此美日衝突指日可待。總結地說，諾克斯對他不能透露更多機密而道歉，但是敦請中國大可不必擔憂。而他本人也必將盡一切努力幫助中國渡過難關。「日本已到絕地，中國應感覺欣幸，無需顧慮。」[80]而其幫助的大方向，就是和國務院唱反調。

宋子文在11月25日又設法安排了一場與摩根韜的晚宴，表明的目的當然還是送交蔣介石的電文。席間摩根韜直爽表達對國務院的不滿。他聲稱自己經過了兩年努力才達成凍結日本在美資產的成果，而此次國務院安排美日如此重要的密談，竟然沒有在事先通知他。他繼之批評國務院歷來對日態度軟弱。即便是兩年前美國政府決定貸款給中國時，也遭到國務院阻礙，最後只好趁國務卿出訪南美洲時，快馬加鞭地予以宣布，使得國務院措手不及。至於當前的美日密談，摩根韜個人認為難有結果，最後只能訴諸武力[81]。這個

---

80 宋子文致蔣介石電，1941年11月25日，Soong Papers, Box 58, Folder 14.

81 宋子文致蔣介石電，1941年11月26日，Soong Papers, Box 58, Folder 14.

論調和海軍部長不約而同，讓中方看出國務院的孤立處境。

才不過一日，摩根韜又與宋子文進行第二次談話，前者更是赤裸裸地慫恿中國鼓起勇氣和國務卿赫爾對著幹。在這場所謂的「秘密會談」中，摩根韜向宋子文證實，內閣官員，除了赫爾之外，一致同情中國，因此中國必須大膽伸張其堅定立場。他進一步密告宋子文，他已經擬好一封支持中國的信件給羅斯福，同時警告後者如果美日達成妥協，將會嚴重打擊世界民主陣營。摩根韜甚至說了重話，聲稱如果他的信件惹起總統的不悅而要求他辭職的話，他也在所不惜[82]。

宋子文在經過與美方大批政府民間領袖的接觸後，也必然得到許多啟示，向重慶提供如何去打動美方心弦。因此在蔣介石指示宋子文向居里、海陸軍部長和其他重要人士送發的電文中，他著重表達下列幾個信息：

1. 如果美國此時放鬆禁運或是解凍日本資產，則必定會讓中國人民感受被美國出賣，而導致軍隊鬥志全面崩潰。

2. 日本宣傳機器在過去兩個月來已經全部開動，謠傳美日兩國必將會在11月間完成妥協，並且與中國內部某些「不穩分子」達成聯繫。「故我南北各方動搖分子確有默契，只要美日一旦妥協，或美國經濟封鎖略有一點放鬆，則中日兩國人民觀感即視為美日妥協已成，中國全被美國犧牲。如此全國人心不僅離散，而亞洲各國失望之餘，因其心理之激變，必造成世界上不可想象（像）之慘史，從此中國抗戰崩潰，故不待言。」

3. 因此，美國政府不但不可以試圖對禁運和日資凍結做出任何讓步，而且必須立即有效地駁斥此種謠言，採取鮮明立場發表嚴正聲明，保證如果日本軍隊之侵華問題得不到解決，則美國將不會考慮日本提出任何對於解除禁運和解凍資產的要求[83]。這大概是中國政府把立場說得最清楚的一個文件。

與此同時，外交部長郭泰祺（11月25日）訓令胡適向赫爾致送一份文

---

82 宋子文致蔣介石電，1941年11月27日，Soong Papers, Box 58, Folder 14.

83 蔣介石致宋子文電（代號：「有電」），1941年11月25日，原件在：Soong Papers, Box 58, Folder 14；副本見：Currie Papers, Box 3；*Morgenthau Diary*（*China*）, p. 530.

件，傳達蔣介石強烈反對美國所倡議的妥協方案（modus vivendi）。然而令人意想不到的是，美方資料卻暴露胡適大使最後扯了自己政府的後腿。因為根據赫爾的記載，「胡適博士在遞交該項文件時，**幾乎是跡近道歉地說**，蔣介石對於（美國）和日本談判涉及的其他國家的國際事務大局缺乏掌握，因此他才會對妥協方案提出反對。」胡適甚至向赫爾保證，他打算向中國政府提出更全面性的解釋，並希望因此而使（中美雙方的）緊張局勢得以紓解[84]。

　　1941年11月間的美日談判向胡適提供了一個最好機會，去影響國際局勢的發展和維護中國的利益，也可能給了他一個最後機會去表現他在處理外交事務上的主動性。儘管從1940年中期開始，蔣介石就依靠宋子文向美國政府傳遞他的信函，但是國務院官員們一直毫不掩飾地表示，他們只願意和胡適大使打交道。因此當赫爾抱怨中國政府動員了「特別人士」時，他的所指就是宋子文所拉攏或是雇用的美國人。1941年11月分的美日談判，也是蔣介石多時來第一次真正希望胡適和宋子文兩人可以同心協力地去影響美國的政策[85]。不幸的是，胡適的作為並沒有達到蔣介石的要求。

　　胡適的被動性迫使蔣介石不得不在中國的外交攻勢中親自扮演更直接的角色。正像是赫爾事後向羅斯福所抱怨的那樣，蔣介石和宋美齡向美方「發出了像潮水般的電報」（"flooded Washington with long, strong cables"），警告美國政府有關日本進攻緬甸路的危險性，同時大聲呼求美國給予援助。用不著說，蔣介石的這種手法引起了赫爾高度的反感[86]。

　　而在此同時，宋子文在華盛頓則能夠更有效地傳達重慶政府的觀點，並且動員美國有力人士同聲抗議美日簽訂任何交易。宋子文的外交攻勢甚至延

84　*The Memoirs of Cordell Hull*（New York, The Macmillian Co., 1948）, pp. 1077-1079. 赫爾的原文是："Dr. Hu virtually apologized as he handed me the note, saying that the Generalissimo was not so well acquainted with the broad international aspects of the Japanese conversations as they related to other countries: hence his opposition to the modus vivendi." 胡適隨即向赫爾保證："he would give his Government a fuller explanation that he hoped might relieve the situation."

85　蔣介石致宋子文電，1941年11月26日，《蔣總統籌筆拓影本》，#15040。

86　*The Memoirs of Cordell Hull*, p. 1078.

伸到大西洋彼岸。因為他成功地說服了邱吉爾首相向羅斯福發出一封電報，支持中國的立場。最終的結局是，赫爾放棄了妥協方案，而在11月26日和日方代表們的會談中，選擇了對抗的姿態[87]。在這個過程中，宋子文的活動招惹了國務院極大的憤怒。特別是宋子文把蔣介石的抗議信函在美國政府高層廣為散發，讓赫爾感到有失顏面，因此要求居里和拉鐵摩爾轉達國務院的抱怨。但是居里在私下卻建議中方不予理睬[88]。縱觀在整個危機中，國務院無一句惡言批評胡適大使，卻對宋子文大張撻伐，也可以當成是宋氏打亂國務院談判策劃成功的一項佐證。所以令國務院痛恨不已。

等到整個危機結束之後，蔣介石特別對宋子文的表現讚不絕口，認為是宋子文的努力使得失敗最後轉變成勝利，而且安慰宋子文無需擔心他冒犯了國務院[89]。

我們必須記得，國務院是聯邦政府處理危機中和胡適維持經常關係的一個部門，而且也最嘉許胡適的表現。但是在中國政府11月底的外交攻勢之中，反而是蔣介石和宋子文兩人敢於發動美國公眾輿論，和爭取聯邦政府其他部門的支持，最後說服國務院放棄了運用中國作為交易籌碼，拒絕和日本達成暫時和解。

IV. 蔣介石的看法

既然蔣介石是整個危機處理的舵手，我們不妨參考他的回顧和評價。

他在28日日記中寫道，「此次美國對倭態度之強化，全在於自我態度之堅定與決心之強毅，尤在於不稍延遷時間，得心應手，窮理致知，乃得於千鈞一髮時，旋轉於頃刻也。**而內子力助於內，子文輔佐於外，最為有力。否**

---

87 *The Memoirs of Cordell Hull*, pp. 1081-1083.

88 宋子文致蔣介石電，1941年11月27日，Soong Papers, Box 58, Folder 14.

89 蔣介石致宋子文電，1941年11月29日，《蔣總統籌筆拓影本》，#15045；「此次幸賴兄在各方努力呼籲，乃得轉敗為勝。國務院不滿一節，何足懸懷？尚望以後不斷注意，能收更大功效也。」蔣介石致宋子文電，1941年11月29日，Soong Papers, Box 58, Folder 14.

則如胡適者，則未有不失敗也。」[90] 29日日記寫道，「自二十四美國務卿對日妥協方案得悉後，三晝夜未得安心。此誠存亡成敗之惟一關鍵，故不計美國當局是否疑忌怨恨，亦不再顧成敗利鈍，乃盡其心性，一面對其正式反對警告，一面向其陸、海、財各部長，囑子文奔走呼號，並囑拉鐵摩爾電其羅總統警告，卒能挽救危局，獲得勝利。此種旋乾轉坤之大力，非有上帝眷佑指導，決不能致此也。」[91]

最後在30日記中做了一個全盤性總結。他寫道，「倭派專使來栖赴美交涉，彼仍抄襲其甲午戰爭遷就列強獨對中國壓迫之故智，以售狡計。果爾美國務院主持妥協，幾乎為其所算，且其勢力已成百分之九十九，只差其妥協條件尚未提交來栖而已。幸賴上帝眷佑，運用全神，卒能在最後五分鐘，當千鈞一髮之際，轉敗為勝。內助之力實非渺也。妻云無論商家與住室，若無家主與老闆娘時刻灌注全神，管理業務，則必不成。其言以鑑於**歷次外交部與駐美大使胡適，對其使命與任務之成敗，幾乎毫不在意**而發也。次（此）等官僚與政客，無膽無能，而不願為國家略費心神，凡事只聽其成敗，是誠可痛可悲之至也。因之無論家與國，皆必須有主，而且必須全賴其主者自身之努力奮鬥，其他皆不可靠也。」[92]

這幾段話把他處理11月24-30日之間的心路歷程和採取的措施做了一個重點交代。一、中國政府的及時反應，達到了挽狂瀾於既倒的功效，阻止美國以犧牲中國利益去和日本交換和平共處。二、他本人的認知和斷然決定是中國政府外交攻勢的原動力。三、輔佐他執行的得力助手是宋子文、宋美齡，外加拉鐵摩爾。四、影響美國政壇的對象是總統、海軍部長、陸軍部長、財政部長、國務卿和一切在政治上能夠產生影響力的人士，「奔走呼號」，才能「旋乾轉坤」告成大功。五。最無功可居的胡適大使、重慶外交部，外加陳光甫[93]。

---

90 《蔣介石日記》，1941年11月28日。

91 《蔣介石日記》，1941年11月29日。

92 《蔣介石日記》，1941年11月30日。

93 蔣介石在29日日記中突然把陳光甫痛責一頓，雖然陳氏早已脫離中美關係工作圈。30日又

　　到了最後關頭，中國的努力終於得到報償。在美日談判破裂後幾小時之內，中國政府就已經獲知，美方已經在11月26日通知日本雙方在遠東問題上將無法達成共識。中國政府也被告知稱，這個結局在相當程度上，是由於中國向美方提出的請求和抗議所造成的[94]。11月28日，中國政府又直接從羅斯福口中證實了這個說法。羅斯福還同時向胡適和宋子文強調，中國應該對他給予完全信任，因為他一定不會忽視中國的利益[95]。11月30日，蔣介石滿懷歡欣地向中國最高層軍事將領們宣布，他剛才從美國駐華大使手中接到一份美國政府在11月26日致送給日本的建議書，其中的重點包括：1. 日本必須從中國和越南撤退它的海陸空軍和警察單位；2. 日本必須放棄在中國的治外法權；3. 日本必須以重慶政府為中國唯一的合法政府[96]。

戊. 危機回顧

　　美國政府決策者在採取上述立場時無疑深受中國影響，使他們相信如果美國做出任何對日本讓步時，都必然會導致中國抗戰在政治上和軍事上的全面瓦解。這無疑是中國外交上的一項重大勝利。在近現代中國外交史上，這是它的領袖們第一次表現出有能力可以擬出一個重大外交政策，運用多方面渠道和資源去提出說詞，以高度技巧和果敢明快的決心將之付諸執行，最後導致世界兩個強國之間（美日）的關係產生巨大改變。這個做法不再是消極地「待變」，而是竭盡一切能力地「求變」，並且把「變」的方向和能量掌握在自己手中。論者也許可以指稱，無論有無中國的努力，美日兩國關係原本就註定走向衝突的不歸之路。但是我們並不知道這種說法是否切合實際。在這次危機中，中國領袖們不遺餘力地去維護中國利益，最後終告成功。本

專門寫信到摩根韜道謝他的幫助。《蔣介石日記》，1941年11月29、30日。

94 《徐永昌將軍日記》，1941年11月27日。

95 《王世杰日記》，1941年11月28日。

96 蔣介石對高級將領訓話，1941年11月30日，《戰時外交》，第一冊，頁151-153。徐永昌將軍的記載，見：《徐永昌將軍日記》，1941年11月29日。

章所列舉的史料顯示，蔣介石和宋子文對於達成這個結局的貢獻，大過於胡適許多。也有其他歷史學者持不同意見，認為美國對於日本採取強硬態度的功勞，應該完全屬於美國政府的決策者[97]。當然，由於日本無法接受美國的立場，戰爭成為雙方唯一能夠接受的出路。

蔣介石如此努力要求美國政府在美日密談中採取強硬態度，他指望得到的成果究竟是什麼？他是否指望美日開戰？在此我們不妨先看一看其他幾人的看法：

胡適在26日認為，「太平洋事端之大爆發，恐已不遠。」[98]但是他並未言明戰爭。

外交部長郭泰祺認為，「日本原無開戰之決心，即無過渡辦法，日本當亦不敢啟釁。」[99]依照宋子文轉述，羅斯福認為，「現局勢變化多端，非所逆料。一二星期後，太平洋上即有大戰禍，亦未可知。」[100]

針對這個問題，蔣介石遺留的文檔並沒有提供明確答案，所以我們只能看到少許線索。比如說，在11月30日，他寫道，「倭對美復文到美時，即可決定遠東和戰之前途，故三日內之時間，實為重要。」[101]然而遠東到底是和或是戰？日本如果堅持南進政策則當然戰爭難以避免。但是他認為可能性不超過30%。證諸日本宣傳的色屬內荏，蔣介石似乎傾向於日本最後必將對美國低頭。設若事態果真如此發展的話，則蔣介石繼之又擔心日本可能乘機向美國提出承認滿洲國的要求作為交換條件，因此認為中國政府必須及早提出預防對策[102]。即使美日終究不能避免開戰，戰爭爆發點應該是南進政策的路途上，而菲律賓最可能首當其衝。珍珠港地名從未被蔣介石提及。

日本偷襲珍珠港的立即後果，是導致國務院在美國決策程序中急劇退居

---

97 參見：Schaller, *The U.S. Crusade in China*, pp. 58-59, 65.

98 胡適致蔣介石電，1941年11月26日，《蔣中正總統文物》，#002080103007029。

99 郭泰祺致胡適電，1941年11月27日，《蔣中正總統文物》，#002080103702100。

100 宋子文致蔣介石電，1941年11月27日，《蔣中正總統文物》，#002080103007030。

101 《蔣介石日記》，1941年11月30日。

102 《蔣介石日記》，1941年11月29、30日。

邊緣地位，而宋子文的進取型的行事作風，變成是保護中國利益不可缺少的要件。我們還應該記得，在整個1941年度裡，宋子文一直向羅斯福和其他美國政府官員們申訴中國需要貸款的迫切性，然而總是得不到明確的回應。但是珍珠港事件卻在一夜之間徹底改變了中美關係。只要美國一天不和日本處於作戰地位時，它都可以對中國的祈求置之不理。但是一旦美國變成了作戰國和盟邦時，中美關係的本質就立即產生了根本性變化。珍珠港事件之後不到兩個月，白宮就宣布將向國會要求給予中國5億美元貸款。美國多年來反對給予中國政治性貸款的立場，突然間消失無蹤。而英國緊接著也宣布給予中國2千萬英鎊的貸款[103]。

雖然在太平洋戰爭時期中美之間的談判絕非一帆風順，但是中國的外交政策在華盛頓卻受到更多重視。宋子文在維護中國利益時依然有話直說，有時甚至出口粗暴毫不留情。他這種作風依然不時招惹美國領袖們的不快。但是兩個國家既已結成夥伴對付共同敵人，則雙方為了推動共同利益，也必須學習互相適應和忍讓。

美日密談的過程和失敗引起了世界大變，中外學者都曾經運用史料加以詮釋。宋子文作為一位參與者和消息高度靈通人士，也留下了一個依他個人判斷所重建的「日程表」（time-line），雖然有其片段性和主觀性，但是至少代表一位歷史人物的見證，饒有趣味，值得讀者們注意，也可以和其他史料進行對比勘誤。茲摘錄如下：

1. 赫爾原本設想是在美日談判上可以採取拖延策略。

2. 日使來栖要求以11月26日為談判終結日（所提理由是日本政府需要取得解決以打壓國內極端分子氣焰），後來延長至29日。性質類似最後通牒。

3. 赫爾國務卿感受來自國務院和平分子壓力：以遠東司主管漢密爾頓（Maxwell M. Hamilton）為首主張和日本妥協，即使犧牲中國權益也在所不惜。而項貝克（Stanley K. Hornbeck）雖然同情中國，最後仍然接受漢密爾頓的主張。

103《胡適的日記（手稿本）》，1942年2月2日。

4. 美國海陸軍領袖主觀認為美國已經完成戰備，但是當國務院詢問軍方是否可以運用更多時間準備時，軍方只能答覆當然是可以利用更多時間加強備戰。

5. 11月22日早晨：赫爾國務卿召集英、荷、澳使節討論「過渡辦法」，英荷使節反對該項辦法，但是澳洲使節贊成。

6. 11月22日下午：由於此項辦法影響中國最大，因此決定（臨時？）邀請胡適出席會議[104]。

7. 11月24日：總統批准赫爾「辦法」（根據居里透露），並且認為過渡辦法不致對中國產生太大傷害，同時預定在25日或26日向日本代表提出。

8. 11月25日：蔣介石「有電」送達總統及分送美方其他領袖手中。

9. 11月25-26日：其他領袖多人開始批評過渡辦法無異東方「慕尼赫」，並向總統表達反對意見。

10. 11月26日：總統依然同意赫爾的辦法，因此召見宋子文與胡適進行深談，希望化解中方的反對。但是會談完畢後總統召見赫爾，宣稱該項辦法有違美國基本原則。

11. 11月26日：雖然美方從未向日本代表提交「過渡辦法」，但是新聞界已經探知其輪廓，並且提前透露部分內容。因此日本代表肯定在事先也有相當了解，並且預測美方將在26日向日方提交。這就說明為何日方代表在進入國務院大樓時神情樂觀，而離開時垂頭喪氣[105]。

---

104 依照宋子文說法，「適之柔糯（懦），不思探本追源，僅集中力量於過渡辦法之修改。霍尔（爾）遂以過渡辦法可以推進，告知總統。」

105 宋子文致蔣介石兩電，1941年11月28日，Soong Papers, Box 58, Folder 14.

第十章

結論

　　本書前此各章試圖填補史學界在討論 1937-41 年間中國對美外交政策時，所遺留下的一些問題，通過更多的中英文史料，去增加我們對於這段時期中美關係的了解，並補充現有學術論著的不足。特別是鑑於史學界有相當一部分重要作品，是從美國觀點去分析問題並且以英文發表，因此本書目的之一就是讓中英文史料同時呈現在讀者眼前，在新史料基礎上重新檢討過去史學界流傳多年的若干解釋和分析，幫助我們對這段歷史可以獲得比較持平的論述。

　　本書前面各章的討論為的就是達成這個目標，而本章的目的則是用更廣闊的視野去評價這個時期的中美關係。因此，在剩下的篇幅裡將把焦點放在四個重大問題之上：1. 中國抗戰的決心和列強的反應；2. 蔣介石在抗戰中的角色；3. 中國的外交政策和外交官們；4. 中日戰爭在中國近代史上所處的地位。

甲 . 中國決心抗戰和列強的反應

　　多年來學者們不斷地在爭辯中國政府是否真心抗日，抑是被動地被拖進戰爭。另外一種爭辯是，中國一旦處於戰爭狀態，它的政府是否有決心把抗戰進行到底，還是心圖僥倖地指望引起列強干預而早日結束戰局。

　　要想解答這個問題，一項重要的努力必須要對於 1937 年中國當時國內

政治和軍事極端複雜的因素加以細心分析[1]，而本書前面各章也通過了對中國國際關係的敘述而做了部分解答。簡單地說，當中國政府在1937年遭遇日本挑釁時，它的選擇空間其實非常狹小。一種選擇就是依循自1928年以來建立的往例，和日本簽署區域性和平協議，縮小衝突面，避免和日本釀成全面性決裂。另一種選擇就是要求列強干預，比如說通過國際聯盟組織，然後希望運用外交手段訴求國際正義，或是經濟制裁等手段去迫使日本知難而退。剩下來的第三個選擇就是積極抵抗日本侵略，不管是獨力抗戰或是請求他國協助。

　　事實上，國民政府處理1937年危機的方式和以往大不相同，因為它縱然在形式上也確曾去謀求局部停火，但是並未賦予高度期望，而且很快就放棄努力，使得第一個選擇很快就無疾而終，而蔣介石在這個決定過程中起了關鍵性作用。這個發展不免讓日本感到大出意表，因為他們原本指望是中國政府將會因循往例，吞下苦水，繼而屈膝求和。結果是中國政府做了第二個選擇，向國際聯盟正式提出訴願，請求伸張國際正義。但是由於中國對國際聯盟的效率，早在1932年滿洲事件的不了了之得到了教訓，因此它只是覺得為了爭取國際同情不可省略此路，但並沒有存太大指望。基於這些考慮，因此南京國民府的外交部成為外交統籌中心，動員中國駐歐洲各國使節們共同努力展開外交攻勢。在整個過程中，蔣介石最多只是偶爾過問其事。中方資料顯示，在1937-38年間，中國在國際聯盟組織中的活動在中國外交政策裡並沒有占據優先地位，而在蔣介石的活動日程中更顯得缺乏重要性。

　　導致這個現象的根本原因，是此時中國政府早已決定採取第三個選擇，以對日抗戰作為戰時外交主軸，而這正是史學界沒有給予足夠重視的一個要點。事實上，蔣介石和他的同事們從1930年代初期開始，就一直致力於建立一個現代化軍隊，希圖最後和日本人算總帳。但是在時機尚未成熟之際，每當日本製造糾紛時，蔣介石就只好忍氣吞聲做出局部性讓步，以求化解眼前危機。這個互動關係的另一個後果，也就是在日本人心目中造成了一個惰

1　See: His-sheng Ch'i, *Nationalist China at War*, Chapter 1.

性，認為只要日本採取挑釁行為時，則中方必定會做出相應讓步。根據國民政府早先計劃，國軍的現代化大約在1939-40年度可以完成戰鬥準備。但是當盧溝橋事變在1937月7月提早到來時，國民政府仍然決定採取堅定立場斷然予以反擊。

中方資料顯示，一旦華北的衝突爆發，當時國民政府的立場是堅決就地抵抗。也正是由於這種高亢的戰鬥意志，使得中國領袖們做出了一個關係重大的戰略選擇，那就是積極地在淞滬地區部署一場大決戰。因為中方以為，它在這個地區的兵力大大超過日軍，而且還握有戰術上優勢。中方領袖們的錯誤並不是不該進行決戰，也不是不該選擇淞滬地區，而是在他們的地區性優勢消失之前，沒有及早脫離戰場。

中國政府的抗日決心，還可以從它在開戰最初幾個月中所追求的最高優先外交政策目標看出。因為它最大的努力，是去爭取最大國際物質支援，俾使抗戰得以有效地進行。而最能滿足此項需求的西方國家，既非美國也非其他民主國家，而是德國和蘇聯。

德國對於中國的重要性其道理非常簡單，因為德國軍官們幫助南京政府建立一支現代化軍隊，德國軍火商又向中國提供了大量武器，德國工業家又向中國提供了一系列的現代化工業和兵工設備，使抗戰得以繼續進行。但是當德國表示它意圖促進中國和日本講和時，中國領袖們立即察覺到他們不可能和德國發展出更親密關係。儘管中國高度倚仗德國軍火供應，但是中國政府依然拒絕了德國調停中日戰爭的意願。這個發展本身就明白顯示，在蔣介石心目中對日抗戰是最高目標，不管是擁有或是缺乏資源都義無反顧。中國對於和談的拒絕，加上德國想要拉攏日本的意願，很快就導致德國決定從中國撤離軍事顧問，繼之在1938年中期又大幅減少對中國的軍火供應量。這個發展也同時反證了西方觀察家的謬論，認為中國發動淞滬戰役的動機是為了引起國際干預。事實上，德國極為熱衷於干預，而中國則不惜切斷與德國的密切關係，因為後者的干預阻礙了中國的抗戰。

至於蘇聯對中國的重要性，則可以從兩方面去了解。一方面，它是另外一個可能向中國提供大量軍火的國家，而另一方面，它又可能在未來變成一

個盟邦。在盧溝橋事變發生之前，中國領袖們一直認為日蘇之間爆發大戰的可能性，要大過於中日之間爆發大戰的可能性。這層心態可以幫助我們了解，為什麼當蘇聯在1936-37年向中國試探締結共同防衛條約時，中國政府不願接腔，而只願意商談有關互不侵犯條約的事宜，為的就是中國不想被蘇聯拖下水。但是一旦盧溝橋事變演變成中日之間大戰時，中國就改變初衷而更急於和蘇聯結成盟邦。只是蘇聯也改變了立場，因為中國既然已經在對抗日本——蘇聯的頭號敵人，則蘇聯當然就可以袖手旁觀而坐收漁翁之利了。只是中國依舊保持此前看法。事實上，直到1939年為止，蔣介石始終堅信日蘇大戰無可避免，而且每隔幾個月就會做出類似的預言，只是每次都被現實證明其為錯誤。儘管如此，在德國和義大利為了向日本示好而相繼停止對華供應武器之後，蘇聯很快就取代它們而成為中國武器最重要的國際來源。

　　正因為中國當時外交政策重心，是在全世界找尋資源和武器繼續抗戰，而不是在謀求和平，因此它對各個外國重要性的評估，通常都取決於這些國家能否對中國抗戰做出貢獻。這就比較讓我們容易了解，為什麼中國除了德國和蘇聯之外，還曾經向義大利、法國、英國，甚至歐洲一些小國家尋求購買武器，或是邀請它們派遣軍事顧問到華協助。具有高度諷刺性的現象是，在1941年之前西方民主國家從不忘記在口頭上高唱國際正義和建立國際法制，但是在面對中國遭受侵略時，卻又視若無睹，反而是世界上兩個最極權的國家，向中國提供了最有力的協助。事實上，每當西方國家針對中國問題採取行動時，它們對中國的傷害遠遠大於對中國的幫助。

　　設若中國政府此時真想要停止抗戰的話，它大有機會實現願望，因為幾乎所有西方列強在不同時段，都曾經試圖向中國政府施加壓力，去向日本談和。德國調停的努力只不過是一個稍早期的事件，而且在史學著作中引起了更多學者的關注而已。但是英國和法國政府，除了對於中國要求購買武器和派送軍事顧問的試探相應不理之外，也曾經先後為了它們自己的利益而企圖脅迫中國向日本求和。

　　1940年中期緬甸和越南通道的關閉，只不過是英法兩國最明目張膽的行為，但是還有許多列強的行為同樣嚴重地損害了中國利益。在它們自己遭受

日本攻擊之前，西方列強都曾經忍不住想要扮演中日戰爭中的調解人，以各種威迫利誘方式企圖說服中國接受日本的和平條件。只要能夠幫助列強自身免於和日本發生衝突，犧牲中國利益對於西方列強而言，實在無足掛齒。但是一朝它們自己遭受日本攻擊之後，它們又變得高度神經質地疑神疑鬼，恐懼中國會背著它們去和日本秘密講和。這個恐懼在珍珠港事變之前和之後，從來沒有在西方國家領袖們腦海中消除過，而且有時候還會煞有介事地被嵌入政府高層的分析報告之中。雖然八年抗戰的史實證明，所有這些懷疑均屬庸人自擾或是過度反應，但是也或許正是它們本身心理狀態的最好寫照。

美國在中國抗戰初期的作為，也只是略微可取而已。具體地說，美國民意對於日本在華暴行普遍反感，而美國政府也不時做出官方譴責宣言。但是這些表現並沒有改變美國的孤立主義政策，它基本上認為中日戰爭事不關己。它也沒有阻止美國商人繼續向日本提供戰略物資，幫助日軍繼續施行對中國人民的暴行。羅斯福本人所採取的立場，也是認為中國之命運對美國既不重要，也不是美國的責任。而他在1937年之前的政策重點是減少任何和日本衝突的可能性。他還極力向中國潑冷水，不要指望在中日戰爭中從美國獲得援助。更有甚者，在不同時段裡美國為了滿足自身需要，還採取了互相矛盾的做法。因此在1938年底時，羅斯福要求中國政府提供保證絕對會繼續抗日，而到了1941年底時卻又向中國試探和日本締和的可能性。假如中國政府當時抗戰的決心不夠堅強，則很可能在它的軍隊還沒有被日本擊敗之前，就會屈服於西方國家的軟硬兼施手段之下。

但是中國政府鍥而不捨地爭取外援的努力，最後終於使它認識到美國的重要性，而且進而把中美關係提升到最重要位置。這個轉變過程在本書前文已經做過交代，重點是，中國對美政策的首要目的，並不是要求美國幫助中國去終止日軍的侵略，也不是要求美國介入調停工作。事實上，中國反而希望美國和日本可以免於一戰。但是中國確實要求過美國不要向日本運送戰略物資，也希望能夠獲得美國貸款去穩定國內經濟。最後（1940年中期以後）也是最重要的，它還想購買大批美國軍火，來補足德國和蘇聯武器停止輸華之後所造成的嚴重匱乏。因此，正如過去幾章所言，促成中國政府致力於加

強中美關係，從而把美國對中國的重要性，從中國外交視野的邊緣位置轉移到中央位置，其最大動力乃是來自中國的態度改變，認為美國具有最大潛能能夠給予中國最多的幫助，去進行對日抗戰。

中方這個主觀認知上的改變，大約在1940年10月分完全成熟。雖然沒有向美國政府明言，但是從蔣介石與宋子文電文和他的日記中可以看出這個基本國策的形成。10月20日，蔣介石致宋子文電中寫道，「在中美英合作中，**我國當隨美國之領導**，自無待言。」又寫道，「總之，**國際形勢不論如何發展，中國必與美英（合作）到底。**」[2]鑑於蔣介石歷來對英國充滿敵意，但是英美又是親密夥伴，因此蔣介石之所指就是在國際上追隨美國。

這種態度在蔣介石的內心更是明確。他在10月31日日記中寫道，「如美果能協助我抗戰勝利，則中國以後建立海空軍以及其海港皆可與美國訂立二十年共同使用之協定。以我國如欲建立海空軍，論人才，物力，與技術皆非此不可。而且只有美國對華無侵略之野心，此為我後外交與軍事惟一之政策也。」[3]

正是因為出於這個基本國策的轉向，所以中方才會在1941年春季開始就努力去促成居里訪華，聘請拉鐵摩爾任顧問，和邀請美國空軍和陸軍代表團的先後訪華。而且每一次都由蔣介石親自接待長談。證諸美國此時對華的經援和軍援尚且雷聲大雨點小，完全無法和德國蘇聯援華的規模相比，但是中方對於美國人員的禮遇和推心置腹，早已超過對蘇聯的態度，幾乎接近1938年以前的中德關係。

有趣的對比是，美方的心態和重視程度與中方完全不成比例。雖然1941年美方也採取了以上幾個外交措施作為對中方的回應，但是中方肯定仍然停留在美國外交視野的邊緣，一直維持到珍珠港事件發生為止，基本上沒有改變。以致即便是日本的攻擊讓中美兩國結成盟友，但是這種心態上的不對稱，將會持續干擾它們的同盟關係。

2　蔣介石致宋子文電，1940年10月20日，Soong Papers, Box 58, Folder 1.

3　《蔣介石日記》，1941年10月31日。

乙. 蔣介石在抗戰中的角色

　　蔣介石本人對於抗戰的態度和他處理中美關係的手法，歷來是史學界爭論不休的話題。本書前幾章曾經討論過他對於戰爭結局的預測，和對國際局勢發展將會如何影響中國國家利益所作出的判斷。本書資料顯示，蔣介石在抗戰頭四年裡不管是局勢時好時壞，他都是一貫而且堅定的主戰派。蔣介石不但拒絕了經常來自外國的調停建議，也一貫抗拒國內政治夥伴們和幕僚們建議他不妨去試探和平之路的勸說。設若蔣介石在這些關鍵時刻態度略有鬆動的話，則中國抗戰大局或許早已走上另外一條道路。

　　有了這個了解，我們就可以更容易地去處理當時各種有關和平運動的謠傳。比如說，中國是否果真有意願和日本達成和平？它是否企圖利用和平的可能性去向西方國家施障眼法，或甚至進行敲詐？

　　如本書前文所顯示，至少有三個因素使情況變得高度撲朔迷離。第一，在當時政府內部的確有部分領袖們衷心相信，如果中國的抗戰超過了某種限度時，則無異是全民族的自殺行為。汪精衛與他的夥伴們對於這一點深信不疑，以致在蔣介石完全拒絕聽取他們意見時，不惜與蔣介石徹底決裂，去「挽救國家命運」。而蔣介石則自從了解汪氏真正意向後，便對之不存任何幻想。即便是汪氏尚在河內而勢態似乎仍有轉機時，重慶政府已經公開嚴屬指責並企圖予以暗殺。而蔣介石在私下態度則更是堅定。他在1939年5月初日記中寫道，「汪對倭寇至今尚以政府與彼唱雙簧為言也。卑劣至此！」當他在5月底聽到汪精衛已經抵達上海而且遷入原日本領事館時，他忍不住用了粗話寫道，「已投入敵懷抱，此**賤種**本是如此也。」[4]

　　在汪精衛出走之後，留在政府中的孔祥熙和王寵惠，每當機會來臨時，總是對和平保持高度興趣。顯然，孔祥熙雖然在政治上忠於國民政府，但是在世局判斷上仍然認為政府應該尋找機會和日本尋求和平之道。但是這個態度屢屢遭到蔣介石的指斥。1939年10月，蔣介石在日記中又連接兩度加以

4　《蔣介石日記》，1939年5月3、25日。

嚴厲批評。講到孔祥熙的求和立場，蔣介石寫道，「孔見解之庸，幾何不為敵方所輕？國人心理之卑鄙，殊堪悲痛。」又寫道，「孔求和之心理應痛斥。」[5]。不久之後，蔣介石只好採取斷然措施，命令孔祥熙和王寵惠外長閉嘴，非經許可不許發表意見。

　　第二，有一部分隱性人物在和平運動領域裡施展了他們的身手。這些人既有中國人也有日本人。其中有的是日方派遣的使者探聽重慶政府的意向，也有的是招搖撞騙的閒雜人等、失意政客，想借著躋身和談來自抬身價，向中日雙方吹噓自己的能耐，希冀撈到政治油水。而中日雙方也有時果然墜入圈套。

　　另外有些中方人士則是和日本人私通款曲，他們未必是想左右中日之間和戰的大局，但是卻想區域性地保境安民或是維護個人權位。這種人被蔣介石在日記中指名道姓，視為是抗戰內部團結的憂患。其中地方軍人能夠造成的殺傷力特別嚴重。（令人感到諷刺的是，抗戰幾十年之後，他們之中居然還有人被不知情者譽為抗戰英雄。）有趣的是，日本軍方宣傳部門也看出了此中奧妙。比如說，在1939年初，當日軍的攻城略地策略進展開始緩慢之後，而對中國政府軍隊又無法撲捉殲滅時，日本開始製造宣傳指稱，國軍部署方式的詭計是犧牲雜牌軍，而政府從保衛城市的戰略轉移到運動戰，則背後的目的只是保全實力[6]。諸如此類的傳言，對於和談一事寧可信其有不可信其無。當然更加上了多方的渲染，最後令人無法辨識。

　　第三，我們應該記得中國最初四年抗戰是孤軍奮戰，而幾乎所有西方列強都曾經建議過或是壓迫過中國去向日本求和。假如求取和平代表一種道德上的缺失的話，則奉行機會主義的西方國家和中國內部的某些政治團體，都無法推卸責任。

　　有關和平不斷的謠傳也當然引出了一個饒有趣味的問題，那就是，蔣介石個人動機究竟如何？正由於蔣介石有時會向美國人通報這些謠傳，因此不

5　《蔣介石日記》，1939年10月9、10日。

6　《蔣介石日記》，1939年4月15日。

免引起人們猜疑，認為蔣介石很可能故意製造和談空氣，借此敲詐美國人。同理推之，如果蔣介石向美國人提出警告稱，中國面臨重大危機時，他也會被認為是蓄意小題大做，危言聳聽。當這兩種看法糅合在一起時，它們就很容易讓人們對蔣介石產生一種印象，把他看成是一位善於操縱和混淆他人視聽的高手，其獨到的本領就是把他在政治和軍事上的弱勢，轉換成外交上的優勢。而他的慣技就是隔了不多時就提出恐嚇，聲稱中國抗戰即將全面崩盤，藉此騙取美國人不得不趕緊對中國施以援手。

　　但是本書所提證據並不支持這類的推測。事實上在很多關鍵時刻，中國的確遭遇極大危機，而它的領袖們也的確恐懼局勢將全盤瓦解。本書前文曾經引用過的經濟部長翁文灝發給胡適的私人信函，就是對中國局勢表現出極度悲觀。類似的資料可以佐證前面分析的真實性。因此當中國政府向美國人透露它對於局勢瓦解的憂慮時，一般可以有兩種不同的解讀。一是它借此捏造崩潰假象，希冀達到勒索美國人的效果。二是它代表一種在絕望中求救之聲。本書作者認為後者的可信程度遠遠大於前者。因為在政府其他領袖間的私信，也可以找到同樣的呼籲（例如胡適與翁文灝）。同時需要指出的是，這些請求援助的信息向來是以最機密方式傳達給美國官方，因為中國政府不但想向歐洲國家隱瞞這類信息，而且也想向中國人民隱藏真相。中國政府隱瞞的理由非常簡單：一旦此類信息讓國民大眾得知的話，則會導致民心士氣過早崩潰。如果讓日本人得知的話，則肯定會激勵後者加倍努力去加速中國的潰敗。

　　中國和日本的關係到底應該如何處理？為什麼中國不能接受停戰求和？

　　其實蔣介石對於中國政府不能停戰的原因心中早經反覆思考過。他所列舉的理由大致有以下幾個：1. 一旦中國接受停戰安排，則現狀立即成為「既成事實」，「而中國即就此滅亡……。」所以，他擔心一經停戰，則中國的民心士氣將全盤瓦解，而日本軍閥更會以戰勝者自居，增加少壯派軍人驕氣，更增加其以戰爭作為冒險投機的心理。2. 此次中日戰爭不僅是爭取中國的民族生存，也是爭取民族之平等，要達成的理想是「**與日本共存東亞，造成為真正兄弟之邦**」。歸根結柢地說，「若一經停戰，不僅中國在淪陷區內所喪

失之人民生命與公私產業為無價之犧牲，而中國且成為奴隸之國，以東亞惟一大國成為奴國，則東亞之公理與真理全失，東亞文明亦因之滅絕。」[7]

　　儘管這些說詞含有不少理想主義色彩，但是最重要的是，中國不能接受為日本「**奴國**」的安排，所以必須作戰。「我國欲得勝利，必在堅持抗戰，必待國際問題之總解決，必不可中途屈服與妥協。」[8]

　　事實上，重慶政府一直花費了不少精力公開抨擊和談謠傳，而這些謠傳又經常是日本方面蓄意散布的。在幾次中國政府確實接獲認真的和平試探時（比如來自德國、蘇聯，或是英國政府管道），它也趕緊把信息只向美國一個國家秘密透露。換言之，當它收到德國的和平建議時並不讓其他國家知道，而它卻讓美國一國得知。這種做法的理由是雙重的。一方面讓美國放心中國必將堅持抗戰決心，所以才不會對美國封鎖信息。而另一方面也要求美國給予援助。這種做法和中國政府爭取外援抗日的外交大方針完全吻合。在此我們或許也可以看出一個歷史的諷嘲。胡適和蔣介石兩個人在當時中國政府內都是堅決反對和談的人，「和比戰難」。但是胡適基本上是**勸告別人**（重慶政府的官員）不要放棄戰鬥，而蔣介石則需要竭盡一切努力去**進行戰鬥**。

　　對於與蔣介石在抗戰中的角色有關的一些問題，上面的討論也可以讓我們得到某些啟示。其中一個讓許多美國官方人士關心的問題是，蔣介石爭取美國軍火的動機究竟為何。根據某些美國軍方人士的說法，蔣介石其實不想使用美國軍火去和日軍作戰，而是想囤積武器留待他日攻擊國內政敵。在本書所涵蓋的時段裡（1937-41），熱衷於揣測的人士在大膽假設之餘，從未負責任地提出史料證明。而在1941年之後，持這類論調的人士也未能從更豐富的中英文史料中去進一步查證。凡是思維正常的人士應該都可以接受一個基本的說法，那就是任何國家在進入戰爭之前或是戰爭之中，都希望能夠做好軍火的戰略儲備工作，中國政府也不例外。根據中國當時領袖們估計，中國應該致力於建立一個戰略儲備使軍隊可以作戰18個月，而不必擔心來源斷

7　《蔣介石日記》，1939年6月11-13日。

8　《蔣介石日記》，1939年4月15日。

絕而導致彈藥耗盡。連美國軍方自己在1941年底和日本尚未開戰之前，都需要再三檢查它的備戰工作是否已經完成，則更何況中國已經在戰鬥之中？

　　當然，不同的軍事專家們可能有不同的判斷，究竟「18個月」這個數字是過於保守或是過於貪心？但是他們還是必須把中國特有的遭遇列入考慮。本書前文中曾經多次提到，中國政府從1937年開戰以來就不斷地依賴外國政府和軍火供應商的恩賜和施捨。不但這些供應國的外交政策可以一夕間大變，而且它們軍火輸入中國的通道也可以突然徹底中斷。為了要預防因措手不及而造成的災難，中國領袖們合情合理的對策，莫過於利用一切機會儲備武器。事實上，設若中國在1941年緬甸通道仍然通暢之際就建立了18個月戰略儲備的話（而這也正是中國當時向美國提出的請求），則它在1942-43年間的戰鬥情勢就會大幅改進。不幸的是，1942-43年度是中美軍事合作史上最艱苦的兩年，因為除了從駝峰運進中國少得可憐的軍火之外，美國龐大的租借法案下的物資對中國而言可說是毫無意義，因為它們根本運不進中國國土。

　　在這一方面，美國軍事援華物資和蘇聯援華物資，也形成鮮明對比。蘇聯在1937-39年間向中國提供的武器援助量遠遠超過美國在1939-41年間的援助量，但是蘇聯軍方從來沒有懷疑中國政府從事囤積的陰謀，更沒有在言辭上奚落中國。而美國一旦向中國提供武器後，卻有某些軍方人士在還沒有開始運送武器之前，就自作聰明地認為中國政府要求武器的不可告人的盤算，是想囤積武器作為將來打內戰之用，而且在此後的歲月中一直跳脫不出這個自設的思想樊籠。這兩國職業軍人在心態上的差異，或許在未來還可以成為一個有趣的研究題目。

　　歷史學要求不斷改善和推陳出新，一個最重要的方法是尊重史料，講求方法。兩者缺一不可。不幸的是，這個「囤積論」出自幾位美國軍官的玄想，當時並未提出任何證據。這也難怪，因為當時局勢混亂，而這些涉足中國事務的美國軍官的學識素養，本來就並不高明。其中不少人自詡為「中國通」，自認為對中國事務瞭如指掌，其含義除了白人種族優越感之外，還認為中國事務並不複雜，只是中國人自己不爭氣而已。他們若能聽從美國的指

導，則自然可以走上正道。更何況美國的確是軍事和經濟強國而中國是弱國，強國的想法即便是淺薄錯誤，也能產生重大影響。這就是國際政治的現實之處。但是後世學者們持續老調重彈就令人不解，也難以贏得贊同。如果後者能夠把這個課題重新拿出來運用新史料去證實它的正確性，則他們對於抗戰史也就可以做出重要貢獻。鑑於當今史料的日趨豐富，這個工作應該可以得到解答，甚至可以進一步去了解「囤積論」的深層思想上和政治上的由來，究竟是什麼。

另外一個與此緊密相關的對蔣介石的批評，則是他對於空軍力量的估計完全不切實際，因為他打心底只想利用美國空軍力量去取代中國陸軍，借此避免在地面戰爭中和日軍進行拼鬥，保全實力作為將來的政治資本，同時還為中國去贏得一場不應該屬於中國的勝利。雖然這個論調是在太平洋戰爭爆發後才在美國軍方蔓延起來，但是其起源卻是植根於1940-1941年間中國開始要求美援之際。因為1941-1945年中國政府對空軍的設想和要求美援的規模，都是在1940-1941年已經大致定調。

如果蔣介石果真曾經有過這種念頭，則作為一個中國領導人而言，他的立場還真是值得中國人民給予高度讚許。因為他因此而一舉兩得：一方面他達到了「以夷制夷」的目的，由美國人流血去戰勝日本人。另一方面他又可縮短中國的抗戰，節省了中國人民的生命財產。撇開中國的政治內鬥不說，如果一個國家領袖能夠有此高深的戰略謀略，真可稱得上是民族英雄。當然從美國人立場去檢查同樣的行為，則應該產生完全不同的評價，因為它只能突出蔣介石的狡詐，犧牲盟邦，而求坐享其成，足以令人寒心和不齒。（當然在爾虞我詐的國際關係中，美國政府本身多次做了同樣的計謀，而且享受了實質的成果，則又是某些史學家蓄意規避的尷尬題目）。換言之，如果蔣介石這個想法果真能夠得到史料證實的話，則中國和美國的歷史學家們做出不同的評估，似乎是再自然也不過的現象。這其間在道德上的對錯分際，大可以進一步去辯證。

不幸的是，這個說法在目前已有的史料面前完全無法自圓其說。首先，蔣介石對於空軍力量的「著」迷，不是在聽到陳納德帶來的空軍福音之後才

皈依為「空軍派」的。因為在時間順序上正好相反。先是由於蔣介石和宋美齡對於空軍產生了濃厚興趣，促使他們在世界雇傭兵市場上去物色優質的飛行員（先後包括歐洲各國），最終找到了陳納德。另外一個歷史諷刺則是，當他們找到了陳納德並為其才華所傾倒時，陳納德在自己國家卻處於落魄狀態。他因為沒有受到陸軍將領們的重視而長期被投閒置散，甚至被迫提早退伍，稱他為美國「軍中廢料」並不為過。蔣介石雖然也出身陸軍，但是並不需要陳納德來開導他有關空軍的重要性。不過他在聽取過陳納德有關空軍的獨到而高超的言論之後，則確實從陳納德處獲得了許多有關空軍潛力的啟發，為之大開眼界。與此同時，陳納德做事的務實和盡責又讓蔣氏夫婦對他賦予完全的信賴。以致在陳納德抵華不久之後，蔣介石即授權陳納德可以試飛當時中國空軍擁有的任何飛機和參觀任何軍事設備和器材。並且賦予陳納德極大的自主權，去為中國空軍進行發展和訓練計劃。蔣介石這些措施和指靠美國軍隊為中國抗戰的論點完全沾不上邊際。還有一點值得提出的是，在陳納德整個在中國服務的生涯中，本書作者迄今沒有在任何中文資料裡看到他對中國人擺出白人種族優越感的丁點指責。這一點和大多數當代美國軍人在華服務的形象大不相同。易言之，他完全不是一位「中國通」。

　　就空軍事務而言，蔣介石或許應該被放在和羅斯福、摩根韜和一些其他美國領袖們同一個天秤上去評估。這些美方領袖沒有某些陸軍將領們的狹隘專業視野，願意用新角度去看待空軍潛能。相對而言，某些正統派的陸軍將領（比如珍珠港事件爆發後來華的史迪威將軍）對於空軍功能在理論上既排斥，在實際上又被軍種間利益分配衝突所局限，乃至不問青紅皂白漫天蓋地地加以抨擊，把一個虛假的歷史學課題，編織得似乎頭頭是道，占據了歷史學園地數十年而不衰。總的說來，雖然蔣介石對於空軍力量發展了他自己的看法，但是以整個南京時代（1928-1937）而論，中國國防現代化的最重要部分依然是建立陸軍。而對美國政府領袖們而言，他們不肯向中國提供飛機（1937-1941），並不是故意「刁難找荏」，而是在心理上和政略和戰略上「輕視」中國抗戰的價值。只要日本的領土擴張野心不直接威脅西方國家利益之前，則美國的基本策略只是以最小限度的物質投資，恰恰足夠維持中國苟延

殘喘地對日作戰，藉此拖住日本後腿無法在其他地區威脅西方國家的利益即可。

也正因為美國政府「輕視」中國戰場，所以對中國軍民在抗戰中所受的苦難，出於無知，而無法做出客觀判斷。就以大轟炸而言，西方關於第二次世界大戰的史書上大篇幅記載和謳歌的，都是倫敦如何承受了德國空軍的殘暴破壞，英國飛行員如何英勇保土衛國和視死如歸，和倫敦市民面對濫炸所表現的堅韌不屈的意志力。但是對於重慶和其他中國城市在 1939、1940、1941 不斷遭受日本空軍濫炸，卻甚少提及，甚至不知其存在。這真是一個典型的西方中心的歷史觀。

或許有一個方法可以幫助讀者了解重慶轟炸的慘狀，那就是把它和德國在歐戰初期轟炸倫敦做一些比較。雖然日本空軍轟炸重慶的規模比不上德國對倫敦的攻擊，但是重慶遭受轟炸的時間長度遠遠超過倫敦。重慶的轟炸絕不是戰爭中的一個小插曲而已，僅僅是在 1940 年 5 月 28 日到 8 月 16 日的前後兩個半月時間裡，日本就派遣了 3,300 架次飛機攻擊重慶，投彈超過 2,000 噸。所以日本對於重慶的攻擊絕不會小於德國空軍對倫敦的攻擊。但是兩者之間的確有一個重大差別。那就是，儘管德國空軍派遣了大批飛機去轟炸倫敦，但是英國皇家空軍還是擁有相當數量的飛機可以升空迎戰，和美國以大量飛機填補英軍的損耗，造成德國空軍損失慘重[9]。但是當日本空軍對重慶和其他內地城市進行轟炸時，它的飛機卻可以肆無忌憚地對地面目標盡情炸射，因為中國缺乏空軍，無法迎戰，而地面上的軍民也只能奔走逃命，毫無反擊能力。

在此或許引用一位西方高階將領的觀感也可以作為我們的參考。美國的史迪威將軍（General Joseph W. Stilwell）在 1942-44 年間任職中國戰區的聯軍參謀長，當然非常熟悉中國在抗戰中所受的災害。1943 年 5 月間他路過英國進行訪問，被英國政府引導參觀了各大城市的市容和軍政設備之後，對倫敦在德國空軍攻擊下所受的破壞做了一些評估。他當時寫道，「（倫敦）所

---

9 《徐永昌將軍日記》，1940 年 8 月 16、17 日。

受到的轟炸破壞遠比我所想像的要**小得多**（far less extensive）。（破壞程度）**被大幅誇張**（much exaggerated）。如果與重慶（轟炸）的規模相比的話，倫敦可能就已經被徹底夷為平地了（obliterated）。」[10] 重慶政府向美國要求幾百架飛機幫助中國平民老百姓能夠保護生命財產和陸軍士兵能夠和敵軍公平拼刺，卻被美國幾位慧眼獨具的軍人看穿是想依靠空軍打敗日本，其邏輯思考的功力委實令人歎為觀止。

最後還有一個問題需要回顧，那就是蔣介石究竟在本書所涵蓋的這抗戰最初四年中間，是否有意圖對政府和軍隊進行改革？

針對這個問題，本書前文所描述的居里和馬格魯特的來華訪問，都應該頗有關係。蔣介石對於改革軍隊的意願可以由他對於馬格魯特代表團的重視看出端倪。讀者或許記得，宋子文曾經提醒蔣介石，美國軍事顧問團可以向中國提供和德國軍事顧問團相似的協助，而德國顧問團在1930年代的作為，正是蔣介石注重軍事改革最有力的表現。

蔣介石想從美國取得政治性協助的意願，也可以從他接待居里的態度和談話內容看出端倪，因為他邀請後者對於中國政府應該如何去改革政府和社會等方面提出建議。為此，他幾乎動員了整個政府高層官員向居里做簡報和提供內部資料。中國官員們的誠意顯然打動了居里內心，以致他回國後向羅斯福建議美國應該派遣一個專家團去協助中國。我們當然無法去猜測，假如居里當時的建議被採納的話，可能會產生何種後果？但是居里的這些建議的確認識到，當時存在的機會可能會為中國帶來重大改革，在寬度和廣度兩方面，都可能和戰前德國的軍事，經濟和工業顧問們在中國作出的成果相提並論。事實上，假如美國政府能夠注入高度熱情和物質援助的話，則它完全有能力派遣一個美國顧問團在人員數量和專業能力上，超過德國各類型顧問的總和才對。

以蔣介石在南京時代對於德國顧問們的言聽計從，和他對居里（第一次訪華時）的推心置腹和坦白承認中國各種缺失等這些行為做一比較的話，假

10　*Stilwell Diary*（*type-written version*）, May 30, 1943. Stilwell Papers. Hoover Institution.

如居里的建議能夠在1941年開始實施的話，則美國顧問們很可能有機會對於中國的軍事，政治和經濟等各個領域，都做出一些扎實的貢獻。中美關係中的若干摩擦點，比如說蔣介石對於政治貸款的偏好，提出的武器要求不夠務實，和政府行政效率低落等方面，都可能有機會在一個新的中美關係架構下獲得改善。如果居里提出的軍事和經濟改革提案，哪怕只有一部分被採納的話，則它們也可能讓中美關係在1942年一旦成為盟邦之後更能夠穩固，而提升應付戰爭帶來的壓力。

　　當然，戰前和七七事變之後屬於兩個截然不同的時段。在所謂的「南京十年」時期，德國政府把中德關係視為國家重大政策，充滿耐心地和中國官員們打交道務求達到成果。相對而言，到了1941年初，美國政府對於居里在中國的調查和建議的漠視，也正確地反映了當時美國官方把中國視為是無關緊要的邊陲地區。當時很少美國領袖會預測到美國居然會在短期內和中國這樣一個落後國家結為盟邦，這就難怪他們根本缺乏興致對中國進行人力和物力投資了。

丙. 中國的外交和外交官

　　學術界有關1937-41年間中美關係的著作，甚少試圖從中國的立場去探討中國對美國的認知和政策取向。本書希望能夠填補這個空缺，因此選擇去關注中國的外交工作人員和他們外交工作的品質。本書先後曾經討論過幾位中國外交官和他們扮演的角色。其中主角包括胡適、陳光甫、宋子文和蔣介石。次要角色包括王寵惠、孔祥熙、王世杰和宋美齡等人。本書除了讓這些人物能夠對歷史敘述加以充實外，還努力避免一個普遍趨勢，那就是把他們分成兩類，正面人物和負面人物。按照長時期以來慣例，胡適肯定是正面人物，而宋子文大概屬於負面人物之列。本書企圖說明這種二分法過於簡陋，因為要評鑑人物實際上非常複雜。胡適肯定受大多數美國人喜愛也被他的親朋好友們極力推崇，但是對中國抗戰的貢獻極為有限。宋子文在美國遭到不少人嫌惡也被國內某些輿論所詬病，但是對於中國抗戰卻做出了更大的貢

獻。本書所提供的資料希望可以幫助我們在評鑑歷史人物時，能夠力求持平而且多元化。

更重要的是，本書試圖對於那些影響中國外交政策的各方面因素，能夠做出更深入的分析。這自然包括這些人的學識素養、品行個性、他們的世界觀和對世局的分析能力，他們對於國際間互相往來的行為準則的認識，他們到底認為應該如何「自處」和「相處」才算是合宜得體，以及他們對於國家利益的界定等等因素在內。這些因素可以幫助我們了解為什麼他們之間的行為能夠如此不同，而他們共同宣稱的目標又一致是為了促進中國的國家利益。本書也試圖解釋中國外交政策在決策過程和實質運作上重大的改變，從1937年抗戰初起時的謹守傳統型外交規範，轉換成1940年以後強調個人外交的潑辣風格。本書所列舉的事例清楚顯示，「個人外交」絕不是中方「不識大體」或是蓄意顛覆美國行政體系的計謀，而是中美元首雙方共同的意願，想要找出一條更有效率的途徑去加強彼此間的溝通。國務院的指責並不代表美方對中方整體的評價，只是宣洩它自己被總統冷落的不平，不敢向總統抗議，只能拿中國出氣而已，不值學者們小題大做。

作為一個群體而言，中國這些外交界人士可能是從19世紀以來，歷任政府所凝聚的最具專才實學的人物。通過他們的努力，政府儘量洞察瞬息萬變的國際局勢，做出合理的判斷和制訂相應對策。這個群體對於國際大勢的掌握遠比此前幾代的中國外交界人士要務實而準確。事實上，大部分中國領袖們對於國際事務表現出高度敏感，常能採用世界性眼光去分析全球重要發展，而且有能力看出歐洲和亞洲各自面臨的危機的關聯性。

因此，他們遠在西方國家領袖們尚未認識到局勢嚴重之前，就預測到日本將侵入東南亞，並且試圖推動國際性的合作計劃。他們甚至在1939-40年間就已經開始思考抗戰結束後的國土重建大任。其結果是，中國政府在面臨全球一連串天崩地裂性的突發事件中，一直抗拒德國和義大利的引誘和日本的勸和（誘降），也壓制住自己內心對於西方國家多年來的不公平待遇，和在國際事務上罔顧道義的出賣中國利益的劣跡所累積下來的極度怨憤，依然小心謹慎地固守中國本身的立場。儘管西方國家大多數時間對中國視若無

睹，但是中國依然下定決心要加入它們的陣營。只有等到美日戰爭爆發時，中國的政策才獲得它的收成。

　　從個人品質上著眼，中國在美國的外交官和其他國家駐美代表們相比，可謂毫無遜色。很少其他國家此時的駐美代表稱得上是他們國內的第一流學者，或是對地主國的歷史、政治、哲學和民情風俗的掌握，可以和胡適與宋子文相提並論者。其他國家的使節們也沒有很多人的青少年時代是在美國度過，而且在美國社會的融入感，可以和宋子文和他的姊妹們不相伯仲的。

　　在本書涵蓋範圍內，中美兩個國家的外交政策品質，也可以在它們對於彼此的了解程度的基礎上加以評估。誠然，中美兩國此時有一個根本不同之點。美國是世界級強國，其一舉一動足以影響全球事務，但是在很長一段時間內，它卻下定決心不肯去發揮這個能量。反之，中國是亞洲地區弱國，其能力不足以自保，更遑論左右他人。而在此時，它正在承受鄰國的侵略。中國為了生存不得不學習以世界眼光去分析國際事務。簡單地說，美國是一個全球性強國，但卻寧可埋首躲在自己狹小的地區裡，而中國是一個地區性弱國，卻不得不經常去關注全球性發展動態。這些壓力使得中國處理外交事務的決策者，對於西方國家事務的關注程度，要遠遠大於西方國家對於亞洲事務的關注。

　　說到最後，一個國家外交政策的成敗，必然深受它的國力所限制。當然，僅是握有軍事和經濟實力並不足以保證這個國家一定會做出明智的決策，但是它們絕對可以部分地彌補劣質外交政策的不足。反過來說，一個弱國即使具有正確外交政策，但是它成功率依舊操在他人之手。高品質的外交政策或許偶爾能夠彌補國力之不足，但是很少能夠完全取代國力。這個殘酷的事實，有時會使強國領袖們看起來比弱國領袖們似乎要更明智，但是其實不然。因此，當弱小的中國扮演求援角色而強大的西方國家扮演施捨角色之時，中國領袖們實在不容易讓旁觀者為他們的行動擊節讚賞。

　　不幸的是，在史學作品中時常出現一種現象，在有意無意的情況下把中美兩國領袖們去做比較，然後推演出一些結論，認為中國領袖們眼光短淺，心智閉塞，缺乏理性，能力低落，看不清自己國家最重要利益之所在。在不

少情況下，這些批評其實是根據美國官員們所發出的憤懣之詞，原因就是中國領袖們拒絕按照美國人給他們立下的規矩辦事。而後世的學者因為疏於治學和惰於思考，也跳不出這個窠臼。

一個更恰當的評鑑中國外交的方式，或許是去檢查它的外交目標和成果之間的差距究竟有多大。在1937年以後，中國政府最重要的目標就是運用一切外交手段去保證它可以進行對日抗戰。雖然幾乎沒有一位中國領袖曾經揚言要在戰場上擊潰日本，但是他們卻認為只要中國能夠持久抵抗，則或許最終可以強迫日本知難而退放棄侵略。在此時節，中國把全部外交精力都灌注在實現這個願望之上，凌駕一切其他考慮。

中國政府也知道，僅靠中國本身國力無法達成此一願望，而它又缺乏其他手段可以從別的國家取得支持。因此，它務實的指望是靠自己「苦撐」，等待到國際事務有一天出現重大發展，締造對中國有利的條件。如果我們用這種尺度去衡量中國當時外交政策的話，則我們或許可以得到一個比較中肯的結論。特別是當我們發現中國在推行它外交政策時，並沒有在關鍵時刻去違背國際正義原則。比如說，它在處理阿比西尼亞和芬蘭的被入侵事件時，寧可開罪強國也不背信棄義。

對於一個處於極端劣勢的弱國而言，中國在四年抗戰期間的成就誠屬可圈可點。雖然中國求助於國際聯盟和九國公約組織的努力終歸失敗，而它也無法從西方列強（如英國或是法國）爭取到有意義的援助，但是它卻成功地從德國和蘇聯兩國手中得到大量武器，直到1939年為止。中國在1939-40年間所遭遇的重大挫折迫使它不得不轉移外交重心，而重慶政府對於胡適和陳光甫兩人爭取外援成績的不滿，又使它徹底改變對美估價，並派遣宋子文前往華盛頓。也正是由於中美兩國領袖們更密切的接觸，導致了美國經濟和軍事援助的增加，使得中國抗戰得以「撐」到珍珠港事變。

固然1941年底美日間衝突並非由中國直接挑起，但是中國肯定扮演了一個重要的角色。正是由於中國的堅韌不拔和拒絕停戰，才迫使日本不得不向其他地區去搜求大量戰略物資，去維持在中國的戰事，不然的話，它就會被迫從廣大中國占領區灰頭土臉地撤退，使它宣稱要以武力徹底摧毀中國的

豪言壯語完全破產。美國對於禁止戰略物資輸出到日本的決定，又迫使日本不得不執行其南進政策，期使東南亞的豐富資源盡括囊中，而為了達到此目的，日本又需要進一步剷除南亞和東南亞地區的殖民體制。

設若中國在1937-40年間任何時段放棄抵抗而屈膝求和的話，則盧溝橋事件在歷史上只不過是小事一樁，不致對日本和西方列強之間的關係產生巨大影響。設若中國在持續抗戰一段時間之後，依然因精疲力盡而臣服於日本的話，則日本在亞洲地區和歐洲殖民主義國家的對立中將逐漸取得上風。設若日本和西方國家之間的戰爭終究無法避免的話，則國力大增的日本將會是西方的勁敵。幸運的是，在這些至關緊要的年分裡，中國能夠運用其外交政策去找到國際政治、經濟和軍事支援的新來源。特別是它的對美外交政策，最初動機只是使中國本身能夠維持戰鬥，而最後卻迫使日本和西方國家走上正面衝突的路途。在這個意義上，中國政府在這段時間中所推行的對美政策，甚至可以被視為成就卓越。

還有一點值得注意的是，從七七事變到珍珠港事變為止，中國除了堅守立場絕不向日本屈服之外，它還抗拒了極大的誘惑，拒絕和德國及義大利結成盟邦。至少從1938年開始，國際局勢的變化令人眼花撩亂，蔣介石和幕僚們基本上堅守自己的信念，認為全球性衝突可以分為兩大陣營，一邊是義大利、德國和日本。而另一邊則是英國、美國和法國。至於蘇聯將會如何選邊則一直是中國密切關注而又最無法捉摸的因素。他們也堅信中國必須盡一切努力去在最早時間內，促進反日合作的成立。本書所引用的資料顯示，中國在這方面的努力要比西方國家至少早兩年，而最後世界列強的對壘完全符合中國原先估計。

丁. 中日戰爭的歷史評價

在本書結束之前還有一件需要交代的事，就是把把中日戰爭最初四年，放在一個視野更廣闊的歷史架構中，跟中國在近代史上其他抵禦外侮的經驗，做一個比較。自從1839-40年鴉片戰爭以來，中國就不停地在摸索各種

方法去抵抗外國侵略，維護國家尊嚴。不幸的是這些嘗試屢試屢敗，有時它表現出來的無能甚至達到可笑地步。中國政治領袖不諳國際情勢，而軍人則在戰鬥中表現出可恥的懦怯顢頇。年復一年地，那些自我標榜的改革派，誓言要找到新捷徑去達成富國強兵宏願，而一般人民大眾也每每群情激動地聲稱和侵略者不共戴天，洗雪國恥。但是殘酷歷史證明，所有豪言壯語、政府公告和黨派文宣，最終都流於空談，國恥卻不斷地在累積增加。

1937-41年間的中日戰爭，是中國近代史上第一次終於展示出有能力去抵抗世界一流強國的侵略，而且長時間孤立作戰。仔細算來，這四年戰爭的時間長度（52個月）超過了過去一百年來各式各樣中國政府和地方勢力抵禦外侮實際作戰時間的總和。誠然，中國的軍隊效率和經濟資源都根本不是日本人對手。如果純粹從軍事科學立場而論，日本在戰前估計以3個月時間即可迫使中國軍隊屈服，並非過甚其辭。無論從武器的先進精良、士兵訓練、軍官的專業素養和軍事工業，乃至國防設施和部署而言，中國都遠遠無法和日本相較量。形象地說，日本可以製造世界水平的飛機和航空母艦，而中國無法製造一支精準的步槍和一輛內燃機驅動的摩托車，一切必須依賴進口西方產品。

幾乎可以斷言的是，一個意志略微軟弱的國家，在面對侵略者如此無情摧毀時，或許早就會選擇俯首認輸（比如說法國），而其動機可能是多方面的。求和動機可以是為了個人榮辱、地方安寧、保持國家元氣，甚至是保存黨派實力，不一而足。而日本軍政領袖們原先在發動戰爭時，也正是持著這個樂觀但又看起來非常務實的設想。

但是中國卻咬緊牙關，百敗不餒。其表現之所以如此出人意表，不外幾個原因：

在這場鬥爭中，一個令日本人無法估計的因素，是中國一部分人民的民族意識的高昂，無論千辛萬苦燬家殺身，也不向敵人屈服。他們絕非中國人民的全部，因為顯然有些中國人（偽政權）寧願向敵人屈服以求苟安，又有另外一部分中國人（地方勢力）寧願做壁上觀，慫恿他人上戰場與敵搏鬥，而自己坐收漁翁之利。也有城市居民和年輕知識分子，在遊行示威時慷慨激

昂，誓死殺敵，但在投筆從戎機會來臨之際，卻又銷聲匿跡，不見蹤影。成為中國近代民族主義史上的一個怪象。但是確有一個重要數目的中國人民，包括一小部分都市青年和一大群農村青年願意捨身救國，才使得中國政府得以動員他們達到繼續抗戰的目的。

　　同樣重要的是，日本人完全沒有預料到蔣介石的個人因素。他的抗日既可以稱之為「剛愎自用」，「一意孤行」，又可以看成是「堅韌不拔」，「貫徹始終」。這個信念幾乎從抗戰一開始就成為支撐蔣介石的精神力量。許多看過蔣介石日記的讀者都會注意到，他在抗戰時期每日日記的開端總是書寫「雪恥」二字。而在抗戰最初四年裡，他還用過許多其他文字來透露他的決心（散見本書各章）。蔣介石個人對於繼續抗戰的影響無可否認。

　　在對日作戰的問題上，蔣介石屢屢證明自己是一個無可救藥的樂觀主義者。每當他的作戰計劃或指望落空，或是部隊遭受嚴重挫敗時，他總是相信下一步將會峰迴路轉，引向成功之路。自從七七事變以來，國軍除了在極少數戰役（台兒莊）中得以獲勝之外，幾乎是節節敗退。但是蔣介石也似乎具有一種本領，就是在令常人悲觀絕望的情況下，鼓勵自己去樂觀。而最後實在缺乏任何理由去樂觀時，則乞助於「上天」的恩賜和憐憫。這個心態在1939年9月分顯得特別突出。

　　1939年9月間歐戰爆發使得中國的對日作戰受到極大衝擊，也深切體會世事之難以逆料。在抗戰開始後，許多中國有識之士都認為中國的戰鬥，絕對無法祈求能夠苦撐到歐戰爆發。而歐戰居然在9月爆發。照理說，這本應該是使中國人感到雀躍鼓舞之大事，然而豈知由於蘇聯和德國簽訂秘密協定，反而使日本成為獲利者，而中國抗戰前途受到更大損害。面對此種挫折，蔣介石在日記中寫道，「外交形勢顯然不利，此乃意中之事。倭寇梟張，漢奸跳梁，人心似漸動搖，全賴此一片耿耿之赤忱，撐持堅定，自信必能渡過難關耳。」他又寫道，「然而今日之不利，安知非明日之利？……凡事盡其在我，**至於成敗與存亡，惟有聽之於天。上帝有靈，必不負人也。**」[11]

11　《蔣介石日記》，1939年9月30日。

真是到了呼天搶地的地步。

歐戰這種撲朔迷離的列強權謀遊戲雖然引起蔣介石極度關心，但是無能為力。所以隔一日，他又寫道，「吾之方鍼仍以獨立自主為主。」[12] 換言之，不管國際局勢如何變化，蔣介石以不變應萬變的基本國策，就是「抗戰到底」。

中國政府還有一個重要原因使其立於不敗之地，就是它終於在近代史上第一次制訂了一個有系統有謀略的外交政策，然後又能以頗為細膩的手段將之付諸實施。正是拜這個外交政策之賜，使得中國在國內武器供應早已枯竭之後，還能依賴外國武器去裝備將士們在前線對日軍繼續搏鬥。

在另外一個意義上，當中國國運處於風雨飄搖之際，這個外交政策也能爭取到外國的政治和經濟援助，使得中國民眾在精神上受到莫大鼓舞，數度從瀕臨絕望的邊緣重新找回拼鬥勇氣。最後結果是，中國的堅韌不拔迫使日本不得不擴大戰爭面，終至引發和西方國家的世界大戰。

在回顧本書所涵蓋的這一段歷史時，我們或許可以強調以一字之差，來解釋對國家命運的影響。在胡適整個外交生涯中，他最極力提倡而又響亮的口號是「苦撐待變」，而後世對胡適這段日子的記憶，也突出這個口號，作為形容他真知灼見的標誌。而蔣介石在這段時間中的作為或許可以用「苦撐求變」來形容。「待」和「求」之間一字之差，卻衍生出天差地別的後果。他們兩個人的愛國熱忱同等高昂，而他們也同意中國人民最低應限度該做的是「苦撐」，由千萬軍民去和侵略者進行殊死鬥爭，承受血的洗練。但是當中國軍民在筋疲力盡之餘還在堅持戰鬥之時，下一步要怎麼辦？胡適說得非常明確，就是「待變」。這個「變」來自何方？什麼性質？要變到什麼程度才能對中國抗戰產生何種影響？胡適全沒有提出答案。他只能說，變比不變要好。如何好法？也無法預測。說到底，這是一個徹底被動的做法。儘管中國人民每一分鐘都在承受侵略者的加害，但是中國政府卻只能等待，毫無引導變局的雄心和計劃。這個「變」則是完全操縱在他人（列強）手中。

12《蔣介石日記》，1939 年 10 月 1 日。

　　一旦接受這個前提，則中國政府的外交工作就失去意義，而胡適之擔任駐美大使也就失去特殊意義，大家都在「待」變。雖然胡適並沒有用他自己的語言去分析他所處的環境，但是以上描述應該是他在美國外交生涯忠實的寫照。在這個基礎上，中國此時對美外交實在乏善可陳，沒有突出的歷史價值。

　　在此，我們或許值得重新回顧胡適在處理抗戰初期中美外交關係時最重要的論述。1940年夏天宋子文赴美處理中美關係之後，胡適對於中國政府外交政策的影響力急劇滑落。但是他自己或許要到該年年底才慢慢察覺情況不妙。有趣的是，1940年10月間，他還有機會更充分地發表了一次他對苦撐待變的看法。值得我們仔細去了解。

　　胡適在一份致蔣介石的長電中，明白指出他對「變」的解釋。他告訴蔣介石稱，「所謂變者，包括國際形勢一切動態，而私心所期望，尤在於太平洋海戰與日本海軍之毀滅。」[13]而在過去一個多月的世界局勢發展，完全印證了他「待變」的「正確性」，不僅是小變，而是大變。他舉出最明顯的事例是：1. 美國政府施行兩大洋海軍擴建計劃，使海軍力量增加一倍。2. 日本侵入安南導致美國反擊，廢鐵全部禁運，政府又決定向中國進行第三次貸款。3. 軸心國結盟激起美國民意強烈反彈。4. 美國促使英國在10月17日以後重新開放滇緬路。5. 國會通過和平時期兵役法，可以徵召約1千5百萬平民參加軍隊。以上這些大變「皆在一月內急轉直下，使人有水到渠成瓜熟蒂落之感。」

　　正是因為這些出於英美國家自動自發的行為，才使得「變」成為事實。難怪他得出的結論是：「太平洋和平會議未必比太平洋海戰更易實現」，而前者是中國政府孜孜尋求的國際發展，而後者則完全是西方國家自己行動所產生的後果。換言之，中國政府實不必枉費心機去企圖左右國際情勢，而應該聽任其自然發展。反過來說，中國政府倒是應該小心自處，以配合國際情勢的發展。因此胡適對重慶政府的具體建議是：1. 日本或許不敢向美國海軍

---

13 胡適致蔣介石電，1940年10月12日，《蔣中正總統文物》，#002080106004005。

挑釁，也不致貿然南進，反而可能西進對中國進行猛攻，無論是進犯雲南或是炸毀滇緬路，都會造成極大傷害。因此中國在苦撐三年多之後，還需繼續苦撐，不為日本所趁。2. 世界大局已經分明，軸心國和英美民主國壁壘分明，羅斯福必定連任總統，「當此時機，我國對於國際分野，似應有個比較明顯的表示。」具體地說，胡適認為重慶政府應該「召回駐德意之使節，使國人與世人知我重氣節有決心，似是精神動員最有效方法。」[14]

在胡適講了三年多的苦撐待變觀念的時段裡，這份長電把他的理念說得最透徹，而且舉出的事例最具體，希望達成的目的也最明確。這也就說明了為什麼胡適放開了他向來自謙的行事作風，一反往例，特別注明請重慶政府把這份電報抄送給孔祥熙、孫科、王寵惠、翁文灝、王世杰、張群、陳立夫、朱家驊、陳布雷等人共同閱讀。如眾所周知，這些人都是當時制訂外交政策有直接或間接影響力的人物。胡適的用意，顯然是認為自己對於苦撐待變終於做出了精闢的闡述，而且又有無可否認的鐵一般的事實作為論證，深感自得，因此想一勞永逸，把這個外交基調定下來。

但是胡適的電文在細讀之下仍然不免令人產生重大疑問。最明顯的是，他只是侃侃而談「變」，而絕口不提「撐」。似乎是在他看來，他是在美國觀察世界大局的代表，只要把世界大局正確地向重慶政府做出開導性的分析，則後者就可以在外交問題上善於自處，不會在國際事務上逆水行舟或是異想天開。至於怎麼「撐」？那是國內政府需要操心的事，與他駐美大使無關。因此，對於「苦撐待變」這四個字的前半部，他幾乎是不置一詞。這就不免引出了一個嚴肅的問題，那就是：既然「變」的因素和過程，全部操在他人（他國）手中，則中國只能被動地「待變」而已，那麼中國的駐外使節就似乎是可有可無才對。偏偏是「苦撐」的部分，卻是中國政府每一日都需勉力掙扎，以求延續抗戰，而也正是駐外使節們最能為國家出力之處。簡言之，胡適抗戰外交政策最大的盲點，就是過度著眼於被動的待變，而嚴重地忽略了他在幫助國家苦撐的過程中，所能做出的積極貢獻。其自我設限，到

14 胡適致蔣介石電，1940年10月12日，《蔣中正總統文物》，#002080106004005。

了令人百思不解的地步。

　　有了以上這層透視，我們就更容易了解胡適和蔣介石之間最根本的分歧之所在。這也就難怪蔣介石在幾日後給胡適的回信中，唱的是完全另外一個調子[15]。蔣介石完全沒有興趣去接胡適的腔去討論世界大局，他簡潔地指出「如欲⋯⋯安定我國之人心使能繼續作戰，非有美國在事實上之積極援助不可，我國所期望於美國者為飛機與經濟援助。」蔣介石接下來說明，中國需要500-1000架飛機，而最急迫的問題是時間問題，因為蔣介石估計日本未來很可能會炸毀滇緬路，甚至攻擊新加坡而切斷西方國家的海運。因此，「今後美國之援助，其最重要者，厥為時間問題。」美國必須在3個月內把上述武器趕緊送抵中國，始能幫助中國「苦撐」。如果因為延誤時機，滇緬路被炸，或是海運被切斷，則美國縱有援華意願，也無法幫助中國抗戰。在蔣介石看來，這才是「苦撐」的本錢，而又正是胡適寧可不去麻煩美國政府的事務。

　　事實證明，蔣胡二人之間儘管經過了這類的電文來往，然而基本上依然是各說各話，沒有交集點。難怪蔣介石最終的出路是放棄胡適，轉而依賴宋子文，因為宋子文分析國際大局的文字功夫，雖然遠遠不如胡適大使說得頭頭是道，但是他幫助中國苦「撐」所需要的物資，卻遠遠比胡適來得要有辦法多多。順便在此值得一提的是，大約從這個時節開始，重慶政府和其駐美使節的電文來往方式，也有了微妙的改變。從宋子文抵美開始（1940年6月分）蔣介石的電文多半是發給胡適大使，然後轉抄給宋子文。因此除了少數例外，胡適和宋子文對於蔣介石的政策和態度應該是具有同等了解。但是大約從1940年10月下旬開始，蔣介石開始發電給宋子文，然後請他轉抄給胡適。到了11月分，蔣介石開始只發電給宋子文，而不另發電給胡適，只是請宋子文口頭轉告而已。到了1941年，情形就更糟糕，胡適時常接不到重慶電報。

　　回顧這一段歷史，「苦撐待變」是胡適自認為得意之作，是他對於穩定抗戰外交大方向所作出的重大貢獻，後世的學者和胡適支持者也再三對於這

15　蔣介石致胡適電，1940年10月20日，《蔣中正總統文物》，#0020601000145020。

一點讚譽有加。但是我們或許在此可以指出，胡適其實是掉進一個自設的文字迷魂陣，而沒有看出自己角色的矛盾處。客觀地說，中國從淞滬會戰失敗之後就已經陷入苦撐的局面，只要蔣介石周邊的政治人物和軍隊支持他的堅決繼續抗戰立場，他們就已經天天都在苦撐，無需胡適把它當成是一個真知灼見去指教。而且只要蔣介石和周邊的主戰派當政，就無需胡適的開導或鼓勵。反過來說，胡適整天叫嚷苦撐所冒的風險，就是不識人間疾苦，沒有看出來他原來可以在外交領域裡做出許多貢獻，幫助他的政府和同胞們「撐下去」。以胡適這麼一位思想成熟的學者，居然沒有看清「變」和「撐」之間的緊密因果關係，而認為它們是兩個獨立的現象，實在令人難以窺破其中奧妙。更進一步來說，「變」也正是重慶政府想要看到的國際現象，但是變一定要變得對中國有利才行，不然的話，天下大變，人為刀俎我為魚肉，正是中國在第一次大戰後的慘痛經驗。而偏偏在這一點上，胡適選擇了相信「西方民主國家」的道義，誠信和深思熟慮。而他卻忘記了同樣的這些國家，也是世界上最兇猛的帝國和殖民國家，在中國領土上依然堅持它們的治外法權、內河航行權、勢力範圍等等。如果中國外交全部的錦囊妙計只是待變，而不是求變的話，則胡適實在沒有提出令人信服的證據，讓中國人相信國際局勢變的結果，會是有利於而不是有害於中國。難怪胡適這套歪理論連他在重慶最忠實的朋友們都無法接受。王世杰、陳布雷、翁文灝，都寫過信把國內艱苦抗戰的狀況告訴他，然後婉轉地請求他一定要向美國爭取到更大的實質援助。不幸的是，胡適要麼無動於衷，要麼根本不知道如何進行。歸根結柢地說，胡適在抗戰初期之為中國駐美大使，既幫不上中國的苦撐，也不去設法影響國際局勢的變。一個「待」字實在最能傳神地說明了胡適在美國的角色。

　　本書之所以還是花了許多篇幅去討論胡適的大使工作，主要是他激起了一個反應。如果不是他的緣故，說不定這個反應不會產生。正是因為他，所以反應特別激烈。這就是以蔣介石和宋子文為代表的對美外交新政策。我們依然可以套用胡適的話而略作修改，稱之為「苦撐求變」，最為恰當。蔣介石以及當時一切主戰派都主張「苦撐」，這是全國的共識，不成問題。如果

連自己都不肯苦撐，則還有什麼資格和國格去要求他人高抬貴手解救中國？

　　主戰派也心知肚明，以中國之國力無法迫使日本停止侵略，因此也希望「變」出一番新局面來。但是他們並不消極地等待變，而是積極去謀求變。一旦有了這種主動意願和進取心態，中國政府就對抗戰策略做出兩個重大決定，一是把外交當成是「求變」的重要手段，二是把美國當成是「求變」的重要對象。換言之，中國政府開始有了更具體想法，而且開始努力把世界大局「變」的方向和速度，引導到符合中國的願望。這種新心態和新行為顯然和胡適的個性、素養、對世界局勢和國際關係的看法格格不入。他既放不下身段，也沒有那份能耐，能夠執行這個新政策。因此宋子文的任命就應運而生，最終他個人的光彩完全掩蓋了胡適的存在。

　　但是以中國這麼一個弱國，自己的生存尚且朝不保夕，居然想要使出一些招數去「求」變，談何容易？也就難怪中國的一些努力看在某些列強眼中，斷定中國政府委實不知天高地厚，有時甚且幼稚荒唐可笑。但是中國政府一旦認定美國是世界大局「變」的重要操盤手，就用盡各種方法去運用美國的國際影響力，從增加貸款數目擴大購買武器範圍，到請求美國政治貸款、武器援助、建立國際軍事合作、鼓動美國向日本施行禁運、凍結資產，到最後不惜激怒聯邦政府的要員們而直達天聽，集中精力爭取總統支持。其中不少時候看在美國官員眼裡，只能激起他們極度反感，認為中國（宋子文）不識時務，不識大體，甚至死皮賴臉，違反外交禮儀等等等等，不一而足。但是從中國立場出發，這些動作和請求容或個別情況有可議之處，但是它們整體的行為幾乎都是一個弱國死裡求生的最後招數，在美國全面施展發揮。如果當年中國政府接納了胡適主張，則以上這些問題當然都不會發生。至於中國抗戰最後結局是否會因世局之「變」而好或是壞，則無人得知。但是事實上，中國政府一旦採取了「苦撐求變」途徑，則其間雖然頗引起了一部分美方人士的訕笑、嘲諷，甚至厲聲譴責，但是同時也引起了另外一部分美方人士的同情和熱心贊助，包括美國的羅斯福總統在內。這兩種美國人士的反應在英文著作中已經廣為流傳，無需在此贅述。

　　但是如果我們跳出具體歷史事件的細節，而把中美關係的發展和收穫，

放在一個宏觀歷史格局中去檢查時，就不難看出1937-41年間的中國外交政策其實是一個成績斐然的年代。當然最重要的成果，是抗戰最初四年為後四年太平洋戰爭打下了堅實的外交基礎。1937年中國政府斷然抗戰時，最大的雄心是以戰逼和，指望日本知難而退，並恢復到七七事變前的情勢。由於四年多民族所付出的慘痛「苦撐」的代價，和1940-1941年千方百計地「求變」的努力，到了1941年11月底和12月初終於看到曙光。

在這段漫長過程中，重慶政府並不是在國際局勢裡隨波浮沉，而是一直在驚風駭浪的大變局中掌握住基本方向不變。這些驚風駭浪包括日本運用地面和空中攻擊和南京屠殺和在其他城市的殘暴行徑，企圖摧毀中國的鬥志，夾以官方和民間此起彼伏的和平攻勢企圖引誘中國政府主動放棄抵抗，中國國內和平分子言行的散布，汪精衛的叛變，國際上幾乎所有列強先後對中國施加壓力去向日本妥協。它們的性質都是「變」，而且都對重慶政府提供過極大的誘惑或壓力。但是重慶政府卻始終維持一個不變的基準點，那就是抗戰必定堅持到底，而且把美國鎖定為中國求變過程中不變的最佳夥伴。即便是在美國的反應冷漠時，重慶政府依然堅守立場，沒有因為失望而改弦易轍，只是鍥而不捨地加倍努力而已。

在1941年11月中國政府的努力終於得到了回報。在美日談判瀕臨決裂當頭，中國抗戰四年的記錄和它的戰略價值，開始在美國全球戰略部署裡展露出它重要的地位。這就難怪在珍珠港事件剛剛發生的幾小時之內，羅斯福總統就親自把消息通知中國政府，而在此後幾週內，美國政府則不遺餘力地爭取中國成為太平洋戰爭中的新盟友，並開始積極建立合作關係。

歷來在西方學術著作中流行一種說法，認為這一切都是美國寬宏大量的恩賜（Schaller, Tuchman），特別是羅斯福總統個人因為家庭背景或是個人浪漫主義色彩過於濃厚，因此經常和軍方將領們意見相左，屢屢被軍方指責他違反實事求是原則而把中國的重要性提高到一個虛幻的地位，反而放縱中國領袖們不知天高地厚地自抬身價，造成此後同盟關係的諸多摩擦。而學者們在討論羅斯福家庭和個人感情因素之外，也提到兩個理智選擇的因素。一是羅斯福在政治思想上是一位信服威爾遜總統哲學的人士，他信奉種族平等和

殖民地解放，因此他的國際公義感覺敏銳，當然把中國視為平等夥伴。二是他自己對於戰後維護世界和平有一套完整的組織藍圖，期望把戰後長期和平建立在由幾個地區性警察分工合作的體制上。在亞洲地區，羅斯福認為中國是當然的夥伴，儘管以實力而論，中國並不合格。

　　但是美國總統和軍方將領們的差異，其實或許並不難了解，因為美國軍方對於中國軍事力量的分析方式，和日本軍人在七七事變之前的估算方式，大致相近。作為職業軍人，他們都是從器材設備訓練等傳統專業角度著眼，而忽略非物質和非量化的因素。而軍方領袖在面對羅斯福重視中國的現象時，又過於批評後者的主觀意識和感情用事，因之未能體會總統「政治判斷」的超人之處。因為我們必須記得的是，在珍珠港事件之前，羅斯福已經和中國領袖們有過兩年（1940-1941）的親近互動經驗。而在蔣宋二人推行下的新中美關係策略，更是讓羅斯福對於中國抗戰的決心和能耐，得到的了解超過了國務院和軍方將領們。這個因素是影響羅斯福重視中國的重要原因之一。與此形成強烈對照的是美國軍方領袖們，他們不但擁有和日本軍人幾乎一樣的專業思考方式，更摻雜了軍方內部頗為盛行的種族優越感，以致在1940-1941年間，對於軍援中國一事，或是興致索然，或是熱諷冷嘲，乃至疾言厲色，多方阻撓。與羅斯福的政策屢屢背道而馳。

　　但是從1941年12月8日開始，當美國總統和政府環顧亞洲和西太平洋局勢時，看到西方列強花費多年在殖民地辛苦建造起來的堡壘要塞，一個個如同銀樣蠟槍頭般相繼傾倒，美國軍方領袖歷來自信日本決不敢挑釁美國的豪言壯語又相繼破產，而唯有中國以其在過去四年抗戰中所表現的軍民英勇犧牲，使得美國不得不做出爭取中國作為重要盟友的選擇。因為當時如果沒有中國作為亞洲最重要盟友，則日本在亞洲大陸數近百萬的大軍，既可以加入南進而加速列強在東南亞的崩潰，也可以東進取道阿拉斯加威脅美國大陸的安危。美國為了在危急之際能夠抓住中國作為盟邦，羅斯福總統不但願意出格地示好，即使是略施欺騙小計亦在所不惜[16]。如此說來，羅斯福對國際大

---

16 齊錫生，《劍拔弩張的盟友》（台北：聯經出版公司，2011），第一章。

勢的務實性，可能遠遠超過他手下的職業軍人們。儘管在此後四年的同盟關係中，羅斯福的政略和美國軍方的戰略之間的摩擦仍然經常發生，但是最後1945年中國所得到的全面而徹底的軍事勝利，遠遠超出一個世紀以來，歷代最具雄心壯志的民族主義者所敢奢望者。

在近代國際體制下，國家這個觀念最簡單明確的定義是行政和領土的完整性，也就是主權觀念。抗戰到底是為了什麼？徹底打敗日本，並將之完全趕出中國大地？在此或許可以引用蔣介石自己的話作為對照。

前期抗戰中國政府的目的是什麼？蔣介石在1939年6月間對於解決中日戰爭之道的立即方式曾經在私下裡做過一次明確的闡明，那就是，「撤退其侵略軍至七七戰前狀態」。至於長遠的解決方案則是，「在戰後召集太平洋和平會議，而先由自認強者（日本）自動撤兵，表示其武士道尚武好義，禮讓之精神。至於弱者（中國），絕無停戰約降，任受宰割，重蹈塘沽停戰協定之覆轍，而植東亞百年之禍根。解鈴必須繫鈴之人。否則，兵連禍結，戰爭永無休止之時。」[17]

此時他又對中日兩國長期關係表達了一番見解。他寫道，「**中國對日本惟求平等與共存**，而日本則必欲消滅中國，使之降為奴隸，而以日本獨存為快事。此其相差為何如今日也。如日本先主動退讓，則日本不僅無損，而其地位與聲譽必為之大增。若中國退讓，乃是降服，然亦退無可退，惟有滅亡而已。**與其不戰而必亡，何如抗戰到底，尚能死中求生也。**」[18]

蔣介石在1940年夏天又談到這個問題。他在5月11日寫道，必須以九國公約為基準，必須列強共同調解，特別是必須有英美兩國保證恢復和平，而且「**必須恢復七七戰前之原狀後，再談和平條件。**」**換言之，在日本軍隊從占領區全面撤出至七七事變之前的界線之前，中國政府根本拒絕任何和平討論**[19]。而在日本做出以上的大撤退行動後，中國還堅持西方列強，特別是美

---

17 《蔣介石日記》，1939年6月16-19日。

18 《蔣介石日記》，1939年6月8日。

19 《蔣介石日記》，1940年5月11日。

國，必須參與以九國公約為依據的中日長期和平條約。在珍珠港事件之前，
這可說一直是中國政府所堅持的停戰先決條件。

他在7月底寫道，「此次抗戰目的惟在打破倭寇亡華之傳統政策，及其
侮華之自大心理。至於根本取消不平等條約，求得完全獨立，則在戰後之自
強自立，而於十年以內倭美，倭俄，或德俄戰爭之時期，我國乃能獲得真正
獨立自由之機，然而建國獨立之基礎，則奠定於此次之抗戰耳。」[20]

在8月初又寫道，「抗戰目的首在打破其侵略政策與侮華心理，至於收
回租界取消不平等條約，須待戰後能自強耳。」[21]

這兩段話的前半部都是表達一種民族主義的氣概，一定要不惜犧牲地打
破日本軍閥的狂妄心理，使其痛切認識中國之不可侮。但是後半部則是務實
的估計，如果中華民族能夠自立自強，才能徹底恢復民族的主權。

從這個指標來看，正因為中國有抗戰最初四年的苦撐，才能創造後四年
驚天動地的巨變。正因為中國政府果然苦撐到了珍珠港事件，果然把中日戰
爭「變」成是與歐戰連成一個世界大戰，才使得「勝利」的意義發生了根本
性的改變。由於和美國結成盟邦，才使得國家行政和領土的完整性能夠重新
界定。在開羅會議宣言（1943年12月）裡，中國要為之奮鬥的「勝利」變
成是日本的無條件投降。到了1945年8月抗戰勝利時，中國的疆土媲美清朝
康熙雍正最鼎盛時期的規模，將一切東方和西方列強百年來加諸於中國的屈
辱，例如領事裁判權、內河航行權、海關徵收權、租界、駐兵等等一掃而
空。

外交政策選擇的對錯得失，真是既可以興邦，又可以喪邦，能不慎重戒
懼乎？

20《蔣介石日記》，1940年7月25日，雜錄。
21《蔣介石日記》，1940年8月2日。

從舞臺邊緣走向中央

：美國在中國抗戰初期外交視野中的轉變1937-1941

2017年7月初版　　　　　　　　　　　　　　　定價：新臺幣850元

著　　　者	齊	錫	生		
總　編　輯	胡	金	倫		
總　經　理	羅	國	俊		
發　行　人	林	載	爵		

出　版　者　聯經出版事業股份有限公司　　叢書主編　沙　淑　芬

地　　　址　台北市基隆路一段180號4樓　　封面設計　沈　佳　德

編輯部地址　台北市基隆路一段180號4樓

叢書主編電話　(02)87876242轉212

台北聯經書房　台北市新生南路三段94號

電　　　話　(02)23620308

台中分公司　台中市北區崇德路一段198號

暨門市電話　(04)22312023

台中電子信箱　e-mail：linking2@ms42.hinet.net

郵政劃撥帳戶第0100559-3號

郵撥電話　(02)23620308

印　刷　者　世和印製企業有限公司

總　經　銷　聯合發行股份有限公司

發　行　所　新北市新店區寶橋路235巷6弄6號2樓

電　　　話　(02)29178022

行政院新聞局出版事業登記證局版臺業字第0130號

國家圖書館出版品預行編目資料

從舞臺邊緣走向中央：美國在中國抗戰初期

外交視野中的轉變1937-1941/齊錫生著．初版．臺北市．

聯經．2017年7月（民106年）．560面．14.8×21公分

ISBN　978-957-08-4966-0（精裝）

1.中國外交　2.外交史　3.中美關係

645.2　　　　　　　　　　　　　　　106009730